昭通扶贫

昭通市脱贫攻坚大决战实录

水富卷

政协昭通市委员会 组编

中国文史出版社
CHINA CULTURAL AND HISTORICAL PRESS

图书在版编目（CIP）数据

昭通市脱贫攻坚大决战实录. 水富卷 / 政协昭通市委员会组编. -- 北京 : 中国文史出版社 , 2021.12

ISBN 978-7-5205-3176-4

Ⅰ. ①昭… Ⅱ. ①政… Ⅲ. ①扶贫—工作概况—水富县 Ⅳ. ① F127.743

中国版本图书馆 CIP 数据核字 (2021) 第 187182 号

责任编辑：窦忠如　秦千里　方云虎
特约编辑：窦广利　张幼平　邓文华

出版发行：中国文史出版社
社　　址：北京市海淀区西八里庄路 69 号院　邮编：100142
电　　话：010－81136606　81136602　81136603（发行部）
传　　真：010－81136655
印　　装：廊坊市海涛印刷有限公司
经　　销：全国新华书店
开　　本：787 毫米 × 1092 毫米　1/16
印　　张：26.75
字　　数：368 千字
版　　次：2021 年 12 月北京第 1 版
印　　次：2021 年 12 月第 1 次印刷
定　　价：1980.00 元（全 19 册）

《昭通市脱贫攻坚大决战实录》丛书

编　委　会

《昭通市脱贫攻坚大决战实录·水富卷》编撰委员会

顾　　问：李松涛　施华松

主　　任：成　刚　杨　凯

副 主 任：鄢　涛　王　罡　熊启东　杨永玲

委　　员：向　东　曾武红　郑朝喜　雷跃林　郎　辉　张强永
卢银松　罗　忠　陈继红　陈仕琼　王险峰　宋祖宏
胡先华　吴　刚　杨世军　刘启坤　冯学超　周　铭
谭光辉　徐　刚　朱军红　任傲然　陈　敏　凌育兴
尹才荣　陈　卓

主　　编：雷跃林　郎　辉

副 主 编：宋祖宏　谭光辉

执行编辑：尹才荣　陈　卓

编　　务：杨光华　田　春　杨祖惠　罗　艳

总　序

成联远

贫困是人类社会的顽疾，消除贫困是人类梦寐以求的理想，人类发展史就是与贫困不懈斗争的历史。

中国共产党从成立之日起，始终高度重视解决贫困问题，持续向贫困宣战。党的十八大以来，以习近平同志为核心的党中央，把脱贫攻坚摆在治国理政的突出位置，团结带领全党全国各族人民打响了人类历史上规模最大、力度最强、惠及人口最多的脱贫攻坚战。经过8年持续奋斗，如期完成了新时代脱贫攻坚目标任务，现行标准下近1亿农村贫困人口全部脱贫，贫困县全部摘帽，消除了绝对贫困和区域性整体贫困，脱贫地区处处呈现山乡巨变、山河锦绣的时代画卷！这是中国共产党团结带领全国各族人民艰苦奋斗所创造的又一个彪炳史册的人间奇迹，生动展示了中华民族摆脱贫困、走向复兴的强大力量。

昭通地处云、贵、川三省接合部的乌蒙山区腹地，是集革命老区、地震灾区、散居民族地区、生态敏感脆弱地区为一体的深度贫困地区，是全国贫困人口最多、贫困程度最深、脱贫任务最重、攻坚压力最大的地级市。全市11个县（市、区）中有国家级贫困县10个，1379个村（社区）中有贫困村1235个，629万人口中有贫困人口185.07万人，正可谓全国脱贫看云南、云南脱贫看昭通。

历史的洪流浩浩荡荡，精彩的答卷壮阔恢宏。近年来，特别是习近平总书记于2015年视察昭通以来，市委、市政府始终铭记习近平总书记的殷殷嘱托，感恩党中央的亲切关怀，始终把脱贫攻坚作为最大的政治任务，全面落实精准扶贫、精准脱贫方略，团结带领全市各族干部群众，攻坚克难、感恩奋进，发扬钉钉子精神，敢于啃硬骨头，奋力夺取了脱贫攻坚大决战全面胜利。全市现行标准下185.07万农村贫困人口、1235个贫困村、10个贫困县全部退出贫困序列，贫困群众人均收入由2015年的2703元增加到9899元，昭通千百年来的绝对贫困问题历史性地画上句号，全面建成小康社会取得历史性成就。昭通的奋力崛起、华丽转身，是云南乃至全国扶贫开发事业的一个缩影。

荆棘载途，玉汝于成。一切向前走，都不能忘记走过的路。在脱贫攻坚工作中，数万名扶贫干部倾力奉献、苦干实干，将最美的年华无私奉献给了脱贫事业，涌现出许多感人肺腑、可歌可泣的先进事迹。“感动南网”的彝良县牛街镇水田村第一书记吴长碧，用柔弱肩膀扛起扶贫重任；把病情报告单“藏”起来去扶贫的女干部金碧琼，一直坚守在扶贫第一线；特别是即将结婚却没有等到婚礼那一刻的“90后”扶贫干部王秋婷、积劳成疾牺牲在扶贫一线的驻村工作队队长李永春等25名扶贫干部，更是用生命诠释了共产党人的初心使命；还有216对“父子兵”、1284对“夫妻档”，572名干部“轻伤不下火线”，他们用身影、心血和汗水，交出了让党和人民满意的答卷。为全面记录新时代昭通艰苦卓绝、波澜壮阔的脱贫攻坚历史进程，客观反映乌蒙大地发生的翻天覆地历史性巨变，真实记录各级干部群众在脱贫攻坚中的感人故事，经市委同意，我们组织相关县市区、部门、专家对2015年至2020年我市开展脱贫攻坚的重大事件、典型故事进行搜集整理，编写《昭通市脱贫攻坚大决战实录》，旨在通过回望昭通脱贫攻坚的壮阔历程，探索总结蕴含其中的宝贵经验和深刻启示，赓续传承伟大的脱贫攻坚精神，从历史回望中照见未来，以更坚定的信心、更昂扬的斗志，继续走好新时代的长征路，奋力谱写昭通高质量跨越发展新篇章。

以昭通脱贫攻坚的壮阔历程资鉴后世。回望昭通脱贫攻坚的壮阔历程，市委、市政府团结带领全市各族人民披荆斩棘、栉风沐雨，攻克了一个又一个贫中之贫、坚中之坚，脱贫攻坚取得了重大历史性成就。昭通脱贫攻坚任务之艰前所未有，全市基础条件薄弱、致贫原因复杂、发展滞后明显，贫困面积大、贫困人口多、贫困程度深，贫困发生率高达 34.8%，“大山大水大峡谷、天寒地冻不出种、人多地少矛盾多”是昭通最大的市情。昭通脱贫攻坚规模之大前所未有，全市 11 个县市区中有国家级贫困县 10 个，其中深度贫困县 7 个；1235 个贫困村中，有深度贫困村 691 个；农村贫困人口高达 185.07 万人，占全省贫困人口的 1/5 以上，平均每天脱贫人数达到 1000 人以上。昭通脱贫攻坚成效之巨前所未有，全市累计投资 1658 亿元，规划的 12 条高速公路全部落地建设，打通了 11 个“出滇入川进黔”大通道，通车里程达 750 公里；累计新建或改造农村住房 55.89 万户；215.4 万人饮水安全得到巩固提升，自来水普及率达 94%；累计硬化农村公路 1.86 万公里，建成公路安全生命防护工程 1.05 万公里；因地制宜规划建设集中安置区 23 个，35.47 万名搬迁群众全部搬入新居；全市生产总值 5 年连跨 5 个百亿级台阶，年均增长 8%，达 1289 亿元。脱贫地区经济社会发展大踏步赶上来，整体面貌发生历史性巨变，极大增强了人民群众的获得感、幸福感、安全感。我们通过收集广大奋战在一线同志的真实故事，以“当事人”的亲身经历，将昭通脱贫攻坚艰苦卓绝、成效卓著的壮阔历程系统完整地记载下来，形成档案性的历史资料，以资后人，以鉴后世。

探索总结昭通打赢脱贫攻坚大决战的深层逻辑。习近平总书记强调：“办好中国的事情，关键在党。”有了党的坚强领导，脱贫攻坚就有了坐镇中军帐的“帅”，亿万人民就有了众志成城的“主心骨”。面对夺取脱贫攻坚大决战全面胜利的历史重任，市委、市政府始终坚持把党的领导贯穿各项工作全过程，坚持以脱贫攻坚统领经济社会发展全局、以党的建设统领推动各项工作落实“双统领”，强化铁的纪律和硬的作风“双保障”，努力实现党的建设和脱贫攻坚“双推进”。始终坚持以人民为中心的发展思想，提出“坚持以人民为中心、以群众工作为主线，抓住精准、统筹、务实三个关键，实现思想、工作和情感三个认同”的“133”工作思路，让人民群众真正成为脱贫攻坚这棵参天大树的主干。始终坚持精准扶贫、精准脱贫方略，围绕“扶持谁”“怎么扶”“怎么退”“退出后怎么办”四个重点，着力扣好精准识别、精准施策、精准退出、巩固提升“四粒扣子”，构建了一整套行之有效的政策体系、工作体系、制度体系，用发展的办法消除贫困根源。始终深入贯彻落实“五级书记抓扶贫”“党政同责促攻坚”的要求，坚持“一把手”负总责，切实强化市县抓落实机制，着力构建各级领导干部责任上肩、挂甲上任的组织体系。始终坚持集中精锐力量投向脱贫攻坚主战场，累计选派4592名驻村工作队队员、823名驻村督导员、6.37万名各级帮扶干部充实到扶贫一线，鲜红的党旗始终在脱贫攻坚主战场上高高飘扬。这些宝贵经验、深刻启示，我们通过编撰实录的形式如实记录，推动脱贫攻坚的认识和实践实现一个新的飞跃，为以后的改革发展提供重要的历史借鉴和方法指导。

赓续传承新时代脱贫攻坚昭通精神。伟大事业孕育伟大精神，伟大精神引领伟大事业。脱贫攻坚伟大斗争，锻造形成了“上下同心、尽锐出战、精准务实、开拓创新、攻坚克难、不负人民”的脱贫攻坚精神，这是中国精神、中国价值、中国力量的充分彰显。回望昭通脱贫攻坚大决战的壮阔历程，市委、市政府团结带领全市各族人民风雨同舟、携手与共、砥砺奋斗，努力闯出了一条以脱贫攻坚统领经济社会发展全局，倒逼产业形态、基础设施、城乡建设、生态文明等各个领域创新突破的“昭通路径”，奋力跑出了争先进位、赶超跨越的“昭通速度”，锻造锤炼了为民务实、实干求真的“昭通作风”，树立展示了“文明友善、开放包容”的“昭通形象”，淬炼形成了敢打善拼、坚韧求成、再硬的骨头也要嚼碎的脱贫攻坚“昭通精神”，这是一笔昭通当代脱贫攻坚人留给后世的宝贵精神财富。我们着力做好时代的忠实记录者，发挥文史资料“存史、资政、团结、育人”功能，赓续传承、大力弘扬新时代脱贫攻坚昭通精神，激励全市600多万名各族儿女在新征程上再鼓干劲、再聚合力、再立新功。

引领我们不断从胜利走向新的更大胜利。春江浩荡暂徘徊，又踏层峰望眼开。脱贫摘帽不是终点，而是新生活、新奋斗的起点。我们如期完成新时代脱贫攻坚目标任务，为实现两个百年奋斗目标以坚定信心、强劲动力，必将激励我们不断从胜利走向新的更大胜利。站在新的历史交汇点上，推动滇东北开发提速和崛起的奋斗史诗正在书写，我们必须从决战决胜脱贫攻坚的实践中汲取智慧和力量，进一步增强“四个意识”、坚定“四个自信”、做到“两个维护”，不断提升政治判断力、政治领悟力、政治执行力，在以习近平同志为核心的党中央的坚强领导下，永远保持慎终如始、戒骄戒躁的清醒头脑，永远保持不畏艰险、锐意进取的奋斗韧劲，永远保持永不懈怠、一往无前的精神状态，真抓实干、埋头苦干，脚踏实地、久久为功，在推动昭通高质量跨越发展的新征程上奋勇前进！

（作者时任中共昭通市政协党组书记、政协昭通市委员会主席）

目　录

第一编　本卷综述

第二编　基础设施建设

第三编　易地搬迁扶贫

第四编　产业扶贫

第五编　民生扶贫

第六编　挂包帮扶与社会扶贫

第七编　组织保障

第一编　本卷综述

金沙江畔秋点兵　决战贫困谱新篇

邓　杰　肖小寓　尹才荣

“万里长江第一港，七彩云南北大门”“滇北明珠，魅力水富”，这是川滇人民给予水富的美好赞誉。水富，因兴建云南天然气化工厂应运而生，于1974年7月1日建区，1981年10月1日建县，2018年11月6日建市，国土面积439.95平方公里，下辖云富街道办事处、向家坝镇、太平镇、两碗镇共4个镇（街道）的20个村民委员会和9个社区，总人口10.95万人。是一个年轻的袖珍型县级市。“时人莫小池中水，浅处不妨有卧龙”，勤劳智慧的水富人民，在历届县（市）委政府的正确领导下，以自我加压，敢为人先，只争朝夕的战斗精神接续奋斗，取得了骄人的业绩和辉煌的成就。先后荣获全国文明县城、国家卫生县城、全国平安建设先进县、全国科普示范县、全国社会治安综合治理先进单位、全国计划生育优质服务先进单位等荣誉称号，被云南省列为全省重点工业培育县和全省40个工业强县、10个循环经济试点县、10个重点物流园区之一，境内建有世界第五大水电站——向家坝水电站、全国化工企业排头兵——云南天然气化工厂、国家4A级景区——西部大峡谷温泉，即将建成云南省最大的内陆水运港——水富港、5A级国家森林公园——铜锣坝原始森林公园。水富发展势头强劲、发展空间十足，是金沙江畔腾飞的蛟龙、耀眼的明珠。

“不畏浮云遮望眼，只缘身在最高层。”历届水富县（市）委政府领导十分清醒，域内经济社会发展还不平衡，农村短板明显。由于全境地处四川盆地边缘向乌蒙山过渡地带，这里山高坡陡、交通闭塞，土地贫瘠、资源不足，观念陈旧、文化落后，导致不少群众还在贫困中挣扎。据2014年统计，水富5.7万农村人口中，就有3385户1.3193万人处于贫困线以下，贫困发生率高达23.6%。“心非木石岂无感”，如此众多的贫困人口和巨大的贫困比例，犹如压在管理者心上的巨大石头，他们虽如临大敌、如履薄冰、寝食难安，但从未“吞声踯躅不敢言”，而是以“父母官”的责任担当，以“勇敢者”的无畏姿态，以“战斗者”的拼搏精神，带领水富人民持续奋斗在消除贫困、决胜小康的进程中。

2015年，国家吹响了决战脱贫攻坚的号角，中共水富县委、县政府以高度的政治站位和敏锐的历史自觉，抓住千载难逢的重大历史机遇，举全县之力，以不获全胜绝不收兵的豪情壮志，层层立下“军令状”，坚决打赢脱贫攻坚战。

精准识别严“门槛”　群众举手赞公平

2015年9月19日，是一个秋高气爽的日子，可在中共水富县委、县政府综合会议室里的气氛却异常庄重肃穆，中共水富县委副书记、县长高绍周正在主持脱贫攻坚暨“挂包帮”“转走访”工作会议。全县处级领导、部门主要负责人座无虚席，一时场内鸦雀无声。这时，中共水富县委常委、副县长熊启东，正代表中共水富县委、县政府与各镇（街道）签订脱贫攻坚“责任状”，拉开了扣紧脱贫攻坚“第一粒扣子”——精准识别的序幕，打响了水富脱贫攻坚战的第一枪。

领导垂范传压力。中共水富县委书记薛桂强和县长高绍周两位“组长”既当指挥官，又当战斗员，靠前指挥，一线作战。既带头落实“两天一碰头、三天一会商、七天一会议”的工作规定，又挤出时间深入挂钩帮扶村组和建档立卡贫困户。领导们为了掌握具体的情况，深入基层经常错过了饭点。为了找到问题的解决办法，分析研判时常熬到了深夜。3 个月的贫困对象精准识别摸底调查阶段，就先后召开了 5 次县委常委会议、4 次县政府常务会议和 12 次精准识别摸底调查领导组会议，深入镇（街道）和村组超过 50 次。“其身正不令而行”。在中共水富县（市）委、县（市）政府主要领导“求真务实和忘我工作”精神的感召下，在中共水富县（市）委、县政府“高强度、高密度和不达目的不罢休”压力传导下，全县（市）上下持续形成了“比学赶帮超”的脱贫攻坚热潮。确保了在规定时限内高质量地完成水富 2015 年“回头看”、2016 年“回头看”、2017 年精准识别、2018 年动态管理常态化等一系列“规定动作”。

扛实责任硬攻坚。2017 年 6 月初，水富已经进入炎热的季节，可是在没有安装空调的水富剧院大会场内，几百名干部职工正在召开精准识别动员会，会上中共水富县委书记薛桂强与 34 名处级领导和镇（街道）负责人签下“精准识别摸底调查责任状”，使满场参与者“汗水湿透了衣背”。第二天，526 名干部职工和 64 名驻村工作队队员，成了这次精准识别入户调查的主力军，每个村民小组都能看见他们的身影，每户农户家中都能听见他们声音。

2018 年深秋，当精准识别进入到动态管理常态化阶段，“非洲猪瘟”疫情又拉响了警报。双重压力，让基层干部不敢丝毫懈怠。时任向家坝镇党委书记杨文华刚开完研判会，准备去“非洲猪瘟”卡点巡查时，突然一头栽倒在对面的沙发上，不省人事。经送医院抢救后检查结果是：劳累过度造成脑出血。躺在病床上的他对自己的病情并不关心，还总问动态管理研判进度和结果、“卡点”值守情况和疫情是否流入等等，还不断强调说：“脱贫刚刚有些成效，不要因为我们工作不力又让老百姓返贫……”

群众参与讲民主。“开会咯！开会咯！”2017 年 6 月 27 日，两碗镇三角村土地村民小组韩庆亮组长大声通知乡亲们来开会。当知道这次全程参加精准识别的代表群众选举说了算，大家热情高涨，每家每户都来“管事”

的人参加。选举活动在村民小组长家院坝里进行，严格按照讨论酝酿、无记名投票、公开唱票计票、当场宣布结果、户代表签字确认“五个环节”进行，最后村民韩普军当选了土地村民小组代表。遵照这样的程序，全县仅用了3天时间就选出了1000余名群众代表参与精准识别活动。

2017年9月20日，向家坝镇大池村村民小组长李远火又在大声地通知：“今天，请户代表到我家院坝开会，评定建档立卡贫困户、脱贫户，抓紧时间快点来。”会上，主持人李远火把新进建档立卡贫困户的条件、建档立卡贫困户脱贫出列的条件、有“硬伤”不能作为建档立卡贫困户的条件等都宣布后，特别强调整个评议会要体现村民的事儿村民说了算，户代表脸上满是自豪。按照讨论酝酿、举手表决等“五个环节”，评议出了和平村民小组新进贫困户初步名单和贫困户脱贫出列名单。全县也只用了短短三天时间就完成了该项评议活动。看到公布结果，村民李德福开始肯定自己的眼光：“我就说，张某某、薛某某这几家，确实穷得叮当响，该评为贫困户。而艾某某家，刚修起了新房子，才买了小汽车，必须退出。你看看这个结果，还真不出我所料，我服了——公道！”

八方研判更精准。为体现公平公正，古有“三堂会审”，今有“八方研判”。水富在严格执行精准识别“三评四定”程序时，把重点放在村级初审上，组建由挂钩帮扶处级领导、挂包单位主要领导、镇（街道）挂钩联系领导、摸底调查员、村“两委”人员、驻村工作队、村民小组片区书记、村民小组长组成的“八方评审团”，召开初审会议221次把好“一审”关口，逐人逐户过关，确保在最基层就不出岔子。初审结果分别在各村民小组居住比较集中的地点进行为期5天公示，同时公布市县镇（街道）及调查队的监督举报电话。村民看到公示后反响更为强烈，有人称赞说：“这个结果公示好快，而且干部职工真不容易，跑到村民小组来贴公示，很辛苦。关键是对这个结果我举双手赞成！”也有人直言不讳：“我觉得某某家已经达到脱贫的标准，应该脱贫出列了。不行！我要打举报电话。”公示期间共接到举报186起，回复186起，回复率100%。为确保“无错评、无漏评、无错退、无漏退”奠定了扎实的基础。

巡查督导激活力。千里马再好，即使日行千里，还需要快马加鞭。水富素有强化巡查、督导、交叉自查、专项督查推进工作落实的习惯。为将脱贫攻坚的各项任务落到实处，中共水富市委、市政府抽调了最得力的监督力量，组成4个督查组开展工作。一是巡视组，由4名处级领导担任组长，以明察暗访、随机抽查、访谈约谈、召开汇报会（座谈会）、书面反馈问题、限时整改等方式进行巡查。二是督导组，仍由4名处级领导担任组长，以实地督导、召开现场分析会、听取专题汇报、查阅档案资料等方式进行督导。三是交叉互查组，还由4名处级领导担任组长，主要检查镇（街道）精准识别摸底调查入户率、农户信息准确率、评审公示率、系统录入准确率、错评率、错退率、漏评率、漏退率、群众满意度等。四是专项督查组，直接由中共水富市纪委书记、监委会主任任组长，主要对认识不到位、统筹不到位、识别不精准、未按时间节点完成工作、故意干扰阻挠工作组开展入户调查等情况的单位和干部，进行追责问责。自脱贫攻坚工作开展以来，累计问责29人，给予党政纪处分10人，真正做到以严的作风、铁的纪律保证脱贫攻坚工作质量。

高效运转畅“体系” 脱贫攻坚见实效

自2015年建立“挂包帮”“转走访”长效机制开始，水富市在脱贫攻坚实践中不断探索创新，全面加强了指挥调度体系、运转协调体系、人财物保障体系、技术指标体系、奖惩激励体系等机制建设，使之形成了既分线运行又互补共通，既独立担责又齐抓共管，既全面贯彻上级扶贫方略又充分尊重地方实际的攻坚克难生动局面。

靠前指挥“保畅通”。水富坚持把打好打赢脱贫攻坚战，作为落实国家扶贫战略，确保政令畅通、确保群众脱贫致富奔小康的实际行动，认真执行了“五级书记抓扶贫”的要求。各级书记带头开展遍访工作，坚持到村组调研，到农户家了解情况，再根据上级安排部署、结合基层实际定期研究部署脱贫攻坚工作，强化工作调度，因地制宜推进工作落实。做到处级领导研判到村，镇（街道）班子成员和挂钩帮扶单位领导研判到组，村“两委”成员、驻村工作队、挂钩帮扶干部动态管理到户，使精准扶贫更靠前、措施精准能到户、政策落实惠到人，实现了“不让一户贫困户掉队”的目标。

网格包保“全覆盖”。水富在脱贫攻坚工作中建立了四层“网格包保”责任制。第一层由中共水富市委书记、市长和市委、市政府分管领导包保到镇（街道），第二层由处级领导、镇（街道）班子成员、牵头部门负责人包保到村，第三层由部门、村“两委”、驻村工作队包保到片区（村民小组），第四层由干部职工包保到户。四层网格使水富市的脱贫攻坚工作“全覆盖”“无遗漏”。帮扶干部每月 15 日前定期入户走访，宣讲政策、了解民生、解决困难、引导讲文明树新风。每年至少开展一次同吃、同住、同劳动的“三同”活动。同时，按照因村派人原则，5 年来先后选派调整 5 批 334 人次 19 支驻村扶贫工作队，坚持队伍驻扎在村组、力量充实在前沿，攻坚克难在一线。驻村工作队队员说：“刚开始走访农户时，还没有到农户家，狗就大叫，心中害怕被狗咬。现在到农户家，狗不再叫了，还摇着尾巴，都把我们当主人了。”

硬核帮扶“丰实惠”。水富是非贫困县，上级扶贫资金倾斜较少。面对短板和问题需要大量资金的实际，我们“勒紧裤腰过日子”，5 年来拿出 5.29 亿元来开展扶贫工作。其中新建农村公路 132 公里、硬化 500 公里，建设安全住房 2466 户，保障安全饮水 6475 户。挂钩帮扶的网格单位压缩办公经费，挤出资金 3032.65 万元帮助网格内的贫困村组办实事；挂钩帮扶干部职工捐钱捐物帮助“亲戚”解决实际困难。2018 年，2 个贫困镇、19 个贫困村全部脱摘帽，2020 年 3385 户贫困户全部脱贫出列。

干部激励“有位子”。水富市坚持以党建促扶贫的工作思路，基层党组织在脱贫攻坚中发挥了重要的作用。首先，深入开展了“三严三实”“忠诚干净担当”“两学一做”“不忘初心、牢记使命”等主题教育活动，持续推进党员干部教育长效化、常态化，使之坚定理想信念，提高政治站位，立足全局增强使命感，把握职能增强责任感，聚焦任务增强紧迫感，以雷厉风行的干劲、一抓到底的狠劲和锲而不舍的韧劲“冲锋陷阵”，以决战决胜的姿态投身脱贫攻坚，践行使命担当。其次，制订出台《关于进一步激励广大党员干部和各类人才干事创业担当作为的实施意见（试行）》，细化镇（街道）、村（社区）干部教育培养、管理使用、容错纠错、正向激励等措施，让脱贫攻坚工作有实绩的干部得到了提拔重用。2015 年以来，累计提拔在脱贫攻坚中表现突出的干部 54 人。

精准施策到“农户” 脱贫致富兴家园

精准施策，是我们能治愈贫困的良方。中共水富县（市）委、县（市）政府明文规定，要上下同心，要严格对照“两不愁、三保障”和饮水安全的脱贫标准，在充分尊重村情民意的基础上，认真制订出“一村一方，一户一策，因地制宜，因人施策”的精准脱贫的方案和措施，并用“啃硬骨头”的精神，一抓到底，确保建档立卡贫困农户脱贫，全体村民致富，全域乡村振兴。

住房安全保障到户。水富市遵照“危房不住人、住人不危房”的原则，采取“以房找人、以户找房”的方法，在全面清查农户住房安全的情况下，克服了资金缺口巨大，施工力量不足，技术力量薄弱，管理人员紧缺等诸多困难，建成了高标准的安全住房 2466 套，彻底解决了贫困群众的住房安全问题。可以告慰唐代著名诗人杜甫的是，他“安得广厦千万间，大庇天下寒士俱欢颜，风雨不动安如山”的千年梦想，在今天党领导的水富大地完全实现了！同时，水富市还自筹4000多万元资金，拆除了危旧房屋4444户，复垦复绿了老旧宅基地7万余平方米，在确保住房安全的前提下，推动了农村人居环境整治提升。

产业培育保障到户。家无产业不富，国无产业不兴。沿着“靠山吃山靠水吃水”“宜种则种宜养则养”的思路出发，推进产业发展。在山里，动员贫困户开垦荒山，走用材林变经济林的路子，发展方竹8万亩；在地里，动员贫困户走特色化、精品化的路子，发展猕猴桃、李子、枇杷、桂圆等3.5万亩；在塘坝水库稻田里，动员贫困户发展养鱼0.3万亩。在适宜村组和农户，大力扶持发展黑猪、肉牛、山鸡、土鸭等有市场潜力的生态环保产品，采取农林科技人员挂点联系村，驻村指导直接参与农业产业发展，补齐贫困户无科技支撑的短板。采取“党支部+公司、合作社+贫困户”等模式，让3385户建档立卡贫困户与农民专业合作社建立了利益联结机制，补齐贫困户抗风险能力的弱项。通过推进农村电商网络建设、兴办数字电商产业园、快递网点全覆盖，使农特产品销售渠道进一步拓宽，农民增收的路子越走越宽广。

就业服务保障到户。“收入不足，打工来补。”农村产业的规模和效益的形成，需要时间和市场的检验，时间证明不可能一蹴而就。现实证明劳动力转移就业，是快速补足农民暂时收益短板最有效的方法。为了抓好转移就业，镇（街道）均设立了就业创业服务站，水富市村（社区）设立了就业扶贫专干，逐户摸清贫困劳动力基本情况和就业意愿，为扶贫企业和贫困劳动者提供政策咨询、信息推送、技能培训、协调就业等公共服务。累计开展职业技能培训5777人次，实现户均掌了一至二门实用技术。累计转移就业贫困劳动力3.06万人次，有劳动力的建档立卡贫困户家庭至少有1人就业，累计开发公益性岗位1013个，解决贫困劳动力就业293人。建档立卡贫困户劳动力就业率达到85%以上。

教育扶贫保障到户。水富在大力推进城乡教育均衡化发展的同时，全面落实各类教育扶贫补助政策，兑现营养改善计划、两免一补、贫困高中生国家助学、学前教育助学、贫困大学生入学资助、优秀贫困学生奖励等方面，累计发放教育惠民政策资金15582.27万元。共发放生源地助学贷款2734.45万元，惠及贫困大学生3727人次。水富市教育助学促进会共落实资助资金163.75万元，资助贫困学生1668人。通过落实政策和帮扶资助，确保了贫困户孩子不失学辍学。

医疗服务保障到户。2018年以前，水富贫困户的医疗保险是政府挤出资金全部买单的，后来医疗保险费用逐年提高，为减少贫困户的支出，政府决定每人每年补贴180元，每年实现贫困户100%购买医疗保险，家庭医生履约率100%。定点医院严格落实“先诊疗、后付费”一站式结算、大病集中救治、家庭责任医生签约服务建档立卡贫困人口住院就医1.0698万人次，产生住院医疗费用4414.47万元，报销3859.58万元，建档立卡贫困户医疗费用报销达90%。贫困户在和挂钩帮扶干部拉家常时感慨道：“以往是有病不敢治，大病就等死，怕因病致贫；现在是小病就在家门口治，医疗费用能报销，重病也不会让我再受穷。”

饮水安全保障到户。水富市按照“以户找水”的方法，扎实开展饮水安全查缺补漏，建立农户饮水安全动态管理台账，出台农村饮水安全工程运行管理办法，实行用水有偿收费管理制度，切实加强水源地保护和水质监测，确保取水距离、水量、水质达标，实现了“建得成、管得好、用得起、长受益”的安全饮水目标。5年来，解决6475户2.322万人的安全饮水问题，建档立卡贫困户安全饮水保障率100%。

“千淘万漉虽辛苦，吹尽狂沙始到金。”如今的水富乡村，一栋栋楼房平地而起、一条条硬化道路直通农家、一片片特色产业布满山川、一座座村落干净整洁，处处是乡亲们意气风发勤劳致富的身影。展望未来，我们深信，有经过脱贫攻坚战洗礼的水富雄兵，定能在巩固脱贫攻坚成果和乡村振兴战斗中，取得更加辉煌的战绩。

（作者邓杰、肖小寓时任水富市扶贫办主任、副主任，尹才荣系水富市人大常委会退休干部）

全面扛起第一责任　务实推进脱贫攻坚

李松涛

昭通市是全国贫困人口最多的地级市，是云南省脱贫攻坚的主战场。为了嚼碎脱贫攻坚这块“硬骨头”，让昭通 629 万人民群众与全国人民同步迈入小康社会，昭通市委站位决战脱贫攻坚、决胜全面建成小康社会大局，立足昭通实际，创造性地提出了“坚持以人民为中心、以群众工作为主线这个根本，抓住精准、统筹、务实三个关键，努力实现思想、工作、情感三个认同”的“133”工作思路。“133”工作思路的提出，为昭通脱贫攻坚把脉定向、指路引航，以为水富立足实际，高质量巩固脱贫成果提供了有力遵循。在昭通市决战决胜脱贫攻坚的时代洪流中，我与水富干部群众一道，认真践行“133”工作思路，推动了水富扶贫事业不断向前发展。

提高政治站位　统筹各方力量
坚决扛起治贫主责

水富位于四川盆地与云贵高原过渡地带、金沙江与横江交汇处，区位优越、交通便捷，历来是云南出滇入川、昭通对内对外开放的重要窗口和通道，经济基础相对较好、社会和谐稳定，是昭通11个县（市、区）中唯一没有戴着贫困县“帽子”的地方。水富虽然没有列入贫困县，但2014年，水富市有建档立卡贫困人口3385户1.3193万人，贫困发生率高达23.6%，脱贫攻坚任务十分艰巨。

2018年5月，我从昭通市发改委到水富任职时，水富太平镇、两碗镇2个贫困镇、19个贫困村虽已脱贫出列，但仍有111户272人未脱贫，且都是贫中之贫、困中之困，是难啃的“硬骨头”。在我的心里，脱贫只是老百姓新生活的起点，水富脱贫攻坚大业在贫困村全部出列、区域性整体贫困问题有效解决之后，一手抓剩余贫困人口清零、一手抓脱贫成果巩固是事关脱贫攻坚能否经得起历史和人民检验的最紧要的事情。只有持续补短板、强弱项，不断提高脱贫质量，才能让贫困群众在脱贫致富奔小康的路上“一个都不能少”，才能让贫困群众立足脱贫新起点，开启更加美好的生活。通过广泛深入的走访调研，我发现，水富脱贫攻坚虽取得显著成绩，但存在的问题也不少。比如，贫困群众有的产业支撑不足，有的建了新房未搬迁入住、危旧房未拆除，有的贫困学生有辍学风险等等。这些具体问题背后，反映出水富市脱贫攻坚责任落实“两张皮”、压力传导不到位、工作作风不扎实、工作推进不平衡、群众主体作用发挥不充分等深层次问题。这些问题时刻提醒我，水富的脱贫攻坚事业距离上级的要求和人民群众的期盼还有差距，必须下定决心补短板、强弱项，一步一个脚印，高质量巩固脱贫成果。带着这些问题和目标，我与班子成员一起对精准扶贫工作进行了再研究、再部署、再细化，组织开展“担当新使命、建设新水富”解放思想大讨论，进一步统一干部思想、深化认识，保持清醒头脑，不麻痹、不懈怠、不松劲，坚持以“市”的格局、“市”的标准、“市”的要求，坚决克服“小富即安、未富先安”思想，切实增强脱贫攻坚的责任感、使命感、紧迫感，坚决扛起脱贫攻坚政治责任。

作为水富脱贫攻坚第一责任人，我从严格落实“五级书记”抓扶贫责任制着手，进一步健全完善市、镇两级扶贫开发领导小组“双组长”制，定期研判工作，真正把脱贫攻坚变成水富各级各部门的第一政治任务和第一政治责任。积极督促市、镇两级与行业扶贫部门、站所建立起“联席会议”制度，集中会商、深挖问题，统筹各方面资源和力量克难攻坚，为脱贫攻坚各项工作高效推进提供了有力保障。为了确保脱贫攻坚各项工作抓在实处、管在日常，我聚焦责任落实，构建责任区域、责任人、责任内容一一对应、相互耦合的扶贫责任体系，压实镇（街道）党（工）委书记第一责任，挂钩处级领导、镇（街道）领导、工作队队长、牵头部门主要领导、村（社区）党总支书记共同责任，挂钩自然村网格的镇、村、市直单位干部同等责任，将脱贫攻坚责任层层传导到位，确保落实责任有标准、追溯责任有依据。

健全责任体系之后，更重要的是解决好“谁来落实”的问题。为了统筹水富市脱贫攻坚人员力量，推动力量下沉、人员下沉，我和成刚市长分别挂包水富贫困程度最深的两碗镇和太平镇，中共水富市委、市政府分管领导分别挂包云富街道办事处和向家坝镇。同时，34 名处级领导联系 20 个村，98 家单位挂村包片区、包村民小组，2400 名干部包户帮扶，选派 23 名科级干部到贫困镇挂职担任镇党委副书记和驻村扶贫工作队队长，组建 19 支驻村工作队覆盖所有贫困村。清晰的责任体系、明确的工作要求、充实的一线攻坚力量为推动脱贫攻坚不断取得新成效奠定了基础。

以精准为“魂”　务实为“根”
高质量推进脱贫攻坚

习近平总书记考察云南时强调：扶贫项目安排和资金使用都要提高精准度，不要大而化之撒胡椒面，更不能搞不符合当地实际的面子工程。习近平总书记的谆谆告诫启示我们，“精准”是国家扶贫战略的核心，既是工作要求，更是工作方法，没有“精准”，脱贫攻坚就难以真正落实。

围绕“133”工作思路，我坚持自下而上的精准和自上而下的统筹相结合，累计组织精准识别动态调整9次，相继开展水富市脱贫攻坚巩固提升与乡村振兴群众意愿大走访、脱贫攻坚突出问题大排查、“百日总攻”等行动，扣好了“精准识别”第一粒扣子。通过严格对照村出列、户脱贫标准，逐村逐户开展全覆盖、地毯式、无遗漏排查分析，找准了贫困户致贫原因和村出列短板，确保各类信息自下而上环环相扣、形成闭环，实现家底清、情况明，为自上而下顶层设计、系统思谋，统筹人员、资金、项目、政策等各类要素精准发力，提供了有力支撑。随着易地搬迁脱贫一批、发展生产脱贫一批、扶持就业脱贫一批、生态扶贫脱贫一批、发展教育脱贫一批、政策保障兜底一批“六个一批”扶持措施的精准落地，水富市完成易地扶贫搬迁建档立卡对象404户建房任务，累计解决2466户贫困户住房问题；累计发展方竹、猕猴桃、李子11.34万亩，生猪、蛋鸡、水产特色养殖规模和质量不断提升，3385户贫困群众与农民专业合作社建立起了紧密的利益联结机制，在产业初具规模的基础上，创新建立农林科技人员挂点联系村和新型经营主体机制，下沉农林科技人员脱产自主创业或驻村指导，直接参与农业产业发展，有了人才、技术扶持，农业产业发展质量和效益不断提高；累计转移就业贫困劳动力3.06万人次，通过就业培训和就业服务，贫困群众户均掌握1至2门实用技术，有劳动力的建档立卡贫困户家庭至少有1人就业，卡户劳动力就业率达到85%以上；基础教育办学条件实现城乡均衡、校际均等，各类教育扶贫补助政策全面落实，累计兑现营养改善、两免一补、贫困学生助学等教育惠民政策资金1.56亿元，贫困学生资助全覆盖；分别兑现贫困户生态公益林补偿资金、退耕还林补助资金、护林员管护资金192万元、70.9万元、114.7万元；2174户3464名建档立卡人口纳入民政保障范围，动态实现了“应保尽保、应纳尽纳”。

郡县治，天下安。习近平总书记深刻指出：县委是我们党执政兴国的“一线指挥部”，县委书记就是“一线总指挥”。我始终牢记自己既是“指挥员”又是“战斗员”的身份，坚持以身作则、靠前指挥，确保脱贫攻坚的任何一个决策、任何一个行动都经得起实践检验。于我而言，除了在办公室处理紧要事务和到昭赴昆汇报争取、外出招商引资之外，大部分精力用在了到各镇（街道）、各村（社区）走访调研上。吃透实际情况再决策，系统考虑清楚再行动，不好高骛远、不脱离实际成了我抓脱贫攻坚的基本理念。对水富市脱贫攻坚工作，我始终坚持重点工作集体研究部署、一线督办落实；对存在的困难和问题，我积极督促处级干部、行业部门研究解决，逐村逐户逐人“过筛子”，细化整改工作的时间表、路线图、任务书，定人、定责、定目标、定时间、定任务、定标准，整改一件、销号一件，务求一抓到底、抓出成效；针对存在的短板弱项，我充分发挥在发改部门积累的谋项目、抓项目的工作经验，坚持把扶贫项目实施作为巩固脱贫成果的基础性支撑，以问题为导向，按照“缺什么补什么”的原则，系统谋划，全面补短板、强弱项，精准制订水富市脱贫攻坚项目库。2018 年以来，水富市 20 个村规划项目 11 大类 30 个子类 54 个项目 682 个子项目，规划总投资 6.25 亿元，一项项涉及住房保障、教育、卫生、就业、产业、生态、兜底保障、农村基础设施建设和公共服务等项目相继落实，3385 户 1.3193 万名贫困群众的脱贫成果得到了巩固，脱贫质量得到了进一步提升。

向党建要战斗力　再硬的“骨头”也要嚼碎

作为水富管党治党和脱贫攻坚的第一责任人，如何推动基层党的建设与脱贫攻坚紧密结合，从党建中寻找推动脱贫攻坚的力量，确保抓党建抓在关键处、促脱贫促在实效上，是我一直思考和探索的问题。调研中，我发现少数农村基层党组织书记说话没人听、办事没人跟的问题比较突出，在村级事务中领导力、号召力弱化，有的党组织甚至连召开群众会响应的群众都寥寥无几，成为“战斗堡垒”还有不小差距。为了加强农村基层党组织建设，我们抓住省委实施基层党建巩固年、基层党建创新提质年契机，以提升农村基层党组织组织力为重点，突出政治功能发挥，深入开展“乌蒙扶贫先锋行动”，全面推进党的建设与脱贫攻坚紧密结合，全面开展软弱涣散党组织排查整顿。比如，2019 年“不忘初心牢记使命”主题教育期间，古楼村党总支因党组织书记不胜任现职，村“两委”班子凝聚力、战斗力弱化而被纳入软弱涣散党组织整顿。为了尽快焕发古楼村党总支的生机和活力，我主动挂联，带着镇村干部深入调研，针对古楼村党总支主要负责人“领头雁”作用发挥不好，工作统筹推进谋划不够、措施不细、落实效果有差距，村“两委”人员纪律作风松散等问题，与镇村一道剖析问题根源，制订针对性措施，逐条逐项整改落实。通过对党组织书记进行撤换、健全完善制度机制、严肃纪律规矩等方面的全面整顿，古楼村内外形象发生较大变化，村“两委”干部干事创业的精气神得到提振，脱贫成果巩固、农业产业发展、农村危旧房建拆整治等中心工作有力有序推进，群众满意度明显提升。通过农村基层党组织建设的全面加强，水富市农村基层党组织凝聚力和战斗力普遍增强，带领群众增收致富能力不断提升。2019 年，水富市集体经济收益达到 5 万元以上的村（社区）有 22 个，10 万元以上的村（社区）5 个，集体经济“空壳村”和收益 2 万元以下的“薄弱村”全面消除，实现贫困村集体经济全覆盖。

政治路线确定之后，干部就是决定因素。对此，我深有体会和理解：干一项工作的成效不仅体现在克期完成既定目标任务上，更体现在工作推进过程中，干部的作风得到了转变、能力素质得到了提升，从而为本地区、本部门长远发展储备一批干事创业的人才队伍。脱贫攻坚工作十分艰苦，各项事务纷繁复杂，各类矛盾诉求相互交织，既磨炼意志，又锻炼本领，是一座烈火炼真金的“大熔炉”、一个比拼考验真本事的“大战场”。随着脱贫攻坚战不断深入，一些长期处于脱贫攻坚一线的干部不同程度存在厌战懈怠情绪。为了严肃工作纪律、转变工作作风，2019 年 7 月 3 日，我主持召开“狠抓落实年”工作推进会，要求水富市各级各部门和党员干部身沉一线、责任上肩，弘扬斗争精神，狠抓工作落实。为了推动形成工作倒逼机制，我督促市纪委监委牵头成立了4个由处级领导任组长的脱贫攻坚巡查督导组，加强对脱贫攻坚领域和干部纪律作风的监督管理，对督导发现的问题较真碰硬，累计问责29人，给予党纪政纪处分10人。用严肃的问责惩戒，换来水富市扶贫领域更为务实的作风、更加严明的纪律和更加扎实的举措，为脱贫攻坚各项工作落实提供了有力保障。严管的同时更要厚爱。为了最大限度激发党员干部的斗争精神和奋斗激情，在深入调研的基础上，2019年8月，中共水富市委制订印发了《关于进一步激励广大党员干部和各类人才干事创业担当作为的实施意见（试行）》，为敢于担当、踏实做事的干部撑腰鼓劲，对在脱贫攻坚一线同志做到了工作上支持、待遇上保障、身心上关怀，旗帜鲜明地树立起重实绩、重实干的选人用人导向。近3年来，选拔使用和重用的83名干部中，在脱贫攻坚、重大项目等基层一线提拔及重用的干部有65名，占提拔重用总人数的78.31%。有了制度做保障，水富市各级干部担当负责、干事创业的激情进一步迸发。

坚持以人民为中心
用工作中的真心坚守初心　换取民心

习近平总书记指出：让贫困群众住上好房子，过上好日子，养成好习惯，形成好风气，是扶贫的战略目标。没有什么情感比为了群众更真挚，只有想群众之所想、忧群众之所忧、急群众之所急，群众才能把你当“贴心人”。

“住房有保障”是贫困群众脱贫的必备条件。在走访调研过程中，我发现在一些偏远村组，群众建了新房未搬迁入住，旧房未拆除复垦复绿，将危旧房作为生产性用房或住房的情况大量存在，存在极大的安全隐患。

为了切实保障人民群众生命安全，我考虑到农村群众长期外出务工，在外租住、返乡借住的具体实际，坚持以动态的、发展的眼光来思考解决动态中、发展中出现的“住房有保障”问题。2019 年 7 月，全面启动了农村住房安全隐患排查整治和农村居民危旧房屋整治工作，按照“以房找人、以户找房”“危房不住人、住人不危房”“三必拆、三必建”要求，实行建档立卡贫困户、非建档立卡贫困户全覆盖，对农村住房安全隐患进行逐户排查。在锁定水富市 4444 户农村不安全住房后，努力克服本级财政困难，自筹 4000 余万元，发动水富市干部群众深度参与，及时大面清零农村不安全住房，新建农村安全住房 762 户，农村群众真正实现了安全住房有保障。在此基础上，又趁热打铁、趁势而上，筹资 2000 余万元，全面打响了农村人居环境整治提升“百日攻坚”人海战行动和违法违规建筑“百日攻坚”专项整治。通过“建”和“拆”同向发力，群众住进了新房、拆除了旧房，城乡风貌大幅度改观。除了解决住房安全问题，2015 年以来，我聚焦“有新房无新村、有新村无新貌”问题，牢牢抓住全省美丽乡村建设机遇，2020 年分别创建省级、昭通市级、县级美丽乡村 3 个、8 个、16 个；深入实施农村“厕所革命”，实现了农村卫生户厕全覆盖；规划总投资 2 亿元，建设 90 个沿江人口密集居住点污水处理厂（设施），2020 年已实现镇（街道）污水处理厂全覆盖，2021 年将基本实现“两江”流域及主要支流人员聚居点污水处理设施全覆盖，干净宜居的农村人居环境成了广大群众美好生活的重要组成部分，美丽水富雏形初现。

一条路，兴旺一个产业，致富一方百姓。我们抢抓脱贫攻坚机遇大干快上，2015 年以来，累计硬化公路 500 公里，完成投资 3.32 亿元，在昭通市率先实现了建制村通硬化公路、村村通客运、通邮的“三通”目标。在此基础上，我以省级“四好农村路”示范创建为契机，着力打通村与村断头路、县与县瓶颈路，抢抓长江经济带生态环境保护 PPP 项目实施机遇，努力克服非贫困县上级补助缺乏的困难，创新投融资模式，2020 年 10 月正式启动 248.6 公里农村公路硬化项目，估算投资 4.1 亿元，涵盖水富市具备条件的所有农村道路。项目实施完毕后，水富市农村公路硬化率将达到90%，农村群众出行更加安全便捷通畅高效。

没有什么基础比扎根群众更坚实，没有什么力量比依靠群众更强大。我深知只有干部，决战决胜脱贫攻坚这场硬仗打不响、更打不赢。必须发挥群众主体作用，以干部沉下去带动群众动起来，脱贫攻坚这棵大树才能落地生根、开花结果。要实现群众思想上同心、目标上同向、行动上同行，就必须回归到“133”工作思路上来，做实做细群众工作，努力实现思想、工作、情感“三个认同”。聚焦实现“思想认同”，我对水富市直部门和镇村干部一直强调“脱贫攻坚群众是主体，要坚持扶贫与扶志、扶智相结合，引导贫困群众破除“等靠要”思想，培育贫困群众自我发展意识和能力”；对于贫困群众，我坚持用“幸福要靠自己勤劳双手去奋斗”与他们一起共勉，凝聚“我要脱贫”的思想共识。聚焦实现“工作认同”，坚持拓展群众参与脱贫攻坚各环节工作的渠道，强化接受群众监督的自觉。比如，在摸底调查中，我们充分保障群众在“谁贫困”“扶持谁”上享有的知情权、参与权、决策权和监督权，组织2020名公道正派、群众公认的村民代表全程参与审核、评议、认定；在帮扶政策制订中坚持因户施策、尊重群众意愿，确保每一项措施符合实际、赢得群众参与和支持；在脱贫退出过程中严格执行退出标准、规范工作流程，对达到退出标准的逐户开展入户调查，与拟退出贫困户面对面讲受益政策、盘算收入支出，由群众自己提出退出申请，严格落实“三评四定”程序，确保每一户贫困户的退出都做到公平公开、程序合规、数据准确、档案完整、结果真实可信。聚焦实现“情感认同”，坚持以“自强诚信感恩”教育、院坝会等为载体，与群众面对面宣传国家扶贫政策，将习近平总书记和各级党委、政府的关心关怀传递给每一位贫困群众。通过长期的教育引导，贫困群众对脱贫攻坚工作的知晓率、认可度和满意率大大提升，自立、自信、自强和知恩、感恩、报恩意识显著增强，挺起了精神脊梁向贫困抗争，勇敢走出大山务工脱贫，积极参与方竹、猕猴桃、李子等农业产业发展。近3年来，水富市农村群众在“四好农村路”建设中捐款捐物达400万元以上、投工投劳500多万人次，在党委、政府的帮扶下，贫困群众通过自身的艰苦奋斗、自强自立，日子越过越红火。为进一步提升农村基层社会治理能力，夯实农村基层基础，把农村群众组织起来深度参与乡村治理各项事务，促进群众事群众议、群众办、群众管。2020年4月，我提出在水富市自然村试点推行“乡村治理委员会”，不断完善村党组织领导下的组织健全、自治有效、服务完善、文明祥和的村民自治制度，构建自治、法治、德治相结合的乡村治理体系。通过在实践中摸索前行，群众自我管理、自我服务、自我教育、自我监督的乡村治理新格局正在形成。

数载辛勤耕耘、春华秋实，数载干群同心、携手鏖战。截至2020年，水富3385户1.3193万名贫困群众全部脱贫，贫困发生率由2014年的23.6%降至0，贫困群众人均收入增长了7350.59元，2020年年底农村居民人均可支配收入预计突破13000元，决战决胜脱贫攻坚成了推动水富农村地区高质量跨越发展的最强动力。

抚今思昔，我非常庆幸生逢这一伟大时代，非常庆幸能投身于这项对中华民族、对人类都具有重大意义的伟业中，贡献了个人的绵薄之力，更庆幸在水富决战决胜脱贫攻坚的战场上，有一支特别能攻坚、特别能战斗、特别能奉献的干部队伍和感恩奋进的人民群众，让“133”工作思路在水富结出了丰硕成果，也让水富这片古老而年轻的土地上，孕育起无限生机和希望。

（作者时任中共水富市委书记）

吹尽狂沙始到金

成　刚

2020 年注定是不平凡的一年，这一年，是脱贫攻坚的收官之年，昭通千百年来的绝对贫困问题即将变成历史的记忆，处在金沙江末、长江之首的水富市，也将迎来消除绝对贫困，与全国、全省、昭通市同步建成小康社会的历史时刻。

俯首甘为孺子牛　一枝一叶总关情

2019 年 6 月中旬，组织安排我到水富就任市委副书记、代市长。这时，距离水富撤县设市仅 8 个月，正处于决胜全面建成小康社会第一个百年奋斗目标的关键之年，更是水富“港园城”三位一体发展破题破局的关键之年，全面打赢脱贫攻坚收官之战，是关系到水富能否与全国、全省、昭通市同步进入小康社会的关键之战。我有幸参与打赢水富脱贫攻坚问题“清零”这最后一仗，确保扣好巩固提升这最后“一粒扣子”。

来到水富之初，我首先要做的就是熟悉市情，摸清家底。我先后深入水富市 4 个镇（街道）各村组调研，访贫问苦，与群众同吃同住同劳动，掌握他们的所想所盼。我首先去的地方是太平镇二溪村，二溪村距离水富 66 公里，与临近的两碗镇三角村一样，是水富最偏远、交通条件最差、贫困程度最深的村，共有建档立卡贫困户 200 户 772 人，其中我挂包的水落埕片区主要涉及二溪村 7、8 村民小组，有群众 32 户 96 人，其中建档立卡贫困户 11 户 42 人，我直接挂包的有 3 户 15 人。为摸清情况，我看得很仔细，每到一户，我都要走进客厅、厨房、卧室，揭开锅盖，拧一下水龙头，看一看床铺，看看他们的住房结不结实？穿得暖不暖？铺盖够不够？问问他们有没有干净水喝？几天吃一次肉？生病了怎么治？孩子在哪里上学？家里人在哪里务工？了解他们是不是真正脱贫了？干部们报上来的数字是不是有水分？除二溪村外，我先后花了一两个月的时间，走访了 4 个镇（街道），下沉到盐井村、古楼村、水河村、永安村、水东村、新安村、新寿村等多个村组，与贫困户促膝长谈，仔细了解真实情况。通过走访调研，再结合各镇（街道）和各部门的汇报，我对水富的脱贫攻坚情况有了大致的掌握，心中也有了底数。

水富虽然是昭通市唯一一个非贫困县（市），工业底子厚，区位优势突出，但 4 个镇（街道）中，就有 2 个镇（太平镇、两碗镇）是贫困镇，占比达 50%。贫困村 19 个，建档立卡贫困户 3385 户 1.3193 万人，贫困人口贫困发生率 23.6%，再加上全国、全省、全昭通市的扶贫政策和资金多向其他贫困县倾斜，水富的脱贫任务一点也不轻。可是，水富自吹响脱贫攻坚号角以来，不等不靠，主动作为，以“愚公移山”之志立下了“到 2018 年，确保现行标准下全县建档立卡贫困人口实现脱贫，12 个贫困村和 2 个贫困镇脱贫出列，解决区域性整体贫困”的军令状，聚焦“两不愁、三保障”和饮水安全，精准把控每一个环节和细节，纵向扣好精准识别、精准施策、精准退出、巩固提升“四粒扣子”。

2015 年以来，水富人以“敢教日月换新天”“不破楼兰终不还”的劲头，坚持“双统领”“双保障”“双推进”，牢牢把握精准要义，聚焦目标任务、重点难点，拉紧责任链条，精准帮扶措施，着力补齐短板弱项，提高脱贫质量，水富市脱贫攻坚工作取得阶段性成效。2018 年，所有贫困镇、贫困村已全部出列，共减贫 3380 户 1.3188 万人，未脱贫人数仅剩 5 户 5 人，贫困发生率从 23.6% 下降 0.0074%，脱贫攻坚胜利在望。

莫听穿林打叶声　何妨吟啸且徐行

水富脱贫攻坚成绩的取得，是几届县委、县政府，市委、市政府坚强领导、同心接力的结果，成绩只属于过去，水富的脱贫攻坚工作仍然不能掉以轻心。在 2019 年 8 月下旬，也就是我到水富工作后的两个月左右，通过多方面的深入调查与了解，在住房问题清零方面，危旧房拆除率仅 52.76%，距离既定目标任务还有较大差距。部分党员干部思想较为松懈，群众工作做得不深不细，面对困难问题简单化甚至批发了事。一部分贫困户脱贫质量不高，可持续发展基础不牢，抵御风险能力不足，至少有 47 户脱贫群众有返贫风险。在教育扶贫方面，义务教育阶段控辍保学数据不精准，镇（街道）数据与行业部门数据甚至相互“打架”。劳动力转移就业方面质量不高，组织化程度较低，水富市近 7500 名贫困劳动力中，还有 1300 多人未转移就业，特别还有 10 多户零就业家庭。农村公路、小水利、通信等基础设施仍然较为薄弱，农业产业基础设施抗自然灾害风险能力较弱。方竹、猕猴桃、李子等产业起步晚，层次低，带动力弱，精细化管理水平还不高，还没有真正形成“一镇一业”“一村一品”的局面。农村人居环境“脏、乱、差”现象仍较突出，一些群众习惯于原有的生活方式，乱堆乱放乱扔等陈规陋习短期内难以彻底改变，污水乱泼乱倒，苍蝇蚊子乱飞，群众主体作用发挥不够，“有新房无新村、有新村无新貌”的现象依然存在，要彻底实现问题清零，扣好脱贫攻坚第四粒“扣子”，仍然需要下很大的气力。

发现了问题，就要对症下药。2019 年 9 月，水富市委召开了一届二次全体扩大会议，作出了坚决打赢“五大攻坚战”的部署，把精准脱贫问题隐患清零攻坚战摆在突出位置。我作为脱贫攻坚“双组长”之一，牢牢扛实脱贫攻坚主责，把脱贫攻坚作为水富的重中之重工作来抓，亲自牵头研究水富脱贫攻坚各项工作、决策和部署，定期召集分管扶贫的市委副书记熊启东、市政府常务副市长向东研究脱贫攻坚工作，听取市扶贫办、发改、住建、农业农村等部门负责人关于行业扶贫的情况汇报，与其他中心工作一同安排，一同部署，通过市委常委会、市政府常务会、扶贫开发领导小组会议、专题会议等，及时调整优化“挂包帮”“转走访”机制，落实镇（街道）主体责任和市直单位挂包责任，实行挂包单位网格化包片制度，通过化整为零，将 20 个村 456 个村民小组脱贫攻坚责任按照网格化管理落实到各单位，实现全覆盖。

对标“两不愁、三保障”和饮水安全，我们首先把水富的农村危旧房隐患排查整治清零作为脱贫攻坚“牛鼻子”来抓，紧扣“危房不住人、住人不危房”目标，系统制订建新和拆旧 2 个工作方案，实行处级领导包镇包街道，镇（街道）领导包村包组，挂包单位、企业协同作战，自筹 4000 余万元资金投入整治工作，最终锁定了 762 户建新和 4444 户拆除任务，分解落实到水富市 98 家挂钩部门，派出干部 2400 余名，做到应建尽建、应拆尽拆。通过一年的时间，762 户新建房全部完工，农村危房全部拆除，实现全面清零。

再苦不能苦孩子，再穷不能穷教育。教育是阻断贫困代际传递的根本途径，控辍保学就成了硬任务。2019 年 9 月秋季学期，通过摸底，水富应劝返九年义务教育辍学适龄儿童少年 53 名，其中建档立卡贫困户学生 13 名，水富辍学适龄儿童少年虽少，但我对教育扶贫的要求是“零辍学”，决不让一个贫困适龄儿童辍学，为此，教师、挂包干部等纷纷采取上门劝返、面访劝返、情感劝返、跟踪劝返等方式，开始了劝返“攻坚”行动，通过劝返，大多数辍学儿童少年都返回了校园，但还是有个别“水泼不入”的辍学者，多次劝返仍“雷打不动”，教育部门采取了对监护人实行司法处置的办法，这一方法比较管用，通过努力，到 2020 年 9 月，所有建档立卡辍学适龄儿童少年成功劝返，实现了零辍学。

脱贫攻坚战中，安全饮水保障也是重要一环。通过前几年的努力，水富的安全饮水基本有了保障，最大的问题是缺乏管护，因此，在农村建立管护长效机制，实行收费制是一个有效而且可持续的办法。因此，水富出台了农村饮水安全工程运行管理办法，集中式供水工程的管护落实到单位、集体或协会，分散式供水工程的管护落实到户到人，确保了农村饮水安全工程建得成、管得好、用得起、长受益。另外，鉴于宣威海岱镇安全饮水工程造假事件教训，我和中共水富市委李松涛书记商量决定，在水富市范围内再次开展第二轮饮水安全排查，彻底消除隐患，在摸清底数的基础上，中共水富市委、市政府投入 150 万元资金改善农村安全饮水设施，全面巩固了农村饮水安全脱贫攻坚成果。

扣好第四粒“扣子”，社会兜底保障不可或缺。常言道：天有不测风云，人有旦夕祸福。一次突如其来的灾祸，一次突发的疾病，都有可能让一个贫困家庭重新返贫，强化民政兜底和基本医疗保障就显得尤为重要。2020 年 1—6 月，水富市建档立卡贫困户中有 4269 人次纳入了民政保障范围，其中一般保障对象 3077 人，民政兜底保障户 36 人，特困人员 39 人，孤儿 26 人，残疾人两项补贴 751 人次，发放因疫情造成建档立卡贫困户家庭临时困难 340 人次，共发放保障金 678 万元。在医疗保障上也下足了大力气，1.3193 万名建档立卡贫困户实现 100% 参保，持续巩固县、乡、村三级卫生服务标准化建设，特别聚焦贫困人口、高血压等重点人群，89 支家签团队按时开展工作，做实做细家签服务，降低因病致贫返贫风险。除此之外，为从源头上强化防控致贫返贫，中共水富市委、市政府又针对户籍人口专门设立了精准防贫救助资金，以社会捐助资金为主，不低于 300 万元，由水富红十字会负责筹集，当基金低于 50 万元，由水富市财政及时补齐，为防止致贫返贫再上了一道保险。

“要致富，先修路”，对于交通不便，基础设施差的贫困地区来说，这句话更有现实意义。就拿我挂包的二溪村来说，在三星坝和回龙堡易地扶贫搬迁安置示范点片区，这里共有4个村民小组98户381人，其中建档立卡贫困户80户279人，苗族群众占80%以上，是水富位置最偏、交通最差、生活最苦的自然村落，2015年之前，由于不通公路，该片区与外界的联系处于半隔绝状态，外面的东西拉不进去，里面的东西拉不出来，很多时候要靠人背马驮，条件十分艰苦，脱贫致富完全是一种梦想。脱贫攻坚战打响后，中共水富市委、市政府投入数百万元，不但修通了毛路，还全部实现了硬化。不仅如此，原来的茅草房全部变成了安居房，在三星坝和回龙堡几乎是一夜之间贫穷落后的面貌得到了改变，相邻的红岩坪、大院子等村组，大多数村组公路也得到了硬化，制约群众出行的“任督二脉”终于被打通。2015年以来，水富累计硬化农村公路500公里，实现了建制村通硬化公路、村村通客运、通邮的“三通”目标，我到各镇（街道）调研走访时，发现一些建档立卡贫困户已经购买了摩托车，有的还购买了家庭轿车，生活条件进一步改善。截至2020年，所有贫困村都通了10千伏以上的动力电，贫困村所辖自然村通了380伏动力电。广播电视、通信信号、网络宽带等基础设施全面提升达标，修建村民小组活动场所73个，贫困地区发展基础不断夯实，公共服务能力明显提升。

千淘万漉虽辛苦　吹尽狂沙始到金

问题基本清零，并不意味着脱贫攻坚已经大功告成，巩固脱贫攻坚成果依然任重道远。同昭通其他县区一样，水富贫困群众脱贫致富的一个重要渠道是外出务工，水富的劳动力外出务工方向主要集中在成都、新疆、浙江、昆明等地，主要从事建筑、电工、蔬菜种植、摘棉花、纺织、生产电器等，每月务工收入基本上在3000元以上，少数可达上万元，一个建档立卡家庭，只要有一个劳动力外出务工有稳定收入，基本上就可以达到脱贫指标。2019年，水富加大就业扶贫力度，共转移贫困劳动力就业6599人，完成目标任务数的108%，建设就业创业服务站4个，及时发布和推送就业信息，为贫困劳动力提供就业服务。2020年以来，受新冠肺炎疫情影响，全国就业形势普遍严峻，为了保就业，在积极联系和推送贫困劳动力外出务工之外，利用好工业园区标准化厂房建设、美丽县城建设、金沙湖公园建设、棚户区改造等“港园城”重大项目建设契机，优先向贫困劳动力提供就业岗位，组织“千场招聘进千村”招聘会39场次，7815名贫困劳动力中，实现转移就业6513人，转移就业率达83.34%。设立公益性岗位420个，使用贫困劳动力191人，最大程度保障了就业扶贫。

脱贫攻坚成果巩固，最重要的还得靠产业来支撑。水富国土面积小，人均耕地有限，发展产业注定不能拼规模，只能走“精、特”的路子，结合水富实际，我们选定了方竹、猕猴桃、李子、桃子、水产养殖、生猪养殖几个重点项目，通过夯实产业发展基础、调整种养业结构、整合项目资金技术来巩固脱贫攻坚成果。截至2020年水富市已落地特色产业项目69个，累计发展猕猴桃5.4万亩，李子2.8万亩，桃子0.7万亩，方竹8万亩，水产1.3万亩，实现了水富市建档立卡贫困户产业全覆盖。

脱贫攻坚最终的结果是人的改变，2019年以来，我们聚焦人居环境提升，实施农村厕所革命、农村垃圾治理、农村污水处理、村庄清洁和“百村示范、万村整治”五大行动，在水富市持续掀起了一场城乡人居环境整治提升的人民战争，改建公厕6座，改造农村无害化户厕928户，91个自然村实现生活垃圾有效治理，基本建立了保洁员制度和收费制度。建设太阳能一体化污水处理站3座及相关配套污水管网，解决540余户2290人的生活污水排放问题，通过美丽乡村和重点村镇建设已建成农村一体化污水处理设施4座。全面开展村庄清洁春季和夏季战役行动，清理农村生活垃圾、水塘、沟渠、淤泥、畜禽养殖粪污、残垣断壁等。启动建设特色示范型村庄8个，投入各类建设资金1289万元。在水富市农村成立农村基层自治委员会进行试点，实行网格化管理，发挥党员、公职人员、能人、乡贤在乡村人居环境治理中的积极作用，推动实现城乡环境大改善、群众面貌大提升、整体形象大改观，彻底改变了“有新房无新村、有新村无新貌”的状况，有力推动了农村村民素质的提升和良好风尚的形成。

“千淘万漉虽辛苦，吹尽狂沙始到金。”习近平总书记说过：“中华民族千百年来存在的绝对贫困问题，将在我们这一代人的手里历史性地得到解决，这是我们人生之大幸。”我全程参与水富脱贫攻坚战虽然只有一年多的时间，但一年多的时间弥足珍贵，能够参与水富脱贫攻坚工作，是我的人生大幸，也是我的神圣职责。我相信，在党的领导下，在广大干部的努力下，在广大群众的支持下，我们一定能够打赢这场脱贫攻坚硬仗，以优异的成绩向党和人民交出一份圆满的答卷！

（作者时任中共水富市委副书记、市长）

脱贫攻坚首战告捷　乡村振兴未来可期

熊启东

2020年，是脱贫攻坚的决胜收官之年，通过几年的艰辛努力，水富从2014年至2019年减贫3380户1.3188万人，截至2019年水富市剩余贫困人口5户5人，贫困发生率从23.6%下降到0.0074%。作为扶贫工作的党委分管领导，我既由衷地高兴，又倍感压力，高兴的是社会各界和干部职工用辛勤汗水扶真贫、真扶贫换来贫困数据减少和群众满意度、获得感的提升。倍感压力的是群众脱贫只是新的起点，后续还有诸多工作，人居环境、产业发展、乡村振兴还任重道远。我深知，越是紧要关头，唯有付出百倍努力，让贫困群众一个不少地迈入小康之路，才能为党和人民交出一份践行初心使命的满意答卷。

马胡的"难忘记忆"

马胡村民小组，位处偏远的水富市两碗镇两碗村西南部，是我从脱贫攻坚开始就挂钩的村民小组。走进马胡，一条清澈见底的小河静静流淌，缓缓注入一座碧波荡漾的小湖，仿佛身临"世外桃源"，然而周围一间间土坯房却诉说着这片土地的贫瘠。三三公路虽然已经解决了出行难的问题，但从三三公路到马胡的路还是崎岖不堪，不管晴天雨天，都是泥泞不堪。走进村落，我在与马胡群众交流时，他们说得最多的是由于交通不便、信息闭塞，没有主导产业，青壮年劳动力都外出务工了，村集体经济长期处于空壳状态，产业缺乏能人带、党员不愿亮身份、群众不敢创新业，“老人老房老景老业态”的发展困境较为普遍，没有来钱路子。作为分管扶贫的副书记，我深知水富虽然是非贫困县，但脱贫攻坚同样任重道远。山村的夜晚静谧无声，我躺在床上辗转反侧，脑海中始终在搜寻那一把破解贫困的“金钥匙”。我思忖抓好马胡扶贫，是否能为水富扶贫总结一些经验，提供些借鉴呢？马胡存在“一优”“四无”的现状，“一优”即马湖村有潜在优势，只是谋划深不深的问题；“四无”就是无区位优势，无资源优势，无产业优势，无人才优势。带着这些问题，我深入开展调研，发现要打赢脱贫攻坚战，人的因素至关重要。在第二天的全村脱贫攻坚会议上，我就提出了马胡村必须要走出“党建引领、党员带头、互帮互助、集体致富”的脱贫致富之路。

第一是村容村貌必须变。变村貌则须改善基础设施，群众有了好的生产生活条件，才会精神振奋，干劲十足。最棘手的问题是解决“钱从哪来”这个难题。我与挂包单位、镇村干部充分讨论协商后，最终我提出要建立“向上争取一点、财政安排一点、镇村自筹一点、社会捐助一点”的多渠道筹资机制，形成党政协调、村企共建、挂钩帮扶、社会联动的工作格局，全力保障资金需求，补齐基础设施短板，截至 2020 年，亮化民房 34 户面积 1.9 万平方米，硬化公路 1150 米、联户道路 3500 米，新建沉砂池 1 口 12 立方米、蓄水池 1 口 50 立方米，安装人饮工程管道 3500 米，新建 72 平方米的文化活动室和 360 平方米的文化活动广场。

第二个核心问题就是发展什么产业。我在与马胡村民和镇村干部交流过程中，始终不忘习近平总书记的话：要因地制宜，把培育产业作为推动脱贫攻坚的根本出路。从短期来看，外出务工确实是解决群众脱贫、增收最直接最有效的手段，但从长远和根本来看，发展产业才是脱贫的根本出路。马胡的很多群众家中都在养牛，这在两碗来说也是不多见的。马胡荒坡草山和丢荒土地是制约发展的劣势，但换个角度，发展肉牛产业，荒坡草山资源丰富又正是发展“肉牛”的优势。为此，我多次带领相关部门领导进行实地调研，在充分征求群众意愿和召开会议讨论后，对牛肉价格、市场饱和程度、发展前景等有了更清晰的认识，一个新的产业点子在脑海中基本形成：肉牛养殖大有可为。

由于找准了符合村情民意的发展路子，在干部群众的同心协力下，马胡村悄然发生了变化。特别重要的是村上的专业合作社培育起来了，按照“村集体经济 + 党支部 + 合作社 + 农户”模式，将党支部建在合作社，由村“两委”班子成员带头示范。通过党员带动群众参与、群众受益，辐射周边群众发展，形成党员与群众、汉族与苗族、非建档立卡贫困户与建档立卡贫困户、建档立卡贫困户与建档立卡贫困户抱团发展的良好局面。在合作社的带动下，马胡又发展起了方竹、家禽等，初步形成短中长期相结合的产业发展格局。

群众的“观念之变”

中共昭通市委杨亚林书记多次强调，脱贫攻坚聚焦的是人的改变，不管是基础设施改善，还是产业发展，最终是要回归到人的改变这个根本问题上。如何充分发挥群众主体作用，解决好群众发展产业的“后顾之忧”，真正让群众得实惠，我归纳总结为产业发展需添“三力”：一是拓宽渠道添“动力”。要实现股民效益最大化，产业发展必须在规模化、专业化上下足“绣花”功夫，在马胡发展养牛产业，我提出要在提升功能、注重实效、保证办社质量的前提下，由两碗镇积极争取项目资金来做大做强。最终向上级争取了扶贫产业发展资金和农户创业贷款贴息资金 60 万元，同时村集体经济资金入股 60 万元，有效缓解了规模化生产和发展过程中的投资压力，大幅度增强了股民的信心和创业热情。二是企业保险激“活力”。作为马胡群众的“命根子”，群众认为养牛与养鸡养鸭等风险不同，一头牛价格上万元，如果得病了怎么办？养失败了怎么办？我毫不犹豫打通了中国人保公司昭通分公司水富支公司的电话，把马胡肉牛产业的概况进行了详细的介绍，同时要求镇村详细制订出方案，经过多次协商争取，马胡成功向中国人保昭通分公司水富支公司对肉牛进行投保，充分发挥保险业的杠杆和资金融通功能，放大扶贫资金的使用效率，切实为扶贫产业链注入“活水”，有效化解了养殖风险，让股民吃上“定心丸”。三是全民参与聚“合力”。合作社成立的目的就是要通过抱团发展，群众参与、集体致富。如何实现合作社作用最大化，我首先想到的就是建立一套管用的制度，用制度管人管事。马胡村率先在水富市建立了村规民约，形成了“合理组织分工，不分你我先奉献”的共识。群众纷纷意识到，不是政府要我养牛，而是自己需要养牛，不是政府要发展产业，而是自己发展产业才能得到实惠。走进马胡的家家户户，群众笑容是惬意的，他们对未来充满了信心，他们对党委、政府充满了感激。

马胡的变化给了群众发展的信心和干部干事的决心。马胡肉牛养殖产业的成功经验，也为我抓水富市的脱贫攻坚工作提供了有益借鉴。放眼水富市，为搞清水富市的产业现状，找准发展思路，我召集农业农村部门研究，坚持“特色彰显、深度融合，无所谓城、无所谓乡”的要求，深入开展了农业产业大调研，花大力气精心编制了《水富市农业产业发展规划（2018 —2020 年）》和与之相配套的一系列特色产业专项规划，最终确定了“山上有林果、庄园有畜禽、水中有鱼虾”的发展思路，突出发展方竹、猕猴桃、茵红李三项种植产业，重点发展以淡水鱼为主的水产和以蛋鸡、生猪为主的畜禽等养殖产业，覆盖建档立卡贫困户 3385 户 1.3193 万人，实现年人均增收 1162 元，实现农业产业全面提质增效。

脱贫的“绣花之功”

绣花功夫用得足不足，到了收获的时候，结果就会完全不同。在抓全市脱贫攻坚工作上，我认真落实“四个不摘”要求，即摘帽不摘责任、摘帽不摘帮扶、摘帽不摘政策、摘帽不摘监管，始终在扣好“四粒扣子”上下足绣花功夫。“第一粒扣子”——精准识别。围绕“两不愁、三保障”和饮水安全，全力抓实贫困人口精准识别摸底调查，最终入户调查 1.8188 万户 7.9938 万人，简单的数字背后，是大家共同努力，连夜奋战的结果。在脱贫攻坚工作中，水富市 34 名处级领导直接挂包到行政村，市直挂包单位直接覆盖到自然村，与各镇（街道）会同驻村工作队队员组成调查队伍，深入村民小组开展摸底调查工作，建立“两天一碰头、三天一会商、七天一会议”制度，由挂钩帮扶处级领导、挂钩帮扶单位主要领导、镇挂钩帮扶联系领导、摸底调查员、村“两委”人员、驻村工作队、村民小组片区书记、村民小组长组成“评审团”进行“八方会审”，共同评议摸底调查登记情况，真正摸清水富市农业农村基本情况和群众家底。“第二粒扣子”——精准施策。围绕脱贫攻坚总要求，我明确要求水富市扶贫办要坚持问题导向，统筹好各类资源实施脱贫攻坚“六个一批”。特别是在发展生产脱贫一批上，我借鉴马胡发展肉牛产业的成功实践，要求以“党支部 + 公司、合作社 + 贫困户”等模式，大力发展特色产业。为改变水富农业产业散、小、弱现象，把政府资源与群众发展产业有机结合，我召集农业等相关部门研究，提出了建立农技人员驻村帮扶制度，下沉 15 名农林科技人员脱产自主创业或驻村指导，大胆地尝试农科人才直接参与农业产业发展。同时针对农业产业缺乏特色亮点的实际，提出了采取“政府引导、市场主导、农民参与、部门联动、梯度推进”的方式，成功打造创建 8 个农林科技与产业发展融合的农业产业示范点，为水富产业发展作出示范、积累经验。“第三粒扣子”——精准退出。我始终不忘贫困退出必须严格执行的退出标准和程序，以脱贫实效为依据，对照贫困村出列的5条标准、贫困户退出的7条标准，认真进村入户逐项核实、补齐短板，坚决防止错退，切实提高脱贫质量，做到工作进展心中有数，困难问题心中有数，工作举措心中有数，要求工作人员必须规范建好台账资料、备好佐证资料，特别是在了解外出群众务工收入时，必须要做到务工收入有证明，不能群众说大概，更不能干部主观决定，要始终做到精准，才能严防数字脱贫、虚假脱贫，确保退出精准，才能让群众信服和认同。“第四粒扣子”——巩固提升。群众脱贫后，巩固脱贫成果防止返贫是头等大事。我提出要建立网格检测员、驻村工作队、挂钩帮扶责任人“三支队伍”，每月进行走访对比，重点了解收入支出、产业就业、就医就学、住房、饮水等情况，并报镇（街道）、村逐级研判进行实时更新，要实现标识清、底数明、常态化监管。2019年以来，累计排查出风险户47户167人，继续落实挂钩帮扶措施脱贫46户163人，剩余1户4人也制订了具体的帮扶措施，有力保障了脱贫质量。

党建的“显著优势”

在脱贫攻坚一线战场上，必须要坚持双统领双保障，抓实党建扶贫双推进。我们先后选派4名处级党员领导担任镇（街道）党（工）委第一书记，选派23名优秀科级干部到贫困镇挂职，担任镇党委副书记和驻村扶贫工作队队长，选派64名扶贫工作队队员组建19支扶贫工作队驻村工作，充实脱贫攻坚力量，实现贫困镇村帮扶干部全覆盖。我们在易地扶贫搬迁集中安置点配套设施实现“五到户两集中”，成立安置点红色物业管委会，选举产生管理委员会主任1名，副主任2名，委员5名。推动党小组组长与业主管理委员会主任双向进入、交叉任职，加强基层党组织对安置点后续管理的领导，建立健全镇（街道）干部及脱贫攻坚一线干部的考核评价机制，制订出台《不胜任现职干部召回管理办法（试行）》等“三办法两规定”，在脱贫攻坚一线提拔使用干部54人，调整重用干部83人。加大脱贫攻坚一线干部培训，共培训3000余人次。建立驻村管理制度，切实发挥好驻村扶贫工作队作用，驻村工作队在一线“淬火”锤炼，切实“驻”进民心“帮”到心坎，展现了良好的“水富铁军”形象。同时不断发展壮大村级集体经济。2019年集体经济收益达到5万元以上的村（社区）22个，其中10万元以上的村（社区）有5个，无集体经济“空壳村”和收益2万元以下“薄弱村”，贫困村集体经济覆盖率100%。

乡村的“美好蓝图”

中共昭通市委杨亚林书记明确指出，水富要全面消除绝对贫困现象，着力解决区域性整体贫困问题，做实脱贫巩固提升，打造非贫困县脱贫攻坚的水富“样本”。围绕这个课题，水富的脱贫攻坚思路首先要解决的顽疾就是农村人居环境，这是我们必须打好乡村振兴第一场硬仗。2019年11月21日，省政府办公厅印发了《云南省美丽乡村评定工作方案》，这是水富打造美丽乡村的一大机遇。有利于巩固水富脱贫成效，同时也为乡村振兴找准了突破口。于是我们迅速召集农业农村、扶贫、各镇（街道）等部门研究，认真盘点家底，主动积极申报省级、市级、县级美丽乡村，同时把美丽乡村与人居环境整治有机结合，以“点、线、面”思路推动农村人居环境整治。“点”上即抢抓全省美丽乡村建设机遇，全面整合资源项目，以“美丽乡村”创建为突破点，围绕创建5方面36项具体指标，以自然村为单元，因村施策。2020年将采取超常规举措争创3个省级美丽乡村、8个市级美丽乡村、16个县级美丽乡村，严格实行乡镇党委书记负责省级美丽乡村、乡镇长具体负责市级美丽乡村、乡镇分管领导具体负责县级美丽乡村创建，力争3—5年时间，实现水富市90个自然村省级美丽乡村全覆盖，切实在“点”上取得突破。“线”上强化推进“河长制”“路长制”，重点强化对公路沿线、河道两旁、沟渠两边、库塘坝、村委会驻地等重点区域的人居环境整治，对农村生活垃圾、村内塘沟、畜禽养殖粪污等定期进行拉网式深度清理，确保无污水、无生活垃圾，达到清洁家园、清洁田园、清洁水源的效果。“面”上充分发挥水富网格化管理制度优势，严格实行以村民小组为单元、农户为基本对象，按照“五净三无两规范”要求，持续深化和巩固农村人居环境整治提升“百日攻坚”人海战行动成果，动员各级网格干部、村“两委”、党员力量下沉、重心下移，动员群众自发打扫房前屋后、室内室外卫生，推动人居环境整治在面上有较大改观。同时率先在昭通市出台农村人居环境整治激励措施实施办法，出台“十项制度”推动农村人居环境整治提升，被云南省农村人居办作为专题简报在全省系统内传阅学习。2020年，邵女坪成功创建为省级美丽乡村，一批批市级、县级美丽乡村层次推进，太平官村、花坛花园、三角锣锅……一幅幅看得见山、望得见水、记得住乡愁的美丽画卷，正在水富大地上徐徐展开。

一代人有一代人的使命，一代人有一代人的担当。我们这代人，有幸见证了中国人民从站起来、富起来到强起来的伟大转折，有幸参与实现第一个百年奋斗目标、决胜全面建成小康社会、决战脱贫攻坚的伟大事业之中，何其幸运，何其难忘。我们将始终坚持昭通市委“133”工作思路，立足实现第二个百年奋斗目标，探索解决相对贫困长效机制，把巩固提升脱贫攻坚成果、实施乡村振兴战略作为构建新发展格局的重要着力点，接续推进农村地区经济社会发展和群众生活改善，逐步消除贫困问题，打造好非贫困县脱贫的“水富样本”。

（作者时任中共水富市委副书记）

五年力帮扶　旧村换新颜

鄢　涛

按照中共水富市委、市政府的统一安排，太平镇盐井村由我们人大常委会机关挂钩帮扶。2015年决战脱贫攻坚号角吹响，水富市人大常委会被指定为挂钩帮扶盐井村的牵头单位，我便成了7家市直部门挂钩帮扶盐井村的“总指挥”。从那时起，我肩扛脱贫使命，靠前指挥、一线作战，通过5年的不懈奋战，硬是把一个贫穷落后的山村变成了如今路畅、房靓、家和、人富的富美山村。

回首盐井村5年前的景象，那些贫穷、落后、酸楚的情景历历在目。

吃透村情　着力基础设施

2015年9月，水富市人大常委会派出了第一任盐井村第一书记兼驻村扶贫工作队队长，我随后带着工作队队长走遍了盐井村7个党支部6个片区30个村民小组，开展调研，了解村情，倾听民意。那时的盐井村没有一条硬化公路、没有一条通组公路，群众的生产生活物资全靠人背马驮。居住环境和条件也很差，特别是在昌坪、上坪、余家山等靠山边一带的群众多数还居住在茅草房、杈杈房、土墙房或石瓦、木瓦房中，其住房低矮潮湿、摇摇欲坠、夏不避雨、冬不防寒，家中没有一件像样的家具家电，人畜混居的状况十分普遍，由于当地没有企业厂矿，没有主导产业，经济收入全靠外出务工支撑。因此，稍微有点文化的年轻男女基本上都在江浙沿海一带打工，有的甚至就在外面安家立业，家中留下的全是些老人、儿童和照顾家庭的妇女，俗称他们为留守在家中的“386199”后勤部队（“38”即“三八”，代表妇女；“61”即“六一”，代表儿童；“99”即“九九”，代表老年人）。哪家有大凡小事、红白喜事，帮忙的全是一帮 40 岁以上的“娘子军”。村民间流传着这样一句顺口溜：“盐井村山高坡坡多，青年男女往外梭，要想建设无能力，只因家中全是老头老婆婆”，这也从侧面印证了当时盐井村贫穷落后的现状。

俗话说“要得富先修路”。针对盐井村交通条件十分落后这一实际，我带领 7 家市直挂钩帮扶部门领导深入片区、深入村民小组、深入农户走访、调研，充分听取群众的意见和建议。经分析、研判绘制了盐井村交通建设作战图，本着先易后难和哪里群众积极性高就先干哪里的原则开挖通村（片区）通组公路。2016 年年初盐井村第一条通组公路——“瓦上”（瓦厂湾至盐井村 9 村民小组上村）公路破土动工，经过全体村民的积极配合和支持，历时 20 余天，全长 3 公里的“瓦上”通组公路全部挖通，这标志着盐井村在脱贫攻坚中打响了交通建设第一枪。在随后的几年里，先后挖通了昌坪公路、斯立公路、余家山公路、刘家坝公路、董家坪公路等 13 条全长 38.6 公里的通村通组公路，2020 年在巩固提升脱贫成效中，历时 92 天挖通了盐井村最后一条通组公路——上坪公路。

公路挖通后，我想着这下应该好了，可没想到接下来的事更让我揪心，记得那是 2017 年的上半年的一天晚上，我的挂钩帮扶对象打电话给我，只听到电话那头响起很焦虑、很着急的声音，“鄢主任，我的建房材料无法拉上去，材料车在半坡头陷下去了，我找了二三十个人推的推、拉的拉，车子还是动不了，我实在没办法了，能不能请你帮我协调一下，请就近的施工挖机来帮我推一下？明天我等着用材料。”由于夜深人静，我也没能及时联系上就近的挖掘机帮助推车，万般无奈之下，我只好联系村委会包片干部，请她组织附近几个村民小组的群众帮助推车。众人拾柴火焰高，经过近百名群众的共同努力，历时2个多小时，最终将材料车硬生生地推（拉）到了建房点。

这一件事，让我彻夜难眠。公路挖通了，群众还是无法正常运送建筑材料，这是什么情况？原来是新开挖的公路，晴通雨阻，其承载力十分有限，严重制约了建房材料的运输。第二天一早，我便来到盐井村下坪片区，实地查看情况，的确是天上一旦下点小雨，材料车要么车轮打滑、要么陷下去。于是，我立即组织召开盐井村脱贫攻坚专题会，形成了“双轮并进”的作战方案。一方面请水富市直挂钩帮扶单位有力出力、有钱出钱，租用挖掘机在建房相对集中的区域为群众推运建房材料车；另一方面积极争取立项、协调建设资金，实施通公路硬化等事宜。2017年11月，盐井村第一条通组公路——岩脚公路动工硬化，随后随着脱贫攻坚的不断深入，先后硬化了冷水公路、瓦上公路、下坪公路等4条共24.5公里的通村（通自然村）通组公路。

通村通组公路畅通后，群众掀起了新一轮建房高潮。我经常到盐井村走访、调研、督导建房情况和进度。在脱贫攻坚伊始，水富市人大就勇挑重担，人大办挂钩帮扶盐井村最偏远最落后的下坪片区，我挂钩帮扶下坪片区28村民小组最困难的4户建档立卡贫困户。为帮助他们及时解决“两不愁、三保障”和饮水安全，我经常同他们面对面交流、讨论、制订“一户一法”脱贫方案和措施。同他们一起商量产业发展、建房等方案，积极帮他们联系建筑材料和施工队伍。2017年年底我挂钩帮扶的3户贫困户建起了新房，1户实施了危房加固维修，2020年在脱贫成效巩固提升中，原维修加固的那一户贫困户（薛金银）也建起了新房。在挂钩帮扶单位、干部、村“两委”和群众的共同努力下，5年来盐井村先后建起290套新房、实施维修加固43户，保障了群众的住房安全，先后硬化了108户群众的院坝，助力了人居环境整治提升。

助力增收　主导产业发展

“千道理万道理，发展才是硬道理。”5年前的盐井村没有任何支柱产业、主导产业，更不用说有说得出口、拿得出手的特色产业了。按照中共昭通市委脱贫攻坚产业发展“村村有亮点、有看点、户户有支撑”的要求，我通过深入走访、了解，多次召开支部会、村民小会、民情恳谈会和院坝会、板凳会，在认真听取群众的所需所盼、所想所求，充分征求群众对产业发展的愿望、意见和建议后，召开专题会，形成了盐井村“山巅种方竹、山腰养猪牛、山脚有果香”的产业发展规划蓝图。同时，通过招商引资吸引外地企业落户盐井村。在我和市人大的竭力推荐和引进下，2015年4月，总投资1700余万元的水富忠怡生态有限公司——岩脚万头生猪养殖场破土动工建设。经过3年多的建设，2018年年底投入运营，当地群众在其建设期间就近务工收入约200万元。通过不断地壮大发展，2020年已成为太平镇主要的仔猪供应点，并辐射到绥江县会仪、桂花等地，成品猪肉也畅销水富市场。岩脚万头生猪养殖场成了太平镇乃至水富市生猪产业的龙头企业。

5年来，盐井村先后成立了4个农民专业合作社，通过“党支部＋合作社＋农户”的抱团发展模式，全村302户建档立卡贫困户全部加入农民专业合作社。例如2016年水富盛群肉牛养殖专业合作社通过脱贫攻坚产业扶持资金、群众土地入股等方式吸纳60余户群众加入合作社（其中建档立卡贫困户34户）。合作社先后投资100余万元，建起了占地面积2.5亩的集中育肥圈养场、2个配套繁殖基地和一个占地100余亩的放养场，2017年年初合作社养起了第一批西门塔尔、安格斯、本地黄牛等品种的肉牛48头。通过严格的制度管理和两年多自繁自育式“滚雪球”发展，截至2018年年底合作社存栏西门塔尔、安格斯、本地黄牛等肉牛101头，市场估价总价值100余万元。该专业合作社于2019年被云南省老科协认定为云南省90个助力乡村振兴示范点之一。此外，水富华隆石业有限公司、云南乌蒙山矿泉水有限公司等企业不断发展壮大，成为盐井村、太平镇乃至水富市的龙头企业，解决了当地群众就近务工人数60人。同时，有力拉动了盐井村经济社会持续健康发展。

针对盐井村山林资源十分丰富这一特点，我先后多次召集水富市直挂钩帮扶单位领导、太平镇党政主要领导和盐井村“两委”成员专题研究盐井村产业发展，在充分听取大家的意见和建议的基础上，确定了发展以种植方竹为主导产业的发展规划。随后多次织人大代表、村干部代表先后到彝良、盐津和四川、贵州等地，学习考察方竹、猕猴桃、食用菌等种植管理技术，让大家解放思想、开阔视野、丰富思维、借鉴经验。通过人大代表和村干部的大力宣传和带动，5年来，盐井村先后种植了方竹7500亩、甜脆柿710亩、猕猴桃320亩、油桃998亩、李子300亩、三年核桃300亩。让原来闲置的荒山荒地绿了起来。同时，实施了筇竹改造6152亩，全村的罗汉笋每年产量在200吨左右，仅采筇竹笋群众总收入就能达到200余万元，户均增收2000元。以方竹、筇竹为主导产业的种植业已成了盐井群众脱贫致富奔小康的“绿色银行”。

急民所急　展现为民真情

灾情就是命令，救灾就是责任。盐井村连续遭遇了2016年“6·23”“7·05”和2018年“6·26”三次特大洪灾，公路、桥梁、电力、通信等基础设施受到不同程度损毁。特别是2016年“7·05”特大洪灾，盐井村下坪片区及斯立片区共10个村民小组受灾特别严重，下坪片区的通组公路约11公里全部冲毁，26村民小组熊家溪19户群众居住地呈整体滑坡趋势。第二天（2016年7月6日）我从盐井村斯立岗徒步5公里来到熊家溪，和镇干部一起紧急转移滑坡地段农户19户，并协调相关业务主管部门为受灾群众购买帐篷，发动党员先锋服务队为受灾群众运送帐篷、水管和电力设施等材料，及时组织人力物力，当天就为紧急转移群众搭建帐篷 19 顶、点亮帐篷电灯 19 盏。及时为紧急转移安置点群众安装引水管，想尽一切办法帮助群众灾后自救，恢复生活生产。同时，通过水富县政府邀请相关地质专家到熊家溪进行地质论证和制订治理方案。通过为期 3 个多月的治理，全面恢复了道路交通和熊家溪滑坡点治理，让群众重新回到原有的正常生产生活秩序。

在着力解决贫困群众“两不愁、三保障”和饮水安全的同时，我把提升群众的素质作为一项重要工作来抓。我先后到下坪、盐井、岩脚片区利用党员大会、村民小会、民情恳谈会等形式大力宣讲党的十九大精神，开展“自强、诚信、感恩”和“听党话、感党恩、跟党走”主题教育。从思想上解决群众“等靠要慵懒散”“蹲在墙边晒太阳”“坐等小康送上门”和整天“烧酒不离口，麻将不离手”的“思想懒惰病”。用群众身边看得见、摸得着、感受得到的先进典型人和事激励群众，特别是帮助建档立卡贫困群众树立“自立、自信、自强”信心，植根“天上不会掉馅饼，幸福生活要靠自己奋斗”的拼搏思想，释放群众内生发展动力。通过一系列的教育引导，群众素质得到了明显提升、思想观念得到了较大转变，先后涌现出了“只手摘掉贫困帽”的残疾贫困户邓多贵、垫资垫款为贫困户修建住房的老党员曹开富、捐出价值3万余元宅基地修建党员活动室和村民小活动场所的支部书记税再元、义务清扫道路的普通村民郑朝清等好党员、好村民。在通村通组公路硬化建设期间，群众自愿捐款助力硬化公路建设，10 来岁的小学生主动捐出三五元零花钱，六七十岁的老年人自愿捐出 30 元、50 元的卖菜钱，党员干部及群众纷纷捐款 100 元、200 元。外出西安的务工青年郑伯登通过微信朋友圈得知大家在捐款助力通组公路建设时，主动捐款 10000 元用于刘家坝公路硬化建设。在太平镇“六个一点”硬化通村通组公路倡议期间，盐井村下坪、岩脚等片区的受益群众先后自愿捐款 37435 元，虽然他们的捐款对于公路硬化建设无异于杯水车薪，但充分体现出了大家思想上的转变，展现了党群团结一心搞建设、发展家乡的信心和决心。

5 年的挂钩帮扶，我把盐井村当成了第二故乡，把盐井人民当成了好朋友，把下坪群众当成了亲戚，把 4 户挂钩帮扶建档立卡贫困户当成了亲人。我喝过下坪的苦丁茶、吃过亲戚的苞谷粑、睡过农家的四柱床……与亲戚同吃同住同劳动，我多次参与过“进农家、干农活、助春耕”活动。

“亲戚要走才亲。”每到盐井村，我总要到最偏远的下坪片区去看一看、访一访，了解一下社情民意，力所能及帮助群众解决一些生产生活中的实际困难和问题。2020 年 7 月 27 日，我同中共水富市委常委、宣传部部长匡锐到盐井村下坪片区 28 村民小组慰问军属兰光文时（该户为建档立卡贫困户），当了解到她家还没购买猪崽时，我立即帮其想办法购买 2 头猪崽，并请人专程为她家送去，解决了她一家人来年无猪肉吃的问题。俗话说“千里送鹅毛，礼轻情意重”。每年春节期间，我都会组织水富市直挂钩帮扶盐井村的党员干部到贫困户家走访慰问，为他们送去新春的祝福和慰问。我也必到挂钩帮扶建档立卡贫困户家中坐一坐、看一看，摆一摆龙门阵、拉一拉家常，听听他们对来年生产生活的安排和打算，帮助他们参考、谋划。5 年的挂包帮扶，无数次的走访联络、无数次的真诚交谈、无数次的共克时艰，我同建档立卡贫困户心相通、情相连，和盐井村人民建立起了一座“踩不断的铁板桥”，结下了深厚的不解之缘，刻骨铭心，此生难忘！

合力攻坚　助力巩固提升

通过我和 7 家水富市直部门全体帮扶干部 5 年的倾力帮扶和脱贫成效的巩固提升，盐井村发生了翻天覆地的变化。杈杈房、茅草房、土墙房、串架房变成了安全漂亮的砖混、钢混小楼房，群众家中液晶电视机、电冰箱、洗衣机、沙发、席梦思床等常用家电家具应有尽有。全村 966 户群众家家户户通水通电通网络、孩子有学上、人人有医保。先后建起了 2 个党员活动室和 4 个村民小组活动场所，硬化联户道路 28 公里，拆除危旧房 1023 间，维修加固盐井集镇农贸市场 386 平方米，安装盐井集镇、水打坝安置点、冷水 3 个村民小组等地太阳能路灯 45 盏，先后在公路沿线修建了垃圾房 32 个，公厕 3 座。在易洪易险的冷水河、盐井河等相关河段修建了 1000 余米防洪挡墙。5 年来，我以“指挥员”和“战斗员”的双重身份，用脚丈量盐井的山山水水，用心解决贫困群众“两不愁、三保障”和饮水安全，脱贫成效巩固提升。2017 年全村脱贫出列，2018 年全村贫困人口全部“清零”，2019 年，持续开展脱贫成效巩固提升、农村人居环境整治。2020 年的盐井村山更绿、水更清、景更美、人更富，群众的获得感、幸福感、安全感和满意度得到了大幅度提升，一幅同步迈入小康社会的画卷正在太平镇的大山深处徐徐展开！

（作者时任水富市人大常委会党组书记、主任）

立足政协职能优势　全力助推脱贫攻坚

王　罡

2015 年 11 月 27 日至 28 日，中央扶贫开发工作会议在北京召开，一场消除贫困、改善民生、逐步实现共同富裕的脱贫攻坚战在神州大地打响。当时我任中共水富县委常委、县政府常务副县长，挂包两碗镇成凤村，挂钩帮扶建档立卡贫困户 3 户。2016 年 11 月，我调水富县政协任职后，中共水富县委调整我挂钩帮扶两碗镇石燕村，牵头政协机关、总工会、地税局等 5 家单位，通过“挂包帮”“转走访”精准识别，确定建档立卡贫困户 156 户 595 人。其中，我挂钩帮扶 3 户。5 年来，我带领政协机关和其他挂包单位干部，坚持“输血”与“造血”相结合，“帮扶济困”与“助推发展”并举，实现了挂钩帮扶的石燕村按时脱贫出列。

讲政治　筑牢团结奋斗的思想基础

2015 年，精准扶贫、精准脱贫的号角吹响以来，我坚持把脱贫攻坚作为政协工作的重中之重，牢牢把握组织领导、党建引领，政策落实，到村指导，加强督促，团结引领政协机关干部和挂包单位干部，在团结奋斗中积极参与扶贫工作。

加强组织领导。扶贫工作是一项艰巨而光荣的政治任务，作为政协的一把手，我负有不可推卸的政治责任，重担在肩，责任在肩，我丝毫不敢松懈。按照上级的要求：一是成立了县政协脱贫攻坚领导小组，我任组长，副主席任副组长，秘书长和各委室负责人为成员，下设办公室在市政协办公室，由政协秘书长负责日常工作。二是制订完善了政协机关脱贫攻坚实施方案。三是落实派出驻石燕村脱贫攻坚驻村工作队第一书记（队长）。四是按省、昭通市政协党的要求，制订了《政协水富市委员会脱贫攻坚助推行动实施方案》，明确专人负责助推行动工作，强化组织领导、统筹调度，引导和组织委员为脱贫攻坚献计出力。

突出党建引领。认真学习中共中央《关于加强人民政协党的建设的意见》，坚持以党的建设全面引领脱贫攻坚重点任务落实，围绕基层党建巩固年，制订挂包单位党支部与挂钩村片区党支部结对帮扶方案，按照支部五项制度建设要求，开展了支部规范化建设，贫困村“三讲三评”民主评议活动；指导完善挂包村党建工作资料，推行驻村第一书记主抓，基层党组织齐抓共管的模式，党建工作和脱贫攻坚工作取得了较好的成效。

抓实政策落实。做好脱贫攻坚工作，必须要学习政策，掌握政策，熟悉政策。我始终坚持通过召开政协党组会议、主席会议、干部职工会议等形式，传达贯彻习近平总书记关于脱贫攻坚的重要论述和讲话精神，贯彻落实中共云南省委、中共昭通市委和水富市委关于脱贫攻坚的决策部署，统一政协干部和委员思想认识，定期研究和安排部署脱贫攻坚工作。

注重协调联动。坚持不定期到石燕村，组织挂包单位召开联席会议、推进会议，听取工作推进情况汇报，解决帮扶中存在的困难和问题，总结帮扶工作经验，研究制订阶段性帮扶计划，强力推动脱贫攻坚“再回头，再排查，再整改”“村村清”“户户清”“问题清零”等行动。

抓实驻村指导。实施脱贫攻坚 5 年来，先后派出 5 名正科级干部驻挂包村任第一书记（工作队队长）、成员，固定 2 名政协机关干部每月轮流到挂包村协助督查开展工作，其他机关干部职工每月至少深入挂包建档立卡贫困户1至2次，宣传党的富民惠民政策，掌握群众所思所想所盼。统筹水富市直挂包单位，通过开展走访、回访，摸底调查，精准识别，对发现的问题一盯到底，不推不滑，主动解决，确保脱贫攻坚工作顺利开展。2017年，政协牵头挂包石燕村被国办系统标注脱贫出列村，核实退出贫困对象146户572人。2018年退出最后10户23人。

重协商　在帮扶中解决实际问题

“十三五”期间脱贫攻坚的目标是，到2020年稳定实现农村贫困人口不愁吃、不愁穿，农村贫困人口义务教育、基本医疗、住房安全有保障。在“两不愁、三保障”和饮水安全中，我认为，住房安全是脱贫攻坚最大的短板，因为我是从农村走出来的，我知道农村绝大多数贫困户的住房都是建于20世纪的土坯房，采光差、通风差、安全差，群众改善住房的愿望强烈。

2016年11月，我调到水富县政协工作后，从原县政协主席温业祥手中接过了挂包两碗镇石燕村李华清、谢正香、罗业发3户建档立卡贫困户的任务。按照村“两委”和驻村工作队提供的数据，石燕村精准识别的156户建档立卡贫困户中，需要建设安居房的贫困户有133户，我挂包的3户贫困户也属于危房改造对象，其中谢正香、罗业发户分别于2016年签订建房协议，先后开始建房。只有李华清户，迟迟不愿进行危房改造、不签订建房协议。按当时建档立卡贫困户农村危房改造条件，政府无偿补助4万元，资金不足部分还可以申请农村信用社无息贷款，这么优惠的条件，这么好的机会，他为什么不抓住呢？我想他心里一定在顾虑什么，或者有什么难言的心结。我带着疑惑，在石燕村党总支部书记孙才明，政协机关驻村扶贫工作队队长朱兴华的陪同下，走访了李华清家。李华清家的老房子是土坯房，在离新田村组公路100余米的山坡上。为了平时卖点村民生活日常用品，做点小生意增加收入，又在公路边搭建了约20平方米的木板房。家庭夫妻2人，无儿无女，因自身发展动力不足而致贫，属于农村危房改造对象，但从实施农危改以来，一直不愿意接受建房改造。为建房的事，之前挂包干部、村党总支部书记、驻村工作队队长等多次不厌其烦地做思想工作，希望他抓住脱贫攻坚政策机遇，改变自身住房条件，但始终没有什么效果。

习近平总书记在庆祝中国人民政治协商会议成立65周年大会上指出："在中国社会主义制度下，有事好商量，众人的事情由众人商量，找到全社会意愿和要求的最大公约数，是人民民主的真谛。"政协是专门的协商机构，作为政协人应该秉承"有事多商量，有事好商量"的理念，一次协商不成，可以多次协商嘛，总之，一定要在协商中解开李华清不愿意建房的心结。果不其然，几次协商，我都无功而返。后来，我从驻村干部那里了解到李华清的心结所在，是他认为自己无子女，房子修得再好，没有人继承，对建房抱着无所谓的态度。在找到问题的症结后，我决定从"抓机遇""防危险""享清福"3个方面做思想工作，寻求突破口。2017年12月5日，我和驻村工作队第一书记（队长）朱兴华、村党总支部书记孙才明，再次来到李华清家，在寒暄倒茶让座后，先只聊天，不谈建房的事。"小店生意咋样""一月能赚多少钱""身体怎么样""有啥大病没有""老房子的危险排除没有"。在一问一答的闲聊中，老李敞开了心扉，打开了话匣子，讲出了私藏的顾虑，也摆出了建房的一大堆困难。我见李华清主动把话题转到了建房上，赶紧劝说："你家的老房子是高等级危房，住着不安全，要趁着现在你们身体好，还干得动，赶紧把新房子修到公路边上来。修新房子不仅国家给补助，银行还免息发放贷款，经济压力就不大。新房子修好了，既安全又舒适，还方便做生意，这可是千载难逢的好事情，过了这个村就没有这个店了，抓住了这机遇，你两夫妻就等着享清福"。这一席话真正打动了李华清的心，他眼里含着泪花，终于决定建新房了。过了3天，宅基地未落实。2017 年 12 月 9 日上午，驻村工作队和村“两委”将李华清建房宅基地未落实的情况报告给了两碗镇联系石燕村的领导和分管扶贫攻坚的副镇长。下午，镇联系石燕村的领导和分管扶贫攻坚的副镇长到村委会，在石燕村驻村第一书记（队长）朱兴华、村党总支部书记孙才明的陪同下，再次到李华清家做工作，最终确定由村“两委”帮助落实宅基地，请人帮助代建，资金不足部分由李华清自筹。2017 年 12 月 11 日，李华清启动危房改造，经过 5 个月的建设，2018 年 5 月份搬入了新居。宽敞、明亮的新房和他原来狭窄、昏暗的土坯房形成了鲜明对比，他本人对住上新房相当满意，感谢的话语一直挂在嘴边。

2020 年上半年，驻村扶贫工作队队长刘启坤向我报告，水富政协机关保留副处级待遇干部黄泽琨挂钩帮扶的建档立卡贫困户徐小明，2016 年建房时不慎摔残，丧失劳动力，生活不能自理。由其早年改嫁到太平村的母亲照顾生活起居，生活较困难，是全村唯一的一个未脱贫户。“绝不会让一户贫困户掉队”这是我们庄严的承诺。2020 年 4 月 24 日，我带领水富政协机关驻村扶贫工作队队长刘启坤，石燕村总支书记孙才明，水富市民政局副局长杨琼玉，专程到太平村徐小明母亲家中了解情况，协商解决他的具体问题。我们一行人实地查看了徐小明家的情况，和驻村工作队汇报的完全相符，经过反复协商后，民政部门通过农村低保和一年两次临时救助的途径为徐小明提供了兜底保障。

强监督　为脱贫攻坚献计出力

注重发挥在脱贫攻坚中的民主监督作用，把加强对脱贫攻坚工作的民主监督作为政协履职为民的重要工作来开展。坚持脱贫攻坚工作推进到哪里，政协民主监督就跟进到哪里，通过视察调研、协商座谈等多种方式，助推脱贫攻坚政策落实到位。在脱贫攻坚工作中，政协干部既是党政中心工作的参与者，又是围绕党政中心工作发挥政协民主监督职能的监督者。

2017 年 6 月 5 日，水富县“挂包帮”“转走访”暨精准识别摸底调查压实责任专题会议召开，2017 年 6 月 19 日，中共水富县委办、县政府办印发了《水富县贫困人口精准识别摸底调查工作巡查方案》（水办通〔2017〕16 号），方案明确，全县分别成立 4 个精准识别摸底调查工作巡查组和督导组，我分在第 4 巡查组，负责巡查云富街道办事处。巡查方式为：明察暗访、随机抽查、访谈约谈和召开汇报会、座谈会等，巡查内容为：县级挂钩领导对所挂村负责并履行指导监督检查责任情况，挂包单位领导及挂包干部落实摸底调查工作任务完成情况，摸底调查队、队员开展摸底调查工作情况，镇（街道）领导、村组干部履行摸底调查工作职责情况，第 3 方服务人员工作情况，县级督查组发现问题情况以及相关责任单位对问题的整改落实情况，县业务指导组落实摸底调查工作指导责任情况等。

2017 年 6 月 12 日、15 日、27 日，我们组采取明察暗访的方式，先后深入云富街道办事处巡查了高滩村、新安村、新寿村、马脑村、邵女坪社区开展工作。就巡查内容进行了逐项查看，针对各村（社区）存在的不足。我代表第 4 巡查组提了 3 点要求：一是要再次组织街道或镇村干部和调查员开展业务培训，做到熟悉工作流程，统一调查标准和口径；二是要严格审核各类表册，准确把握表与表之间的衔接关系和逻辑关系；三是要严肃工作纪律，加强人员管理，落实规章制度，确保执行有力，做到令行禁止。在新安村，我还到王家炳、肖明立家了解情况，详细询问了他们的家庭住房、人口组成、产业发展、经济收入、子女上学等情况，征求他们对精准识别工作的意见及建议，并一起分析致贫原因，商讨致富措施，鼓励他们保持积极乐观的生活态度，坚定信心，在政策帮扶和自身努力下，争取早日实现脱贫致富。

根据 2017 年 6 月 29 日中共水富县委办、县政府办《关于压实责任强化督查考证做好全县贫困人口精准识别摸底调查工作的通知》（水办通〔

2017〕19号）精神，我除了要负责巡查云富街道办事处，还要负责石燕村监督指导检查工作。在文件规定的时间范围内，我先后多次深入石燕村督查精准识别摸底调查工作，因此我在中共水富县委扶贫开发领导小组会议上作研判发言，所提出的“进一步校正各村的贫困人口数据，及时摸清全部底数”的建议得到采纳，为扶贫工作的深入开展做出了努力。

抓提升　确保脱贫成果得巩固

2017年，石燕村虽然摘帽脱贫出列了，但这只是脱贫攻坚工作迈出的第一步。摘帽不摘政策支持，摘帽不摘帮扶责任这是我们的誓言。在扶贫路上，不仅要“扶上马”，更需“送一程”。我丝毫不敢懈怠，一直在思考着如何让脱贫的贫困户不返贫，且逐步能致富的问题。

石燕村总面积23.1平方公里，全村4个片区，22个村民小组，572户1747人；有常住户407户1655人；劳力914人；耕地面积2405亩。境内地势西南高，东北低，山高坡陡，资源匮乏，生态脆弱，基础设施落后，属于典型的高寒山区。要想使贫困不反弹，切实巩固脱贫成果，我思考并践行从4个方面着手开展了工作，也取得了实效。

一是夯实基础设施。俗话说，要致富，先修路。要突破制约农村发展的交通瓶颈，激发贫困群众脱贫致富的内生动力，就要先修路引水。5年来，水富市政协投入帮扶资金31.8万元，结合当时的扶贫修路的项目资金硬化村组公路12公里，分别是柏杨公路4公里，大鱼孔至五洞子8公里，新修6条防火通道16公里。同时修建了柏杨、大石、双房、大坪、槽门等活动场所和便道路、桥梁、水池。

二是抓实产业扶贫。产业扶贫是帮助贫困群众摘掉穷帽子、拔去穷根子的根本路径，是精准扶贫的关键所在，是乡村振兴的重要支撑。我们坚持把产业扶贫作为增强乡村“造血”功能的核心举措，根据挂包贫困村资源和产业发展条件，紧盯市场需求，采取镇、村、驻村单位3级覆盖模式，统筹规划现有资源，努力实现农民增收，增强贫困户脱贫信心。我们大力帮助发展生态黑猪养殖业，全力推进种植方竹、砂仁、茵红李等种植业，砂仁产业已成为群众稳定增收致富的渠道。

三是鼓励外出务工。对于贫困户来说，现在家庭收入的很大一部分来自务工收入。脱贫攻坚开展以来，每年年初，我始终要求水富政协机关干部和挂钩石燕村的相关单位的干部职工，要深入贫困户家中，动员群众外出务工增加收入。我挂钩帮扶的建档立卡贫困户李华清不愿外出务工，为了增加他的家庭收入，我与村委会研究，为其解决了一个公益性岗位，每月有工资收入1350元。由于想尽千方百计、多措并举地增加了群众的收入，确保了石燕村脱贫出列以来没有一户贫困户返贫。

四是发挥委员作用。在聚焦“两不愁、三保障”和饮水安全的基础上，改变单纯给钱给物的帮扶方式，更多从贫困群众实际需求出发，坚持缺什么补什么的原则，定期开展有针对性的帮扶，提高帮扶的质量。2019年，我统筹部分委员活动经费，用于水富市范围内政协系统挂包的建档立卡贫困户产业发展。为在家发展种植业，养殖业的建档立卡贫困户家庭每户送去价值300元的化肥、种子等生产资料，为外出务工的建档立卡贫困户家庭每户送去300元的车票补助，竭尽全力帮助贫困群众解决生产生活中的实际困难。来自各行各业的政协委员各展所能、各尽其才，出资、出力、出智、出技，在扶贫一线履职尽责。比如，政协委员彭祝美，在其餐饮企业解决建档立卡贫困户家庭就业7人，为贫困户农产品（山羊）提供稳定销售渠道；政协委员龚大才慷慨解囊，出资3000元资助两碗镇三角苗族聚居村6名小学生就学，出资5000余元帮助太平回龙堡困难群众，出资1万元资助在校困难大学生完成学业。据不完全统计，5年来，水富市政协机关干部和政协委员帮助贫困户选择合适产业39个，为贫困户产品提供销售渠道42次，帮助贫困人口就业177人，为贫困地区教育办实事86件，资助贫困学生 45 人，为贫困村开展义诊 28 次，解决健康扶贫实际问题 61 个，开展技术服务 16 次、文化活动 13 次、爱心义捐活动 32 次。

“长风破浪会有时，直挂云帆济沧海。”在脱贫致富的道路上，只有起点没有终点，我们一定会牢记习近平总书记的教诲，“不忘初心，牢记使命”，在脱贫攻坚大决战中，不能让一个农村的兄弟姐妹掉队。同时我们水富政协人仍将继续发挥职能职责优势，助力脱贫群众奔向幸福的彼岸！

（作者时任水富市政协党组书记、主席）

我之于脱贫攻坚的“三者”

向　东

水富国土面积439.95平方公里，总人口10.95万人，国家扶贫信息系统锁定建档立卡贫困户却有3385户1.3193万人，占比超过10%。两碗镇和太平镇是全省506个扶贫攻坚乡之一，这表明，水富虽然不是贫困县，但贫困状况不容乐观，脱贫攻坚形势需要正视。然而，经过6年的艰苦奋斗，我们的扶贫工作取得了显著成效，2个贫困镇、19个贫困村悉数出列，建档立卡贫困户全部脱贫，彻底解决了绝对贫困。

在这个脱贫攻坚胜利在望的时刻，回顾攻坚克难中的点点滴滴，感慨颇多。但归根结底，我始终存在三种身份，那就是参与者、见证者和思考者。正是这三种身份的交织与融合，构建了我与脱贫攻坚工作之间的关系。

作为参与者　竭力责任上肩

扶贫开发并非发端于2015年，之前便是一项重要的工作。而从2015年以来，各级党委、政府更是投入了庞大的人力、财力、物力，以前所未有的决心和毅力，付出了巨大的艰辛和努力，纵深推进脱贫攻坚，确保克期全面建成小康社会。

2015年9月，水富县召开了扶贫攻坚暨“挂包帮”“转走访”工作会议，对全县扶贫攻坚暨“挂包帮”“转走访”工作进行了安排和部署。新的工作要求、工作标准和工作机制发生了大变化，集中体现在“精准”二字上。随后，明确要求落实“领导挂点、部门包村、干部帮户”挂包任务，并开展脱贫攻坚“转作风走基层遍访贫困村贫困户”工作。我时任向家坝镇党委书记，立即部署工作，把主要精力投入进去，并结合脱贫攻坚建档立卡“回头看”，轰轰烈烈地开展走访，不断更新数据、落实帮扶措施、完善档案资料，将脱贫攻坚的工作落到每位帮扶干部和每项措施上，工作紧张且有序。

基础不牢，地动山摇。要开展扶贫工作，必须要科学识别出哪些群众才是建档立卡对象。我们严格按照“三评四定”的程序，落实好“一看房、二看粮、三看有没有读书郎、四看劳动力素质强不强、五看村容村貌”的“五看工作法”，坚持实地调研，由户到村、由村到镇，逐级汇总统计调查。经过精准识别，向家坝镇可通过扶持生产和就业发展脱贫462户1649人。在识别贫困对象的同时，大力开展项目扶贫和产业扶贫，将水东黄格、水河凉坝、永安花红作为整村推进项目进行申报，将楼坝双河丑柑种植200亩、水河石岗石龙丑柑种植200亩，作为产业扶贫项目申报，为向家坝产业发展奠定了基础。

2016年，我到云富街道办事处任职。云富街道办事处是城关镇，经济条件是水富三镇一街道中最好的，工作重心主要在城市经济上，脱贫攻坚的任务相对较轻。2016年年底，县委组织所有村民委员会开展脱贫攻坚现场观摩活动，通过比学赶帮超，我们进一步找到了马脑村、高滩村、新寿村、新安村脱贫攻坚存在的短板，发现了工作的差距，并采取了针对性的措施进行补齐。2017年1月，两碗镇三角村、花坛村、新滩村、太平镇二溪村、古楼村、太平村6个贫困村按照程序脱贫出列，云富街道办事处又对比出列村标准完善了工作。

在云富街道办事处工作期间，我致力于加强农村基础设施建设和乡村示范点打造，深入推进新寿村和新安村整村推进项目，道路硬化、民居改造等工作成效明显。此外，考虑到云富街道办事处部分农村基础较好的实际，我把脱贫攻坚与美丽宜居乡村建设统筹起来考虑，整合省级奖补资金等涉农资金，倾力打造马脑村民小组、永久村民小组省级重点建设村，成为引领提升水富市产业发展的示范。

到水富市政府工作后，我分管交通工作，注重推动交通扶贫。通过向上争取资金、引入社会资本等方式。在 2018 年便实现了 50 户以上的自然村组全部通公路，人口聚居较为密集的村组通硬化路。我直接牵头推动农村公路安全防护设施建设，在危险路段设置警示牌、警示墩，修建挡墙，完成幺店子 2 桥和大河口桥 2 座危桥改造工程，建设生命安全防护墙 1.0365 万米。截至 2020 年，新建农村公路 131.88 公里、硬化 500 公里，在昭通市率先实现建制村通硬化公路、村村通客运、通邮的“三通”目标；2020 年通过 PPP 项目启动村组公路硬化 248.6 公里。2019 年 8 月，水富市政府班子分工调整，我直接分管扶贫开发工作。由于当时水富的贫困镇、贫困村悉数出列，未脱贫人口仅剩 5 户。脱贫攻坚的工作重心已经转移到了成效巩固上。一方面，我们着力做大做强农业，长效增加群众收入，围绕水富市“1134”农业产业发展布局，坚持精品化，云富街道办事处和向家坝镇以种植猕猴桃为主，太平镇和两碗镇以种植方竹为主。脱贫攻坚专项资金的产业发展也一以贯之地坚持这个发展方向，做到捏指成拳，避免“撒胡椒面”。另一方面，我们着力在人居环境改善等方面狠抓工作，对群众私搭乱建的建（构）筑物、搬入新房未拆除的旧房、存在安全隐患的房屋进行了针对性的治理，紧扣“危房不住人、住人不危房”的要求，拆除农村不安全住房 4444 户，复垦复绿 7 万平方米。农村危旧房建拆整治工作不仅有力地改变了农村的村容村貌，更为重要的是为农村群众树立了按规矩办事的风向标，成为引导农村群众摒弃旧思想、旧观念的有力抓手。2020 年以来，农村人居环境整治、爱国卫生专项行动等工作协同发力、同频共振，农村群众，尤其是建档立卡贫困户的居住环境进一步改善。

2020年以来，我们深刻认识到年底“大考”的政治意义、现实意义和历史意义，全力以赴做好各项工作。首先，狠抓历年历次各级考核监督检查反馈问题的整改清零，各级反馈问题中水富涉及8类问题129个，已整改完成129个。其次，在问题整改的基础上，举一反三，严格对照《云南省2020年脱贫攻坚成效考核实施方案》（云开组〔2020〕18号）文件要求，举一反三、查缺补漏、自查自纠，重点针对收入、“两不愁、三保障”和饮水安全、农村人居环境、群众内生动力、动态管理、档案资料等方面，做到“问题发现一个整改一个、当日发现当日改、问题整改不过夜”。再次，认真抓好动态管理工作，消除边缘户易致贫风险3户10人，消除脱贫不稳定户风险13户54人，新增脱贫不稳定户1户4人。现阶段系统锁定建档立卡贫困户3385户1.3193万人。最后，结合爱卫专项行动和人居环境整治工作，坚持农村人居环境整治工作的常态化，严防“脏、乱、差”现象造成“不良印象”影响扶贫开发成效考核。通过干部走访和党员带动，实现全民参与、常态保持，真正展现好水富农村人居环境整治的良好成效，不断消除“视觉贫困”、推进“风貌革命”、提升“脱贫成色”。

作为见证者　亲历沧海桑田

我挂钩帮扶的楼坝村地处镇村接合部，紧邻向家坝镇政府，属省级水富工业园区规划区域，国道85渝昆高速、省道205昆水公路横穿全境，水清公路、田阜公路贯穿村组，距水富城区10公里。全村辖7个村民小组，经济林果以桂圆、柑橘为主，第一产业单薄，二、三产业无具体支撑。2018年实现整村脱贫，现有建档立卡贫困户39户153人，已全部脱贫，绝大多数建档立卡贫困户的年收入已达到4000元以上，住房、安全饮水和基本医疗有保障，适龄儿童少年不失学不辍学。

在巩固脱贫攻坚成效的基础上，楼坝村正立足地处向家坝镇人民政府驻地的区位，水富工业园区坐落于内的优势，提前做好脱贫攻坚工作与乡村振兴工作的衔接，推进市级示范点打造工作，明确了“建设一个核心区、两个示范带（公路沿线绿化带、菌红李产业带）、打造三个亮点（千年古树点、党建示范点、观光点）、建好三个功能区（生态采摘区、水产垂钓区、林下养殖体验区）”的工作思路，正在加紧实施。

我的挂钩帮扶建档立卡贫困户梁宗如一家，也是脱贫攻坚政策的受益者。每年我都会去看望他们数次，和他们交心谈心。在这几年中，直观地感受到他家的变化。他家最开始的房子为砖瓦房，2016 年开始修建新房，2017 年修建完成。他家共有 6 人，他和妻子罗永富年龄较大，享受了低保。儿子梁德新在重庆务工，儿媳王敏在家从事公益性岗位，孙女梁莉群在福建就读师范大学已到大三，孙子梁琪义在浙江嘉兴务工，生活发生了巨大变化。

现在，房子修起来了，子女或在外读书或在外务工，一家人生活步入了正轨，他们的精神面貌、居住条件都有了很大的改善，这是楼坝村贫困户脱贫后的共同写照。“现在国家的政策真的好，不仅给修房子，而且娃儿读书、生病吃药这些都有很多优惠。”一位建档立卡贫困户的话语中，可以明显感受到他们精神状态的改变以及对国家的感恩。

国家大事论到极致，不过百姓的柴米油盐！从更宏观的角度讲，楼坝村的变化只是众多贫困村沧桑巨变的剪影，梁宗如一家的变化只是全国千千万万个建档立卡贫困户的缩影。

作为探索者　感觉收获颇丰

在落实脱贫攻坚任务的过程中，我也有诸多感悟。脱贫攻坚践行了我们党“上下来去”的工作方法。所谓“上”，就是自上而下，体现在政策制订与顶层规划中。所谓“下”，就是自下而上，体现在听取群众的心声和意见。所谓“来”，就是从群众中来，所谓“去”，就是到群众中去。在脱贫攻坚中，我们能看到国家层面对脱贫攻坚标准和重点的强调，也能看到国家对整个脱贫攻坚工作完成时间节点的明确。同时，各级党委、政府领导深入一线，访真贫、扶真贫、真扶贫，既视察政策落地落实的实际效果，也听取群众的具体意见和心声。不仅如此，易地扶贫搬迁、东西部协作扶贫、驻村队员工作制度等机制，高度凝聚了社会各方的共识，着力构建专项扶贫、行业扶贫、社会扶贫“三位一体”的大扶贫格局，将脱贫攻坚战打成了一场人民战争。通过脱贫攻坚，让党与群众的联系更加紧密，在改善民生的同时，也巩固了我党的执政基础，更体现了“为人民服务”的宗旨。

脱贫攻坚为农村治理体系和治理能力的现代化夯实了基础。以脱贫攻坚为着力点，我们在农村的治理能力和治理效能以及治理体系都有了巨大突破。脱贫攻坚中被证明行之有效的挂钩包保制度，用在2020年年初突如其来的新冠肺炎疫情防控中起到了重要作用。我们通过包保制度，强化了责任落实，健全了治理体系、提高了反应速度、增强了治理效能。截至2020年年底，水富没有出现一例新冠肺炎疑似和确诊病例。可以说，脱贫攻坚让我们在乡村治理上迈出了巨大的一步，为我们后续进一步抓实抓紧农村工作奠定了坚实基础。

脱贫攻坚政策体现了政策的自我完善。比如，脱贫退出标准的健全完善，将饮水安全纳入考核指标。在这个过程中，上级根据政策实施进程的不同特点，调整了科学的工作安排、采取了相宜的工作节奏，使政策更加符合实际。那种与时俱进、不断修缮和更新的政策执行原则，成为我们今后许多工作落实的重要参考，积累的政策执行经验是其他政策执行的宝贵借鉴。

脱贫攻坚中人的转变十分关键。过去，建档立卡贫困户中存在一个突出的问题，那就是没有形成自己良好的生活习惯，农村人居环境的整治提升依然是一个“老大难”问题，“整”而不“治”也是困扰基层治理的顽瘴痼疾。不少建档立卡群众具备条件、自己也有能力，但受制于思想上的限制，他们不愿意将自己的房前屋后打扫得干干净净，也不愿意保持环境的干净卫生，追求更高品质或者追求更好生活环境的意识还没有在他们头脑中落地生根、开花结果，如何发挥好基层党组织战斗堡垒作用和党员的先锋模范作用，引导群众“讲文明、树新风”是值得研究的重要课题。

脱贫攻坚成效巩固十分重要。脱贫攻坚工作不是农村工作的最后一站，全面建成小康社会是我们工作的又一个起点。成效如果不巩固，不持之以恒，往往可能功亏一篑。而其中，义务教育的保障则是脱贫攻坚实施中极为关键的举措，他将扶贫成效的巩固从现在延伸到了将来，真正意义上切实地阻断了贫困因子的代际传递，使得脱贫攻坚工作跳出了运动式执行的窠臼，成为长期见效的磅礴伟业，在接下来的国家发展中将产生难以估量的巨大作用。

在脱贫攻坚中，我所能参与、见证和思考的不过沧海一粟、冰山一角，但我依然明白这是一场在党领导下的深刻社会变革，简单地回答了“中国共产党为什么能，马克思主义为什么行，中国特色社会主义为什么好”的深刻道理，将激励我们为如期建成社会主义现代化强国而继续奋斗。

（作者时任中共水富市委常委、常务副市长）

统筹推进协调配合　全力助推脱贫攻坚

李廷鑫

反贫困是古今中外治国理政的一件大事，消除贫困、改善民生、逐步实现共同富裕，是党的重要使命，打赢脱贫攻坚战，实现全面建成小康社会目标是全国、全省、昭通市、水富市十三五时期必须完成的重大任务。我作为分管兜底保障、健康扶贫、教育扶贫工作的政府领导，指挥、协调、统筹，全面推进各项政策落实落地，有效促进民生改善，为水富率先脱贫出列打下扎实基础。

济困扶贫　教育先行

治贫先治愚，扶贫先扶智。习近平总书记指出："要把下一代的教育工作做好，特别是要注重山区贫困地区下一代的成长，让孩子们受到好的教育，不要让孩子们输在起跑线上。"为了切实抓好教育扶贫工作，我反复研读习总书记重要讲话精神，组织分管部门学习讨论，从思想上认清公平而有质量的教育贫困家庭子女的意义，理解先牢根基再谋发展才是长远之道。解决了认识问题，补齐教育发展短板，确保教育扶贫政策落实落细就顺理成章地推进。

摸底数，明短板。我主导了水富市范围内开展建档立卡贫困户适龄儿童少年排查工作，多次组织挂钩干部、教师进村入户，对 3 —25 周岁建档立卡贫困户家庭适龄儿童少年就学信息进行比对核实，将比对核实结果及时与国、省扶贫信息系统，国家学籍网、省教育厅扶贫数据管理系统、资助系统进行比对核实，查找差异，比对核实后建立数据库，实行动态管理，精准掌握每一位建档立卡贫困户学生就学信息及享受相关资助政策和金额。通过开展全面排查，摸清了教育扶贫的底数和短板，为下一步工作部署提供科学依据。

抓实控辍保学工作。我把开展义务教育阶段辍学"建档立卡贫困户学生"劝返复学工作纳入各相关单位、各镇（街道）脱贫攻坚工作的重要内容。要求对义务教育阶段辍学学生，逐户向学生及家长发放宣传相关法律法规和教育扶贫资助政策，同时下发《复学通知书》，督促辍学学生家长或监护人限期送子女返校就读。2020 年共排查出义务教育阶段 A 类辍学学生 63 人，其中建档立卡贫困户辍学学生 11 人，已全部劝返回到课堂，实现了 2019—2020 年水富市义务教育阶段辍学学生动态清零目标。同时，对因病、因残等暂时不能到校上课的 27 名（其中建档立卡贫困户 7 人）学生送教上门。

确保教育扶贫资助全面覆盖。贯彻落实"两免一补"、学生"营养餐"和国家助学金、发放生源地贷款等教育扶贫资助政策，同时积极通过教育促进会对因病、因灾以及突发事件导致生活困难的建档立卡贫困户学生及时得到救助，确保学前到大学阶段的"建档立卡贫困户学生"应享尽享教育扶贫资助政策，高中以上阶段在读"建档立卡贫困户学生"无一人因贫辍学。2020 年共兑现教育惠民政策资金 1874.27625 万元，其中，普通高校家庭经济困难新生入学资助 6.85 万元，云南优秀贫困学子和建档立卡贫困户新生奖学金 27 万元，学前教育阶段家庭经济困难新生补助生活费 16.875 万元，高中教育阶段家庭经济困难新生免学杂费、补助生活费和发放助学金共654.935万元，兑现家庭经济困难学生生活补助费200.75625万元，农村义务教育营养改善893.01万元，“雨露计划”74.85万元，涉及2.4792万人次。

脱贫攻坚　健康为本

毛泽东同志说：“身体是革命的本钱。”道出了身体健康对于每个人的重要意义。我认为在脱贫攻坚战中，群众身体健康也是他们能否战胜贫穷的本钱。因此，我在水富市健康扶贫工作会上强调，“各镇（街道）一定要将健康扶贫的各项政策落到实处，真正地为贫困群众做实事、办好事”。

在我挂包的永安村，有一户建档立卡贫困户叫杜生贵，他患4级肢体残疾，又因长期在石粉厂工作染上了肺病，每年的收入大部分都用于支付医疗费。他儿子长期在外面打工补贴家用，一家三口日子勉强维持。后来杜生贵的妻子查出身患脊髓瘤，高昂的医疗费用对这个家庭来说无疑是雪上加霜，全家一度对生活感到绝望。我得知这一情况后，及时召集了相关部门对该户情况进行了研判，制订了具体帮扶措施，派出干部上门宣传医疗保障政策，帮助办理相关住院申报手续，最终12万元的诊疗费减免到了1万余元，减免比例达90%以上，杜生贵一家对生活又燃起了新的希望。杜生贵户的情况不是个案，事实上很多贫困户的致贫原因都是因病致贫，开展健康扶贫意义重大而深远，我重点推动以下工作。

家庭医生签约，让贫困群众不出门就能问诊。出台政策、组建家签团队按时开展上门一般体检、宣传政策、健康行为干预、健康状况随访等工作，做实做细家签服务。截至2020年11月5日，组建家庭医生签约团队89个（每团队的签约人数未超过1000人），团队成员143人，签约建档立卡贫困户1.1711万人，履约1.1711万人，其中：高血压签约824人，糖尿病签约 216 人，严重精神障碍患者签约 152 人，肺结核签约 10 人，履约率均为 100%。

医疗卫生服务能力提升。实现医疗卫生机构“三个一”达标：水富市人民医院已达到二级甲等公立医院标准，每个镇现有 1 所标准化卫生院，每个村民委员会至少有 1 个标准化卫生室，并具有相应功能用房和设施设备。实现医疗技术人员“三合格”达标：水富市人民医院现有卫生技术人员 337 名，护士 172 名，有 22 名副主任医师以上职称的医师；各镇卫生院、社区卫生服务中心共有注册全科医生 5 名，执业医师 16 名；水富市村卫生室（所）共有乡村医生 94 名。实现医疗服务能力“三条线”达标：水富市人民医院有编制床位 420 张，配备了核磁共振、X 光机等设备，固定资产价值 1.3 亿元；各镇卫生院共设有床位 58 张，各镇卫生院均科学设置院内科室，配有救护车，有生化仪、心电图机等设备；26 个村卫生室（所）建筑面积均达 60 平方米以上，有诊断室、治疗室、公共卫生室、药房，并配备有听诊器、体温表、血压计、诊查床等基本医疗设备。

积极推进大病专项救治开展。制订大病专项救治工作方案，对 36 种大病建档立卡贫困户患者，按照“发现一人、救治一人、管理一人”的要求，坚持“病人不动专家动”的原则，通过建立“一人一档一方案”实施救治和管理，做实大病、慢性病救治管理工作。2020 年患 36 种大病 394 人，救治 394 人，救治率 100%。三个一批救治情况：大病集中救治一批 455 人，慢病签约服务一批 1574 人，重病兜底保障一批 7 人，常见多发病 1128 人，救治率均为 100%。四种慢病管理率均达 95% 以上。

对建档立卡贫困人口在水富市内定点医疗机构实施“先诊疗、后付费”医疗服务模式，入院时患者不需缴纳住院押金，出院实行“一站式”即时结算，除结清个人应承担的医疗费用外，由定点医疗机构与城乡居民基本医保和医疗救助经办管理机构之间进行相关费用结算。对确有困难，出院时无法一次性结清自付费用的建档立卡贫困患者可与医疗机构签订先诊疗后付费延期（分期）还款协议，办理出院手续。

兜底保障　守住底线

兜底保障是解决贫中之贫、困中之困、艰中之艰的最后防线，是全面小康的托底安排。通过这项制度，“兜”住最困难群体，“保”住最基本生活，关系到脱贫攻坚任务目标如期完成，关系到全面建成小康社会整体水平。我深刻认识到兜底保障工作是全面打赢脱贫攻坚战的“终极武器”，要切实发挥兜底保障作用，确保应兜尽兜、村不漏户、户不漏人。为把兜底工作做实，我一方面督促民政、人社部门和镇村开展监测、摸底确定对象，确保符合条件的贫困人口全部纳入兜底保障范围，严格落实就业、低保等方面帮扶措施，开展返贫人员救助帮扶工作。另一方面加强特殊困难群体关爱帮扶，确保应保尽保。严格按照规定做好“三个全面”工作：全面落实特困人员、孤弃儿童、事实无人抚养儿童等特殊群体救助福利政策，实现应养尽养；全面落实困难残疾人生活补贴和重度残疾人护理补贴政策，做到应补尽补；全面落实农村留守儿童、妇女和老年人关爱服务政策，做到应帮尽帮。

2020 年，水富市建档立卡贫困户中有 2174 户 3464 人纳入低保保障范围，发放保障资金 1309.8753 万元。其中，一般保障对象 2092 户 3357 人，发放保障金 1199.3846 万元。民政兜底保障 60 户 78 人，发放保障金 68.7458 万元（有 45 户 46 人纳入特困供养保障范围，发放保障金 47.9448 万元）。有 22 户 29 人纳入孤儿保障范围，发放保障金 41.7449 万元。有 657 户 745 人纳入残疾人两项补贴范围，发放保障金 55.89 万元。有 358 人次因疫情造成临时性困难而实施救助，发放救助金 91.86 万元。

“忆往昔峥嵘岁月，看今朝潮起潮落，望未来任重而道远”，教育、健康、兜底保障等民生工程持久深入开展，将永远为困难群众撑起一片蓝天。

（作者时任中共水富市委常委、副市长）

把汗水挥洒在脱贫攻坚的战场上

曾武红

2017年1月23日，习近平总书记在新春贺词中说道："新年之际，我最牵挂的，还是困难群众，他们吃得怎么样、住得怎么样，能不能过好新年、过好春节。"言语之间，无不透露着习近平总书记对于全面建成小康社会、坚决打赢脱贫攻坚大决战的迫切希望和坚定决心。习近平总书记对人民群众的一片深情令我十分感动，让贫困人口和贫困地区同全国一道进入全面小康社会是党对人民的庄严承诺，作为一名年轻的领导干部，我深切地感受到了肩上这份沉甸甸的责任，在这场战役中，我没有理由后退，没有理由不全力以赴、攻坚拔寨！

群策群力共商扶贫"金点子"

2019年7月，我到水富市任市委常委、统战部部长、政法委书记，挂钩帮扶太平镇二溪村脱贫攻坚工作。二溪村坐落于乌蒙山腹地，与昭通以北的绥江、水富交界，因深山切割形成的中滩溪、回龙溪水交汇而得名。全村国土面积64平方公里，辖6个片区25个村民小组500户1780人，其中贫困户 200 户 772 人，是苗、汉散杂居的村寨。随着脱贫攻坚的不断深入，脱贫攻坚已进入贫中之贫、艰中之艰的“深水区”，在打通脱贫攻坚“最后一公里”的关键期，如何防止返贫致贫、补齐短板弱项、增加群众收入，成了我反复思考的问题。为切实掌握村情民意，厘清二溪村脱贫攻坚的工作思路，我同水富市直挂包单位、镇村干部 175 人深入村寨走进农家，看村容村貌，访贫困人家，问收支情况。在全面了解掌握村情户情的基础上，组织召开村“两委”干部、村民小组长、党员群众会议，确定了“狠抓基础设施建设变环境，扶持传统种植养殖保温饱，组织外出务工促增收，发展特色产业稳脱贫，倡导乡风文明转观念，整治人居环境换新颜，增进民族团结享和谐”的工作思路。围绕这个思路，要求督促水富市直各挂包部门积极行动主动担当作为，争取资金政策支持，摆出少数民族地区发展的困难问题，千方百计为二溪村献计出力、改颜换貌。

瞄准目标持续聚力齐攻坚

建房保安居。二溪村农村住房布局凌乱，农村房屋建设存在盲目性、自发性和无序性等诸多问题，不仅影响村容村貌，还存在很多环境卫生死角。中共水富市委、市政府将苗族聚居区三星片区定为易地扶贫搬迁安置示范点后，太平镇先期启动三星坝、回龙堡 2 个易地扶贫搬迁安置示范点 46 户的建房工作。针对单家独户高昂的建材采购价格，要求由村“两委”带领群众多方询价招标，成批量采购集中供给降成本。面对进度缓慢滞后的建设工期，结合贫困户住房实际，采取统规统建、统规自建、加固维修等方式，圆满完成了建档立卡贫困户的住房新建和维修加固任务，按既定目标使 138 户人家住进了新居，67 户人家住上了安全稳固的住房。

修路连民心。道路不通，万事成空，二溪村大部分的村组公路属于泥巴路，群众出行常常“晴天一身灰，雨天一身泥”。我始终把交通建设当成首要任务来抓，项目资金不够，就采取“六个一点”来筹集整合资金；工期进度缓慢，就发动苗汉同胞齐上阵，肩挑手抬背驮。依据公路建设时间和路基稳固情况，先后完成花秋坪至回龙堡、岔河至水落埕、三星坝至大院子、二溪至红岩坪等27公里公路硬化，32公里毛路开挖，组组通公路基本实现。

助学强教育。我积极协调中共昭通市委统战部利用自身的优势，联系民营企业、“香港红十字会”“九九公益”“施永青基金”等社会扶贫爱心力量捐款捐物、组建关爱留守儿童之家、解决老人儿童防寒衣被、装修学生宿舍和发放学习用具。积极协调民革昭通市委积极对接民革上海市委组织广大民革党员、社会爱心人士发起献爱心暖童心“暖冬行动”，为二溪村贫困家庭适龄儿童学生协调到225套价值7.8万元的定制冬装，用真情帮扶二溪，用行动诠释爱心。

发展产业致富。按照“扶持种植养殖传统产业解决群众温饱，发展方竹、中药材、务工经济助农稳定增收”的思路，我积极带头研究，集干部群众智慧拟项目，邀请致富能手现身说法传技术，开展“三讲三评”激发群众内生动力等措施。200多个劳动力带着实用技术外出实现稳定性就业，扶持58户改种脱毒马铃薯，推广高垄种植和晚育病防治350亩，77户人家养羊616头，170户人家喂养生猪525头，161户人家发展土鸡1.1万只。本着产业生态化、项目经济化的原则，在加强黄柏3000亩、核桃376亩、苦丁茶980亩大田管护的同时，新发展重楼60亩、甜柿子1201亩、方竹3191亩，不仅使新上项目向最适宜地块、最勤劳贫困人家集中，而且基本上达到贫困户家庭户户有脱贫项目覆盖，包扶干部个个有产业发展清单的帮扶目标。

探索乡村治理“新路径”。针对当前村干部职数少、事务多的问题，积极探索“党建＋乡村治理”新模式，在6个村民小组、自然村试点成立“乡村治理委员会”，实现治理和服务重心下沉，将村民自治延伸至村落，切实解决纠纷调解、水费收缴、垃圾清运、教育互助等关乎群众切身利益的难题，并逐步在水富市 90 个自然村中全面铺开，努力健全自治、法治、德治相结合的乡村治理体系，不断提升乡村治理能力，确保农村社会充满活力、和谐有序。

补齐短板弱项扶贫显成效

围绕消除绝对贫困，坚持现行扶贫标准不动摇，“两不愁、三保障”和饮水安全等方面的短板，我定期召集水富市直部门、镇村干部召开脱贫攻坚工作推进会，研究脱贫攻坚工作中存在的问题，列出清单、分级负责、条块结合，分类分阶段推进，逐项挂账销号，消除“两不愁、三保障”和饮水安全的空白区和盲区，不留问题户，户户都过关，保持定力耐心，下足绣花功夫，确保高质量完成脱贫攻坚任务。

针对干部群众落后的生活习惯，脏、乱、差的蜗居环境，由我带队，同水富市直挂包单位、镇村干部一道深入群众家中宣传爱国卫生，组织群众参观学习卫生示范户，并在苗族聚居回龙堡安置点开展操家理务培训，党员干部讲解操家理务要领，传授实操技术，引导良好卫生习惯，少数民族群众卫生环境逐步得到改善。

2020 年的二溪村，发生了翻天覆地的变化。全村 200 户 772 个贫困人口，人均纯收入从 2014 年年底的 4830 元上升到 8745 元，人均口粮从吃不饱的粗粮向吃饱吃好的精细方向转变，农村家庭餐桌上肉蛋奶等高能量食品天天可见，一年四季人均 2 套以上换洗衣服基本得到保障，绝大多数村民从安于现状的“等靠要”思想向求变求富凭劳动发家致富的思想转变。

2020 年的二溪村，泥泞的山路变成了硬化公路，茅草房、杈杈房变成了一排排漂亮的小楼房，房前屋后、家里家外干净整洁。夕阳下别墅式的农家小院三五成群的孩子相互追逐嬉戏，两鬓斑白的老人满脸堆笑悠闲地享受着夕阳的余晖。人们的生活越来越好了，脸上的笑容也越来越多了。

（作者时任中共水富市委常委、统战部长、政法委书记、政协党组副书记、工商联党组书记）

推动组织优势转化为发展优势
奋力谱写滇东北开发提速和崛起"水富篇章"

陈恩明

水富是出川入滇的要道，素称"云南北大门"，作为长江航道的起点，水富港是云南融入长江经济带的重要门户、金沙江开放合作经济带的重要城市。2020年年初，我到水富任职，开启了战贫新征程。

太平镇二溪村水落埕有名70多岁的老支书，姓秦。黑瘦黑瘦的，个子不高，他头戴蓝色军工帽，身穿灰色长褂，脚踩一双沾满泥巴的胶鞋，走路颤颤巍巍的，说话不是很利索，给人健忘的印象。一个月400元的补贴，家庭条件也不好，但是组织党员开展学习、带着党员帮群众办事，想办法帮乡亲致富这些事，他总是记得很清楚，也干得很开心很满足。我现在都还记得和他握手时，他手心微凉的感觉。时值盛夏，我们穿着短袖，他却穿着长褂，显得与众不同。

那时我在想：老人家一大把年纪了，还在为父老乡亲能过上更好日子而努力，那么组织部门要如何以市的格局和标准谋划推动工作，如何选优配强各级领导班子，强化干部作风、提振干部能力，加强组织建设、凝聚各方共识，进而全面提升水富发展能力，在更高层次、更高水平上推动高质量跨越发展，真正让干部群众身心温暖起来呢？在推进工作的实践中，这些问题的答案逐渐清晰。

推动干部基层磨砺　确保战疫战贫抓好打赢

一个人如果没有经受过重大历史事件的磨炼，就谈不上担当，脱离了时代背景，任何一个人都不可能发挥出应有的价值。2020年年初，新冠疫情席卷全国，水富作为“云南北大门”，中国第三大水电站向家坝水电站距水富城区仅1500米，流动人口多，湖北籍返乡人员多，守住水富，就守住了云南。

人心惶惶，忐忑不安，面对突如其来的疫情，恐惧是本能，然而责任重于千钧。危急时刻，领导干部必须冲在前，党员必须干在前。大年初一，水富市发布了返岗动员令。水富市29个村（社区）、各卡点、隔离观察点等关键部位迅速成立疫情防控临时党支部41个，25名党员处级领导担任临时党支部书记，身先士卒，带动水富380个基层党组织和5752名党员、3260名干部化整为零，融入379个“微网格”，从严落实管控措施，筑牢群防群控“安全网”。

物资紧缺，天气严寒，交通全面封锁，疫情形势严峻，大战一触即发。我们的干部到村到组一住就是一两个月，逐户摸排，分析研判，测量体温，送物资上门，解决企业复工复产难题……一个普通的医用口罩都是奢侈，一碗泡面成了“人间美味”，一个小时电话不响实属难得。千名干部下一线，战疫战贫稳发展。就这样，水富保持了截至2020年年底无疑似和确诊病例的战绩。

水富的干部直接面对群众和工作实际，容不得讲半点虚的、空的，这是我到水富后最大的感慨。从网格包保制度到挂牌督战机制再到健全完善挂村包片联网格机制，水富市34名处级领导督镇（街道）挂村（社区），98家单位挂钩包片，20个督战小分队，7家行业部门，2400余名干部包保到户。不管是脱贫攻坚、疫情防控，还是爱国卫生专项行动，包括处级领导在内，全员下沉基层一线，推动干部在一线倾听民意民声，在一线发现问题解决问题，在一线提振能力作风。

水富市太平镇盐井村是贫困村，贫困人口多、贫困程度深。辖6个片区30个村民小组，有建档立卡贫困户302户1203人，农村危旧房拆除任务235户。“说实话，拆房子这个事是真的难，但有了网格，由处级领导干部挂帅，水富市、镇挂钩干部助阵，我们工作就有了底气！像12村民小组吴昌成家，经过多次分析研判，多方协调，最后十几名党员干部一起帮忙搬家什、顺柴草、揭旧瓦，危房终于成功拆除！”说起干部下沉一线，太平镇盐井村党总支书记李双材十分感慨。“脱贫攻坚收官在即，问题清零刻不容缓，正因为有坚强的组织保障，才能啃下农村危旧房拆除这块难啃的‘骨头’，实现了100%完成的目标。”

山高、坡陡、路远、弯多，马路旁边就是悬崖，很多人对水富市唯一的苗族聚居村——两碗镇三角村的第一印象就是从“坐车遭甩得七荤八素”开始的。“现在好了，从水富城区到三角村委会1小时就能到。”三角村一名驻村队员正在使劲儿帮群众推打滑的摩托车，棕色棉衣、裤子、水胶鞋上沾满了泥土，地道的庄稼汉打扮，完全看不出来这名20多岁的小伙子是我们政府的干部。“小伙儿不错哩，没想到城里的干部也能吃得了这些苦，还帮我们在朋友圈推销土鸡、腊肉和苗族衣服，能赚不少呢！”

最硬的仗，要派最能打的人，决战决胜脱贫攻坚号令一出，精锐尽出，哪怕奔赴深山，哪怕常年离家。像这样的驻村工作队队员共有64名，他们常年扎根在水富市19个贫困村，为水富的脱贫事业用尽“洪荒之力”。

党建引领“三个组织化”　打造农村发展“红色引擎”

脱贫攻坚也好，乡村振兴也好，关键要靠产业支撑，千好万好群众腰包鼓起来才是真的好。

2019年7月，云富街道办事处迎来了农业系统第一批农技“特派员”——高级农艺师郭祥川、王小容、杨华容。“以前就是因为没有专业老师指导，果树缺乏管理，完全是靠天吃饭，果子品质不好，才卖一两块钱一斤，真的是焦死人啊！现在好了，老师们组织的培训我都认真参加了，果树管理得很好，批发至少都是五六块哩！”在云富街道办事处新安村兰星2村民小组，3位高级农艺师正在李子林里指导群众疏果和开展果树夏季修剪，现场群众积极性很高。

2019—2020年，水富市先后选派两批次31名农林科技人员驻村，开展产业发展指导、创业帮扶带动、产品市场营销工作，着力破除“机关病”，推动农林科技人才在田间地头建功立业。

“关田村民小组建档立卡贫困户陈顺华1股可分红500元和2条鱼，先上来领钱哈。”“要得，要得。”陈顺华一边答应着，满脸洋溢着由衷的喜悦跑到分红台，签字、按手印、领钱、数钱几个动作一气呵成。2020年1月22日，两碗镇成凤村举行集体经济入股分红仪式，9户入股村集体经济发展项目的股东共领到18000元收益金。

抓党建要有格局、有标准、有胸怀、有情怀。水富市强化基层党组织作用发挥，通过“党支部＋合作社＋公司＋农户”发展思路，3385户建档立卡贫困户与农民专业合作社建立了利益联结机制，2020年年底，水富市95%的村集体经济收益达到5万元以上。发展方竹、猕猴桃、李子等长期致富产业共计11.34万亩，建设规模化养猪场17个、蛋鸡养殖场5个、特色水产基地5个，生猪、蛋鸡等短期脱贫产业成效明显，实现了村村有增收项目、户户有脱贫门路。

在水富市两碗镇凉水易地扶贫搬迁集中安置点，干净整洁的水泥路，整齐划一的新楼房，生机勃勃的绿植，鲜红的党员中心户标识格外亮眼。“我们以前住在山上，吃水看天、出门爬坡，热天怕滑坡、冬天怕落雪，住在贫穷窝、没得吃和喝。更不要说娃儿上学和看病就医咯，难上加难啊！搬下来后，不仅生活上方便了，政府还给我们介绍工作，我家头那个出去打工一年能挣好几万呢！邻里有些矛盾什么的，找党员就是，方便得很。”在凉水易地扶贫搬迁集中安置点，我时常能看到悠闲的群众围坐在一起，笑呵呵地谈论着现在的幸福生活。

在安置点我们成立了党小组和红色物业管委会，实行网格化管理，每名党员联系 4 至 5 户群众，共结对联系 65 户群众，着力解决搬迁群众在邻里纠纷化解、劳务输出转移就业、健康文明生活养成等方面存在的问题，确保贫困群众搬得出、稳得住、能致富。

“工资月结、组团出发、厂车包接、带薪年假……”

“做啥子哟？手工编织啊，我参加过镇上和村上的培训，还有证书的，可以不？”

“可以的，你来试试看，做得好加钱！”

在农村劳动力“转移就业百日行动”巡回招聘会，这样的场景很常见。脱贫攻坚 5 年来，依托“自强诚信感恩”主题实践活动、“万民党员进党校”“三讲三评”“自强诚信感党恩”“大走访、大调研”等载体，水富市累计开展贫困劳动力职业技能培训 6308 人次，累计转移就业贫困劳动力 3.06 万人次，建档立卡贫困户劳动力就业率达 85% 以上。我们看到越来越多的贫困群众乘着扶贫政策的春风，立起来，富起来，强起来。

狠抓干部作风转变　推动组织优势转化为发展优势

抓党建核心的一条，就是要把干部切实管好、用好，督促他们健康成长、发挥作用。

经过长时间的了解和接触，部分干部主动思考、担当作为的意识和能力不足，干部队伍青黄不接，后备力量不足，管理使用不理想等问题也逐渐“浮出水面”。如何让水富市各级干部和各方面人才成为推动水富高质量发展的猛士、勇士和斗士，是摆在中共水富市委和组织部面前的时代之问和重大现实课题。

人的问题，首先是思想的问题。针对水富“港园城”的发展需要，我们严格执行“第一议题”学习制度，举办领导干部学习贯彻习近平考察云南重要讲话精神培训班、城市建设管理培训班，发挥党校主阵地作用，突出抓好党的理论教育、党性教育和专业化能力培训，切实增强各级干部人才担当新使命、建设新水富的政治责任感、历史使命感、现实紧迫感，凝聚发展共识，引导广大党员干部深入研究上情、吃透下情，了解周边发展趋势，自觉把时间和精力用在思发展、谋发展、抓发展、促跨越上，建设一支勤学习、善思考的水富铁军。

“干部干部，干是第一位的。如果你都不忙着干事，那么你行使什么权，又履什么职。”每次到基层或者有时间和我们的干部座谈，我总是爱说这句话。

为强化干部政治担当，提振干部精气神，一方面我们通过外引内调，强化“鲶鱼效应”，充分激发干部人才内生动力和工作活力，全面树牢在脱贫攻坚等一线发现、识别、选任干部的鲜明导向。2015 年以来，水富市提拔重用干部中，80% 以上有脱贫攻坚一线工作经历。另一方面，我们严格干部监督管理，制订出台《水富市干部驻镇驻村管理办法（试行）》，推动落实水富市机关事业单位干部职工绩效考核制度，统筹结合评先树优、关心关爱、追责问责等机制，从根本上革除少数干部只领工资不干活，只要组织照顾、不要组织纪律，只要组织荣誉待遇、不要组织命令的恶习，推动干部人才业绩在一线体现、作风在一线转变、党性在一线锤炼，建设一支口碑好、作风正的水富铁军。

有问题不可怕，关键是看不到问题。跟部里面的同志交流时，我常说：作为一名组工干部，要在走村串户和老百姓交流的过程中，发现干部作风存在的问题，并找到破解之法，引导广大党员干部把党和政府的惠民政策直接对接到每名群众手中，让老百姓切切实实感受到温暖和幸福。

2015年以来，我们的产业做强了，住房条件改观了，老百姓的吃穿条件改善了，公共基础设施建设和教育医疗水平等都发生了翻天覆地的变化，这些都是看得见、摸得着、群众有感的。水富市19个贫困村全部脱贫出列，3385户和1.3193万名建档立卡人口全部脱贫退出，与2014年相比，贫困发生率由23.6%降至0，贫困群众人均收入增长7350.59元，脱贫任务目标圆满完成。

我们常说抓党建促发展，只有发展了，老百姓的获得感幸福感和安全感提升了，我们的党建才有生命，才有灵魂。身处脱贫攻坚与乡村振兴两大战略衔接点，两个百年奋斗目标交汇期，我相信，有中共水富市委的坚强领导，有水富市党员干部的齐心协力，有广大人民群众的全力参与，我们一定能不断推动把党的组织优势转化为发展优势，奋力谱写好滇东北开发提速和崛起水富篇章。

（作者时任中共水富市委常委、组织部长、直属工委书记）

坚守初心使命　攻克贫困堡垒

梁　健

坚决打赢脱贫攻坚战，是党中央作出的庄严承诺，是全面建成小康社会的标志性工程，是习近平总书记亲自决策、亲自部署、亲自督战的重大政治任务。虽然水富是昭通唯一一个非贫困县，但仍有太平镇、两碗镇2个贫困镇，特别是太平镇二溪村、两碗镇三角村更是贫中之贫、困中之困，是最难啃的硬骨头。2个村都是水富市边远偏僻、高寒冷凉的深度贫困村，山高坡陡，土地贫瘠，道路不便，在脱贫攻坚开展之前，当地“两不愁、三保障”和饮水安全问题较为突出，贫困群众追求美好生活的向往十分强烈。

一代人有一代人的使命，一代人有一代人的担当，历史赋予了我们带领贫困群众致富奔小康的神圣使命，因为工作调整的关系，我先后参加了攻克二溪村、三角村这两座最艰难贫困堡垒的攻坚战。

遍访群众助民　精准帮扶解决困难

到贫困群众家入户走访面对面交流，是掌握实情、摸清底数、了解民情最直接的方式，是实现脱贫“精准度”的关键所在。作为牵头单位主要负责人，始终扛实责任，从始至终组织并参与到脱贫攻坚的每个环节、每项工作中，经常深入所联系片区贫困户家中开展帮扶，一条板凳上拉家常、交朋友，宣讲党的政策，认真倾听群众意见，针对性地落实产业发展、基础设施建设、教育扶贫、基本医疗保障、社会保障等政策，扎扎实实为民办实事、好事，让贫困群众切身感受到党的温暖、干部的真情。

一枝一叶总关情，帮助贫困群众解决实际困难是我们最关注的。我经常同村“两委”、挂钩帮扶单位、驻村工作队研判梳理群众反映的困难，商量解决办法，全体挂包干部用实实在在的行动为贫困群众办了一件又一件实事。在二溪村，通过水滴筹和个人捐助等方式为9村民小组建档立卡贫困户龚位根家属周维友（尿毒症）协调重病资助金1.27万元，为朱德江（尘肺病）协调重病资助金1.46万元，使两个重病户家庭没有因病返贫；组织倡议伸出援手，为贫困户蒋先彬的侄子蒋德平解决了高中生活费用紧缺难题，让这个年轻学子没有因贫失学。在三角村，积极帮助因照顾年迈老母亲无法外出务工的贫困户杨贵均解决公益性岗位，确保基本生活有保障；为独居退伍老兵邹付才协调资金安装木门，改善提升人居环境；每年春耕时节，都会组织干部职工到劳动力缺乏的贫困户家中，帮助他们种玉米、种洋芋，同吃同住同劳动。

我们多做一点、做好一点，贫困群众就能真真切切地感受到幸福。脱贫之路要用脚步丈量，幸福之花要用汗水浇灌，把贫困群众的一件件难事、急事办好办实，是最有说服力的，是最能赢得群众的肯定和支持的。通过近几年的挂钩帮扶，贫困群众和我们的关系越来越密切，我们迎来的都是群众亲切的话语和幸福的笑脸。

完善设施便民　提高公共服务水平

在入户走访中，群众反映最强烈的是基础设施不完善的短板问题，部分公路没有硬化，经常晴天一身灰、雨天一身泥；少数地方饮水安全得不到保障，蓄水设施少，要靠天过日子，有时基本生活都困难；在一些偏远村民小组，手机信号差，甚至直接没有信号，落后的基础设施成了阻碍贫困群众脱贫奔小康的绊脚石。

发现问题就要对症下药，在各级各部门的倾力协助下，挂钩帮扶单位凝聚合力，下大力气补齐路、水、电、通信等基础设施短板。自脱贫攻坚战打响以来，二溪村新修村组公路 32 公里，先后完成花秋坪至回龙堡、岔河至水落埕、三星坝至大院子、回龙，二溪至红岩坪 27 公里公路硬化，修建蓄水池 6 口、渠道 2700 米，按规划全面完成了电力和通信广电网络建设，在集镇、安置点合理布局太阳能路灯，网络覆盖到 6 个片区 25 个村民小组，打通了全村内外交通、信息联通“大动脉”。三角村先后硬化“三三”“花三”“二田”、锣锅、桃子、红河等 6 条干道约 36 公里，首次实现客运直通到村，曾经晴灰雨阻、坑洼遍地的乡村小道被一条条干净整洁的水泥路所取代。安装自来水管 3800 米，家家户户通上自来水，实现饮水从“水源地”到“水龙头”的安全。不断补齐移动电信基站，实现了 4G 信号全覆盖。公共基础设施的提升改善了群众的生产生活条件，群众获得感、幸福感持续增强。

拆除危房安民　助推脱贫问题清零

住房安全是影响脱贫成效最直观也最刚性的指标。通过易地扶贫搬迁安置和安居工程，贫困户都建起了新房。但由于各种原因，原来的旧房没有及时拆除复垦复绿，部分群众仍然在里面生产生活，生命财产安全存在严重隐患。

2019 年 7 月，中共水富市委、市政府把农村住房安全隐患排查整治作为推动脱贫攻坚问题清零的有力抓手，启动了农村危旧房建拆整治工作。我第一时间下沉二溪，组建起由挂包单位、太平镇、二溪村“两委”人员组成的拆危拆旧工作组，实行半军事化管理，每天早上 8 点集合点名分工开展工作，每天晚上逐户研判情况，认真研究安排次日拆多少、启动建设多少、人员如何组织、安全如何保障等工作，分析群众心理，梳理存在的困难和问题，因户制订方案，分工开展工作。

部分群众不清楚不理解土地政策，建好新房不拆旧房，工作组主动上门宣传“一户一宅”，摆事实讲道理，让群众变被动为主动，积极配合危旧房拆除。村民龙某某迷信“风水”坚决不拆危旧房，大家轮番上阵晓之以理、动之以情，引导树立正确认识，彻底摒弃错误思想。贫困群众董成兴因女儿女婿外出务工，家里无劳动力把有用的旧家具搬到新房，知晓情况后，工作组立即组织力量在保障安全前提下迅速完成。配合拆危拆旧的群众担心搬出来的东西无处堆放，日晒雨淋容易损坏，挂包单位积极投入经费购买 1.2 万平方米防雨塑料布，把搬出来的家具、木料等盖好，解决群众后顾之忧。经过 23 天的共同努力，二溪村在水富市率先完成了 129 户危旧房拆除复垦复绿等工作，“远看新房林立、近看残垣断壁”的景象彻底改变，实现从“忧居房”到“安居房”的顺利变迁。

发展产业富民　巩固提升脱贫成效

2016 年年底，二溪、三角两个村率先脱贫出列，住房、交通等条件得到了极大改善，但我们不满足于最低标准的脱贫，而是要向着 2020 年高质量打好脱贫攻坚收官战、全面建成小康社会发起最后冲刺。

习近平总书记多次强调：“要稳定脱贫，必须挖穷根，挖穷根必须发展增收产业。”扶贫、脱贫如治病救人，“输血”旨在“保住命”，只能治标，“造血”才能“治好病”，这是治本，能够让贫困群众安心奔小康。两个村都在高寒山区，受制于气候、土地等因素，原来主要以种植马铃薯、玉米为主，耕作粗放，缺乏管理，产量低、质量差，只能用于自家日常食用，无法产生经济效益。

产业发展要坚持因地制宜，用“绣花”功夫抓好抓实，努力拓宽贫困村致富新路子。各挂包单位按照中共水富市委、市政府的安排部署，在自己的网格化片区相继开展了“大走访、大调研”“脱贫攻坚巩固提升与乡村振兴意愿走访调查”等活动，采取入户调查、召开座谈会、查阅台账资料、现场查看等方式，既走访贫困户，又走访非贫困户，全面深入了解农户现有产业基础和发展意愿。通过集中研判，大家一致选定发展方竹产业，培育致富带头人成立合作社，按照“支部＋合作社＋基地＋农户”的发展方式，积极争取3名农技人员驻村指导产业发展，解决了贫困户不懂技术这个“硬伤”，着力改变过去传统的简单模式，走上了“为群山增绿让群众增收”之路。截至2020年9月，两个村共计发展方竹种植3.2万亩，土地流转3400余亩，解决近300人就近务工，实现各种收入1700余万元，三星坝竹产业发展示范基地、三角锣锅产业示范点先后完成建设，方竹产业发展态势良好，万亩竹园逐渐形成，方竹已经成为两个村的支柱产业，坚实有力助农增收，实现稳定脱贫致富，有效防止返贫。

创新治理育民　夯实乡村振兴基础

脱贫攻坚的关键在激发贫困群众内生动力，彻底改变“等靠要”思想，让“勤劳文明”成为一种习惯。中共水富市委、市政府选定三角村锣锅村民小组开展乡村治理委员会试点工作，我们秉承“不干则已、干就干好”的登顶精神，多次到锣锅村民小组现场办公，指导成立乡村治理委员会，走村串户征求群众意见，和镇村干部一起研究制订工作制度。治理委员会通过村民议事会的方式，传达学习政策文件精神、开展感恩教育，以帮助提高群众政策知晓率、学会感恩。积极推进积分制管理，每季度积分前5名的村民可以在爱心超市兑换相应物品，引导村民以行动换积分，以积分养习惯，以习惯化新风。合理运用道德评议制度，由乡村治理委员会牵头，组织小组乡贤、片区民警、致富能手、退休教师和离退干部，采取“让群众说”“请乡贤论”“治委会评”方式，每季度评定人居环境示范户、后进户。设立“红黑榜”，对先进典型上红榜表彰表扬，对懒散后进上黑板进行反向约束，评议结果纳入积分管理，着力破除陈规陋习。充分发挥干部职工带头示范作用，发动群众自发打扫庭院卫生、公路卫生、个人卫生，环境卫生发生显著变化。引进公司发展特色苗木基地230亩，建成樱花绿化大道6.8公里，拓宽群众增收渠道。试点工作有序推进，锣锅村民小组乡风焕然一新，群众自我管理、自我服务、自我教育、自我监督的“共建共治共享”的社会治理格局基本形成。

在脱贫攻坚即将收官之际，曾经水富最偏远、最落后的两个贫困村早已今非昔比，发生了翻天覆地的变化，彻底摘掉千百年来的贫困帽子，充满生机活力。在脱贫攻坚的战场上，我们始终坚定帮扶群众摆脱贫困的如磐初心，牢记全面建成小康社会的历史使命，和贫困群众一起勠力同心、奋勇前行。在即将打赢脱贫攻坚这场硬战的关键节点，我们将延续攻克贫困堡垒的决心不变、力度不减，鼓足精气神，守住脱贫攻坚胜利阵地，带领群众朝着同步小康的目标稳步迈进。

（作者时任中共水富市委常委、办公室主任）

身先士卒战一线　山村脱贫奔小康

肖　伟

2015年脱贫攻坚的战鼓擂响，在中共水富市委、市政府的统一安排部署下，我们带着让群众脱困、让贫困村摘帽的使命扬帆起航。岁月不居，时节如流，脱贫攻坚一年又一年，5年的时间过去了，2020年的太平镇盐井村已经不复当年的旧面貌，泥泞难走的乡村土路变成了平整宽阔的水泥公路，摇摇欲坠的老房变成了红砖青瓦的新房，村民的人均纯收入也从2015年的4000余元提高到了2020年的8792元。人居环境和硬件设施的极大改善，收入的大幅度提升，让老百姓看到了实实在在的变化，大大增强了脱贫致富的信心。

狠抓龙头产业发展　带动黑猪养殖致富

“问渠那得清如许，为有源头活水来。”要实现真正脱贫、稳定脱贫，必须找准“穷根子”，开对“药方子”，要把“输血扶贫”变成“造血扶贫”，而发展产业是实现脱贫的根本之策。

时光荏苒，蓦然回首，2015年盐井村的景象记忆犹新。经济薄弱，资源相对匮乏，基础设施落后，无一主导产业，村民主要靠外出打工勉强维持家庭生活，日子极其困难。

“发展啥子产业哦，娃儿些都出去打工了，就我们两个老的在屋头，种点菜，养几只鸡，再养头过年猪，够自己吃就行了，多的我们也干不动。”盐井村29村民小组村民白跃权这么跟我说。

2015年的盐井村，没有任何一项产业做支撑，更没有特色产业拿得出手。为落实中共昭通市委关于脱贫攻坚产业发展“村村有亮点、组组有看点、户户有支撑”的要求，我身先士卒，带领水富市综合执法局、市应急管理局、市人行等七家市直挂钩扶贫单位主要领导深入一线，通过召开支部会、小组会、院坝会、入户调查等方式充分了解民情民意，认真听取群众的发展意愿。通过调查了解，我发现，盐井村多是留守老人和留守儿童，村里面的青壮劳动力几乎都选择了外出务工，劳动力的缺乏也使盐井村的产业发展道路面临一大困难。

几经思考，我决定采取“企业引领、大户示范、农户参与”的方式来探索盐井村的产业发展致富路。我在做了详细的市场调查后发现，当时的生猪市场养殖规模不断下降，价格持续上涨，生猪养殖的前景十分可观。确定发展方向后，我找到了水富忠怡酒楼的高德君总经理，向他介绍了盐井村的现状及群众的期盼，希望能获得忠怡酒楼的支持。高德君总经理听了我的介绍后，对这个项目的投资发展前景表现了强烈的兴趣，经过多次洽谈和实地考察后，最终决定投资3000余万元，成立了水富忠怡生态有限公司，落地盐井村岩足片区建设万头生猪养殖基地。

然而，在项目建设初期，当地个别群众认为，建养猪场会对环境有一定程度的污染，进而会影响他们的生活环境。由于群众的不理解、不支持，工程一度受到阻拦，施工进度达不到预期目标。

我深知，项目建设离不开当地群众支持。在得知工程受阻这一情况之后，我立即带着环评报告和相关人员，挨家挨户，不厌其烦地向群众做宣传解释工作，最终彻底打消了群众的顾虑，赢得了群众的支持，使工程得以顺利推进。在项目建设的 3 年多时间里，仅务工就为当地群众带来了 200 余万元的收益。

如今，生猪养殖基地已经正式投产使用，基本达到了年出栏量 2000 余头，存栏量 4500 余头的目标。按照项目洽谈时与水富忠怡生态有限公司达成的协议，在企业自身发展的基础上，必须带动农户养殖。要求企业以比市场价低 20% 的价格，每年提供 1000 头以上优良仔猪给当地农户饲养，并无偿提供养殖技术支持，以扶持当地农户发展养殖业。同时鼓励周边农户发展生猪饲料种植，企业以市场价向群众收购，并就近解决了 10 余人的就业问题，切实提高了当地群众的经济收入。

狠抓村组公路建设　夯实交通先行战略

盐井村 30 村民小组是当地地势最高，距离盐井村集镇最远的一个村民小组。还记得第一次去 30 村民小组的时候，我才知道 30 村民小组连一条像样的通组公路都没有。当时给我们带路的片区党支部书记薛义跟我说，如果是要走平缓一点的路，就要绕过观音岩，不过那样要多走上近一个小时。如果是要节约点时间，就只能翻过观音岩的悬崖峭壁，那就只需要一二十分钟就到了。我问薛义，平时 30 村民小组的村民赶集都是走的哪条路？他告诉我说，30 村民小组距离盐井村集镇最远，平时村民赶场来回都要走上三四个小时，如果是绕过观音岩的话，来回一趟就还要多走上差不多两个小时，所以他们都是走的观音岩悬崖上的路。

我想亲身感受一下村民出行难的体验，于是选择了翻观音岩这条路。在近乎垂直的观音岩悬崖上被村民们开辟出了一条道路，最窄的地方甚至只有 10 厘米左右，只能容得下一只脚站立。峭壁上凸出的石块被村民叫作“手扒岩”，在攀岩的时候必须抓着它用于借力，长年累月的抓握，粗糙的山岩竟然变得如同鹅卵石般的圆润。我十分谨慎又提心吊胆地跟着薛义，一步一步地向上爬行，好不容易终于爬上了山顶，当我回头反望山下时，足有百余米陡峭狭窄的崖路让我不寒而栗，全身酸软，挥汗如雨，还真有些后怕。

真有点苦尽甘来的感觉，爬上观音岩后，路就比较平坦了，我们很快来到了目的地，开始入户了解情况。30 村民小组农户的房屋基本上都是串架结构，由于年久失修后，都属于不安全住房，都需要新建。但很奇怪，没有一户村民有建房的计划。建档立卡贫困户邓天荣说："咋个修得起哦，还不要说修房子的材料没钱买，就我们 30 村民小组的这个位置，要把河沙砖头运上来，光是二次转运费算下来就要多花去 2 万块左右，修不起啊。"

在与群众交谈的过程中，所有的村民都纷纷表达出了希望修建通组公路的强烈盼望。村民陶贵华说："要是能把路修通，我们 30 村民小组的笋子、蔬菜、猪肉这些农产品，背下去卖就容易多了。现在去赶场东西都不敢买多了，就怕背起走远了走不动。打二两酒说背回来喝，结果在路上歇一哈喝一口的，还没到家酒都喝完了。"

他是笑着说的，但是我听着却很心酸。"要致富，先修路"，没有完善的交通设施何谈致富。针对盐井村交通条件十分落后的实际情况，我带领 7 家市直挂钩帮扶单位领导深入一线，经过集体分析、讨论、研判后，绘制出了盐井村的交通建设"作战图"。本着精打细算、量力而行、惠及群体的原则，2020 年 4 月 14 日，拉开了开挖通组公路的序幕，经过 92 天的奋战，打通了盐井村交通建设的"最后一公里"。

公路修通后，红砖青瓦的新房也陆陆续续在 30 村民小组建了起来。坐在干净敞亮的新房子里面，邓天荣十分感慨地说："做梦也没想到，这一辈子还能住上砖房洋房，真的是要好好感谢党和政府的关心呀。"

邓家其，既是 30 村民小组的组长，也是当地的致富带头人。公路修通后，他率先建起了一个养鸡场，现在能达到年出栏肉鸡 500 余只的规模。他说："以前公路不通，山上的农产品都运不下去，现在好了，公路修通了，不仅我们建档立卡贫困户的房子修起来了，我们生产队的产业也有希望了，整个组的脱贫致富也都看到希望了。”

深入实际找准症结　市场手段破解难题

“糟了，又没得水了，中午弄不成饭了，怕是又只有在外面喊个炒饭来吃了。”在盐井村集镇上，这是句经常能听到的抱怨话。而且，看群众的态度，仿佛都已经习以为常了。经过深入调查了解，我才知道盐井村集镇虽然户户通自来水，还成立了一个用水户协会，但是用水协会资金来源有限，不能做到对用水管道的日常维护，还走的是“免费吃大锅饭”的老路，只要哪里水管破损，又争取不到钱来维修，就会无水供应，就会影响群众正常生活，这已是盐井村集镇的老大难问题了，群众反映强烈但又十分无奈。

小集镇用水问题，看上去似乎是个小问题，但是涉及民生。“群众利益无小事”，群众再小问题也要当大问题来解决。为了彻底解决盐井村集镇的用水难题，我反复深入到用水协会和用水村民家，经过调查才知道，原来集镇用水都是免费供应，所有的用水户都不交费，协会维护用水管道的资金都是向上级争取，有钱的时候就维护，没钱的时候也就不管，谁也不愿意主动出钱出力维护，经常出现“坐吃山空”“等米下锅”“停水停口”的情况。

找到存在问题的原因后，我将村“两委”和用水协会召集在一起，研究解决之法。最终商定，改集镇供水“免费享受模式”为“收费服务模式”。两天后，召集集镇用水户开了一个户主大会，向群众详述了集镇供水的现状以及即将实行的用水收费问题，特别明确了管理方与用水方各自的权利与义务。用了 10 多年的免费水，突然间要收费，不少群众还是有些抵触情绪，在经过向大家苦口婆心的解释之后，集镇供水的收费改革终于得到了顺利推进。

实行用水收费后，用水协会还解决了一个就业岗位，落实了一个专人负责对供水管网的日常维护。现在，在盐井村集镇，再也听不到群众对停水情况的抱怨了。

5年来，我竭尽全力投身盐井村脱贫攻坚的战斗中。用脚步丈量着盐井村的每一寸土地，用双手抚慰着盐井村的点点滴滴。始终不忘初心，牢记使命，切实解决贫困群众“两不愁、三保障”和饮水安全等方面的问题，用汗水“浇灌”着盐井村脱贫致富的秧苗，在盐井村历史上创造了高质量、跨越式发展的5年。一分耕耘，一分收获，5年来，盐井村发生了翻天覆地的变化，2017年实现全村脱贫出列，顺利摘掉贫困村的“帽子”，2018年实现全村贫困人口全部“清零”，在脱贫路上没让一人“掉队”。青山绵延起伏、溪水波光粼粼、道路四通八达、产业日新月异，绿水青山间正呈现出一个“产业兴旺、生态宜居、乡风文明、治理有效、生活富裕”的幸福盐井！

（作者时任水富市人大常委会党组副书记、副主任、市总工会主席）

让群众增收致富　全力助推脱贫攻坚

——挂钩帮扶马脑村这五年

雷跃林

受中共水富市委安排，我和市政协另一名副主席，共同负责牵头挂钩联系马脑村的脱贫攻坚工作。挂包单位调整为水富市机关事务服务中心（水富于2018年11月撤县设市）、市工商联（商会）、市地方志办、市社科联。自脱贫攻坚工作开展以来，我与挂包单位和村“两委”干部团结一心，以前所未有的力度推进工作，以咬碎硬骨头的精神合力攻坚，使马脑村的贫困人口显著减少，贫困发生率持续下降，群众生产生活条件显著改善，贫困人口不断摆脱了贫困。到2018年，建档立卡贫困户全部达到“两不愁、三保障”和饮水安全标准，实现了整村脱贫出列，终于历史性地摘掉了贫困帽子，走上了致富奔小康的康庄大道。

摸清家底　吃透村情

2015年10月初，我会同挂包单位、云富街道办事处的有关领导来到了马脑村，与村“两委”人员一起商量开展脱贫攻坚的具体工作，就此拉开了马脑村脱贫攻坚战的序幕。通过研究，大家统一了“摸清家底、吃透村情，是开启脱贫致富的金钥匙”的共识。决定用2个月时间摸清全村基本情况，为下一步制订合符村情民意的整村脱贫规划和一户一策的精准帮扶措施打好基础。要求挂包单位和挂包贫困户的干部职工，立即进村入户了解情况。由于工作人员贯彻了“五查五看”要求，因此较好地达到了预期的调研效果。“五查五看”是：“一查户籍信息，看能力和负担，了解家庭成员结构，把劳动力从业状况等搞清楚；二查住房，看住房的安全稳固性，把住房的面积、结构、安全情况等搞清楚；三查生产生活条件，看基本生产生活状况，把地力耕畜情况、种植结构、主要日常生活资料等搞清楚；四查收入，看家庭收入来源的结构稳定性，把经营性收入、工资性收入、财产性收入、补贴性收入等搞清楚；五查财产，看贫富程度，把农户经营设施、经营实体、外购房产等搞清楚。正值深冬季节，我和帮扶干部们，走村串户，不畏风霜严寒。翻山越岭，不怕坡陡路远。阴雨连绵，不惧羊肠路滑。宣传群众，不惜苦口婆心。在和群众“扯把子”中收集信息，在“拉家常”中掌握情况，在“吹牛皮”中展望未来。与群众面对面沟通、心贴心交流，采用群众易于接受和喜闻乐见的方式，扎实开展调查研究。通过大家近两个月的共同努力，基本摸清了情况。全村15个村民小组，有农村常住人口577户2377人。有贫困人口50户210人。

精准识别　落实任务

2016年2月10日，我在马脑村召开脱贫攻坚研判会议，与挂包单位干部、驻村工作队队员和村“两委”人员一起，根据走访掌握的第一手资料，遵照“实事求是、因地制宜、分类指导、精准扶贫”的总体要求，以“两不愁、三保障”和饮水安全为标准，对初步摸清的贫困户逐户审核，并按“公开、公正、透明”的原则和“三评四定”的程序，精准识别“建档立卡贫困户”。

马脑村确定的51户“建档立卡贫困户”程序严谨规范。首先，是各自然村党支部在众多的农户本人申请中，通过会议讨论确定了60户后上报到马脑村“两委”。然后，村“两委”先后召开2次会议研究，同意了51户纳入，并返回各自然村。之后，各自然村党支部再召开党员大会审议后，组织村民代表会议讨论通过，形成初选贫困户名单，由村委会和驻村工作队核实后进行第一次公示。在公示结束无异议后，报云富街道办事处对初选贫困户进行审核，街道办事处又组织人员对初选贫困户进行逐户核查，再对确定的扶贫对象名单，经驻村第一书记、包村干部、村委会主任，村党总支部书记、办事处主任、办事处书记签字后，又返回马脑村各村民小组进行第2次公示。公示无异议后，最后报水富市扶贫办复审，复审结束后再返回马脑村各村民小组进行公告。通过这样几下几上审核，马脑村才最终确定出扶贫对象50户210人。

2016年3月16日，我在马脑村召开脱贫攻坚挂包任务分配会议，水富市直单位、云富街道办事处所有帮扶干部参加。会议决定将确定的贫困对象实行结对帮扶，我和郎辉每人帮扶3户，其他干部1至2户不等。要求由村委会和驻村工作队制订整村帮扶计划，帮扶干部结合贫困户实际，制订具体一户一策帮扶计划。根据会议决定，我挂钩帮扶的对象是新永村民小组余美枞，松丰村民小组吴泽兵、周士郡这3户。

深入走访　掌握实情

根据上级要求，从2016年6月起，帮扶干部每月至少走访贫困户1次，收集动态信息，真实掌握民情民意。为此，我带头开展了遍访活动。作为县级牵头挂钩领导，我时刻告诫自己，要脚踏实地，要身先士卒，要全面了解和掌握情况，不做“空军司令”，不搞纸上谈兵。于是我带头扎实地开展了贫困户遍访活动，并记下了以下流水账。

2016 年 6 月 12 日上午，我和马脑村委会委员吴兴高冒着酷暑，在崎岖的道路上开始了走访贫困户的工作。首先来到了大塘村民小组汪真莲家，映入眼帘的是她家土墙房子周围长满了杂草，了解到她已丧偶，长期在外打工供女儿上大学，家中无人居住，是座空房。随后又到了周雄兵家，他家中 6 人，有 2 个老人，2 个孙子，儿子和儿媳长期在外打工，属留守家庭。后来到了廖仲田家，他家是土木结构房子，属 D 级危房，只有父子 2 人居住。下午，我们来到五口村民小组，在走访了宋廷良、宋光旭、朱华别 3 家后，来到清河村民小组宋元昌、宋富昌家时，吴兴高说，这两家都是 D 级危房，都无人居住，宋元昌只有父子 2 人，陪女儿在外读书。宋富昌是个五保户，只有 1 人，长期在水富做护工，每月收入 2000 元左右。

2016 年 6 月 13 日，我和村党总支书记杨克强一起，继续走访贫困户。上午，先去了马脑村民小组罗成伦和景正富 2 家后，来到了我的挂钩联系户新永村民小组余美枞家，和前两家一样，他家土墙房屋破烂不堪，居住已十分危险。有 3 口人，他和妻子，还有一个儿子。余美枞由于脚被电烧残，行动不便。其妻子毛云会长期生病，只能在家做点轻微家务。儿子余可和右手拇指残疾，长期在家。松丰村民小组周士郡家，土墙房屋部分开裂，他父亲因脚痛呻吟，长期生病，被一年 3 万到 4 万医药费开支搞得焦头烂额；松丰村民小组吴泽兵家，我的又一户挂钩联系户他家虽有 3 间土房子和两楼一底的砖混房子共 6 间，但因他妻子贺之雄长期生病，加上修房借款 10 多万元，家中负债累累。下午，我们又走访了茶林村民小组的周开、狄绍珍、周光炳，吉林村民小组的宋良昌、周焕忠、周光品、周文银、周光贵、周久成等贫困户。他们居住的多是土木结构房，因他们居住在市镇规划冻结区内，无法对房屋进行修缮，多属 D 级危房。

通过走访，在我的脑子里留下了至少五方面较深的感性印象。一是贫困程度普遍较深亟待帮扶；二是贫困情况千差万别，需要一户一策精准帮扶；三是 D 级危房很多，急需建安全住房：四是贫困户收入来源少，且极不稳定，需要发展产业稳定增收；五是软散懒习惯和等靠要思想需要转变。这些基础印象，为后来制订马脑村脱贫攻坚计划和贫困户具体帮扶措施，都奠定了思想基础。现在回想起来，还真有“不虚此行”的感觉。

强化责任　精准发力

按照中共水富市委提出的“双保障”要求，针对脱贫出列 6 项标准，2018 年 5 月，我们对阶段扶贫工作进行研判，在确认马脑村无错评、漏评、错退、漏退对象后，全面制订了住房、医疗、教育、养老、务工、产业等方面的帮扶措施，形成了“一户一方案，一人一措施”的精准帮扶路线图，并对照严格落实。

一是开展了贫困对象动态管理大排查。2018 年 11 月底，抽调了 23 人，成立了 5 个大排查工作组，实行包组责任制。通过进村入户走访和村民小组研判，全面摸清和掌握了建档立卡贫困户中有 14 户存在返贫风险，非建档立卡贫困户中的 39 户有致贫隐患，针对风险和隐患，重点落实了相关保障政策和措施，确保了无新增贫困户。

二是形成了对剩余 20 户未脱贫户补短板的责任清单。根据贫困对象动态管理大排查情况，将 20 户未脱贫户的补短板责任清单全部明确给相关责任领导、责任部门和责任人，进一步做到了对贫困对象的家底、致贫原因、帮扶措施、投入产出、帮扶责任、脱贫时序的“六清”要求。

三是多渠道筹集资金落实帮扶措施。通过协调联系领导和挂包单位，共筹集资金 12.4 万余元，用于马脑村脱贫攻坚工作。

竭尽全力　真帮实扶

我挂钩帮扶贫困户的安全住房建设，余美枞家较费周折。他家的土墙房子，大部分墙体开裂倾斜，如遇恶劣天气极有发生倒塌的危险。但他缺钱少物，顾虑重重，坚持不建房。安全责任重于泰山，我想无论如何也要做通思想工作，让他们克服困难尽快建成新房，让我的联系户在安全住房建设中起好带头作用。

2016 年 5 月 16 日，我和傅天才又到了余美枞家，再次做说服建房的工作。傅天才重复着算账说："根据政策规定，政府不仅补助 4 万元，另外还可以贴息贷款 6 万元，加上你自己的近两万元积蓄，你的建房费大数就够了。这种好事，你就是打着灯笼火把也难找，再说雷跃林副主席还答应全力帮助你。你可别坐失良机，过了这个村就没有这个店了。"我又接着说道："你的老房子已很危险了，要赶紧下决心建新房，尽快消除安全隐患。有困难大家都会帮你的。"通过反复劝说，余美枞终于下了建新房的决心。于是，从 2016 年 7 月份开始，他们便在自家的责任地上开始了新房建设。在建房过程中我积极协调有关部门解决包括办理贷款、运输建筑材料等困难和问题，并于 2016 年 10 月竣工，12 月搬进了新家。后来，每次到他家走访，住上安全住房的余美枞一家，总是把感谢的话语挂在嘴上，他是真心在感谢党和政府。

2019 年 8 月，水富全面拆除农村危房，在好不容易做通我的挂钩联系户周士郡家思想工作，终于同意并启动拆危房建新房后，遇到了"拦路虎"。因选择要建新房的原旧房老屋基有一棵电线杆需要移动，这不仅要钱，还需要从下至上电力管理部门的同意。于是我在走正常协调途径的同时，利用个人熟人关系，在很短时间内动用吊车等大型机械，解决了移动电线杆子和重新布线等问题，扫清了周家住房建设的障碍，2019 年 12 月建成了建筑面积 105 平方米的安全住房，2020 年 1 月乔迁了新居。靠周士郡在水富他姐夫处安装门窗，其媳妇杨光彩在美容店打工和家里土地流转的收入，其父亲每月还有2000元退休金，他家不仅于2017年实现脱贫出列，小日子也过得十分舒畅。

我的又一扶贫对象吴泽兵，虽然已有安全住房，但因家中妻子长期生病不能做重活，医疗费用高，加之建房欠账，已是债台高筑，仍然没有摆脱贫困。为使其增加收入摆脱贫困，2016年6月23日，我决定用个人工资为吴泽兵担保，在水富邮政储蓄无息贷款10万元，支持其养殖肉牛，后虽养殖失败，无功而返，但塞翁失马，焉知非福，此举很好地激发了吴泽兵摆脱贫困的动力。

多措并举　确保脱贫

安装引水管道，保障饮水安全。马脑村大多数群众居住在半山腰，祖祖辈辈长期饮用水塘水，很不安全，加之遇到天干时就缺水，给群众生活用水带来极大困难。让贫困群众饮水安全有保障，已被列入“两不愁、三保障”和饮水安全的脱贫标准之中。自从脱贫攻坚工作开展以来，我们高度重视，下大力气，协调资金，争取项目，逐年解决群众安全饮水问题。5年来协调资金50万元，安装人饮管道15公里，使全村13个村民小组522户2155人的安全饮水问题得到了解决。因地理位置较高，剩下马脑和永久2个村民小组的55户232人还在饮用塘坝水、水井水，也必须解决。

拆除危旧房屋，保障住房安全。根据摸排，马脑村非规划区应拆除危旧房有67户。2019年8月26日，我在马脑村召开拆除农村危房会议，对应该拆除危旧房的67户进行了“分包”。在拆除危旧房过程中，所有挂包干部通过“以房找人”的方法，走遍了拆除危旧房对象，耐心细致地做思想工作，得到了多数群众的支持，及时拆除了危旧房屋。但仍有少部分群众或因新房厨房厕所等一些配套设施不完善，或因个人贪占私欲，或因怀旧难舍等诸多原因，对拆除工作不理解、不支持，致使拆除危旧房工作遇到了前所未有的阻力。2019年9月16日，我在马脑村主持召开拆除危旧房分析研判会，对不愿拆除危旧房对象逐户分析原因。会议决定，组建拆除危旧房屋攻坚工作队，采取“党员率先拆、干部带头拆、亲友跟着拆，带动群众拆”和“实事求是解决配套困难”多措并举，实行重点突破的方法，强势推进危旧房屋拆除和拆除后的宅基地的复垦复绿等农村人居环境整治提升工作。通过大家的共同努力，到2019年12月底，马脑村的农村危旧房拆除等相关工作任务全面完成。

协调落实项目，推动增收致富。经过争取上级支持和协调有关单位筹集资金，通过协调有关企业和农户落实项目，推进了包括整村推进在内的许多扶贫项目在马脑村落地见效，进而极大地改善了交通水利等基础设施条件，培育了包括樱红李、猕猴桃、黑猪、肉牛等在内的种养业发展，促进了村民增收致富。这些项目主要有：2018年，实施省级财政专项扶贫资金138万元，实施松丰村民小组整村推进项目60万，实施五口村民小组整村推进项目17万元，实施第一批切块项目资金养猪项目11万元；2019年云富街道办事处投入48万元养殖能繁母牛60头，采取村集体经济公司实施，贫困户利润分红的方式滚动发展，既解决了产业组织化，又保障了贫困户后续稳定增收。2019年实施第一批中央财政专项扶贫资金种植茵红李80亩；2020年实施了第二批中央财政专项扶贫资金母猪养殖项目。

5年的脱贫攻坚，在各级党政组织的正确领导下，在挂钩单位和各级干部的扎实帮扶下，通过全体村民的共同努力，马脑村的贫困户不仅全部达到了“两不愁、三保障”和饮水安全目标，摘掉了贫困的帽子，而且促进了交通水利等基础设施状况的明显改善，种植业和养殖业的迅猛发展，经济收入的快速提高，精神文化生活的不断丰富，村民的获得感、幸福感显著增强。可以说脱贫攻坚这五年，是马脑村历史上发展最好最快的5年，是村民真正告别贫困增收致富的五年。今后我们将按照“摘帽不摘帮扶责任”的要求，持续奋斗，在村民奋进小康的道路上，再助一臂之力！

（作者时任水富市政协党组副书记、副主席）

第二编　基础设施建设

真情付出　静待花开

——水富市交通运输局脱贫攻坚纪实

吴发桂

水富市交通运输局（以下简称交运局）发挥行业优势，倾尽全力挂钩帮扶贫困群众，全局27名干部职工拧成一股绳，用心用情精准实施交通扶贫，为水富脱贫攻坚取得决定性胜利奠定了基础。2016年12月，交运局被中共昭通市委、市政府评为“昭通市脱贫攻坚先进集体”。2018年年底，交运局挂钩帮扶贫困对象户全部脱贫出列，现正助力其向小康迈进。几年来，水富交通人在脱贫攻坚的道路上，不忘重托，牢记使命，不负美誉，奋力前行。

一条公路的珍藏记忆

2015年11月，交运局按照中共水富县委的安排，肩负起了挂钩帮扶太平镇复兴村高家片区8、9、10、11村民小组，共29户建档立卡贫困户128人的光荣任务。当时的复兴村地域面积48平方公里，辖21个村民小组，有农户471户1812人，建档立卡贫困人口220户859人，是典型的深度贫困村。复兴村地处高二半山区，山高坡陡，交通条件十分落后。从村委会到各村民小组再到农户家中，都“没有平坦的大道可走，要在崎岖陡峭的山路上攀岩”是那时的真实写照。比如高家片区村民要到村委会办事，直线距离不过2公里，但来回一趟要走山路4至5个小时。由于群众出行不便，许多农产品运输不出来，即使运出大山，其运输成本也成天价。当时想要卖一头猪，其运输成本就要400元至500元。“交通闭塞，是复兴村贫穷落后的根本原因。”“要致富，先修路，这是山区人民祖祖辈辈的夙愿和期盼。”“交通不通，这是行业主管部门最大的心痛。”村“两委”、村民代表和挂钩单位等各路“英雄”所见高度统一，立即为复兴村修一条从高家片区到村委会的农村公路成了各方共识。俗话说“人心齐泰山移”。村“两委”负责土地协调和群众工作，涉及村民无私让出土地，为修路提供方便，交运局负责勘察设计、协调资金和组织机械并指导施工，其他挂钩单位出钱出力，一条长6.5公里、耗资120万元，从村委会到高家片区的连心路、致富路，仅用5个月时间就建成通车了。路通了，高家片区群众到村委会只要30分钟就能到达，一些农产品如竹笋、珍贵药材重楼、生猪等运出大山的成本大大降低，同时也为建档立卡贫困户建房每户节约运输材料成本2万元左右。为解决好复兴村山区群众行路难、路难行问题，交运局在2015年至2019年期间，累计投入农村公路建设资金2300万元，分别硬化了大凉公路、龙山公路共21公里，新开挖公路8条27公里，受益范围覆盖复兴村全村7个片区。群众出行方便安全，为脱贫攻坚打通了交通瓶颈。投入资金404万元实施大河口危桥改造工程，于2019年通车投入使用，为复兴村打通了出村通道。复兴村的人均纯收入从2015年的2172元，提高到2018年年底的5686元，使该村220户859人当年全部脱贫。

用心帮扶的真情流露

交运局在全力实施交通扶贫的同时，还联合其他挂钩单位积极开展产业扶贫。先后向复兴村建档立卡贫困户免费发放方竹、黄柏、苦丁茶、甜脆柿等经济林苗木，并指导科学栽培和管养；助力村委会组建成立新型农村经营组织 4 个，不断壮大农村实体经济，增加农民收入。

帮扶路上有多困难，水富交通人的帮扶就尽多大力。2016 年“6·23”“7·05”洪灾导致复兴村群众受灾严重，部分建档立卡贫困户的新建房屋或地基被淹埋或冲毁。为解决临时救助，水富县交运局全体干部职工纷纷捐赠食用油、大米、雨衣、手电筒等物资，折合资金 1.5 万余元，为贫困群众解燃眉之急。及时向太平镇划拨资金 50 万元用于洪灾损毁道路保通，先后 5 次调派装载机对复兴村内公路进行塌方清理，累计清理塌方 1 万余立方米，为太平镇特别是复兴村抗灾救灾提供坚实的保障。

交运局挂钩帮扶的 29 户建档立卡贫困户中，原有木结构房 1 户，石砌房 6 户，土墙房 22 户，需要新建的有 28 户。为节约贫困户建房时间和资金，尽快帮助其建成新房入住，交运局出资 13 万元在高家规划设计集中安置点，第一时间启动贫困户建房工作，调派大型机械帮助新建房的贫困户免费开挖地基。为保证贫困户建房材料运输需要，先后在雨季对庙铜公路、大凉公路、高家公路进行填坑补塘、修筑挡墙、水毁重建等，确保公路通畅，为贫困户如期完成房屋建设并顺利搬迁入住提供坚实的外部保障条件。在挂钩帮扶复兴村期间，交运局干部职工每年春节都要到挂钩帮扶对象户家中慰问，与他们进行真情交流，为他们排忧解困。2016 年 7 月，将复兴村 8 村民小组 1 名贫困大学毕业生聘请为交运局协管员，为该户创造相对稳定的收入来源，确保该户稳定脱贫。2016 年 12 月，组织单位职工向挂钩帮扶的贫困户谭康金户爱心捐款 1570 元，帮助该户地中海贫血患者及时就诊，并积极争取将该户纳入低保。

真诚付出群众感党恩

交运人在复兴村挂钩帮扶的日子里，从来都是扶真贫、真扶贫，动真情、出实招，想群众所想，急群众所急。当群众有困难时，或真金白银资助，或急需物资相赠，或跑前忙后协调办事，或沟通思想出主意想办法，竭尽全力为群众办好事实事。他们与自己的挂钩帮扶对象户建立了深厚的感情。挂钩帮扶对象户看在眼里，记在心里，早已把他们当成了自己的“亲戚”。每每遇到下乡走访，碰上哪家吃饭时都要热情相邀，然后连拖带拽地拉进屋，再斟酒添菜盛情款待。哪家要杀过年猪，他们都会邀请我们“吃泡汤”，那是展示他们富裕和人气地位的场合。逢年过节，高家片区的“亲戚”们都要成群结队来水富城里。像是走亲串戚一样，提着腊肉、鸡鸭和土特产到帮扶人家里作客。你要是不领情，他们会真的生气。说我们嫌乡下人脏臭穷酸，吃不来百姓的粗茶淡饭，怕穷亲戚刮油水之类的话，并从此不会搭理，对待我们敬而远之。所以，有农村基层工作经验的老同志经常提醒年轻同志，说一定要领受群众的盛情，但同时要用别的方式补足他们的付出，不让群众吃亏。2018 年农历腊月间的一天周末，交运局职工李章洪挂钩联系的建档立卡贫困户安廷兴，像往年一样提了一大块二刀腊肉、一只腊猪腿，还有竹荪、竹笋之类的东西，提早在春节前来拜访他的帮扶干部。来到李章洪的家门口，落眼一看，比往年赠送的东西更加价值不菲。老安看出李章洪有些难为情不好意思收下时就说：“共产党派来了像你这样的好干部，帮助我们脱贫致富了，我们送点自己劳动所得的土特产表示一下（感谢），应该不算贿赂吧！”李章洪赶紧把他请进屋，让座上茶唠家常后，用他最拿得出手的饭菜招待了这位不是亲戚，却和亲人一样亲的“亲戚”。临走时，李章洪送给老安一个比往年更大的红包。老安红着眼圈，声音有些哽咽地说：“本想来表示一下感谢，可每次都让你多花费，你让我说什么好呢。我算是真遇上贵人了！”

扶贫路上的勇往直前

2019 年 5 月，交运局的脱贫攻坚挂钩帮扶被调整到向家坝镇楼坝村。该村 2018 年脱贫出列，全村地域面积 4 平方公里，辖 7 个村民小组农户 486

户 2025 人，其中建档立卡贫困户 39 户 153 人。交运局挂钩 28 户 109 人，均已全部脱贫。交运人始终“不忘初心、牢记使命”，继续前进，紧盯脱贫攻坚“两不愁、三保障”和饮水安全短板，努力提升人居环境助力乡村振兴，坚决完成脱贫攻坚收官任务。牵头开展楼坝村方塘党支部美丽乡村示范点建设规划工作，聘请四川大成规划设计公司进行建设规划编制，为下步楼坝村发展厘清思路、指明方向，进一步助力乡村振兴。交运局已将示范村内的道路列入硬化计划，正按施工计划有序推进。按照“五净三无两规范”（五净：客厅卧室干净、厨房干净、厕所干净、院坝干净、个人卫生干净。三无：无乱搭乱建、无乱堆乱放、无乱排乱倒。两规范：室内外物品摆放规范、禽畜养殖规范）要求，帮助帮扶对象开展人居环境整治提升，积极参与环境卫生评比。累计派出职工 27 人次参与人居环境整治，派出单位职工参与“最美庭院户”评比 2 次。交运局认真落实水富市委、市政府关于农村危旧房拆除工作要求，调派履带式挖掘机 1 台和挖机师傅 1 名协助楼坝村进行危房拆除和建新工作，累计投入折算资金 2 万元，并成功在 2019 年 9 月底前完成挂包的 12 户危房拆除工作，拆除率达到 100%。2020 年上半年，共投入资金 2 万元，帮助唐绍轩、杨阶华做好房屋防水处理和新建厨房工作，帮助刘树琼解决厕所改造和唐泽龙新建厕所等具体问题，进一步补齐建档立卡贫困户短板。协助完成唐泽龙新建房屋和完成种植茵红李 1 亩任务，多措施消除其返贫风险。协助将赵太金纳入扶贫公益岗位，累计为 4 名建档立卡贫困劳动力找工作，动员 10 名贫困劳动力外出务工，努力扩宽建档立卡贫困户增收渠道，确保就业问题清零和贫困人口稳定增收。

真情付出，静待花开。交运局将继续发挥行业职能优势，用好交通扶贫政策，切实解决挂钩帮扶中的困难问题，助推精准脱贫，为乡村振兴添砖加瓦。

（作者系水富市交通运输局工作人员）

更新管理机制　保障公路畅通

——云富街道办事处脱贫攻坚交通基础设施建设纪实

康　磊

俗话说："要致富，须通路。"要打赢脱贫攻坚战，交通建设是第一道关口。长期以来，云富街道办事处党工委、办事处高度重视交通发展，明确提出实施"交通优先发展战略"，尤其是中共十九大以来，云富街道办事处实施了"打造美丽乡村基础设施建设""小康路行动计划"等一系列加快交通建设的政策"组合拳"，交通基础设施建设跑出了"云富速度"，交通状况发生了翻天覆地的变化，为打赢脱贫攻坚战当好了"先行官"。

截至 2020 年，云富街道办事处农村公路里程达 146.18 公里，其中：国道线 1 条，4 公里，省道线 2 条，28.28 公里，农村公路 61 条 113.9 公里（主道线 11 条 51.8 公里，村组道线 50 条 62.1 公里），水泥路面公路有 46 条 90.4 公里，其中：主道线 10 条 49.8 公里，村组道线 36 条 40.6 公里，水泥路面公路有 15 条 23.5 公里。街道各社区和建制村通畅率达到 100%，自然村屯通屯道路硬化率达 85% 以上，其中贫困村自然村道路硬化率已达 100%；具备条件的建制村客运通达率为 99.43%，农村公路基本形成"外联内通、通村畅路、村道入户"的交通运输网络。云富街道办事处辖区纳入公路统计年报的农村公路列养率和经常养护率均为 100%，农村公路技术状况指标明显上升，超出水富市下达的年度养护路况任务指标。

党建引领　奋勇争先

自2016年以来，云富街道办事处多次召开专题会议，以党组织建设为统领，充分发挥基层党组织战斗堡垒和党员先锋模范作用，高标准完成2016—2020年交通基础设施建设各项重点工作，不断推动辖区交通运输事业进一步发展，努力打造群众满意交通。充分发挥党员先锋岗带动作用，营造“当合格党员、做干事先锋”的良好氛围，坚持党员干部责任到位，每一个工程项目都有一位党组织领导班子成员做责任领导，切实用党员干部勇于吃苦、勇于担责、奋勇当先的勇气和毅力助推交通项目建设。

云富街道办事处下辖的高滩、新安、马脑、新寿4个村党总支部，都定期组织党员做好检查清理路面、维修整治的工作。雨季容易出现滑坡塌方，办事处要求各村组建“交通应急保障组”，24小时轮流值班，遇到险情及时上报街道并全力组织人员抢修，及时向村民通报险情，做好安全防范和警示措施，安排人员轮流值守。几个村的进村公路都经过许多易滑坡路段，暴雨季节发生多次险情，但几年来从未发生过事故，这离不开村党总支、党员和许多热心群众的努力付出。

偏远片区的贫困户，各家境况有所不同，但致贫原因主要为缺失劳动力、缺少技术、缺少产业、因病、因残、交通不便等，其中交通不便具有普遍性。针对此情况，云富街道办事处决定落实“交通建设保障扶贫攻坚战略”，实施村村通公路、户户有便道工程。尤其对建档立卡贫困户，更是实行“便道入户、院坝硬化”倾斜政策。修建公路和便道时，因为占用土地的问题，少数群众未能理解政府政策，拒不配合，高滩村党总支部书记安礼仁和新安村党总支部书记王清书，为排除阻挠，组织村委会工作人员和党员干部，挨家挨户开展群众思想疏导工作。

刘云树，男，62岁，家住新安村新联4村民小组。他一家单独居住在离村子尚有一公里的地方，因为距离远，成本高，一直没有修建公路，只有一条泥泞小路通达，下雨天道路难行，平时家里购置化肥、日用品之类的物品，都是靠人背肩挑。脱贫攻坚开展以来，依据贫困标准，刘云树一户被列为建档立卡贫困户，为全面贯彻落实脱贫攻坚“不落一户不落一人”的要求，村委会决定为其修建生产生活便道。由于资金紧缺，无法实现水泥浇灌路面，村党总支部书记王清书便带领村干部和村里的党员帮忙开挖路面、夯实路基，然后用石头铺路，断断续续忙活了两个多星期才将路修好。路修好之后，刘云树一家满怀感激，一个劲致谢，还在家里买菜做饭款待帮忙的干部和党员。这仅是党员干部为帮助群众解决出行难中的一件小事，像这样的事例不胜枚举。在党员干部的不懈努力下，一条条乡村便道、机耕道，遍布村里的田间地头，交通制约发展的瓶颈得到了纾解，为云富街道办事处打赢脱贫攻坚大决战奠定了基础。

体制创新　全面发展

云富街道办事处在交通设施基础建设和管理方面一直坚持“体制创新、全面发展”的理念，在规划上坚持高标准、高起点，在实施中运用新技术、新科技，在管理上始终争先进、求规范，让现有的交通基础设施在推动脱贫攻坚和促进经济发展上找到“最大公约数”。

探索养护管理体制，夯实农村公路管养基础。可以说，全辖区内公路建设多数到组到户、已初具规模，但最大的问题是无人管养或管护不到位，“有路不通”“此路不通”，造成群众出行难的状况，十分普遍且长期存在。为解决这一老大难问题，提高现有公路的通行能力，我们探索了“双纳入”管理办法，即“将农村公路建设及养护管理工作纳入各村（社区）年度目标考核，建管养经费纳入财政预算”，四个村和邵女坪社区全部设立了农村公路管理机构，明确了责任人，初步建立了以村（社区）为责任主体、养护经费投入以村级集体资金为主体、监管以村民小组为主体的农村公路养护格局。

深化养护体制改革，探究农村公路养护模式。2016 年云富街道办事处在新寿村开展深化农村公路管理养护体制改革试点，印发了《深化农村公路管理养护体制改革试点实施方案》，通过实施试点改革，试点的农村公路路面技术状况指数、路面使用性能综合指数等各项技术指标均高于其他村。试点的成功代表着云富街道办事处“农村公路养护管理体制”的合理性和可行性，随后在其余四个村（社区）推广，凸显出了更大的优越性，为建成“内联外通”的路网格局打下了坚实基础。

建立智能养护体系，提高农村公路养护效率。云富街道办事处引进先进设备，实现移动采集公路建设养护数据。交通管理办公室可根据养护员现场采集坏损、隐患、险情等图像信息，迅速定位、智能协调应急处理，实现“实时养护”。实施路况定期检测，提高养护决策科学化水平。每年安排专项经费约 30 万元，用于街道辖区内养护路况检测和桥梁定期检测。

建立机制　保障通畅

自“四好农村路”建设工作启动以来，支持新寿村紧紧围绕“建好、管好、养好、运营好”四个要求，按照“谁受益谁管理”，“村道村管、组道组管、大家的道路齐抓共管”的原则，初步总结出“新寿工作法”，推进了村内“四好农村路”建设。云富街道办事处在总结完善“新寿工作法”的基础上，形成了较为成熟的“五四工作法”在辖区内实施，较好地了推进农村公路管养工作高质量发展。

“五四工作法”中的“五”是“五个保障”：一是成立一个机构，保证有人带头干；二是组建一支队伍，保障有中坚力量干；三是建立一套制度，保障规范有效干；四是制订一个公约，保障齐心协力干；五是实施一个考核，保障干有成效。

“五四工作法”中的“四”是“四项工作”：一是宣传发动；二是示范带动；三是责任明确；四是日常管理。

5 年以来，云富街道办事处以“四好农村路”建设为契机，持续实施地方路网工程、乡村公路联网工程、村道窄路加宽工程、通村道路通畅工程、生命安全防护工程等项目建设，深入推进农村公路养护管理体制改革，加快构建“畅、安、舒、美、洁”的农村交通新格局，“四好农村路”建设卓有成效，打破了农村出行难的瓶颈，为脱贫攻坚打下坚实的基础，为降低群众生产生活成本，带动农业产业和旅游产业发展，促进了农民增收致富。今后我们将不遗余力，为进一步改善农村交通条件，助力脱贫群众致富奔小康，作出更大贡献！

（作者单位：水富市云富街道办事处）

脱贫攻坚路上的践行者

——昭通水富供电局脱贫攻坚工作纪实

任贵龙

自2015年脱贫攻坚战打响以来，昭通水富供电局高度重视扶贫工作，把脱贫出列作为一项政治任务来抓，按照省、市、县及南方电网公司、云南电网公司、昭通供电局关于贫困退出机制和脱贫攻坚的相关要求和部署，全体干部员工积极响应各级号召，把切实解决好贫困群众“两不愁、三保障、三基本”问题，共同走上小康生活道路作为脱贫攻坚目标，举全局之力，集全局之智，做实脱贫攻坚工作。

担使命　明确目标

为凝聚全局上下脱贫攻坚力量，昭通水富供电局按照水富县委、县人民政府《关于建立脱贫攻坚“挂包帮”“转走访”长效机制的实施方案》通知（水办发〔2015〕28号）要求，脱贫工作任务为挂钩帮扶水富县两碗镇花坛村石坪、龙塘、大沟3个村民小组，涉及脱贫挂钩帮扶35户150人。在具体工作中，局党委书记糜祖宇在人员安排上做到人尽其才、因岗定责，其中局领导人均挂钩帮扶2户建档立卡贫困户、中层干部每人挂钩一户，分别带头每月到挂钩村开展走访调研，与村“两委”和驻村干部共同研判扶贫工作实施方案。糜祖宇率先带队组织挂钩帮扶干部深入3个村民小组实地调研，结合挂钩扶贫点的实际，制订了《水富供电有限公司2016年精准扶贫行动计划》和《水富供电有限公司关于两碗镇花坛村扶贫项目实施方案》，明确扶贫项目、帮扶对象、扶贫资金以及预期目标。落实局领导班子和中层干部一对一精准扶贫措施，同时组织全体挂钩帮扶干部认真学习《习近平扶贫论述摘编》相关内容，引领全体挂钩帮扶干部进一步统一思想、坚定信念、厘清思路，树立全心全意为人民服务的思想，为挂钩帮扶点建档立卡贫困户脱贫致富提供思想保障。

摸家底　精准信息

我们深知脱贫攻坚首要的重点在于识贫定位要准。为保质保量完成精准识别摸底调查工作任务，2016年糜祖宇带领全局30名挂钩帮扶干部挨家挨户进行走访，对建档立卡贫困户生产生活状况、住房、交通、吃水、生活环境、健康状况等进行了详细的了解。在走访过程中，我们尽力注意言行举止，礼貌用语。在亲切交谈中核实信息。在前期摸排、走访的基础上，2017年水富供电局再次选派张志军、程友军、邵华3名同志脱产对挂钩扶贫户进行入户摸底调查、信息录入、旧房拆除等工作。我们翻山越岭不怕山高路远，进村入户不怕汗流浃背，宣传解释不惜苦口婆心。今天找不到，明天再找，直到联系找到建档立卡贫困户为止，晚上回家再统计调查数据。当遇到部分建档立卡贫困户不理解时，我们会耐心细致地给他们解释：“这是党中央决策部署，在2020年必须全面实现小康水平，一户也不能掉队。对你们的实际情况进行彻底精细排查统计、分析贫困原因，就是为了更加精准地帮助你们脱贫，为你们服务。”在全局领导干部职工的共同努力下，入户调查 106 户 371 人，按时高质量地完成了石坪、龙塘、大沟村民小组 35 户建档立卡贫困户 150 人的精准识别摸底调查任务，均做到调查原始纸质资料与电脑录入信息资料吻合。在第 3 方检查组到两碗花坛村进行抽样检查中，花坛村共抽了 9 户进行检查，其中，水富供电局挂钩的石坪小组抽了陈兴金、陈先伍、郭大玉、任华美 4 户，大沟村民小组 1 户，均顺利通过检查验收，为后期精准扶贫打下坚实基础。

扶志气　真情帮扶

为激发贫困群众脱贫的内生动力，我们在认真学习《习近平扶贫论述摘编》以及党和国家关于农村工作的方针政策的基础上，利用每月开展入户走访和村委会召开的村民代表会议，采取面对面集中宣讲、发放宣传小册子、张贴宣传标语等形式向群众宣传扶贫工作相关政策、目标要求，其间发放宣传小册子 300 余份，组织全体干部职工到挂钩村开展“自强、诚信、感恩”主题教育活动，鼓励群众进一步转变观念，摒弃“等靠要”思想陋习，发扬主观能动性，在党和国家的优惠政策支持下，主要通过自身双手创造美好幸福生活，鼓励他们唯有勤劳才能致富。縻祖宇在对建档立卡贫困户宋友芬家走访过程中，了解到宋友芬一家 4 口人，丈夫早年过世，有两个儿子和一个孙子，大儿子离异后在家务农，小儿子和一个孙子还在读书，年收入粮食 3000 余斤，经济收入主要是靠变卖粮食和在当地零星打工维持，因此家庭生活非常拮据，縻祖宇认真分析致贫原因后积极动员宋友芬一家转变思想观念，鼓励他们将剩余劳动力转移外出务工增加收入。通过大量细致的宣传和讲解，群众的观念得到了有效转变，脱贫致富的信心、决心和意志得到了有效增强。当我们再次走访宋友芬家时，宋友芬满脸笑容地跟我们说：“多亏当时你们来我们家指导帮扶，并做通我儿子思想工作，我儿子现在在浙江一个月4000多元，差不多就是我家一年收入粮食的产值，一个人一年就有近5万元的收入，我在家种庄稼、养点家禽，一年也有近万元的收入，现在家庭收入增加了，经济负担也小了很多，供小儿子、孙子读书没问题了，更可喜的是离异的大儿子即将再婚，真是太感谢你们喽，要不是你们的帮扶，我们家还不晓得是个啥样子。”

2017年7月6日晚，水富县突降暴雨。7月7日，在得知洪灾对部分建档立卡贫困户房屋造成严重影响，水富供电局及时召开领导班子会议，当即决定在开展电力抢修工作的同时，安排一批志愿者对帮扶建档立卡贫困户进行走访慰问。在接到通知后，党建工作部主任冯道玲积极组织闫亮、刘武强等5名青年志愿者开展走访慰问，他们头顶烈日脚踏泥泞徒步把慰问品扛到灾民家中，石坪郭大玉激动地说：“那么热的天气，路又稀又烂，我们都很少出村，你们硬是想得周到，真是辛苦你们啦！”石坪任华美说：“这种好事只有共产党才想得到，每次遇见大灾大难，共产党都会在第一时间出现，关心我们慰问我们。”在慰问中志愿者发现祝有权家房屋排水不畅，造成家中部分地方进水，大家齐心协力，随即行动起来，很快帮助其将房前屋后的淤泥清理干净，把排水沟清理通畅了，解决了祝有权家的后顾之忧，再下雨也不用担心家里进水了。

做实事　资金帮扶

“建档立卡贫困户群众实在人，帮扶需要动真情。”这是水富供电局全体挂钩扶贫干部的共识。在对接花坛村建档立卡贫困户帮扶工作中，我们始终坚持习近平总书记以人民为中心的服务理念，以“脱贫”出列为出发点和落脚点，扎实开展帮扶工作。在具体工作责任上，糜祖宇每月带头到挂钩村开展走访调研，与村“两委”和驻村干部共同研判扶贫工作实施的情况，督促局领导班子、中层干部落实挂包帮扶责任。在资金支持方面做到物尽其用，花最少的钱办最大的事。自2015年开展脱贫攻坚工作以来，共开展摸排走访875人次，帮助群众修建人畜饮水池、铺设饮水管、修补防洪沟、李子产业苗木补种扶持、种植技术、捐资助学及挂包贫困户的慰问，累计共投入扶贫资金20余万元。2016年年初在对挂钩扶贫点摸排走访调研过程中得知石坪、龙塘、大沟片区的村民人畜饮水和农田灌溉问题，大部分村民饮用水都靠人工挑运，远的挑一担水来回耗时近半小时，枯水季节耗时更长，按人均每人一天使用一挑水，4口之家仅负责人畜饮水就会消耗整个上午的时间，极大地浪费劳动力。大部分稻田为望天田，基本上是“靠天”吃饭过日子。得知这一情况后，局党委及时召开班子会议集体研究，并与花坛村委会取得联系，下决心解决片区群众饮用水问题。经综合研判测算后，决定助资5万元，为该村民小组建设输水管道4000米，新建20立方米水池一个，修建防洪沟210米，解决石坪、龙塘、大沟片区的278户1390人村民人畜饮水和农田灌溉问题。在工程验收时石坪村民小组长王祥清感激地拉着工作人员的手说：“你们水富供电局真的给我们办了一件大事，解决了我们村民世代吃水的问题，以往一到干旱季节，就要到很远的地方去挑，现在可好了，自来水接到了家门口，动手一拧就能吃到清凉的泉水，真是给我们石坪村民减了个‘大负担’，石坪村民一辈子都会记得水富供电局的恩德。”

调研走访中得知两碗镇博爱小学是贫困山区学校，学生生源大多数都是农村贫困孩子，经过师生共同努力虽然取得一些荣誉，教学成绩也有一定提升，但相比水富同级学校始终排名靠后。为了充分调动两碗镇博爱小学学生学习的积极性，促进学生德、智、体、美、劳全面发展，局党委研究决定，对两碗镇博爱小学平时表现突出和学习成绩优异的学生给予奖励，以奖代补。几年来，累计投入资金12万余元，每学期有近百名学生得到奖励补助。通过以奖代补，学生们的学习积极性大大提升，大家都有了你追我赶的劲头。为了能够帮助花坛村考取的大学生，水富供电局连续3年针对考取本科的学生按照2000元/人，专科生1000元/人进行帮扶资助，累计资助大中专生25人。低保户李晓红感激地说："孩子考上大学了，我们高兴，但也发愁，正愁孩子的学费没着落呢，就接到村上的通知，说水富供电局要资助考取的大学生，我们听了非常激动，真是雪中送炭啊。"

"结伴同行脱贫路，齐心协力奔小康。"经过5年多的挂钩帮扶，我们欣慰地看见2016年帮扶的石坪、龙塘、大沟35户150人，2017年帮扶的石坪、龙塘、小榜40户137均已全部脱贫，村民均感受到在党和国家的扶贫政策下赶上了通往小康路的致富车，纷纷赞叹："没有共产党，就没有现在的美好幸福生活。"

2020年，我们挂钩帮扶的花坛村石坪、龙塘、小榜3个村民小组，40户137人贫困群众也全部脱贫出列，昭通水富供电局依旧按照"脱贫不脱钩""脱贫不脱帮扶政策"的要求，一如既往，不忘初心，牢记使命，继续加强对帮扶对象的走访慰问，帮助协调解决面临的困难和问题，为点亮万家灯火共赴小康而不懈努力。

（作者系昭通水富供电局工作人员）

水利扶贫解民温暖民心

——水富市水利扶贫工作纪实

王世开

一座座蓄水池加紧施工、一条条沟渠蜿蜒盘旋、一股股清泉流进千家万户、一个个忙碌的身影奔走在水富水利扶贫工作路上。走进水富市村镇，处处都能感受到水利扶贫工作给农业农村工作带来的实实在在变化。

水利是农业的命脉，水利工程是重要的民生福祉。水富市水务局深入贯彻党中央、国务院扶贫开发战略部署，紧扣中共水富市委、市政府脱贫攻坚目标任务，大力开展兴水利、除水患，促发展、惠民生工作，相继启动四方碑水库、中央财政小型农田水利重点县项目、横江县城防洪堤等一批重点骨干水利工程，兴修各类水利基础设施，有效解决农村饮用水安全、农田灌溉，主动服务于产业发展和结构调整，为水富经济社会发展提供有力支撑，用实际行动谱写了一曲曲动人心弦的兴水富民乐章。

饮水安全解民渴

拧开水龙头，一股清流喷涌而出，三角村锣锅村民小组熊启彩一边洗菜，一边笑着说："现在用水真方便，再也不用担心水质不好水量不够到处找水挑水吃了。"她惬意地接着说："彻底结束过去'背水吃'的生活了。"

这个春节她过得很开心，没再为吃水犯愁。特别是新居落成后，饮水管入了户，熊启彩脸上笑开了花。

“水比油还贵，换洗的衣服堆起，望天下雨，而且，取来的水是先洗澡，再洗衣。”提起以前缺水的日子，三角村生基村民小组王忠金有着说不完的故事。自打记事起，他就跟随父母到几公里外的溪沟里背水。一旦遇上干旱，全家劳力主要任务就是背水，有时候取水来回一趟得要小半天时间。

农村饮水安全，关乎广大农村居民切身利益。保障贫困群众饮水安全，是实现脱贫攻坚“两不愁、三保障”和饮水安全中“吃不愁”的重要内涵。水富地处河谷地带，多数群众居住在山区或二半山区，山高坡陡，自然条件恶劣，水资源分布不均、年际变化大，边界水占比重，可利用水资源少。脱贫攻坚战打响后，水富市水务局结合实际情况，积极探索以水解贫途径，充分挖掘有限水资源，将农村饮水安全问题作为水利扶贫的头等大事，明确目标任务，突出工作重点，加强督查指导，巩固和提升建设工程质量，加快推进农村饮水安全，为打赢农村饮水安全脱贫攻坚战奠定坚实基础。

“十二五”期间，水富市农村饮水安全工程共计完成投资3101.79万元，实施完成集中管饮工程224件，分散式供水工程828件，6.3828万农村人口及1009名农村小学师生的饮水不安全的问题得到有效解决，农村饮水安全基本实现全覆盖。“十三五”期间，按脱贫攻坚工作总体部署，筹措资金918万元，巩固提升2.322万人农村饮水安全，其中建档立卡贫困人口0.475万人，水富市农村已基本实现供水到家到户，农村集中供水率由80%提升到85%，饮水安全全部达到脱贫出列标准。

兴修水利促发展

2018年9月，向家坝镇大池村四方碑小（一）型水库主体工程建设完成，顺利实现蓄水。该村村民杨万贵高兴地说：“有了四方碑水库的水，村里的农田就能旱涝保收了。”

太平镇葡萄种植大户魏爱华说，节水灌溉项目建设后，她基地内的果木长势喜人，抵御自然灾害的能力得到提升，成本相比以前有了大幅度下降，经济收入有了明显增加，对未来发展充满了信心。

水富市属于山区农业地区，山地灾害频发，水利骨干工程始建于20世纪七八十年代，大部分年久失修，灌排能力严重不足，工程效益明显降低，加之本级财政困难，水利工程建设历史欠账多，水利基础设施薄弱，蓄供水及洪旱灾害抵御能力差。水富市10座水库中，处于山区地域的两碗镇仅有1座烂坝山小（二）型水库，而多数库、塘、池、渠均分布在农业发展条件较好的向家坝镇，水富市库、塘、池、渠互不相连，独立分散，缺乏控制性水源工程和完整的蓄供水体系，从分干渠到田间地块的水流多数要通过自然溪沟，渗漏相当严重，水资源利用率十分低下。农田水利设施“最后一公里”问题，直接影响群众的生产生活，极大制约群众稳定增收和精准扶贫的工作成效。

改善农村群众生产生活条件，发展农村经济，离不开良好的农田水利基础设施。水富市水务局通过大力开展农田水利基本建设，有效地保障了农业增产和农民增收，促进了农村经济的持续稳定发展。几年来，共争取到上级各类投资21569.13万元，先后完成了团结、永安、狮子、文星、烂坝山、泥槽6座小（二）型病险水库的除险加固工程，在全面提高这些水库的防洪标准、蓄水和灌溉能力的同时，也有效保障了水库及下游群众生命财产安全。通过努力，建设完成太平镇和向家坝镇大池村节水灌溉项目，节水灌溉面积3919亩，农业灌溉缺水的状况得到解决，种植作物复种指数可由原来的122.5%提高到161.2%，灌区灌溉水源得到保证，山区群众经济收入不断增加。水富市重点水源性工程四方碑小（一）型水库蓄水运行后，使向家坝镇水东、水河片区的1.07万亩农田灌溉面积和1.29万人的人畜用水得到了巩固。中央财政的农田水利重点县项目2450件工程建设完成后，新增了灌溉面积2.46万亩，改善了农田灌溉面积0.98万亩。铜锣坝干渠灾毁修复工程完成投入使用后，使渠道沿线群众的生产生活用水得到了保障。农田水利设施的建设、维修、改造，大大增强农业抗灾能力，为水富市脱贫攻坚、经济社会发展和农民增收，作出了水利行业的特殊贡献。

挂钩扶贫暖民心

扶贫精准方能实现脱贫目标。2015年以来，根据中共水富市委的安排，水富市水务局将挂钩三角村脱贫攻坚作为重要的政治任务，把帮扶责任层层传导落实到每一个干部职工头上，对帮扶任务进行细化分解，明确目标，制订措施，积极开展挂钩到户、责任到人的精准扶贫工作。我们组织干部职工深入村组和挂包户，调查研究摸清家底。认真分析三角村贫困的主要原因，针对三角村地理位置受限、交通条件较差、基础设施薄弱、通信信息不畅、气候条件恶劣、作物品种较少且产值较低，以及农户普遍劳动力偏少、文化水平偏低，又无技术能力等致贫因素，群策群力，结合行业优势和村情民意，编制完成了《水富市水利扶贫规划报告》，制订了对口帮扶实施方案，形成了全局上下全力以赴抓实抓好扶贫工作的良好局面。为推动产业发展，促进村民稳定增收，水富市水务局党组决定，利用三角村闲置土地多，坡度大，空气优等特点，以方竹种植、黑猪养殖等产业扶贫为抓手，用真心、动真情，全力支持帮助挂钩村发展优势项目，共帮助全村发展种植方竹3100亩，年养殖黑猪110余头，仅方竹和黑猪养殖两项，就可实现户均年增收1500元左右。为使精准扶贫工作落到实处，全局副科级以上领导挂钩帮扶2户贫困户，其他干部职工每人挂钩帮扶1户贫困户。为加强统筹协调，及时成立了扶贫办公室，指定专人负责全局挂钩扶贫日常工作，先后选派3名优秀年轻干部驻村帮扶，打通阻碍挂钩帮扶“最后一公里”问题。

5年来，水富市水务局集中人力、物力和财力，多方筹措各类水利资金600余万元，为三角村实施集中式饮水安全工程32件，建设完成山洪沟工程1件，有效保障三角村群众饮水和防洪安全。同时积极协调其他部门帮助三角村建立移动基站，使群众与外界的联系渠道更加畅通。协调硬化村组公路9.5公里，方便了群众出行和农产品外运。春耕时节，及时凑钱购买化肥等农用物资为挂包户送去。农忙时节，积极组织干部职工为挂包户做播种锄草、浇水施肥，抢种抢收等农活。尽力解决帮扶群众在生产、生活中的实际困难。同时结合镇情、村情，有针对性地为群众提供科技知识、实用技术、资讯信息等方面的服务，经常和帮扶对象进行思想交流沟通，帮助他们克服“等靠要”思想，让其树立勤劳致富、自主择业、知恩图报等观念。锣锅片区党支部书记王孝均欣喜地说：“原来群众得过且过，有一分钱都要用干净，就连政府发的支持产业发展的洋芋种都拿去卖钱打酒喝，一天到晚喝得二麻麻的，穿不像穿，吃不像吃，一副混吃等死的样子。现在变了，通过各级政府及挂包单位干部的宣传、培训、扶持、带动，群众个个精神饱满，主动外出务工挣钱，想办法发展产业，对未来生活充满希望。前后变化太大，真的太谢谢你们了！”2016年，水富市水务局挂钩帮扶的59户农户，全部告别了阴暗潮湿、四面透风的茅草房、杈杈房和串架房，先后搬进宽敞明亮、安全稳固的楼房新居。终于告别了“望天下雨、人背马驮”的吃水历史，饮上了卫生清澈的自来水，过上了“旱天不再为喝水担心、雨天不再为漏雨烦恼、冷天不再为进风发愁”的好日子，实现了“饮水安全、住有所居”的美好梦想。

水利工作永远在路上，水富市水务人将以更高的高标准和更优质的服务做好水务工作，推动脱贫攻坚之战圆满收官，助力人民群众奔向小康！

（作者系水富市水务局工作人员）

兴水利惠民生　助推脱贫攻坚

孙艳霞

水是万物之源，是群众生产生活所必不可少的。保障农村饮水安全是实现脱贫攻坚“两不愁、三保障”和饮水安全目标的重点工作，是脱贫摘帽的一项硬指标，也是全面建成小康社会的必要条件。向家坝镇位于水富市西南方向，属金沙江水系，农村人口 1.9 万人，建档立卡贫困户 462 户 1649 人，镇内流域面积在 50 平方公里以上的河流有 2 条，分别为关河、太平河，水资源丰富，但以往群众饮水却多为溪沟、塘坝，甚至屋顶水，水质浑浊、异味较大，在一定程度上影响群众身体健康。为解决群众饮水之困，近几年，向家坝镇党委、镇政府在上级部门的正确领导和精心指导下，攻坚克难，砥砺奋进，扎实有效地开展水利建设，持续实施农村饮水安全巩固提升工程，从“源头”到“龙头”，补齐饮水短板，筑牢农村饮水安全网，确保群众喝上“安全水”，为全镇脱贫攻坚保驾护航。截至 2020 年，向家坝镇共有小（一）型水库 2 座，小（二）型水库 4 座，重要溪沟 2 条，万立方米以上塘坝 24 口，小塘坝 837 口。

兴水利　重民生

为解决“水资源丰富，但浪费严重”问题，满足群众生产和生活用水，完善的水利工程至关重要。一是加强水利基础设施建设，向家坝镇在上级的支持领导下，一座以灌溉为主，兼顾集镇饮水和防洪的小（一）型水库（四方碑水库）在向家坝镇永安村扎根，四方碑水利工程是水富市重要水利工程之一，总库容 485.9 万立方米，工程总投资约 1.2 亿元，工程建成可解决 1.07 万亩农业灌溉面积和 1.29 万人饮水，同时解决楼坝工业园区用水。四方碑水库自 2013 年动工以来，在多方的共同努力之下，历时 6 年，历经重重困难，终于全面完成施工，并通过市级验收。二是向家坝镇在上级的关心和指导下，2015 年以来维修养护小（二）型水库 4 座，维修万立方米以上塘坝 8 口，维修小塘坝 78 口，新建灌溉沟渠 4000 余米，解决了向家坝镇 5 个村、54 个村民小组 1.2 万亩农业灌溉面积和 1 万余人饮水问题，惠及建档立卡贫困户 124 户 478 人。

为切实解决群众生活生产用水困难，改善群众生活生产条件。向家坝镇大力推进爱心水窖建设工作。按照以镇、村委会为主体进行组织实施，农户亲自参与实施，水务局提供技术质量监督指导的工作措施，切实做到有组织、有领导、有计划、有目标的实施，有力地保障了水窖工程质量。群众投工投劳参与建设，经水富市水务局验收合格后，将补助资金兑现到各户。2015 年以来向家坝镇共修建爱心水窖 62 口。同时，向家坝镇深入推进农村饮用水池建设工作。为巩固提升农村人畜饮水，补齐脱贫攻坚短板，2015 年以来，向家坝镇积极向上级争取农村用水安全项目资金，共修建大小水池 273 口。为改善群众饮水生活条件，方便群众生产生活，还全力推进农村饮水管网铺设工作。2015 年以来向家坝镇多方筹措资金，采购并铺设农村饮水管道 10 万余米。通过爱心水窖、农村饮用水池和管网改造的建设，解决我镇 5 个村 71 个村民小组，受益户数 873 户 4652 人的饮水不安全问题（其中建档立卡贫困户 78 户 341 人）。有效地改善了全镇群众用水，促进镇内民生发展，加快群众脱贫步伐。

重落实　强管理

向家坝镇在加快新建水利建设步伐的同时，水利维修工程建设也稳步发展。一是加强饮用水源保护。向家坝镇按照《饮用水水源保护区污染防治管理条例》的要求，加强水源地周边环境的保护，定期组织群众对饮用水源白色垃圾进行清理，防治水源地污染。二是加强水质监管。向家坝镇建立社会化的水质监测服务体系，定期对供水水质进行监测，提供水质检测服务，完善了供水水质保障体系。三是加强建设管理。向家坝镇对每一建项目工程，都安排水利专家和聘请监理单位对工程建设全程监管，严把水利项目建设质量关。四是加强维修养护。为管好用好水利工程，向家坝镇定期组织施工队对已建工程开展维修养护，确保水利工程长期发挥效益。五是加强工程管理。分别组织专人对全镇集中饮水工程受益户召开群众会，听取群众意见，讨论水费定价，确定管理人员，成立管理协会，确保集中供水工程有人管。六是加强技术方案管理。向家坝镇在选择供水工程技术方案时，广泛进行社会动员，征求群众的意见并充分考虑当地的管理条件，在保证供水水质、水量的前提下优先选择简便、运行费用低的技术。

护水源　保安全

为提高全镇供水能力，为镇内经济社会发展提供水源保障，向家坝镇加强水源建设。水清坝水库的建设，解决了全镇 3 个村 35 个村民小组（水河村 17 个村民小组、楼坝村 7 个村民小组、大池村 11 个村民小组）灌溉用水和生活用水。根据上级相关文件精神，水清坝水库灌区成立 3 个农民用水户协会，分别是水清坝水库一干渠农民用水户协会，涉及 9 个用水小组，566 户 2050 人，耕地面积 1980 亩；水清坝水库二干渠农民用水户协会涉及 9 个用水小组，526 户 2150 人，耕地面积 1300 亩；石河堰农民用水户协会涉及 7 个用水小组，668 户 2745 人，耕地面积 1250 亩。

永安水库位于横江左支流芝横溪左支流永安小溪上，距水富城区 27 公里，是一座以灌溉为主，兼顾防洪、人畜饮水的综合性水利工程。根据昭通市财政局、昭通市水利局《关于提前下达 2016 年中央农田水利设施建设资金预算指标的通知》（昭财农〔2015〕189 号）和《关于水富县 2016 年中央财政公益性水利工程维修养护实施方案的批复》（昭市水工管〔2016〕6 号），永安水库维修养护项目补助资金 15 万元。主要维修养护内容为主体工程维修养护、附属设施维修养护、溢洪道维修养护。该项目累计完成投资 15.04 万元，分项投资完成情况为主体工程维修养护 11.58 万元，附属设施维修养护 1.43 万元，溢洪道维修养护 2.03 万元。水清坝水库和永安水库的维修养护，满足了群众灌溉和生活用水。

向家坝镇坚持把农村饮水巩固提升工程作为脱贫攻坚工作中一项重要举措，在统筹协调上，实行脱贫攻坚饮水不愁包保制度，成立工作领导小组，强化组织保障，分片包保负责，层层压实责任，对各村饮水安全状况开展精准排查，做到不漏一村、不落一户、不少一人。在健全管护上，群众自发组织成立饮水管理协会，推选管理人员，因地制宜制订农村饮水工程管理办法。全面落实农村饮水安全管理地方人民政府的主体责任、水行政主管等部门的行业监管责任、供水单位的运行管理责任“三个责任”；全面建立农村饮水工程运行管理机构、运行管理办法和运行管理经费“三项制度”，确保农村水利工程建得起、用得起、管得住，逐步实现“以水养水”的管理模式。通过水利基础设施的不断建设和完善。

2020 年，饮水管道安装入户了，水池水窖修建起来了，向家坝镇建有集中供水工程共37件，覆盖全镇4个村，解决全镇1.3万人饮水，囊括建档立卡贫困户58户，235人。群众生产生活用水越来越便利，越来越安心，满意度越来越高，有力地巩固了脱贫攻坚成果，为经济社会发展提供了坚实支撑。

（作者系水富市向家坝镇政府工作人员）

通信行业扶贫工作纪实

陈　林

当今时代是一个信息化时代，经济要发展，必然离不开网络发展，所以近年来，通信行业以打通“信息高速公路”，解决农村通信不畅、信息闭塞的突出问题，进一步缩小城乡“数字鸿沟”为脱贫攻坚主要任务，紧紧围绕行政村及行政村一级学校、卫生室通 4G 网络和宽带网络率 100%、重点道路沿线无线网络全覆盖目标，大力开展“行政村通光纤”“行政村通 4G”等通信基础设施建设工作，同步推进“提速降费”和“互联网 + ”项目推广，助力脱贫攻坚。5 年来，水富市工业信息商务科技局以脱贫攻坚为主线、以国家电信普遍服务试点为抓手，组织水富市电信企业实施行政村“村村通光纤和 4G 网络”“深度贫困村道路沿线移动网络覆盖”“自然村光纤延伸”“水富市铜改光”（铜缆改成光缆）等工程，新建光缆 6000 多公里皮长，有效解决了农村通信难问题。截至 2020 年，水富市已实现光纤全覆盖，实现了万兆到小区，千兆到单元（户）的目标。水富市村民委员会及所在学校和卫生室、风景区、高速公路等地的 4G 网络覆盖率、宽带网络覆盖率均达 100%，同比 2016 年提高了 10%。自然村一级通达率达 90%，同比 2016 年提高了 30%。

强化基础设施建设　补齐宽带网络短板

为确保宽带网络达到贫困村出列标准，2015 年，水富县工业信息商务科技局组织通信企业深入水富 20 个行政村、9 个社区，对照贫困村出列标准，对 4G 信号覆盖情况和宽带接入情况进行了摸排，通过实地走访和测试，了解手机信号和宽带接入能力，及时发现无信号和信号弱的地方，并对手机信号弱和网络信号差的原因进行分析，逐个制订方案，精准施策，有针对性地细化了新建、增加设备、对设备进行调试维修等措施，累计编制了 22 个项目，通过积极向上汇报争取，将其全部纳入脱贫攻坚项目库，共计投入资金 946 万元。上述项目的实施，进一步完善了通信网络基础设施，切实改善和提高了农村通信网络的运行质量，较好地满足了农民群众电话“打得通”“通得好”的需求，达到贫困村出列标准。2017 年 1 月 5 日，水富县工业信息商务科技局对贫困镇、贫困村通宽带网络项目建设情况进行了督查考核。2018 年 11 月 23 日，昭通市工信委文艳带队，代表昭通市级现场检查并通过了水富市行政村及行政村所在学校和卫生室 4G 网络和宽带网络覆盖工程验收。2018 年年底，水富市实施的所有项目已完成并通过验收，所有贫困村、贫困镇宽带网络均达到了脱贫标准。

互联网 + 教育　助力脱贫攻坚

扶贫先扶志，抓好教育是关键。为助推水富“互联网 + 教育”项目的大力发展，促进建成数字教育资源公共服务体系，网络学习空间应用常态化，教育资源公共服务平台和教育管理公共服务平台建成，水富市大力加快宽带网络基础设施服务教育建设。2018 年 6 月 27 日，云南省电信公司与云南省教育厅正式签署了《云南省104县义务教育网络宽带租用服务项目》合同，实现全省104个县（市）教育光网项目租用合作。水富电信分公司于2018年7月由施工单位正式开工建设该项目，按照合同约定事项要求，义务教育光网采用专线接入方式（即教育专网运行），光纤接通到每个班级，每个班级下行带宽100M，上行带宽20M，既要满足教育专网要求，又要满足访问互联网需要，同时留足今后教育信息化需求空间。2020年水富的36所学校、361间教室，已经完成了义务教育全光网建设，于2018年11月25日通过预验收并正式投入使用，覆盖率达100%。

提升宽带网络承载能力　促进农业农村信息化

2015年9月实现了铜改光，水富县实现光网全覆盖。2018年新增骨干网出口带宽40G，总出口带宽达到100G。大大提升了骨干网的承载能力，并实现了公众客户千兆接入，市到镇接入网新增2000M出口带宽，提高了城域网和接入网的承载能力，满足农业农村信息化建设需求。农村通信基础设施的改善，促进了农村电商发展，助力消费品下乡和农产品进城，方便了农民群众的生产生活，拓宽了农产品销售渠道，助力农民脱贫致富。

强化应急管理服务　为农村信息化提供保障

首先，克难攻坚，千方百计保网通。2016年7月5日，水富县遭遇百年一遇的强降雨，山洪暴涨，引发多地山体滑坡、道路塌方，导致县内镇村多处基站和光缆受损，通信中断。三家通信企业共计159个基站信号中断，光缆损毁约 132 公里，造成经济损失 502 万元。

灾情发生后，中共水富县委、县政府领导高度重视，对恢复重建提出了明确要求，副县长何坤还亲自带队，深入通信重点受损灾区，实地查看通信受灾情况，并要求抢修员在保证自身安全的前提下，竭尽全力尽快恢复通信。各通信企业快速反应，立即启动应急通信保障预案，迅速组织人员和车辆赶往受灾点查看统计受灾情况、立即采取技术手段恢复中断信号并实时报送进展情况。经过 5 天紧张艰辛的工作，受损的通信设施得到修复，中断信号得以恢复，通信行业的有效工作能力得到了各方面的认可。

其次，耐心服务，方便群众使用。偏远地区信息闭塞，贫困户网络知识匮乏、对智能设备不会使用等问题，各通信企业通过加强农村地区的营销、服务体系建设，采取自建、代办分销、电子营销等多种形式，加强乡、镇、村营销服务网点建设，扩大农村营销服务网辐射范围，努力实现有网络覆盖的地方就有营销服务网点，让农民在家门口就能了解网络、上网知识，方便快捷地办理和开通各种通信服务，还手把手地传授智能设备使用知识，解决贫困户不会用的问题。针对部分地方各类信号强弱不同的特点，开展携号转网工作，通信企业印制了携号转网宣传单，宣传携号转网流程和要求，并加强对一线销售人员的专门培训，确保群众能够方便快捷转网，保证流畅使用网络。

第三，开发合适产品，减轻群众负担。一是为贫困户提供低价位、方便实用的“直降手机”，确保群众买得起手机。二是资费优惠向贫困户倾斜，对农村通信实行灵活的资费政策，通过优惠政策有效降低农村通信资费，降低农民使用通信的成本。建立健全农村服务网络，把握“提速降费”趋势，有效降低农村通信资费，提供便捷、放心的通信服务，让农民“上得起网”“看得起网络电视”，切实“惠”入群众生活，“惠”及群众需要。如电信公司推出手机流量不限量以及手机流量漫游取消等惠民措施，在资费标准不变的前提下，家庭宽带基本由原来的 10M、20M、50M 不等，提速至 100M、200M。水富移动公司推出“小微宽带”特惠产品，积极助力中小企业网络建设工作，灵活制订多种优惠政策，切实降低企业负担。水富联通和移动公司对建档立卡贫困户和扶贫干部提供五折通信资费优惠，针对贫困户持续开展 18 元扶贫卡优惠活动。在“新冠”疫情防控期间开展“停课不停学”助学活动，移动公司推出贫困户 0 元 30G 暖心学习扶智包，有效解决教培行业网上授课学习流量难的问题。水富移动公司推出“全家用移动、宽带免费送活动”，家庭用户通过共享手机保底 98 元、128 元，可免费使用 50M 及 100M 移动光宽带两年；2018 年 8 月，再次下调共享保底费用，带宽持续升级，新老家庭用户通过共享手机保底 98 元、178 元，就可免费使用 100M 及 200M 移动光宽带两年；又针对网龄 3 年以上的客户推出“两人用移动，百兆宽带随心用”专享回馈活动，对客户保底消费无限制，主卡客户只需添加一张副卡，即可免费使用百兆宽带两年等活动，有效降低了客户的“宽带资费”和“手机套餐资费”。

第四，建立机制，保证服务质量。建立投诉处理、故障报修机制，提高用户投诉受理、故障报修处理效率，切实解决用户关心的资费不透明、乱收费、办理业务拖拉、故障处置不及时等各种服务问题，切实提高农村通信服务质量和水平，让农民用得安心、用得放心。

（作者系水富市工信商科局工作人员）

广播电视局扶贫工作纪实

吴丽兵

为全面打好水富市广电扶贫工作硬仗，从2015年脱贫攻坚战打响以来，水富市广播电视局在认真履行主责，做好主业的同时，全面完成了行业脱贫攻坚的各项工作任务，为水富市脱贫工作作出了应有贡献。

全面改善广播电视基础设施

2015年，实施新建地方节目全覆盖转播基站2座（楼坝唐坡基站，两碗成凤基站），使全县广播影视节目信号实现了卫星、地面、有线全方位覆盖。投资2万多元对太平广播发射站机房进行了扩建，由原来的7.5平方米扩建为16平方米，极大地改善了广播电视发射设备运行环境。建成数字影院西岳国际影城·水富店和启点文化传播投资发展有限公司·北大门影院2家文化企业，并于2015年12月正式营业。2131农村数字电影放映工程按每村每月看一场电影正有序开展，使农村看电视、听广播、看电影难问题基本得到解决。

2016年，积极开展水富县广播电视无线发射台站基础设施前期工作，完成了征地、三通一平、图纸设计和地勘工作。投入资金 35 万元，示范建成太平镇广播电视无线发射台站。加大对太平盐井、两碗成凤无线数字电视转播基站，楼坝唐坡、水富市第四中学、第五中学基站、两碗乡村文化服务中心站 4 座调频广播站的管理和使用，全县基本实现了广播电视节目信号的全覆盖。为全县建档立卡贫困户安装了 352 套“户户通”设备，户户通用户达到 3297 户。实施百县万村“村村响”工程，共安装了 20 套设备（大喇叭、功放、音柱、电视、接收器等）。加大扶贫力度，投入资金 6 万元，对县级广播影视服务中心进行提升改造，投入资金 18 万元，建成了云富街道办事处、向家坝镇、太平镇、两碗镇 4 个广播影视服务站，有效提高了设备的使用效率，实现镇（街道）广播影视服务站全覆盖，让全县所有“村村通”“户户通”用户享受免费维修的服务。

2017 年，扎实抓好水富县广播电视发射台站基础设施建设工程。在云南省局、昭通市局的关心下，抓住实施高山台站建设和中央无线数字覆盖项目建设的机会，争取到中央预算内资金 160 万元，并于 5 月 27 日全面开工建设。该项目占地 8.2 亩，建筑面积 380 平方米，项目投资概算 315 万元，项目内容主要包括机房、业务用房、发射铁塔、挡墙、围墙、门卫室和绿化。在继续做好 2016 年精准扶贫 352 户“户户通”的开通和后续服务工作的基础上，追加实施了 2330 户“户户通”工程。加大对云富街道办事处、向家坝镇、太平镇、两碗镇 4 个服务站的管理，认真做好全县 9633 户“村村通”用户，3297 户“户户通”用户和 20 套广播应急系统的后续维护工作，维护了广大人民群众的收视权益。以行业扶贫为核心，大力推进农家书屋文化建设。高度重视农家书屋的建设和管理，以读书活动为载体，以农家书屋管理员培训为着力点，切实抓好农家书屋的建设和管理，占领农村文化阵地。通过开展“最美农家书屋”评选，组织形式多样的农家书屋阅读活动，采用“互联网 +”形式，将共享工程与农家书屋相结合，发挥了农家书屋服务“三农”的功能，形成贴近农民、服务全面、功能综合的现代农家书屋体系，农家书屋真正成为农民群众的知识平台、治富桥梁。

25 个农家书屋，落实兼职图书管理员 35 名，平均每个书屋配备图书 1500 册以上，并每年按 60 册书的标准进行补充，共计 1200 余册。为 12 个贫困村购买了 48 组书架和 12 个报架。

2018 年，扎实抓好县级骨干台站、乡（镇）级补点台站，县级广播影视服务中心、镇（街道）广播电视服务站和百县万村示范项目（大喇叭工程）的管理，广大人民群众，特别是边远地区人民群众收听收看广播电视难的问题得以全面解决。这些广电基础设施建成后，水富广播电视局大力加强其运行维护管理，充分发挥其作用，建立并形成了一套科学有效的管理体系和运行维护机制，并使其科学高效、安全有序运行。

2019 年，在全面做好已建广播电视设施运行管理的基础上，响应国家、省、市的号召，按照昭通市人民政府关于在 2020 年年底，所有县（市、区）建成应急广播体系的要求，水富市虽受非贫困县的制约，无中央资金支持，但通过主动汇报、积极争取，水富应急广播体系建设也被列入了建设范围，争取到地方财政补助资金 200 万元。遵循统筹规划，分级建设，安全可靠，平战结合的原则，完成了项目实施的前期工作。

充分发挥广播电视功能作用

通过逐年的努力，水富市广播电视事业基本形成了设施完善、布局科学、运行高效、管理有序、覆盖全面的格局。在搞好广播电视事业均衡发展的同时，着重服务好边远地区特别是建档立卡贫困户收听收看广播电视难的问题，让他们能收听收看到传输安全化、节目多样化、信号稳定化的广播电视节目，共享文化大发展、大繁荣的硕果。广大父老乡亲楼顶上“大锅”变“小锅”，“旧锅”变“新锅”，成为新农村一道亮丽的风景。电视已成为广大人民群众必要的精神食粮和茶余饭后放松劳动疲惫的重要方式；广播已成为广大中老年人最喜好的收听方式，行走在城乡角落、乡间地头，都能清晰地听到党委、政府的声音。

农家书屋成了服务“三农”的重要窗口，架通了知识与致富的桥梁。水富市25家农家书屋，在书目配置过程中立足于农业、农村、农民，急农民所急、需农民所需，最大限度满足他们的需求。加大农家书屋开放力度，延展开放形式，保证开放时间，让广大农民在农家书屋中学习新知识、掌握新技术、探索新渠道，走上发展致富的道路。

扎实有效实施农村“2131”放映工程。按照每月1个行政村一场电影的要求，水富市每年基本完成了农村数字电影240场的放映任务。通过农村数字电影放映的形式，传递党的先进文化，促进了农村文化的建设，推动农村地区的发展，增进了邻里乡亲的交流。

历时5年的脱贫攻坚大会战，水富市的广播电视事业在主管部门的指导下，在中共水富市委、市政府的领导下，在宣传部的管理下，紧贴脱贫攻坚的运行轨道不偏不倚，干主业、担主责，如期实现了广电脱贫攻坚的预期目标。在“十四五”期间，水富的广播电视事业将更加着眼长远，以人民为中心进行规划构思，抓住国家实施“智慧广电”契机，构建更加完善、更加高端、更加便民的广播电视服务体系，为农民的增收致富，为水富的经济社会和各项事业的发展作出更大贡献。

（作者系水富市广播电视局工作人员）

今建广厦千万间　风雨不动安如山

戴龙宝

2015年以来，水富市紧紧围绕“两不愁、三保障”和饮水安全中的“住房安全有保障”目标，通过逐户摸清家底后，按照“危房不住人、人不住危房”的要求，大力实施农村危房改造工程，强势推进“建新房拆危房”等工作，在基本实现“人人有安全住房”美好愿景的同时，大大提升了农村人居环境，为水富市打赢脱贫攻坚战和推动乡村振兴奠定了坚实的基础。著名唐代诗人杜甫“安得广厦千万间，大庇天下寒士俱欢颜，风雨不动安如山”的千百年梦想，终于在共产党领导的今天实现了！

安全鉴定全覆盖　住房家底清如许

安居才能乐业。是否有安全住房关乎人民群众的生命财产安全，“皮之不存，毛将焉附”，没有安全保障，脱贫致富奔小康，两个百年梦想等都是无本之木、无源之水。一直以来，水富市住建部门将农村危房改造工作作为首要的政治任务，将其列在各项工作的重中之重来抓。水富市自2010年起就开展农村危房改造工作，每年根据摸排出的危房结合上级下达的任务精准实施。为摸清家底，我们严格按照上级规定，坚持“安全稳固、遮风避雨”的基本要求，严格按照危房认定的程序和标准进行核定。

按照“以房找人、以户找房”的要求，逐村逐组逐房全面开展排查，摸清房屋是否安全、是否一户多宅、是否有建房购房意愿等情况。在地毯式排查的基础上，各镇（街道）进行初核，存在认定模糊的由工作组进行复核。同时对原认定为 B 级且不是钢筋混凝土结构的，进行了全覆盖重新核实认定。在镇（街道）村（社区）初核的基础上，工作组对包括存在安全隐患的、初核认定模糊、建档立卡贫困户维修加固等住房，按规范重新进行全面复核认定。各工作组多次深入农户，对 4 类重点对象的 C、D 级危房进行精准识别。由住建、扶贫、民政、残联 4 部门共同负责做好 4 类重点对象的精准识别认定工作，统筹做好 4 类重点对象精准识别信息比对和危房认定工作，努力确保每一户信息的真实性、准确性，确保这 4 类重点对象的 C、D 级危房信息录入数据精准。2019 年，经干部遍访、自查自纠、综合研判，按照“以房找人、以户找房”的工作思路，全面摸排调查辖区内所有农村住房，进行初核和复核后，通过摸排水富市共粘贴住房安全等级认定牌 9897（张）户，共锁定 2019 年存量危房 762 户，为下一步的危房改造清零摸清了底数。

服务管理两手抓　安全住房户户有

为了如期、全面、高效地完成农村危房改造任务，实现“建成广厦千万间，风雨不动安如山”的美好愿景，我们着重从搞好服务和强化管理两方面扎实开展工作。

在搞好服务方面，一是把宣传培训做到位。我们把国家对贫困群众危房改造有哪些条件、有哪些奖补政策、每户补助多少、如何兑现等政策信息，把建房如何设计、如何选址、建筑材料如何选择和购买等技术要求，都通过召开干部会、群众会、党员会等方式，利用新闻广播、广告标语等形式进行全方位无死角地宣传普及。5年来，共组织召开了大型培训会30余次，主要针对相关部门技术人员和各镇（街道）主要领导、分管领导，市、镇（街道）农危改工作人员，各村委会负责人，修缮加固工匠等进行培训1000余人次。发放《水富县农村民居建设设计图集》300余本、各类宣传资料500余份，印发了《云南省农村危房认定指南》《云南省农村危房修缮加固技术指南》《云南省脱贫攻坚4类重点对象农村危房改造口袋书》等资料600余份。通过广泛宣传和培训，农户们都严格按照包括抗震设防在内的规范要求进行了施工。在坚持建设技术标准和确保选址安全的基础上，对住户相对分散、交通不便、无法安全选址的农户，通过积极引导，帮助其在集镇或公路沿线集中修建了住房，以提高基础设施建设配套资金使用效益。二是把技术指导工作做到位。通过沟通协调，努力使省、昭通市、水富市、镇（街道）专家组形成合力，强势推进农村危房改造技术指导工作。在工程建设前，就钢材、水泥等主要建材的质量进行了把关。在工程建设中，就地基、圈梁等关键施工环节进行了细心指导。我们始终把如何提高建筑质量放在首位，把节约成本降低开支放在突出位置，在整个建设过程中均未出现不符合质量规范的现象。三是把资金筹措到位。“金钱并非万能，但安全住房建设没有资金万万不能。”我们坚持政府主导、镇（街道）为主体的原则，切实加强领导，全力争取和协调资金，努力发挥政府资金“四两拨千斤”的作用，以撬动和汇集各方资金支持农村安全住房建设。2015年以来，共筹措资金4905.08万元。其中2019年，通过向三峡集团争取帮扶资金580.5万元，每户补助1.5万元，实施了农村住房巩固提升项目，惠及非四类对象农户387户，于2020年3月全部竣工并通过验收。

在强化管理方面，一是阳光操作，杜绝不正之风。农村危房改造工作始终坚持公平、公正、公开原则，严格按照户申请、村委会和工作队核实、村民代表会议民主评议、村民委员会张榜公示，镇级核查公示后水富市住建局审批。通过层层把关，规范操作，对不符合条件或公示有异议的，及时调整并向申请人说明理由，坚决杜绝“优亲厚友”等以权谋私现象发生，实现了零上访目标。2017年，我们通过自查，发现存在包括有财政供养人员家庭享受农危改补助待遇等问题的15户，立即进行了调查处理。对其中资料不完善的3户补充完善了资料，对其余不符合条件的12户进行了坚决剔除，清退补助资金，得到了群众的一致好评。二是加强过程监督，杜绝安全隐患。各镇（街道）村（社区）均安排专人进行全程监管，发现问题均责令其停工限期整改。围绕“抓进度、保质量”的要求，实行一周一督查，一月一通报制度，及时掌握工作进展情况。由于包括各村进驻现场监督作业安全的人员认真履职，都严格按照安全作业的“四必须”等相关要求，严把了安全生产关口，筑牢了安全生产防线，因而有效地防止和杜绝了质量安全事故的发生。同时加强资金管理，确保专款专用。我们严格按照省、昭通市补助资金的管理办法进行资金管理，做到专款专户、封闭运行。各镇（街道）严格按照补助标准对农户进行补助，实行一户一卡，根据工程建设进度比例（开工兑付30%，竣工兑付50%，验收入住兑付20%）拨付。三是统筹推进，确保按时完成。自水富市农村危房改造开展以来，中共水富市委、市政府高度重视，多次召开专题会议研究，落实属地管理责任和行业部门责任，由镇（街道）负责组织排查和实施建设，由住建局加强业务指导，对应签订责任书，并纳入目标考核。镇（街道）村（社区）将农村危房改造任务责任落实到人，切实解决农户在修建过程中存在的实际困难，确保按期完成任务。同时，与农商行合作，采取由财政统一出资设立风险保证金的方式，帮助非建档立卡贫困户向银行申请不超过5万元/户的贷款解决建房资金的问题。

2010年至2020年11年来，各级补助资金共计1.28亿元。其中，2015年来，实施2404户，投入资金4905.08万元。10年来，通过摸清底数、制订科学可行的规划、分步实施、多途径筹集资金，市、镇、村三级联动，水富市全部包括建档立卡贫困户在内的所有10579户居住在C、D级危房内的群众实现住房安全。

拆旧拆危强推进　人居环境大改观

新房建成后，有的群众留恋旧房不时回去居住，留下了较大的安全隐患，也导致一户多宅现象的出现。同时新建的规范漂亮新房，与破损零乱的老房形成鲜明对比，这种“西装配草鞋”的现象严重影响村容村貌。对此，水富市高度重视危旧房屋的拆除和退出宅基地的复垦复绿工作，紧紧围绕消除危房和美丽乡村建设的要求全面摸排调查辖区内所有农村住房，对老旧房屋的安全状况进行初核和复核。经核定，水富市应拆危旧房屋锁定为 4444 户。由于工作量较大，加之有的群众思想不通，拆除危旧房屋的工作一时陷入了僵局。为了打破僵局，完成拆除任务，水富市住建局多管齐下，推进了工作。

首先，用经济手段推进工作。对建新未拆旧、拆旧未复垦或复垦复绿不达标、新增不安全住房及一户多宅情况进行全面排查和核实认定后，明确的整治方式及政策是：对建新房后未拆的旧房、不安全的住房予以拆除并复垦复绿的，按照中共水富市委、市政府的要求作为各镇（街道）旧房拆除和复垦复绿的费用。“增减挂钩”拆旧区范围内的房屋，拆除后需新建才能保障安全住房的，按户均 1.5 万元给予购房和建房补助。这些惠民政策的实施，极大地提高了群众拆危拆旧的积极性，也有效地推动了拆旧拆危工作。

其次，用榜样力量推进工作。俗话说“村看村，户看户，群众看干部”。为使拆危旧房工作打开突破口，我们首先做通村“两委”干部、片区支部书记、村民小组长、党员同志的思想工作，要他们先拆先复垦复绿，再通过他们带动其亲戚和群众。“榜样的力量是无穷的”，我们按照“干部职工及亲戚朋友带头拆，普通群众跟着拆”的原则，通过干部带头、党员响应、亲戚朋友支持的思路和方法开展工作，收到了“思想一通百通，拆旧除危势如破竹”的良好效果。截至 2020 年 6 月 30 日，水富市应拆农村危旧房屋 4444 户全部拆除完毕。

再次，用压实责任推进工作。采取把任务细化分解，一级对一级负责，层层签订目标责任状的方法，让干部明责，以户定人，以人包户，干部既是拆危政策讲解员，又是矛盾纠纷调处员。既是拆违现场的安全监督员，还是百姓工地上的勤务员。干部们用铁的纪律、务实的作风、身体力行的榜样行动赢得了群众的信任，消除了百姓心中的疑虑和怨气，保障了拆除工作的顺利有效进行。同时干部们坚持每日一研判、每户一对策，通过召开市、镇、村干部大会，听取各小组走访农户情况，了解群众思什么、想什么、需要我们帮助解决什么，重点环节是哪些，关键问题怎么破，在总结经验的基础上，结合走访了解情况研判，对症施治除病垢，精准施策拆危房。

在住建部门会同各方的努力下，农村群众的安全住房建设，危旧房屋的拆除工作和退出宅基地的复垦复绿工作都取得了显著的成效，不仅实现了“人人有安全住房”和“提升人居环境”的目标，更为促进农村经济发展和社会进步，为提升人民群众的安全感和幸福感，为打赢脱贫攻坚战，助力人民群众致富奔小康，作出了水富住建人特殊的贡献。

（作者系中共水富市委党校工作人员）

拆除危房　破解难题

——我的驻村排危日记

杨文刚

2019 年 7 月 30 日，星期二，天气晴

今天，太平镇复兴村委会召开农村住房安全隐患排查情况研判会。按照《水富市农村住房安全隐患排查整治工作实施方案》和《水富市农村居民危房整治工作方案》的要求，启动复兴村危房拆除工作。通过前期走访调查数据分析，复兴村共有 165 处危房，普遍为串架和石砌结构，串架木质房多数已经腐朽，承重受到影响，为保障群众的生命财产安全，按照方案的要求，危房必须拆除。属于我们水昭高速路政大队挂钩联系的应拆危房贫困户共有 9 户，其中 6 村民小组张德英户情况较为特殊。该户有 2 处房屋，一处串架房，一处石砌房，由于老两口属集中供养人员，张德英与丈夫宋明华居住在水富敬老院，家中房屋无人居住，年久失修，安全隐患较大，两处都必须拆除。通过会议研究，这次危房拆除工作采取先急后缓、先易后难的程序进行，张德英户危房排进了先行拆除之列。于是我和分在同一个拆除危房小组的另外一名同志一起，立即着手做好拆除前包括信息收集在内的各种准备工作。

据了解，宋明华当年当过生产队队长（认为他有一定觉悟而确定为首批拆除户），张德英与宋明华一家很不幸，虽育有一子，但儿子于几年前不幸亡故，儿媳又带着两孙女，改嫁到了盐津县兴隆乡大坪村陶贵友家。因年老体弱且身患多种慢性疾病，生活难以自理，夫妇两人于2013年住进了水富敬老院。要拆除村民的危房，必须要做通其家庭成员的思想工作，并在“自愿拆除危房承诺书”上签字画押才合乎规定。看到这一家的复杂情况，我心里没底了。

2019年8月15日，星期四，天气晴

今天，我们2名挂包干部前往水富敬老院，去做张德英和宋明华夫妇的思想工作。在敬老院我们见到了两位老人，他们虽然着装朴实、面容沧桑，宋明华嗓音还略显沙哑，但精神面貌很好。得知我们是挂钩帮扶干部后，老人非常热情，和我们拉起了家常，给我的感觉是很久没有外面的人来养老院探望他们了，格外兴奋。在我们宣传了危房拆除的相关政策后，两位老人当即表示支持，同意拆除危旧房屋。这么顺利就做通了拆除他家危房的工作，这让我和同事既喜出望外又多少有些不敢相信的感觉。

2019年8月16日，星期五，天气晴

今天，在张德英和宋明华的危旧老房子前，村“两委”领导安排了挖掘机，组织了拆迁队员和挂包干部，摆开阵势准备拆除危房时，两位老人突然来到现场阻止拆除。真是半路杀出个程咬金，我们的担心真的出现了。原来张德英和宋明华从敬老院跑出来，就是要现场阻止拆除行动，理由是自己的孙女要回来居住。经过现场劝说无效后，该户拆危只好暂时搁置，我们不得不带领拆迁队前往下一户危房处开展工作。出现这样的情况是我们始料不及的，可能两位老人还有其他顾虑，说明我们的思想工作还有疏漏，只有等村里其他危房拆完后再去了解了。

2019年8月26日，星期一，天气阴

今天，我们再次来到水富养老院，找到张德英和宋明华两位老人进一步了解情况、宣传政策，再做思想工作。通过进一步的深入交谈，我们得

知，宋明华当年当生产队队长时，思想进步，对国家的方针政策都是理解支持的，他为壮大集体经济和为农民增收做过不少工作。我们希望他拿出当年当队长的风度，带头支持党和政府的工作，带头支持拆除危房、消除安全隐患，至少不能做阻止拆危工作的人。结果是我们想偏了，老人依然风采依旧，他说他永远听党话、跟党走、支持政府工作，他阻止拆除是另有原因。原来在他儿子不幸离世后，儿媳带着两个孙女改嫁到盐津县兴隆乡大坪村，但户口还未迁走，仍留在复兴。老人担心的是拆除旧房后，等孙女长大了，要想回老家时没有住房，这是他最大的顾虑，其实我还能看出老人对几十年老宅的依恋之情。宋明华表示，他们老两口现在享受政府照顾住在敬老院，生活得很好，虽然自己是苗族，在生活习惯上和汉族略有不同，但这些都能逐渐克服和适应，并和汉族同胞们相处得不错，没啥更多顾虑了。如果原儿媳熊宏美同意拆除旧房，那他们老两口就没啥意见了。他还像集体生产年代向上级表决心似的说："只要是政策规定，即使以后我们实在是不适应敬老院的生活，回到复兴村去住在岩洞里，也要支持政府把危房拆除了。"说完，宋明华当场签盖了委托书，委托原儿媳熊宏美全权处理旧房拆除事宜。当时我们的眼睛湿润了，感动的是老人对政策的理解和支持，感动的是老人怀揣着一颗对党和政府不变的信任和感恩的心。我们暗下决心，等完成这次拆危任务后，一定要协调解决好老人的亲人探望和尊重民族习惯等具体情况，让老人安度晚年。

2019年8月28日，星期三，天气晴

早上8点30分，我们2名挂钩帮扶干部从水富出发，赶往盐津县兴隆乡大坪村。由于事前联系了盐津县兴隆派出所，派出所的同志十分支持，在当地民警的带领下，我们顺利地找到了熊宏美本人。熊宏美现在的家庭条件在农村来说也算不错，之前和老人宋明华就拆除危房的事情经常通电话，她是担心如果以后女儿长大了，万一要回复兴村没有住房落脚。得知她的顾虑后，我们就耐心地宣传政策，说明现在她们不具备在复兴村购房

和建房的条件。为保障安全，要先拆除危房，放弃现在购建房的1.5万元补助。但可以保留屋基，若以后返回复兴村有意愿购建房时，同样可以享受以后的政策补助。通过耐心的沟通，熊宏美最终同意拆除旧房消除安全隐患，同时签盖了《自愿放弃购、建房补助承诺书》。我的同事既高兴又无奈地说“往返600里，换张承诺书”。

2019年9月2日，星期一，天气阴

今天一早，我们组织施工队，终于要开始拆除张德英和宋明华户的危房了。宋明华老人比我们更早就来到拆除现场，他含着眼泪，先是围绕房子反复地转圈，然后到屋里瞅瞅这摸摸那。是呀，在这里有老人太多的辛劳和付出，有太多的欢笑和记忆。我们十分理解老人舍不得居住了几十年的老房子的心情，有意推迟了原定的拆除时间，让老人多一点怀旧和依恋表达的最后机会。“你们拆呀！”老人把手一挥，好像明白了我们的意图，用当年指挥生产队员的语气和手势，指挥着可用旧料的堆放和家具的收捡。全村最后一户危房很快全面拆除，我们悬着的心终于落下了，前后奋战了一个多月，复兴村拆危工作得到了圆满收官。

2019年10月9日，星期三，天气晴

今天，经请示单位同意，我早上6点出发，用公车赶往盐津县兴隆乡大坪村熊宏美和陶贵友家，按事前商量好的约定，接他们一家人去水富敬老院看望张德英和宋明华老人。往返路途都十分顺畅，当儿媳熊宏美带着孙女们，一家人突然出现在两位老人眼前时，老人从惊诧到喜出望外，在流淌的热泪里享受着团圆的幸福，在对过往的追忆里蕴含着血浓于水的深情，在相互祝福祝愿后感谢扶贫干部、感恩党和政府的真情表白。我被眼前的场景深深地感动着，长途驾车的疲劳不翼而飞，很快找到了院长去提我那带有点偏袒挂包户的建议去了。

两个多小时转瞬即过，我在办了他们午饭招待后，驾车送熊宏美一家

踏上了回家之路。一路上我就像唠叨的婆婆，千叮咛万嘱咐，生怕改嫁的媳妇不信守定期看望老人的承诺。

时间过得比想象的快，不一会儿就把熊宏美一家人送回了盐津县兴隆乡大坪村陶家。我很快调转车头，加大油门快速驶上了我的回家路。从车窗里我听到了“杨师傅请等一下！”的叫喊声，我有意“逃脱”了他们夫妇俩拎着土特产准备送我的跑步追赶。“谢谢了”“请来玩”“请放心”“一路平安”的高喊声在山谷间回荡。我打开了音响，拧大了声音，哼着熟悉的歌曲，像打了胜仗的士兵，惬意地奔驰在回家的路上！

（作者系云南省水昭高速公路路政管理大队工作人员）

第三编　易地搬迁扶贫

搬出发展空间　开启幸福生活

——水富市凉水易地扶贫搬迁集中安置点建设纪实

王清涛

水富市部分山区群众居住极其分散、偏远，生存环境恶劣，灾害易发频发，资源贫乏，山货运不出，产业起不来。山路崎岖遥远，山里的孩子上学难，更愁的是看病难，小病拖，大病扛。教育、医疗、交通等基础设施和公共服务滞后，建设成本高，“一方水土养活不了一方人”，贫困群众就地脱贫难度大，唯有实施易地扶贫搬迁才是贫困群众的根本出路，也是打赢脱贫攻坚战的重要途径。

“挪穷窝、换穷业”，搬出深山天地宽。根据国家易地扶贫搬迁政策标准，通过调查摸底，水富市“十三五”期间需要实施易地扶贫搬迁的建档立卡贫困对象有 404 户 1691 人。我们立足水富实际，因地制宜、综合施策，在充分尊重群众意愿基础上，选择进城入镇购房或在区位条件好、交通便利、公共服务设施较为完善的中心村，分散安置了 364 户 1509 人，统一规划建设 1 个集中安置点——水富市两碗镇花坛村凉水集中安置点。

凉水集中安置点安置建档立卡贫困户 40 户 182 人，安置点于 2016 年 9 月开工建设，2017 年 4 月全面竣工并通过质量安全验收，2017 年年底，全部搬迁入住安居房，搬迁群众扶老携幼，背包挎囊，向自家破旧的祖屋和贫瘠的山地告别，眼神里虽然有不舍，但更多的是兴奋和期待。为斩断穷根，他们毅然转身，搬离深山，实现了从山里人到城镇人的蜕变，逐步融入了全新环境，开启了幸福美好新生活。

强化组织领导　优化顶层设计

中共水富市委、市政府将易地扶贫搬迁作为水富市脱贫攻坚工作的头号工程和重中之重，成立了以市长任指挥长、相关行业部门负责人为成员的易地扶贫搬迁建设项目指挥部，指挥部设办公室在市发改局，强化了对易地扶贫搬迁工作的组织领导。中共水富市委、市政府主要领导、分管领导高度重视，多次召开市委常委会议、市政府常务会议、专题会议等研究凉水易地扶贫搬迁集中安置点的建设工作。中共水富市委、市政府还制订出台了《水富县易地扶贫搬迁项目建设管理暂行办法》《水富县易地扶贫搬迁工作实施方案》等文件，就“对象识别、资金补助、房屋建设、后续扶持”等关键性问题，进行系统和全面规范，建立了市协调推进、镇主体实施的工作体系，为易地扶贫搬迁顺利实施打下了坚实基础。2017 年年初，国家对易地扶贫搬迁政策进行重大调整，中共水富市委、市政府及时研究制订《水富县易地扶贫搬迁工作整改方案》，严格按照调整后的易地扶贫搬迁政策贯彻落实。

精准搬迁、应搬尽搬，水富市按照《云南省易地扶贫搬迁项目管理暂行办法》，坚持“一方水土养活不了一方人”的搬迁原则，紧盯居住深山区、生活条件差、灾害易发频发等“六类区域”的贫困人口，通过“户申请、组评议、村初定公示、镇复核、县审定公告”的程序，精准识别落实到村到户到人。紧紧围绕国家新一轮易地扶贫搬迁政策和“两不愁、三保障”及饮水安全目标，始终坚持脱贫是目的、搬迁是手段的基本要求，搬迁与脱贫同步、安居与乐业并重，城乡统筹发展的原则，整体推进易地扶贫搬迁工作。

突出规划定位　科学合理布局

我们对凉水易地扶贫搬迁集中安置点，按照“高起点规划，科学合理布局，安置点与两碗镇集镇总体规划有机衔接，利用背靠乌蒙，面向川渝的旅游、交通及区位优势，着眼于凉水独特的自然气候和山水风光，把安置点打造成水富市旅游精品小集镇”的目标进行规划建设。因此，对安置点从源头上就考虑了细到包括群众搬迁后的就学、就医、就业和政务服务等需求，把安置点建设与两碗镇集镇充分融合，做到安置房配套设施“五到户两集中”，即公路硬化到户、安全饮用自来水到户、用电安装到户、光纤到户、天然气到户和污水、垃圾集中收集处理。这样原集镇的水富市第五中学、两碗镇中心小学、幼儿园、卫生院、派出所、花坛村委会等公共服务资源，均在安置点周边600米范围内，实现了公共服务资源共享和全覆盖。

在安居房风格设计上，充分考虑和尊重了搬迁群众的川文化底蕴，要求聘请的云南宏图工程设计有限公司，按照“川南民居特色”和“安全、经济、适用、美观”的原则，对房屋面积、室内布局、风貌打造等方面进行了精心设计，实现了安置房外观川南特色化，内部功能现代化的要求。在充分考虑未来群众经营性门面收入和每户建房成本的基础上，结合实际设计了两种房屋户型供建房群众参考选择。

建设管理规范　确保房屋质量

根据《水富县易地扶贫搬迁“十三五”规划》，编制完成《水富县两碗镇花坛村凉水集中安置点易地扶贫搬迁实施方案》，并报送昭通市级审查批复。安置点建设严格按工程建设基本程序完成了选址定点、地质灾害危险性评估、项目建设用地和环境影响评价等前期工作，项目实施以镇人民政府为主体进行建设管理，严格执行项目法人责任制、招投标制、建设监理制、合同管理制、工程质量终身负责制等基本建设管理制度，确保建设工程质量。

在安居房建设管理上，采取“政府统规、群众自建、委托代建”方式进行。通过召开群众大会，选举成立了建房民主管理委员会，设主任 1 名、副主任 2 名、委员 4 名，加强对安居房建设的监督和管理。按照“人均补助 2 万元，签订了旧房拆除协议并按期拆除的建档立卡人口人均奖励 0.6 万元，但建档立卡贫困户建房补助和奖励资金不得超过面积控制标准的建房成本，自筹资金原则上户均不超过 1 万元”的易地扶贫搬迁建房奖补政策商议确定小户型和大户型筹资方案。坚持民主、公开、透明的原则，切实做到“五个自主”，即“自主协调宅基地、自主选择户型、自主确定施工方、自主管理资金、自主监督质量”，确保了安置房的质量。

“一出门就是水泥路，买东西不用肩挑背驮了，用上了自来水、天然气，一家人吃饱穿暖，生活好了太多。”花坛村王家村民小组搬迁的贫困群众杨宗秀经常称赞说：“学校这么近，孩子上学方便了，太安心了！”“大家都感谢党和政府的好政策，让我们过上了好日子。”一幢幢新房，映衬着一张张笑脸。一句句感激，洋溢村民的幸福。

做实产业就业　确保脱贫致富

“住在山上，有土地种玉米，至少够吃吧。下了山，一家人靠什么过活？”这是搬迁群众普遍担心的问题。“搬得出”只是第一步，接下来要让搬迁群众“稳得住”，易地扶贫搬迁不仅要让群众“挪得出穷窝”，还要帮助他们“改得掉穷业”，还必须让他们学会新本领，适应新生活，致富奔小康，实现可持续发展。

为确保40户182人搬迁安置的建档立卡对象“稳得住”，中共水富市委、市政府，两碗镇党委、镇政府高度关注，针对性提出“三项措施”确保搬迁群众能致富、真脱贫。

一是建立易地扶贫搬迁劳动力到户到人就业台账，强化技能培训，每年组织开展电焊工、木工、砖瓦工等实用劳动技能培训2期，每户至少有1人参加培训，并掌握1项以上的实用技能，凉水安置点共有青壮年劳动力104人，已就业96个，40户搬迁家庭至少1人以上就业，每人实现月务工收入3000余元。同时为集中安置点劳动力统筹开发公益公服岗位3个，确保稳定就业。

二是充分利用群众搬迁后的“三块地”资源，整合扶贫、农业农村、林草等部门资金实施到户产业扶持项目4个，其中李子31亩、砂仁23亩、天麻47亩、方竹224亩，平均每户易地扶贫搬迁对象至少获得2项产业扶持。

三是统筹使用易地扶贫搬迁剩余资金190万元，采用“村集体经济组织＋基地＋易地扶贫搬迁对象”模式，建设完成两碗镇花坛村集中安置区稻田水产综合养殖基地200亩，40户搬迁群众按收益分红，养殖基地已进入试运营阶段。

坚持党建引领　确保服务到位

为使搬迁群众尽快融入集镇生活，两碗镇以“党建引领、区域共治、凝聚力量、服务民生”为理念，以集镇区域化党建和集镇治理网格化为抓手，深入实施集镇党建示范工程。将4名易迁党员组织关系转到安置点所在地的花坛村青坪党支部，成立由5名党员和2名易迁户代表组成的花坛村凉水易地搬迁安置点红色物业管理委员会，由15名党员组成的花坛村凉水易地搬迁安置点党小组，实行网格化管理，每名党员联系4至5户群众，共计挂钩帮扶 65 户建档立卡贫困户。组建党员服务队、工会服务队、青年志愿者服务队、巾帼志愿者服务队、文化宣传服务队 5 支队伍，建设党建文化主题广场，开办《青坪之声》广播栏目，设立“爱心超市”、关爱儿童之家和农耕文化陈列室，制订了一套务实管用的村规民约并严格执行，基层党组织凝聚力得到增强，搬迁群众住得踏踏实实，实现了从山里人到城里人的蜕变，融入了新环境、适应了新生活，也安了居乐了业。

有中共水富市委、市政府的坚强领导，有搬迁安置群众的共同努力，我们深信水富市易地扶贫搬迁凉水集中安置点的明天一定会更加美好！

（作者系水富市发展和改革局工作人员）

苗家儿女易地搬迁　美福生活乐满山村

——水富县太平镇二溪村易地扶贫搬迁纪实

王明贵

“共产党好，党的扶贫政策好，我心里好高兴耶，以后安心与老公一起过日子。”杨富芬一直夸个不停。太平镇二溪村21村民小组的贫困户吴友坤，2015年以前住在两间风雨难挡的60多平方米茅草房里，家中值钱的财产不足300元，妻子杨富芬虽勤俭持家，却因贫穷难耐而离家出走。2016年在县、镇干部的帮扶下，国家补助4万元，吴友坤自己投工投劳，建成了安全、稳固、实用的砖混楼房。杨富芬听说回龙堡发生了翻天覆地的变化，自己家不但建成了新房，公路也修到了家门口，2019年9月，她又跑回来与吴友坤一起过日子了。“破镜重圆”，这让吴友坤喜出望外，妻子也乐个不停。吴友坤的家能有如此快速的变化，得益于党和政府有力的扶贫政策和扎实的扶贫工作。

异地安置　克难攻坚

太平镇易地扶贫搬迁规划了2个分散安置点，即二溪村回龙堡安置点和复兴村高家安置点。规划安置33户144人，其中建档立卡贫困户23户94

人、非建档立卡贫困户 10 户 50 人。2018 年全部完成易地搬迁任务，建档立卡贫困户搬迁人口 94 人已于 2019 年全部脱贫出列。太平镇二溪村三星片区有第 20、21、22、23 共 4 个村民小组 98 户农户 381 人，有建档立卡贫困户 80 户 279 人，其中苗族同胞 57 户 159 人，有 67 户贫困户住在破烂不堪的茅草房里，过着极端贫困的生活。这里偏僻闭塞、贫穷落后，不通公路，海拔高度多在 1500 米以上，距水富城区 75 公里，是远近闻名的特困自然村。为此，中共水富市委、市政府决定从水富市最困难的三星片区开始实施脱贫攻坚，而且要求二溪村必须在 2016 年年底前实现脱贫出列。

思想先行　说服离井

再大的困难也要上，再硬的骨头也要啃。太平镇党委、镇政府顶住压力，立下军令状，积极争取项目，多方协调资金，于 2016 年规划建设了二溪村回龙堡易地扶贫搬迁安置点。为确保易地扶贫搬迁安置房屋选址安全，经充分调研后，镇党委、镇政府与群众决定分别在三星坝、回龙堡、花秋坪、大院子 4 个地点选址建房，其中回龙堡安置 19 户、三星坝 27 户、大院子 17 户、花秋坪 4 户。为了推进安置点房屋建设，从县、镇抽调 15 名干部职工，组成三星坝——回龙堡工作组，进驻三星坝，搭建帐篷，吃住工地，长期蹲点推动安置点房屋建设。

由于太平镇二溪村的花秋坪至回龙堡 8.2 公里公路路基松软，车辆无法正常通行，交通不便造成建房成本较高。加之群众贫困无积蓄，虽有政府无偿补助 4 万元建房资金，他们对建房仍没有信心，宁愿住茅草房、杈杈房也不愿意建新房。更为艰难的是，要让群众背井离乡，离开祖祖辈辈习惯和熟悉的生活环境，去陌生和未知的安置点开始新的生活，他们心里没底，一时思想就不通甚至有抵触情绪。工作组决定想尽千方百计、吃再大的苦，也要做通群众异地安置建房的思想工作。于是他们不管稀泥巴路有多远、有多难走，穿水靴、拄拐杖有多难受，都要坚持每晚分片开会宣传讲解建房政策，宣传异地搬迁的好处等等。如有个别群众不来开会的，就送政策上门个别讲解。晚上开会经常要在23点左右才结束，会后工作组成员还要徒步一个小时左右才能回到三星坝的帐篷里休息。在近3个月时间里，共主持召开推进会11次，做个别群众建房户思想工作230余人次。功夫不负有心人，通过多方努力，群众的思想终于通了，愿意下决心去异地建安置房开启崭新的生活了。

全力保障　助推建房

要建好新房，必须保障公路畅通。公路畅通了，所需要的大量建筑材料才能运输，所以保通成了建房的重中之重。花秋坪至回龙堡的8.2公里公路，虽于2015年春节就全线贯通了，但由于没有硬化，加之土质松软浮泥多，公路晴通雨阻，完全不具备运输建材的重型车辆通行。自2016年3月14日公路铺砂面石启动以来，几个路段的控制性工程基础太软，有的路段铺了七八次块石，仍是浮泥满溢，加之阴雨天气较多，刚铺好的公路，大雨过后就得重新施工作业。为了保障通行，太平镇将施工队分为5个班组，每个班组配备一台挖掘机、一台铲车，配3至6名工人填块石、补坑凼、挖背沟、埋涵管等；采取晴天两班倒、雨天抓重点的方式，在阴晴天气全力作业，工人换班、机器不停，每天从早上8点干到晚上12点才收工；同时在雨天钻炮眼、取石料，为阴晴天作业准备基础材料。如此经过一个半月奋战，实现了全线贯通和畅通，让轰隆隆的运输建材车辆在深山密林中顺畅穿行。另外还新开挖了三星到大院子公路3.5公里，为大院子19户群众建房打下了交通基础。

要建好房，还必须保障建材购买。工作组动员第21村民小组三星坝村民成立民主管理委员会，工作组带领群众进城开展建材询价，镇政府先全额垫资购买建材，等待补助下发后，村民再归还镇政府垫支的费用。同时，为了加快建房进度和保证建房质量，让群众放心，民主管理委员会全权代表群众议定建材价格，引进施工队伍，有效降低建房成本。如三星坝27户建房群众经济基础相对较好，自主能力比较强，懂一定的建房技术，采取统规自建模式；回龙堡20户建房群众经济基础较差，自主能力较弱，劳动力素质较低，采取统规代建模式。因及时预订建材，工作组帮助村民每吨钢筋节省600元，所用100吨钢筋共节省6万元；每块红砖节省0.13元，100万块红砖节省13万元；每吨水泥节省60元，800吨水泥节省4.8万元；金沙每吨节省20元，800吨金沙节省1.6万元。建材共计节省25.4万元，户均节省近1万元。

当初，贫困户王正银不相信政府能够帮助其脱贫，更不敢、不愿意建房，在工作组反复动员后，充分分析4万元无偿补助的重要性，经5次思想发动，终于动了心，自建了房屋。房屋建好后，王正银发展山羊养殖，并带头遵守文明公约，积极摒弃不良生活习惯，因办事公道，2019年被群众推选为21村民小组组长，成为村民的领头人。

第21村民小组贫困户吴友华的妻子离家出走，12年杳无音信，他独自带着3个孩子艰难度日，住着两间60余平方米破烂不堪的杈杈房，家徒四壁，做饭用吊锅，无厨房灶台，无床铺，人畜混居。听说政府要补助4万元盖新房子了，又怕路途边远，建房成本高，对建好房根本没有底气。在工作组多次做思想工作无效后，县民宗局干部王光亮用时两天，发挥他能讲苗语的优势与吴友华沟通，用苗家拉家常的方法讲道理，让吴友华信服了苗家干部并决定了建房。就这样，终于做通了第21村民小组回龙堡片区19户群众中，最后一户建房的思想工作。

2017年年初，回龙堡公路硬化了，新房建好了，文化广场建成了，67户贫困户在当年春节前夕全部搬进了新家，欢天喜地地过上了一个祖辈们想都不敢想的新春佳节。吴友华逢人便说："是工作队帮我建成了新家，让我的家庭破镜重圆，让我这一代穷苗子也住上了大洋房，我要永远不忘党和政府的恩情！"

发展方竹 致富村民

安置点建成了，如何提高村民的收入成了首要问题。二溪村以盐井村堰头坝口为界，沿太平河至二溪，再溯回龙河、三星河而上至铜锣坝，全村海拔 1200 米以上，这里的山峦沟壑间云雾缭绕，雨量充沛，森林覆盖率高，灌木丛林面积广，是竹产业的最适宜发展区域。本着寻一方产业，富一方村民的构想，2017 年，中共昭通市委常委、统战部部长申琼，在水富市镇有关领导的陪同下，带着项目深入二溪调研。她向干部群众介绍了云南方竹独有的特征特性，讲明了二溪广袤的土壤资源条件，求证了三星、红岩、水落适宜方竹种植的自然气候，分析了 2020 年方竹的发展优势和市场前景，提出了用"有偿流转土地，合理规划布局，科学连片种植，示范引领带动"的"党支部 + 合作社 + 基地 + 农户"模式，建设二溪村大院子方竹示范基地的构想。这一切合实际的构想，立即得到了当地急脱贫、想致富、盼小康的干部群众的积极响应，在中共昭通市委常委、市委统战部部长申琼的指导下，二溪村"两委"，驻村扶贫工作队与广大村民群众，掀起了一场空前的种植方竹，向荒山要财富的群众运动。

为了推动方竹产业发展，促进贫困户持续增收，2018 年，由昭通、水富林业部门支持，通过当地村民魏洪兵、龙云顺等 5 人带头引领，集资流转大院子 500 亩方竹种植示范基地顺利建成。通过土地流转，建档立卡贫困户领到了 2018 年每亩 100 元的土地流转金，当地群众到示范基地就地就近务工的，每天还能拿到 100 元的劳动报酬，这让穷山沟里的群众亲眼见到了真金白银，切身感受到了土地流转后带来的红利，大家奔走相告，村民种植方竹积极性空前高涨。原先多次做思想工作也不愿流转土地参与基地建设的大院子苗族同胞汪洋、汪明亮也心动了，主动联系基地建设负责人村民小组长魏洪兵，要求在自家荒山荒坡上种植方竹，并着手剔除杂草，整理地块，用实际行动争取支持。与大院子毗邻思想保守观念落后的三星坝村民也来了。三星坝党支部书记肖正才、村民小组长王正银，主动上门表决心要参与方竹种植。在外务工的村民周富根听说家乡发展方竹有奔头，也千里迢迢从西藏赶回来了。大家齐聚三星坝召开片区村民小组动员会，规划 3 个板块连片种植方竹 1000 亩。太平镇党委、镇政府主要领导高度重视，连夜召开党委会研究落实 13.2 万元竹苗购置款，三星坝村民小组推选村民代表王正银外出询价购苗，2018 年 12 月 2 日，20 多万株竹苗成功运抵三星坝，村民欢欣鼓舞，群众冒寒连夜领苗栽种，不到 5 天时间 1200 亩 20 多万株方竹苗按标准全部栽种完毕。2020 年，二溪村的方竹产业已发展到了 1.8 万余亩。投产后，预计将实现年总产值 560 余万元（平均亩产按 500 公斤计算，每公斤按 6 元计算），当地村民人均实现年增收近 3000 元，方竹俨然成了当地群众增收致富奔小康的龙头产业。

培训引导　提升素质

虽然回龙堡安置点的生活条件改善了，但软散懒的生活习惯和“等靠要”的思想观念转变，确需要一个长期的教育和引导过程。2017 年 1 月 10 日，“美丽水富·和谐家园——我们在行动”群众素质提升培训在水富县太平镇二溪村回龙堡集中安置点进行，由水富县总工会、团县委、县妇联负责的烹饪技术、感恩教育和操家理务等培训有序开展。通过水富县妇联苗族干部用他们民族的语言进行上课，使参加培训的人员倍感亲切，易于接受。整个培训过程中，参训人员自觉遵守培训纪律，边听边问，并纷纷表示，要把学到的知识转化到行动上。随后，太平镇党委、镇政府与县直有关部门及帮扶单位多方争取项目，整合资源加大了对苗族群众的培训力度，经过长时间和系统的培训，明显地提高了苗族群众的个人素质。一个懂感恩、讲文明，爱卫生、勤劳善良、和谐团结的新型苗族农民形象展现在了世人面前，一座高大时尚、整洁漂亮、管理有序的社会主义新农村安居点，呈现在了乌蒙的大山之间。

（作者时任《昭通日报》总编室主任、高级记者）

深山苗寨变迁记

狄廷秀

昔日昏暗无光、四面透风的破旧茅草房被宽敞明亮的“小洋楼”所替代；曾经晴灰雨阻、坑洼遍地的乡村小道被一条条干净整洁的水泥路所覆盖。水富市两碗镇三角村，这个苗族聚居的村落，正在田野间描绘出了一幅美丽乡村的新图景。

在610户2500余人的村子里，苗族就有559户2307人。交通不便致使村民一直在贫困线上挣扎，其中建档立卡贫困户275户。时任三角村总支书记熊启亮深知交通不便带来的苦恼，与村子里密切相关的事实是这样，“买一包化肥背上山回家，需要走几个小时；如果得了急病往往耽误了最佳抢救时间。”熊启亮回忆曾经在山里发生的一件事，龙洞村民小组的村民王福华被毒蛇咬了，因狭窄的山路行走不便，请人抬到医院治疗路上就耽误了几个小时，到医院时医生告之，无法救治。因无法忍受毒性带来的剧烈疼痛，当晚，王福华吊死家中。

路，当一个闭塞的村落与外界发生联系时，它的重要才凸显出来！

1995年8月，两碗三星坝到三角村委会的“三三公路”动工了，10个月后，路通。熊启亮清楚地记得，那是1996年5月24日，有一个通车仪式，很多村民到现场观看，他们满脸笑容，近20公里的路是盛开在村民心中的花朵。

多年使用，三三公路的通行能力变得越来越差，从两碗镇到三角村委会，天气好的情况下开车“蹦蹦跳跳”要 2 个小时，下雨的话 3 个小时到达都困难，晴通雨阻让人头疼。2012 年年初，三角村红沙村民小组刘志成养殖了 2000 多只小鸡，鸡仔长大后，他陆续用摩托车运送了一些到集镇上卖，但后来，因为交通不便大车通行难，加之信息闭塞，一家人为剩下的 1500 多只乌骨鸡找不到买家而犯愁。

“公路不通，再好的农特产品卖不出去，变不成钱，犹如人民币烂在了山林里。”熊启亮很形象地打了个比方。

转机出现在 2015 年。这年，水富县人民政府把“三三公路”硬化工程建设列为承诺办好的 10 件惠民实事，到了年底，硬化工程全面完工。

公路的通行能力得到了提升和改善，三角村又是另外一番景象。三角村坪头苗寨，村民家家户户门前几乎都停放着一辆摩托车，路通到了家门口。村民王勇家新房建在公路边，他拿出积蓄开办了一家便民商店，购买了一辆货车跑运输，一年有 5 万多元的收入。村民陶洪理搬迁到坪头苗寨新房了，他家原来住在三角村余家村民小组，住的是串架房，搬迁到苗寨后，驾驶摩托车 20 分钟就能到集镇。这要是在以前，早上去集镇晚上才能回到家，路上就要耽误 6 个小时左右。公路畅通为易地搬迁创造了条件，三角村坪头苗寨这个具有苗族风情的搬迁点，吸纳了生活在偏远区域的苗族村民，生活也因此发生了巨变。

55 岁的张清华住在宽敞明亮的搬迁房，总会想起小时候的生活情境：一家人住着用木板做成挡墙的杈杈房，木板墙用灶坑里的灰拌着牛粪糊上，房顶盖茅草和油毛毡，太阳出来，屋子里闷得像火炉；天冷，只能缩成一团围着火炕取暖；下雨，屋顶漏雨，潮湿的地面一二十天都干不了。睡的床是用树杈和木块做成的，铺上谷草垫底，晚上几弟兄合用一条破烂的被子，一人就只扯盖一个角边。

张清华长大结婚成家，自己单独修建了串架房，由于交通不便运送不了材料，也无钱建砖房，就只能和村子里的村民互帮互助烧瓦盖。

自2000年以来，三角村村民开始享受扶贫开发带来的实惠。张清华家的杈杈房变成了串架房，住房得到真正改变的是在最近两三年时间。

2017年春节，笔者走访水富两碗镇三角村，目之所及，硬化好的通村公路从山脚延伸到山腰，再向山顶环绕而过。来到坪头苗寨，特色大门矗立在苗寨中央，寨门大道宽敞整洁，寨门两旁50栋房子统一格调，错落有致，依山而建，白墙黛瓦，朱红色线条镶嵌在墙面，墙画上具有民族象征的图案花格外亮丽，村容干净整洁，既透出浓郁的苗族特色民居风情，又不失现代新农村气息，完全看不出是偏远高寒落后山区的迹象。

“从来没想过我们还能住进这么好的房子！”三角村坪头苗寨建档立卡贫困户陈思长发出由衷感叹，紧接着他算了一个账：我家的整幢房子造价是17.5万元，我只出了5万元现金，另外贷款2.5万元，剩余的10万元是政府出的。

政府的扶持，让陈思长、杨成友等苗族村民先后建起窗明几净、厨厕分离的两层小洋楼，以前土坯房、茅草屋、串架房已成为全村人的记忆。

据统计，水富县迄今共建55个易地搬迁点，把居住分散、交通不便、生态脆弱、长远发展极为困难的贫困户搬迁出来。两碗镇三角村是其中之一。不仅要搬得出来，也要能安居下来，产业发展成为摆在地方政府面前的一个课题。结合两碗镇三角村大多数为苗族村民的实际，水富县将其打造为苗族特色旅游村寨，在整个建筑风情定位下来之后，发展与旅游相关的产业提上议事日程。

三角村一年一度的苗族花山节，给游客们留下深刻的印象。在花山节上，苗家儿女都穿上节日盛装，表演震撼山谷的鼓技、跳起欢快的芦笙舞、唱起动听的苗族古歌，一个个精彩的苗族文艺节目和大联欢让游客络绎不绝。苗族迎宾酒、祭花杆、打糍粑等苗族文化传统节目精彩纷呈、美轮美奂，篮球赛、拔河、打鸡毛毽、跳花杆、蒙眼打鼓、吹枪、射弩、绩麻、穿衣、穿针、刺绣、背水、扭扁担、斗鸟等，一个个精彩而特别的节目，将苗族同胞传统的芦笙舞与现代歌舞结合起来，彰显了苗族传统而独具特色的民族文化以及三角村神奇自然的秀丽风光，让广大游客流连忘返，真切感受原汁原味的苗族风情，陶醉苗岭。

“2020年春节假日期间，有远方的客人来苗寨游玩，近期也有一些旅客前来游玩，我们苗寨2020年已发展了一家农家乐，让游客有地方住、有地方吃，以后还要逐步发展。我们要利用特色苗族风情发展乡村旅游，发展特色产业，带动村民增收致富。”熊启亮对今后的发展信心满满。

熊启亮所说的特色产业包括300亩油牡丹和200亩绣球花，意在把乡村旅游和苗族文化相融合，推出一些丰富多彩的节日活动，助推乡村旅游的发展。

2020年，三角村已经建成100亩猕猴桃示范园、500亩核桃示范基地，种植300亩天麻，产业与旅游融合之路正慢慢开启。

（作者时任水富市政府新闻办专职副主任）

第四编　产业扶贫

特色养殖谱新章

廖　号

地处四川盆地向云贵高原过渡地段的水富，地处金沙江与横江交汇地带的水富，脱贫攻坚这场持久战已经让她换了新颜，农业产业搭上了脱贫攻坚的顺风车，迅速发展。2020年年底，水富市已有规模化生猪养殖场17个，蛋鸡养殖场4个，特色水产养殖基地5个。特色养殖产业已然成为水富市农业产业结构中的一张亮丽的名片，为丰富水富市的菜篮子、打赢脱贫攻坚战做出了不可磨灭的贡献。

做好重大疫情防控　守护畜牧养殖健康发展

2018年8月，非洲猪瘟在我国爆发，水富市同样进入了紧急状态，及时成立了疫情防控指挥部，统筹抓好防控工作，那一年，水富市的交通要道都戒了严，防控形势非常严峻。

“非洲猪瘟是由非洲猪瘟病毒引起的一种急性、烈性、高度接触性传染病，严重危害着全球养猪业。我国将非洲猪瘟列为一类动物疫病，是烈性外来疫病，其强毒力毒株对生猪致病率高，致死率100%。为了水富市生猪产业的健康发展，严厉打击非法调运生猪行为。在85高速公路指定通道和高滩隧道口派人24小时轮流值班，进行动物及动物产品运输车辆的查证验物和消毒工作。加强非洲猪瘟防控，对生猪定点屠宰场及其规模养殖大户、生猪移动控制力度的监管工作。”水富市农业农村局畜牧站站长王晓明如是说。

参与过非洲猪瘟防控的工作人员王联广依然记得那段艰苦的防控日子，他说：“非洲猪瘟防控也是一场人海战，公路上都设置了卡点，逐一对过往的车辆开展排查，最严格的一段日子，为了猪瘟防控的工作需要，如果没有相关的检疫合格证，所有的活体动物及肉制品都不允许运输。我们按照2人一班，一天1至6班，24小时轮流在卡点值班，认真检查过往的每一辆车，看他们是否非法携带没有检疫合格证的动物活体或肉制品，坚决筑牢防控的藩篱。检查需要一定的时间，在高速路上的车流高峰期，常常会造成交通拥堵，但为了水富市生猪产业的健康，我们克服重重困难，顶住压力，在加快车辆检查的同时，耐心劝导对此次工作有所抱怨的部分师傅。”

非洲猪瘟是近年来水富市全民参与的一场重大疫情防控工作，在各级各部门的共同努力下，没有过多地影响到水富市生猪产业的健康快速发展。做好重大疫情防控，是保障畜牧养殖健康发展最为有效的途径。除此，水富市农业农村局还重点做好畜牧重大疫情“春防、秋防”工作，与各镇（办）合力抓好动物防疫工作，为水富市畜牧产业的发展保驾护航，在脱贫致富中发挥了重要作用。

着力抓好生猪产业培育　带领村民共同致富

杨孝兵，水富市太平镇太平村人，中共党员，2020年10月26日，水富市里下来的几名干部在产业发展指导员谢正银的带领下到他正在建设的生猪养殖场指导建设工作。他拄着拐杖，热情地给前来指导养猪场建设工作的干部散发香烟，这个中年男子一脸的笑容，眼神异常的坚定。

在水富，杨孝兵可是远近闻名的养殖大户。20 多年前因为一次自行车意外事故，让他脊髓受伤，双腿残疾，行走再也难以摆脱双拐。面对突如其来的巨大变故，他不仅要承受身体上的痛苦，还要承受精神上的打击。然而，天生坚强的他不愿向命运低头。2003 年毅然决然地走出被群山围困的家乡，到山外的那片天地中去闯一闯。十年磨一剑，十年的摔打让杨孝兵脱胎换骨。2013 年，在外面苦到了钱的杨孝兵决定回家搞养殖，成立水富市程康原林生态养殖有限公司。2016 年，为了培育致富带头人，在太平镇党委、镇政府的支持下，他积极向水富县残联、农业局等业务主管部门争取资金扩大养殖规模，水富县农业局扶持了该公司产业发展资金 50 万元。苦心人，天不负，2020 年，他的养殖公司共有圈舍 17 间、孵化室 1 间、脱温室 1 间、办公楼 1 栋、野外放养场 6 个，形成了一条完整的孵化、育苗、生态放养链条。公司规模变大后，他便把周边群众招到自己公司里，为当地解决就业岗位 10 个。

幸福都是奋斗出来的。2018 年水富市编制印发三年农业产业发展规划，明确提出把生猪产业作为水富市畜牧养殖的重点方向，进一步加大扶持和培育力度。2020 年为了稳定生猪供给正常，鼓励生猪产业的发展，又出台了《水富市 2020 年生猪产业发展奖补办法》。鉴于杨孝兵有着丰富的养殖经验，有着强烈的社会责任感，又正值生猪产业发展前景良好的时机，政府投入 64.4 万元的扶贫专项资金扶持他建设千头养猪场，牵头成立水富旺达养殖专业合作社，积极支持和鼓励杨孝兵抓好生猪养殖，继续带领周边的贫困户共同致富增收。2020 年他的合作社里有社员 40 人，其中建档立卡贫困户 34 人。

此外，水富市持续优化营商环境，持续做好生猪产业的发展工作，2020 年，成功引进 2 个生猪养殖的企业落地水富，为水富市生猪产业的健康发展注入了新动能。水富市生猪产业规模不断壮大，有规模化生猪养殖场 17

个，辐射带动水富市 4856 农户发展生猪产业，生猪养殖成为引领寻常百姓脱贫致富的重要经济支柱。

加强科学技术管理　打造特色养殖样板

两碗镇成凤村，天气好的时候，在半山上的一口口硕大的龟池里，会看到池面上有许多黑点，那是把身子藏在水里只探出个小脑袋的乌龟，而地面上像石头一样的东西，则是在阳光底下静静地休息的乌龟，那些可爱的乌龟是水富福布斯农业示范养殖专业合作社养殖的食药两用乌龟。

2017 年 5 月，水富县两碗镇成凤村黄坭村民小组村民黄超牵头成立水富福布斯农业示范养殖专业合作社，通过一年时间的建设，建成龟池面积 33.5 亩的一个乌龟养殖基地。通过合作社组织技术管理人员前往广东省大型养龟企业培训学习后，2018 年 7 月，从广东省引进 8 万多只龟苗进行养殖。同时，该合作社还配套建有专供乌龟食用的蔬菜基地 200 亩，种植有南瓜、黄瓜、白菜等乌龟喜食的蔬菜。水富福布斯农业示范养殖专业合作社带动周边贫困群众实现养龟致富，为当地的经济发展作出了重要贡献。

花园稻田综合种养项目是花坛村集体经济项目，119 户贫困群众以土地、资金等形式入股参与，按照科学管理，年终产值能达到 140 多万元，每亩可实现收益 6300 元。该项目设施初期由于村民缺乏养殖技术和管理经验，养殖失败造成严重损失。技术员罗兴国到任后，他全程指导挑选鱼苗、鱼苗杀菌消毒，到精准管控增氧泵、监测水温水质，现在鱼苗成活率已达到 90% 以上。

罗兴国是 2020 年水富市下沉花坛村指导产业发展的产业发展指导员，他和镇村两级的同事们一道，共同努力把花坛村花园村民小组打造为稻田养鱼示范点。他几乎每天都在基地上待着，为花坛村的稻田综合养殖项目把好技术关口，同时，依托该示范点成立了合作社，吸纳花坛村凉水井 40 户异地搬迁贫困户，带领贫困群众做好“造血式”扶贫，确保易迁群众“搬得出稳得住”，力争后期能致富。这位住在鱼池旁的“鱼专家”给当地群众留下了深刻印象。

在云富街道办事处马脑村，坐落了一个 2020 年水富市最大的蛋鸡养殖招商引资项目——云南渝众农业发展有限责任公司蛋鸡养殖。云南渝众农业发展有限责任公司是重庆众信农牧科技有限公司的分公司，现有 20 万羽蛋鸡。公司重视鸡蛋的品质和安全，专注于育雏育成、蛋鸡养殖、蛋品贸易以及配套的分级冷藏和蛋禽检测中心为一体的全产业链运作方式。鸡舍的通风换气、光照、饮水、清粪、喂料、防疫、环境控制、集蛋等，全部实行电子自动化，饲养模式为国内先进水平。2020 年 3 月，该公司首批 5 万羽蛋鸡进入产蛋期，产蛋高峰期将达到每天产蛋 4 万余枚。

截至 2020 年，水富已经形成了以生猪养殖为主导，蛋鸡、水产等养殖为辅的畜牧生产格局，生猪养殖基地规模不断扩大，水产、蛋鸡、肉兔等养殖基地星罗棋布，水富市特色养殖在脱贫攻坚、全面建成小康社会的时代大考中发挥了至关重要的作用，为水富的农业产业发展谱写了新的辉煌。

（作者系水富市农业农村局工作人员）

小小李子树　脱贫大支柱

盛廷云

李子产业在水富已成为农民脱贫致富的支柱产业。每到初春时节，漫山遍野的李花竞相开放，惹得李园里游人如织，热闹非凡，到夏末初秋，李子成熟，各方客商纷纷前来采购，果农一年的辛劳换来丰收的喜悦，内心有十足的获得感和新福感。

截至2020年9月，水富种植李子的面积占水果种植面积的60%，已挂果面积1.8万余亩，2020年平均亩产850公斤，总产量1.53万吨，总产值0.26亿元。

水富现有种植面积较大的品种有茵红李、五月脆、蜂糖李等，早、中、晚熟品种搭配适当，上市时间从5月底到7月底，采收时间长达2个月，有效避免了集中上市造成的滥市现象。

水富李子产业的发展，得益于水富市党政领导带领群众实施脱贫攻坚，积极探索致富道路的结果。水富市水果产业原来以桂圆、柑橘等亚热带水果为主，随着向家坝水电站库区淹没，沿江沿路的城镇建设和楼坝工业园区建设，桂圆、柑橘的适宜种植区域快速缩减，优势水果产业迅速萎缩。随着脱贫攻坚的推进，如何实施产业扶贫，促进建档立卡贫困户脱贫和实现库区移民稳定就业，是摆在水富各级党委、政府面前的一道难题。通过考察周边宜宾、绥江、重庆、成都等地的产业扶贫经验，结合云南省和昭通市的高原特色农业发展规划，经深入调研，广泛征求基层干部群众意见，最终形成水富市脱贫攻坚主导产业发展意见，2018 年水富市政府办下发了《水富市 2018—2020 年农业产业发展规划》通知，首次将李子作为水富市农业产业发展的重要支柱产业，充分激发了各级干部群众发展李子产业的积极性。水富市的李子种植面积从 2017 年的 1.6 万亩发展到 2020 年的 2.8 万亩。水富市李子种植农户 3290 户，其中建档立卡贫困户 935 户，种植大户 15 户，李子种植专业合作社 5 个，李子产业在脱贫攻坚中发挥了重要的作用。

李子产业的发展，与基层组织战斗堡垒作用的发挥和农业技术推广部门的技术支撑密不可分，向家坝镇永安村团结片区的李子产业就是一个典型的例子。团结片区下辖 7 个村民小组 406 户 1599 人，有党员 39 名。村里人多地少，发展经济困难。过去，这里的村民每年靠种植水稻玉米填饱肚子，由于水利、交通基础条件差，村民发展农业经济增收致富的愿望难以实现。老党支部书记孙泽均多次召集党员和村民讨论团结片区的发展思路。听说宜宾菜坝种植黄花梨收益不错，69 岁的他还领着几个党员前去考察。随后，在团结、龙泉、山区 3 个村民小组种植了 400 多亩黄花梨，但由于气候、管理等各种原因，黄花梨的发展以失败告终。2013 年，老党支部书记的儿子孙正彬当选为支部书记，“党支部书记做好一件事就好了，那就是想办法带领大家脱贫致富。”孙正彬组织支部党员孙正强、王其高等人外出到邻近的绥江县和四川屏山、筠连等地考察学习茵红李产业发展，了解到茵红李种植和管理技术不难，市场销售不愁，最终，他们确定搞规模化发展茵红李产业的新路。

随后，党支部决定带领团结村民小组 49 户村民将黄花梨改种茵红李 330 亩，可是管理技术却是参差不齐，好多果农重栽不重管，品质难以提升，发展还有很长的路要走。为此，市镇农技推广部门在团结片区李子产业发展之初就及时介入，提供技术支持，从 2014 年开始，从幼苗定干、肥水管理、修枝整形、疏花疏果、病虫害防治等管理技术环节，每年都在该片区开展技术培训。2016年进入丰产期后，李华秋、王其章等村民家种植的茵红李年收入实现3万至6万元不等。榜样的力量是无穷的，在党支部的示范带动下，原先持观望态度的村民主动要求发展茵红李，到2020年，团结片区已有茵红李种植面积1000余亩，全部进入丰产期。王其章掰起手指算起家里的增收账，他说："现在一亩李子至少能收入5000元，而过去一亩苞谷和水稻收入在500元至1000元，现在的这个收入比过去划算多了。"

李子产业是水富市一心一园三带四基地农业产业发展规划布局中的核心产业，在水富市各级各部门和人民群众的共同努力下，已达到了较大规模，为了形成核心的竞争力，从2018年开始，水富市农技中心积极向水富市扶贫办争取项目资金，2019年5月，水富市农技中心争取到了49万元的省级专项扶贫资金用于低产茵红李果园的提质增效改造工作。

2019年9月，该项目正式启动实施，技术培训的重任就压在了郑强的肩上。郑强是水富市农业农村局一位具有深厚的专业技术知识和丰富实践经验的高级农艺工，1999年从昭通农校毕业以后，就一直跟着当时水富县农业局的果树专家普万书学习果树管理知识，20多年以来已经积累起了极为丰富的果树管理知识与经验。

2019年的冬天，是郑强最为忙碌的一个冬天，那几个月，他带着农技中心的几个同事一直奔波在水富市的3个镇（街道）的田间地头做茵红李的技术培训，郑强十分注重因材施教，为了把理论知识讲得通俗易懂，他干脆直接把课堂搬到了果园里，在示范修剪果树的过程中向围观学习的群众传授着最为朴素的果树修剪知识，学习的老百姓一看就懂了，还拿起剪子动手修剪起旁边的果树，郑强又因势利导，及时纠正他们修剪过程中的错误，进一步提高了农户果树修剪能力。

茵红李的采后管理必须等到李子树的叶子枯黄掉落以后才可以取得良好的效果，水富的冬天常常终日是沉云，不时还是小雨，天又冷，最棘手的还是郑强患有痛风，时常发作，为了不错过最佳的修剪时节，他忍痛一瘸一拐地去实地开展茵红李的技术培训。走在山间的羊肠小道，村民们看见一瘸一拐的身影就知道是水富市农业农村局的果树专家又来了，总是热情地用刀砍一根木棍递给他当拐杖。2019 年，在郑强和同事们的艰辛付出下，茵红李低产果园技术培训顺利完成，共培训农户近 3000 人（其中贫困户 320 人），免费向培训意愿强烈的果农发放果树枝剪 2210 把，肥料发放累计 89 吨，累计发放李子技术管理资料 1 万余份。现在每户农户都能熟练掌握茵红李生产管理技术，有的还被其他茵红李新发展农户请去当老师。

李子产业发展到一定阶段后，也和其他产业一样，又会出现新的瓶颈：销售和生产标准问题。水富李子因为起步晚，与其他地区相比面积相对较小，市场发育度不高，基本上是坐等客商上门，或者是运到相邻的绥江销售，在市场上总是处于被动地位，农民卖不出较好的价位。其次是水富的李子生产还没有建立规范的生产、包装、储运标准，没有树立自己的品牌，很难进入高端水果市场，难以打开电商销售渠道。

越是艰难越要迎难而上，水富市针对李子产业发展的瓶颈，已研究出切实可行的解决措施。一是继续抓好低产果园提档升级工作。在稳定面积的基础上，进行低产果园改造，目标是实现亩产商品果 1000 公斤以上，一级果率达 80% 以上，亩产值 5000 元以上。同时组织技术力量，制订水富市李子生产标准，实施标准化生产，创建水富李子品牌。二是结合水富市“港园城”建设，建立水果冷藏物流园区，并积极利用电商等新兴渠道，进一步解决销售市场问题。

努力培育具有水富亮点的高原特色农业是水富市不变的初心和追求。未来，水富市将坚定不移地按照“不搞大开发、共抓大保护”的理念，在海拔 350 米至 1200 米的地方打造一条 3 万亩的李子产业示范带，通过低产果园改造、建立标准、树立品牌、畅通销售渠道、做实李子一二三产融合发展等重点工作，在有力巩固水富市脱贫攻坚成效的同时，为水富市“产业兴旺”的乡村振兴注入新的生机与活力。

（作者系水富市农业农村局工作人员）

修竹苍翠　绿山富民

——水富市发展竹产业纪实

刘明清

多年来，水富大力发展竹产业，现在，只要进入水富境内，无论是在路边、沟边、河边、江边、山坡上、房前屋后，都能看到郁郁葱葱、连片成林的竹子。好一幅产业兴旺、生态宜居、林农富裕的美丽画卷。

数据显示，截至2019年年底，水富有竹子18.6万亩，其中：笻竹和方竹9.52万亩、占51.2%，竹产业年经济收入1420万元，实现生态效益600多万元，解决了农村剩余劳动力1万余人就业。

这一成绩来之不易，这其中有多少坚持不懈的奋斗，有许多经验和做法值得借鉴与参考。

领导重视　责任明确

水富地处云南北大门，具有四川盆地热量充足、雨量充沛的气候特征，是竹类生长的理想环境。竹子是一种生态经济社会效益兼顾的常绿树种，可以实现一年种植、年年砍伐、永续利用，是农村农民的增收品种之一。水富在大量调查和反复论证的基础上，把竹产业作为脱贫致富奔小康的支柱产业来抓，下发了《水富县关于发展竹产业的意见》。在实践中，各级党委、政府切实加强领导，层层落实责任。每年将发展竹产业纳入“三农”工作目标责任制考核和重点工作督查内容，形成了党委统一领导、党政齐抓共管、有关部门各负其责的领导体制和工作机制，为竹产业发展提供了坚强的组织保证，形成了合力推进竹产业发展的良好态势。

强化宣传　营造氛围

水富通过召开会议、走村入户等形式广泛宣传发展竹产业的重要性和必要性，并将国家、省、昭通市关于发展竹产业的优惠政策汇编成册发放到千家万户，通过宣传，基本实现了“要我造竹向我要致富我要造竹”的转变，掀起了水富新一轮发展竹产业的高潮。如：两碗镇三角村中南村民小组田升高于 2017 年自费投资 2 万余元从盐津县引进方竹 1 万余棵成片种植 50 余亩，2019 年产笋 500 多斤，收入 2000 余元。

因地制宜　科学规划

2007 年 4 月，水富县就编制了《水富县竹产业发展规划》，2016 年又编制了《水富县“十三五”竹产业发展规划》，规划到“十三五”末，水富成片竹林面积达 21 万亩，实现竹产业年产值超过 2000 万元的目标。具体布局是：将盐水公路水富与盐津交界处的九步岩到绥水公路水富与绥江交界处的三湾沟一线，沿江、沿路、沿沟规划发展以杂交竹为主，麻竹、慈竹为辅的 100 里绿色长廊；将公路以上（海拔 800 米以下），坡度在 250 以上的坡耕地都退耕还林，集中连片发展杂交竹、黄竹、麻竹等，海拔800米以上地区发展苦竹、甜竹、方竹等以采笋为主的竹类。竹产业规划通过省林草部门的评审后，各级党委、政府坚持换届不换目标、换人不换思想，一届接一届持之以恒地抓下去，为实现“打造一片蓝天、绿化一方群山、保护一江清水、建设一座港城”目标积极努力。

创新机制　扶持鼓励

发展竹产业需要配套的鼓励政策，需要整合资金才能发展壮大、才能调动农民的积极性。一是结合农村土地承包政策，明确规定在农民承包的土地、荒山及自留地和自留山造的竹林归农户所有，本着谁造竹谁所有、谁投资谁受益的原则，允许继承和转让。二是退耕还林造竹的土地享受退耕还林政策，保持政策的连续性和稳定性。三是鼓励农村能人大户、机关事业单位的干部职工、个私企业租赁、承包“四荒”地造竹，享受水富关于天保和退耕还林方面的优惠政策。如：水富市村美仕祥农业专业合作社2020年在向家坝镇永安村团结片区承包低产低效林530亩进行改造，将原来的低产低效林改造为巨黄竹，预期年产竹3200吨左右，年纯收入达42万元左右，周边群众单土地承包费、劳务费每年收入就达10余万元，带动了21户贫困户增收。四是在竹材和竹笋经营上实行竞标经营，并制订了最低保护价（竹材收购价不得低于200元每吨，筇竹笋收购价不得低于8元每公斤），切实维护了林农的合法收益。五是在种苗培育和采购方面，引进了水富复兴罗家苗圃、铜锣坝竹产业专业合作社等2户种苗生产经营单位，每年培育了竹苗300万丛以上。同时严格按照镇（街道）内自给为主，市内调剂为辅、市外购进为补充和距离就近、质量就高、价格就低、货比三家的原则公开购苗，确保了苗木质量，提高了造林成活率。六是推行了大户承包造竹和个体承包造竹新机制。如：水富鑫达农林科技有限公司率先尝试以个人出资金和技术、群众出土地、村集体参与、收益分红的产业发展模式，于2019年在两碗镇三角村、石燕村创办了方竹示范基地1500亩，涉及3个村民小组23户101人，其中：建档立卡贫困户15户63人，带动当地3名能人大户分别投资在两碗镇成凤、两碗、三角、石燕、花坛等5个村13个村民小组以股份合作模式发展方竹示范基地6000多亩、涉及农户152户，鼓励群众在规划区内开展规模造竹和零星造竹，经申请验收合格后，按照有关工程造竹给予补助。七是集中资金，培育产业。2016年至2020年就整合资金2276万元投入竹基地建设，其中：扶贫资金1203万元，林草资金993万元，发改易迁资金80万元。2019年还争取到水富市三峡集团投资770万元集中发展方竹2.28万亩，配套产业机耕道改造20公里，预期年产值达3600余万元。

典型示范　带动发展

水富市在竹产业建设中，凡外地引进的竹种，如：方竹、巨黄竹等，均先示范，待成功后再大面推广。2020年3月，水富市村美仕祥农业专业合作社以每丛4.9元的价格从四川省兴文县引进巨黄竹2.1万丛在向家坝镇永安村团结片区试种530亩，成活率高达95%以上，现每丛最多发笋6根，最高达3.2米。通过示范，起到了很好的示范作用，调动了群众的种竹积极性。2016年至2020年春，新发展方竹5.22万亩，实施竹子低效林改造4.42万亩。

严格把关　确保质量

水富市抽派了 4 名林草科技人员下沉基层领办竹产业，每年造竹期间组织造竹工作组和技术组实行分片严把宣传发动关、技术培训关、施工环节关、检查验收关等，做到了竹苗不合格不准用于造林、打塘不合格不栽植、栽植不合格不验收、验收不合格不兑现补助和任务不完成领导不出镇（办）、目标不实现队员不出村。通过水富市各级各部门的共同努力，2020 年春就新发展方竹为主的竹产业 1.4 万亩，既迅速攀升了面积总量，又严格把关了产业质量。

功夫不负有心人。水富市竹产业显现出了勃勃生机，成为广大百姓的“致富竹、发财竹”。为了实现共同富裕的目标，水富市竹产业发展还任重道远。“十四五”期间，水富市将新发展方竹 3 万亩，实施方竹幼林抚育 6 万亩，新建竹笋加工厂 1 个、竹材加工厂 5 个，打造乡村生态竹园 2 个。我们相信，有中共水富市委、市政府的坚强领导，有上级业务主管部门的精心指导，有水富市各级干部群众的支持配合、共同努力，只要决心下够、政策配套、严格奖惩，水富市的竹产业一定做大做强。不久的将来，水富大地将是放眼青山满目竹，竹兴民富市更强。

（作者系水富市林业和草原局工作人员）

凝心聚力机制创新　巩固脱贫攻坚成效

廖　号

2020年是决胜全面建成小康社会的收官之年，水富市紧紧围绕云南省产业扶贫战略，全面落实中共昭通市委、市政府的总体部署，按照“一心一园三带四基地”农业产业发展布局，进一步统一抓实大党建引领大发展的思想和共识，全面增强基层党组织政治功能和组织力，凝聚力，全力抓好水富市产业扶贫工作，为决胜全面建成小康社会、决战脱贫攻坚、全面推进乡村振兴、谱写新时代水富高质量跨越发展美好篇章夯实基础。

科学谋划农业发展布局　走好产业发展的第一步

“水富市‘1134’的农业产业发展规划是2018年提出的，3年来，水富市坚定不移地依托这个规划，各级各部门按照‘各炒一盘菜、共办一桌席’‘资金跟着项目走、项目跟着产业走’的工作路子，将水富市的资金、项目尽量纳入农业产业发展体系，有效推动水富市农业产业的质量与规模的提升，截至2020年水富市的‘1134’农业产业发展格局初具雏形。”水富市农业农村局办公室副主任陈健雄如是说。

2018 年，是脱贫攻坚纵深推进的关键之年，水富市全体干部都投入了这场持久战役之中，但产业发展还缺乏一个明晰的方向，盲目的发展是不行的。中共水富县委、县政府关注到了这个问题。2018 年 6 月，中共水富县委、县政府组织人员开展我县的产业发展规划，牵头调研起草规划的重任就落到了水富县农业农村局的头上。

“那几个月，我们都一直忙于调研起草规划。2018 年 4 月，水富县掀起了农业产业大调研的工作，全体干部职工下沉村组，组织起村民开会，了解水富县农业产业的家底，征求农户对产业发展的意见和建议，每个村都要向镇（街道）递交产业发展报告，镇（街道）汇总后再向县报告调研情况，我们就结合水富县的资源禀赋、产业发展大调研的成果以及市场需求等关键因素规划起草水富市 2018—2020 年产业发展规划，几易其稿，最终出台了《水富市 2018—2020 年农业产业发展规划》。”当初参与此次规划编制的市农业农村局办公室主任李值军说道。《水富市 2018—2020 年农业产业发展规划》中提出了水富县产业发展的具体目标是：水富市农业产业将紧紧围绕现代农业产业化发展的目标任务，构建“一心、一园、三带、四基地”的“1134”农业产业空间布局，加快形成布局合理、产业集中、优势突出的重点特色产业发展新格局。

加大资金投入　持续培育农业主导产业

向家坝水电站是当前中国第三大水电站，位于云南省水富市与四川省宜宾市叙州区交界的金沙江下游河段上，是金沙江水电基地最后一级水电站，由三峡集团承建。三峡集团饮水思源，在利用云南昭通充沛的水能资源筑坝发电，为华东地区源源不断地输去了“绿色能源”的同时，2018 年至 2020 年累计向金沙江畔的水富市捐赠了脱贫攻坚帮扶资金 3227 万元。这一大笔用“绿色能源”赚取的资金又反哺大地，着实意义深远。

产业发展是稳定脱贫的持久之策。2015年以来，水富县坚持以“1134”的农业产业发展规划布局为核心，累计规划各级各类资金12374.75万元用于产业扶贫，重点用于方竹、猕猴桃、生猪养殖、水产养殖等特色产业的培育及配套基础设施的建设，有力地推动水富市农业产业结构不断调整升级。猕猴桃和方竹有着较强的水土保持作用，在护得一江清水出云南的同时，也将发挥出它参与扶贫的历史使命。2019年三峡集团捐赠的2967万元帮扶资金中，投入产业扶贫的资金为2386.5万元，占帮扶资金总额的80.43%。规划投资1616.5万元种植猕猴桃3200亩，规划投资770万元用于种植方竹2.28万亩，以及相应的产业基础配套设施建设。

资金的投入确保了水富市“1134”的农业产业格局初具雏形，2020年年底，6万亩的方竹产业带已完成建设，3万亩李子产业示范带、新寿田园综合体正加快建设步伐，以水富东方希望集团为代表的生猪养殖基地、以扬帆菌业种植合作社为代表的蔬菜种植基地、以水富渝众为代表的家禽养基地、以花坛稻田综合养殖为代表的水产养殖基地正在奋力崛起。

抓好产业示范点建设　引领农业产业发展

为打赢扶贫攻坚战，实现贫困群众稳定增收，2019年，水富市创新产业发展思路，因地制宜、因村施策发展壮大农业扶贫产业，构建“党组织+公司+合作社+农户（贫困户）”产业模式，精心谋篇布局，集中优质资源在水富市重点打造云富新寿村田园综合体、云富马脑乡村花园、向家坝水河村大坪片区、向家坝永安村田竹社区、两碗花园稻田综合养殖、两碗锣锅方竹产业、太平三星坝竹产业、太平官村片区等8个产业发展示范点，以点带面推动水富市农业产业发高质量发展。2020年，8个产业示范点已初步打造完成，位于两碗镇花坛村花园村民小组的稻田综合养殖就是水富市特色产业示范点之一。花园村民小组的公路两旁种满了绿化苗木，依着山势建造的民居错落有致、干净整洁，稻田综合养殖的核心区70亩已正式运行，几百亩的梯田的水稻刚刚收割，一幅乡村振兴的图景正在形成，也引来周边群众来这里参观学习。

新型经营主体全覆盖　引领贫困群众发展产业

复隆种植农民专业合作社是由太平镇复兴村种植大户杨侯生等8人发起设立的，主要经营方竹、食用菌等特色种植，现合作社有成员65户，其中建档立卡贫困户43户，建档立卡贫困户数占合作社66%。2019年，水富复隆种植农民专业合作社从诞生到快速成长，日新月异，实现了大丰收、开门红，发挥了良好的带动示范效应，有力助推了当地经济发展和脱贫巩固提升。

2020年该合作社又按照“良种良法、高度组织化集约化”种植了竹荪60亩、球盖菇20亩，并已初见成效。尤其是种植的球盖菇亩产量达到5000斤以上，深受市场欢迎，同时还解决了70名贫困群众就近务工。

2020年年底，水富市建档立卡贫困户3385户已全部纳入了39个发展质量较好的农民专业合作社，水富市的扶贫产业多数依托这些合作社，每一个合作社都由党支部引领，按照“良种良法、高度组织化集约化”原则带领有产业发展条件、有产业发展意愿的贫困户发展农业产业。

下沉农林科技人员　助推农业产业高质量发展

“大家仔细看，一根枝条上，果子挨在一起的也要掐了，不然容易生虫。我们疏果的同时其实就可以把夏季修剪做了，侧面的是来年的挂果枝要留下，向上的枝条全部去掉，一方面遮挡果子的阳光，影响果子口感；

另一方面浪费了果木营养。”在云富街道办事处新安村兰星 2 村民小组，下沉农林科技人员王小容等 3 位高级农艺师正在李子林里指导群众疏果和开展果树夏季修剪。

“今年的李子结得好。果子越多，越要注重疏果。以前由于没有专业老师指导，果树缺乏管理，完全是靠天吃饭，果子品质不好，才卖一两元钱一斤，真的是很无奈。今年村上组织农技老师到地头帮我们指导，管理得好，5 至 6 个李子就能有 1 斤，批发至少都是 5 至 6 元哩！”培训现场的群众高兴地说。

“我种的 40 亩黄桃，去年因为受桃潜叶蛾影响，基本没得收入。农技老师们晓得情况后，关心得很，随时都到果园来看，指导我科学管护。今年桃子长势很好，病虫害也防治得很到位，预计能有 40 多万元的收入呢，真的是太感谢他们了！”云富街道办事处新寿村大田 1 村民小组黄桃种植大户陈志国开心地说。

“他们下沉是产业指导，我是自己脱产发展产业。我自己的 100 亩，加上带动群众发展的 100 亩，总共 200 亩猕猴桃秧苗已经种下去了，成活率有 90%，下半年就可以在猕猴桃下面套种羊肚菌和竹荪，预计产值可以达到 400 万元。”太平镇太平村创业的农技人员陈坤毅满怀信心地介绍道。

2019 年至 2020 年，水富市每年派出 15 名农林科技人员以创新创业和驻村产业发展指导两种方式分别下沉 4 个镇（街道）村组，鼓励农林科技人员大力弘扬西畴精神，带领贫困群众发展方竹、猕猴桃、茵红李、特色养殖等农业产业，在基层一线助推产业发展，把论文写在水富这片富饶的大地上！为促进农业增效、农民增收，提升农业科技水平，促进乡村振兴，充分发挥了农林科技人才的作用。

（作者系水富市农业农村局工作人员）

创新农业经营模式　助推乡村脱贫攻坚

王　敏

2015 年以来，随着农村劳动力进城务工增多，空巢老人、留守儿童已经无法耕种土地，加之原始的耕作方式、滞后的种植品种等因素，导致农村土地的有效利用率愈来愈低，甚至出现土地抛荒的现象。向家坝镇为破解这一难题，探索发展新型农业经营模式，采取“政府引导、党支部引领、企业带动、合作社配合、群众参与”的方式，进一步破解农业产业化发展过程中土地流转难、结构调整难、资金积累难、劳动力就业难等问题，着力解决农户过分依赖土地、怕担风险、缺乏资金和剩余劳动力的问题，大力推动了向家坝镇的农业产业化发展，切实带动农户增产增收。

以滇安云米为代表的电商特色产业模式

永安村坚持“组织引领、党员示范、村民帮扶、群众致富”的理念，采取“村级集体经济组织 + 电商 + 基地 + 农户”的方式，聚集体之智，举集体之力，大力发展村集体经济，并注重把村民培养成致富能手、把致富能手培养成党员、把党员培养成业务骨干，全力打造永安村持续稳定增收的新通道。

永安村盛产松软可口、满嘴留香的生态优质大米，全年 320 天的无霜保障了粮食超长的生长孕育期，一年栽种一季，生长周期约 180 天，优越的自然条件、充沛的雨量，肥沃的土壤为永安大米提供了得天独厚的天然的生长条件。

过去，永安村民种植水稻都是单干，规模小、数量少，销路不畅，卖不上好价钱，收入不高。通过村集体的研判，扩大种植规模，以市场为导向，以品牌为核心，以品质求发展，走上了一条自我创新的发展道路。一是下足功夫打造品牌。永安生态米种植基地位于永安村田竹片区，引用铜锣坝 5A 级重点保护区的山泉水灌溉，全程不施农药、化肥、除草剂。从选种到育秧、栽种、收获整个过程秉承天然、绿色、无公害原则，采用古法种植，人工插秧，人工除草，人工收割方式保障永安生态米的优良品质，实现永安生态米颗粒饱满，晶莹剔透、细润清香、口感微甜软糯，使每一粒米都是珍贵之选，原生态、纯天然、无污染，品质优良；积极进行绿色产品申报，拿下“永安金谷”商标，提高市场竞争力。二是线上线下扩大销售。为提高永安生态大米的市场竞争力和农业综合效益，增加农民收入，村集体联合各级干部想办法、出主意，确定包装设计，为永安生态大米进行详细规划和精心包装。稻谷收割晒干后，由村委会统一高价收购农户种植的水稻，委托大米加工厂进行加工，进行产地直销；依托“互联网 + 农产品”出村进城工程，将收购的大米通过电商平台销往全国各地，线上线下同时进行，变滞销为脱销，为产品打开了市场大门。2020 年完成生态优质大米品牌商标（滇安云米）注册与宜宾大米加工厂签约进行加工，2020 年获得绿色产品认证，给消费者提供绿色、优质、安全、放心的产品。预计 2020 年产绿色优质大米 10 余万斤。由村集体公司收购稻谷进行加工，利用微商、电商销售，每斤 8 元至 9 元，预计可实现毛收入约 75 万元，实现村集体年收益 10 万元以上。

以水河枇杷为代表的“党支部+农民专业合作社+农户”模式

水河村现有枇杷1500亩，以大坪和大田两个村民小组为主，围绕构建一幅“山—水—村”生态空间格局画卷，规划建设“山上有果、水中有鱼、村里有景”的生态宜居村。2015年，硬化了宽4.5米的大坪公路1.8公里，硬化宽1.5米的生产便道4.32公里，建设人畜饮用水水窖15个及配套管网安装，其中，实施旱浇池9个，配套灌桩560根，安装管网4.2万米；建设生活饮用水窖6个，建成村级活动场所1个576平方米，维修加固库容1.5万立方米的渗漏大坪池塘，为水产养殖创造了条件。各个项目的实施极大地改善了村民的生产生活条件。

按照党组织领着走，党员带着走、群众跟着走的模式，充分发挥党支部引领作用和党员的先锋模范作用，着力产业发展。2018年7月，党支部倡议，由党员带头成立水富田园牧歌水果专业合作社，形成“党支部+合作社+贫困户”发展模式，实现“抱团经营”；通过资金入股、土地入股、参与经营管理等方式，合作社与农户建立起紧密的利益联结，发动产业大户挂钩帮扶困难群众，从资金和技术方面给予帮助，调动村民参与创业和产业发展。2020年，合作社入社农户102户，自然村入社建档立卡贫困户20户76人。通过产业扶持，发展规模以上种养大户有8户，水果种植产业突破1500亩，其中，枇杷1100亩，油桃200亩、沃柑200亩。水果年产量达120万斤，产值收入360万元。20户建档立卡贫困户实现年户均增收5000余元。田园牧歌水果种植专业合作社水产养殖30亩，年收入40万左右。产业的大力发展让示范点村民户均增收上万元，村民的腰包逐渐鼓起来。“我们家的水蜜桃味道好，还果大，特别是周末，横江、盐津、宜宾和水富周边一些消费者主动到我们这里来采摘和购买，还到池塘钓鱼，愉快度周末。不用出村，我守着家发展产业也能收入4万元左右。”村民陈蔡琼笑呵呵地说。看到村里的水果发展，晁增产意味深长地说："以前村民对发展水果不重视，但是这一现状在去年发生了很大转变。去年枇杷价格好，很多村民赚了钱，收入可观，尝到了甜头，发展水果的积极性就提高了，好些村民返乡平整土地、施肥，开始种植水果，规模也扩大了，吸引城里的消费者都跑到果园来采摘和购买。"

以永安万头生猪循环养殖为代表的"企业 + 农户"模式

2020 年 8 月 12 日，水富市向家坝镇人民政府与水富四丰农牧科技有限公司签订了水富市向家坝镇万头生猪养殖循环产业发展项目投资协议书，项目总投资 2400 万元，分 2 期建设，第一期，投资 1100 万元，年出栏 1 万头（养殖占地 30 亩，种植占地 70 亩），2020 年 12 月完成建设；第二期，投资 1300 万元，建设 500 头种猪标准场 1 个，年出栏 1 万头育肥场 1 个，占地 100 亩。项目建成后，以企业带大户，大户带散户，散户带贫困户方式，示范引导全镇生猪养殖产业发展，促进农民增收致富，助推农业产业振兴，项目建成后，将全面推进和带动向家坝镇农业产业化进程，年产值 5000 万元以上，辐射带动群众 500 人以上，解决贫困劳动力 100 人以上，3 年内将成为水富市乡村振兴与田园文旅综合发展特色示范点。公司计划在大池村杨柳村民小组建设万头生猪养殖场，养殖场产生的农家肥用于葡萄庄园管理用肥，做到养殖业与种植业的有机结合，真正实现绿色农业。同时，发展规模养殖场有利于动物防疫监管工作的进行，保证了"菜篮子工程"的安全，使水富及周边人民能够买到放心的肉产品。

以猕猴桃为代表的“企业 + 村集体经济 + 基地 + 贫困户”模式

向家坝镇现有猕猴桃 2000 亩，主要分布在大池村和永安村。其中 2016 年永安村龙泉片区发展猕猴桃 500 亩，2018 年大池村新田村民小组发展猕猴桃 67 亩；2019 年永安村凤凰村民小组发展猕猴桃 100 亩；2019 至 2020 年，与水富邦兴农业有限公司合作在大池村发展猕猴桃种植基地 850 亩，在永安村发展猕猴桃种植基地 350 亩。

脱贫要从“输血式”转向“造血式”，发展产业是关键和核心。依托“党建 + 脱贫攻坚”发展思路，探索出了以“企业 + 村集体经济 + 基地 + 贫困户”的模式。2020 年大池村集体经济公司与水富邦兴农业有限公司合作在大池村发展猕猴桃基地 850 亩，在永安村发展猕猴桃基地 350 亩，全镇 462 户建档立卡贫困户利用三峡集团帮扶资金入股大池村集体经济公司，让建档立卡贫困户享受产业发展红利，更激活了发展的内生动力，变“要我脱贫”为“我要脱贫”“我能脱贫”，积极推进脱贫攻坚与乡村振兴有效衔接，闯出了一条产业促脱贫攻坚的新路子。

以水富汇成生态园为代表的“党支部 + 公司 + 基地 + 党员（农户）”模式

汇成生态园位于向家坝镇水东村上村村民小组，由水富县汇成农业开发有限公司于 2015 年 4 月投资兴建，是集种植、养殖、酿酒、休闲娱乐、乡村旅游为一体的综合性农业开发项目。生态园坐落在山清水秀的罗湾沟畔，自然资源得天独厚，青山环抱，溪水潺潺，环境优美，交通便利。距水富城区 26 公里。园区于 2015 年开始建设，园区规划面积 1000 亩。经过 3 年的开发，已建成 1 个 600 平方米的酿酒坊、1 个农庄和 100 亩四季花海观赏区。农庄包含 150 亩优质水蜜桃基地、200 亩优质茵红李基地、100 亩林下珍禽养殖基地、1 个 1000 平方米的生猪养殖场、2 口 1300 平方米的溪水养鱼池和 1 个乡村农家乐——上尚人家（集农耕体验、同心湖、同心岛休闲娱乐、游客餐饮住宿为一体）。水富汇成生态园是一个将果蔬种植、畜禽水产养殖、白酒加工、休闲娱乐连为一体的综合型现代农业庄园。通过 3 年的实施，生态庄园山、水、林、田、路功能基本齐备，初步形成了集种养业、酿酒和乡村旅游为一体的现代农业庄园经济实体，春赏花、夏摘果、秋收割、四季垂钓的现代化农业生态庄园已初具规模。一是园中有山。即依托现有奇峰怪石，改善"森林农家"观光游乐设施，建设岩洞纳凉休闲点、攀岩健身区等。二是园中有水。即依托水源充沛、水质优良等优势，发展酿酒业，逐步把"龙潭白酒"做成品牌；改良现有鱼塘，合理开挖新塘，建设垂钓、竹筏体验等休闲区；依托山间溪流，发展溪涧避暑观光及溪水生态鱼业。三是园中有林。即依托现有原生态林，修建"森林农家"，打造水富市乡村旅游精品示范点；在周边有效利用酒糟、绿色饲料等，发展规模化生猪生态养殖；发展桃子等优质水果种植，发展孔雀、梅花鹿等林下特色养殖，发展野生菌等林下特色种植；改良生态林，建设苗圃基地；建设林间生态休闲屋，体验生态露营。四是园中有田。即流转周边农田，建设水蜜桃等优质水果，体验春赏花、夏品果；建设奇花异果走廊、农耕文化长廊，让游客在观赏中获取知识；建设农耕体验区，采取自种代管、认领代管、齐种齐管等多种模式，传承传统农耕文化，游客亲身动手搞生产，丰富游览内容。五是园中有路。即观光通道，硬化公路，让村民出行、运输方便，让游客乡村体验方便，硬化林间便道和生产便道，让群众出行方便，让管护人员管护方便，让游客观赏、采摘体验方便。

（作者系水富市向家坝镇政府工作人员）

第五编　民生扶贫

教育扶智斩穷根　脱贫致富圆梦想

曹洪军

我于2014年到水富县教育局机关工作，在6年的时间里，亲自见证和参与了巩固普及义务教育成果、教育均衡发展、依法控制学生辍学、学生资助全覆盖、挂钩扶贫等工作。教体系统在狠抓“教育发展脱贫一批”，全面确保适龄儿童少年能上学、上好学，在有效阻断贫困代际传递，帮助贫困家庭脱贫致富奔小康的道路上做了大量工作。

巩固成果　全面提升适龄儿童少年义务教育质量

中共水富县委、县政府历来高度重视义务教育工作，2003年实现了普及六年义务教育，2007年实现了普及九年义务教育。为巩固义务教育普及成果，全面提升适龄儿童少年教育教学质量，实现义务教育均衡发展，2015年，水富县在昭通市首批启动实施了义务教育基本均衡发展工作。将落实国家义务教育均衡发展战略与落实国家扶贫攻坚战略有机结合起来，倾力实施“扶贫先扶智，治穷先治愚”和“斩断贫愚代际传递穷根”，助力全面打赢脱贫攻坚战，及时成立了以副县长尤再久为组长，教育、财政等单位主要领导为成员的实施义务教育基本均衡发展工作领导组。领导组下设办公室在教育局，由局长王俊林兼任办公室主任，我和孙顺莲老师作为办公室工作人员具体负责日常事务工作。领导组成立后，及时制订和印发了水富县义务教育均衡发展实施方案，并扎实开展了相应工作。

我们在抓教育均衡发展上，主要措施是突出四个“优先”，倾力将水富打造成“区域学子就学向往之地”。一是突出投入优先。确保教育经费达到“三个增长”，教育费附加足额征收、土地出让金足额计提并全部用于教育，2016—2019年，水富市共投入教育经费11.2389亿元，支出教育经费11.5234亿元。二是突出办学条件均衡优先。将农村义务教育薄弱学校改造计划项目（简称改薄）建设工作进度纳入教育系统年终目标考核，实行局长挂帅，班子成员具体分管，项目办工作人员分片联络全程跟踪，学校甲方代表共同参与的管理模式，建立工程管理群，实行每天零报告制，督促工作进度，及时解决工程推进过程中存在的问题。层层签订目标责任书，建立健全项目倒逼、时间倒逼、责任倒逼“三个倒逼”机制，确保“改薄”项目建设稳步推进。截至2016年，水富县全面消除中小学校舍D级危房、2018年全面消除中小学校舍BC级不安全校舍。三是突出城乡师资均衡优先。通过“教师公开招聘、特岗教师引进、定向培养公费师范生”“轮岗支教”“送教下乡”等途径优先补充农村学校教师和紧缺学科教师，全力配齐配足农村学校师资。四是突出教学质量均衡优先。通过实施义务教育“就近入学，划片区招生”、办学条件扩规增容、补充师资增班增容、师资全员培训等方式；加大对城区学校大班额控制以及实施教学质量目标责任制和教职工绩效工资制，加大教学质量考核、奖励力度，强化教学过程管理和教育科研，全面提高了各级各类学校的教学质量，切实缓解农村学生“进城热”、学生“择校热”和“大班额”问题，明显提高了每一所学校的教学质量，有效缩小了城乡学校的质量差距。

依法控辍　全面解决适龄儿童少年辍失学问题

根据《关于打好昭通市义务教育阶段控辍保学攻坚战的实施意见》（昭办通〔2019〕54号）文件要求，2019年8月全面启动控辍保学工作，水富市及时成立了以市委副书记为组长的控辍保学联席会，联席会下设办公室在水富市教体局，局长冯学超担任办公室主任。教体局及时组建工作专班，明确以“一手抓限期存量清零，一手抓常态化杜绝增量”为目标，督促落实镇（街道）、村（社区）和各中小学校控辍保学“双线6长“（双线：分别是政府、教育两条线；6长：分别是市长、镇长、村长、社长、局长、校长）主体责任，全面解决适龄儿童少年辍失学的问题，实现“建档立卡贫困户学生”零辍学。一是强化组织，统一思想。中共水富市委熊启东副书记亲自主抓控辍保学，对水富市控辍保学工作进行了安排部署。定期召开学校、市直部门参加的研判会、调度会，及时分析存在的问题，督促各职能部门履行工作职责，促使水富市形成了齐抓共管的控辍保学工作良好格局。二是完善机制，压实责任。制订了水富市《打好控辍保学攻坚战的行动计划》和《义务教育阶段控辍保学工作方案》，明确镇（街道）、中小学校、村（社区）和驻村工作队责任，落实镇（街道）主要领导包镇、班子成员包片、站（所）和村（社区）负责人包村（社区）、村民小组长包组工作机制，确保每一名辍学学生至少有4人负责劝返和稳控保学。各中小学校建立了校长包校、班子成员包年级、班主任包班、科任教师包人的“一校一案”工作机制，细化“一生一册”稳控保学和帮扶措施，确保学生进得来、留得住。三是精准识别，依法控辍。每年3月、9月定期组织镇（街道）扶贫办、各中小学校、各村（社区）通过入户核查、“两查三对”（即查户籍、学籍，学生、建档立卡贫困户适龄儿童少年，户籍与学籍比对、学籍与实际在校生比对、学生与扶贫数据库比对）数据核查方法等精准摸清6至15周岁户籍适龄儿童少年就学情况，及时进行数据比对，始终确保省教厅扶贫系统、国网学籍系统和扶贫部门国办系统“三网一致”，切实消除部门之间数据壁垒问题。同时通过“院坝会”、短信、微信、校讯通、上门张贴学生享受资助明白卡等形式，强化教育法律法规、资助政策宣传力度，确保群众知晓率达100%。对于义教阶段辍学学生，各镇（街道）结合实际，将入户核实、上门劝返和分类处置等工作同步开展。截至2020年8月19日，水富市累计召开“院坝会”288场，通过短信、微信、校讯通等形式推送教育法律法规、资助政策、控辍保学要求等信息2000余条，发放宣传手册7000余份、《责令被监护人送子女入学通知书》59份、《行政处罚决定书》41份。四是特殊学生，特别关爱。对于建档立卡贫困家庭进城务工人员随迁子女坚持以流入地为主、公办学校为主的“两为主”方针，全面纳入城市义务教育经费保障范围，与同城学生在编班、收费、资助、学籍变动、入队入团、评优表彰及参与各种活动等方面一视同仁；对于“三残儿童”“留守儿童”“建档立卡贫困户学生”“三类儿童”“早婚早孕”“重残重病无法到校”学生，建立名册台账，积极开展“代理父母”“爱心妈妈”结对、“同伴互助”结对、“亲情视频聊天”“经典阅读”“乡村少年宫”“心理健康咨询”“送教上门”等关爱行动，主动伸出援手，采取“一对一”帮扶措施，确保学生感受到关心、关爱，顺利完成学业，防止因贫或缺关爱、管理而辍学。五是职教扶贫，全面推进。以初三、高三毕业填报志愿为契机，积极组织初三、高三毕业生全员参加“职业规划培训”，2015年以来累计开展职业规划培训15期1.1518万人次，引导建档立卡贫困户学生就读职业院校159人，就读大专及以上院校182人。同时积极争取水富市农业农村局、人力资源办、镇（街道）农技部门等部门的支持配合，组织建档立卡贫困户青壮劳动力和“两后生”积极开展种养业培训、推举引导外出务工等活动。六是强化督查，跟踪问效。自2016年以来，教体系统每月开展一次扶贫领域作风问题自查，每学期进行开学督查，定期不定时督查，每次督查发现的问题形成问题清单，及时反馈，督促整改。

资助全覆盖　全面解决贫困学生上学难问题

认真落实“两免一补”、农村义务教育学生营养改善计划、贫困大学生生源地信用助学贷款以及学前、高中、中职学校、大学贫困学生助学政策。2016年成立“水富县教育助学促进会”对贫困学生进行精准资助，实现学前到大学阶段助学政策全覆盖、贫困学生全覆盖，确保了学生不因贫失学。2016—2019年，水富市共兑现教育惠民政策资金13708万元，比“十二五”期间的1.293939亿元增加769万元，增长5.9%。其中：发放生源地助学贷款1437.1745万元，惠及贫困大学生2073人次；2017年秋至2020年春发放“雨露计划”资助186.6万元，惠及在读中高等职业院校建档立卡贫困户学生550户595人次。2016—2019年“水富市教育助学促进会”发放资助资金163.75万元，资助贫困学生1668人。如：太平镇复兴村17村民小组“建档立卡贫困家庭”王毕卉同学，2016年以高考成绩580分被南京邮电大学录取。面对录取通知书，一家人欢庆之时陷入两难境地。一方面王毕卉希望继续接受教育，追求美好的未来；另一方面面对一年上万元的学费、住宿费、生活费，深感原本贫困的家庭根本无力承担。妹妹也考上了昭通市第一中学，每学期要交4000多元的学杂费，母亲患有严重的妇科病、风湿病，因忌冷湿不能下地干活，弟弟又是残疾。全家人的生活重担全部落在父亲一个人肩上。姊妹俩的学费对于这个本来就贫困的家庭来说真是雪上加霜。当我们走访时，王毕卉怀着沉重的心情告诉我们，她自己准备放弃上大学、出去打工挣钱帮助妹妹上学，减轻父母负担的想法。但也明显流露出自己的不舍与无奈。经教育促进会审核认定，王毕卉同学同时享受了“水富籍建档立卡贫困户”家庭学生高考第一名奖励项目5000元资助和“建档立卡贫困户”家庭大学生资助1500元两项资助，圆了这个贫困家庭学生的大学梦。更为可喜的是，她妹妹中考成绩544.5分也是当年“水富籍建档立卡贫困户”家庭学生中考第一名，也享受3000元的奖励金。这个“天降馅饼”让王毕卉全家惊喜万分，齐夸“共产党好！人民政府好！”

百年大计，教育为本。水富市教体局将进一步落实党中央决策部署，严格落实上级党委、政府和业务主管部门工作要求，切实抓好基础教育，实施均衡发展，促进教育公平，努力为新时代水富教育发展谱写新篇章。

（作者系水富市教育体育局工作人员）

医保全覆盖　服务零距离

——水富市医保局健康扶贫纪实

杨朝军

2017年9月，水富县人社局等5部门联发了《关于印发水富县医疗保险健康扶贫工作方案的通知》（水人社发〔2017〕4号）文件，明确了水富县医保局主要负责建档立卡贫困人口基本医疗保险参保和医疗待遇保障工作。多年来，水富县医保局结合行业特点，采取资助参保、待遇倾斜、兜底保障等有效措施，着力健康扶贫，助力脱贫攻坚。

多措并举　广泛宣传　医疗保险政策入人心

"曹大爷，这是我们给您发放的医疗保障扶贫宣传手册，上面有医疗保险咋个报销、咋个办转诊转院、慢性病咋个报销等一些健康扶贫政策，您拿回家有时间慢慢看。"水富市科学技术协会的挂包干部杨昌英详细地跟复兴村14村民小组贫困户曹明富说。"好！好！好！我这点咳嗽老毛病，每次去卫生室拿药他们都会给我宣传一些医保政策，党的好政策我都晓得了，反正我这个老病号长期吃药，一年自己也出不了几个钱！"

为提高广大贫困群众对健康扶贫政策的理解程度和政策知晓率，水富市医保局以送健康扶贫政策到户到手为重点，利用网络、微信、短信等新媒体与传统媒体相结合的方式，全方位开展健康扶贫政策宣传，做到政策宣传不留死角，让党和政府的惠民政策人人知晓，人人欢迎。自健康扶贫政策实施以来，共发放宣传手册3万余份，张贴宣传海报500余张，发送短信1300余条，举办医保政策培训会、开展健康科普巡讲、健康咨询、乡村义诊50余场次，积极引导广大群众树立健康意识，有效地提高了群众对健康扶贫政策的知晓率和满意度。

数据精准　动态更新　卡户医保参保全覆盖

深夜12点过，水富市医保局参保股办公室仍然灯火通明，除了噼里啪啦的键盘声，整个办公室一片寂静。已经年近50岁的刘光权一边盯着屏幕上的数据，一边敲击着键盘，又不时地拿笔勾画……自早上8点开始，他已经工作10多个小时了，甚至午饭都因过于忙碌没有时间去吃，而这也是他近几天工作的缩影。

“如果说脱贫攻坚是一场没有硝烟的战争，那么我们的战场就是眼前的电脑、核对的数据和手中的材料，虽然没有奋战在脱贫第一线，但我们同样重要，更要用满腔的热血来打赢这场攻坚战。”这句话写在了水富市医保局老党员刘光权的笔记本上。

刘光权是水富市医保局参保股负责水富市建档立卡贫困人口参保工作的工作人员。自健康扶贫政策实施以来，每年扶贫国办系统的数据动态调整，刘光权都要在最短的时间里，把扶贫办提供的水富市建档立卡贫困人口数据同医保系统数据进行比对、核实，同时还要和公安部门人口信息一致。精准统计、动态更新医保系统建档立卡贫困人口信息，确保医保系统数据精准，做到底数清、情况明，确保建档立卡贫困人口能及时享受医疗保障待遇。

水富市医保局还积极协调财政筹措资金，确保建档立卡贫困户每人每年定额参保补助资金到位。2017 年全县 1.3193 万名建档立卡贫困人口的参保费用 113.74 万元由县人民政府筹资解决；2018 年以来，依托挂钩帮扶干部、驻村工作队队员、村组干部做好政策宣传和参保动员工作，确保建档立卡贫困户每年个人缴费收缴到位，财政配套补助到位。2017 年至 2020 年，实现了建档立卡贫困人口 100% 参保。

优质服务　便民利民　医疗保障服务零距离

“老杨，以后来拿药，把你的医保卡带上，我们卫生室以后都可以直接刷卡减免了。”两碗镇成凤村卫生室的黄医生对经常来看病的老杨说。“要得！要得！以前只有县医院和卫生院才可以刷卡，现在卫生室都可以刷卡就太方便了！”

2019 年 8 月，水富市医保局完成了水富市 26 个村卫生室（所）医保卡读卡器安装工作，打通了村卫生室（所）联网刷卡“最后一公里”，在昭通市率先实现村级卫生室医保刷卡全覆盖。这一惠民政策让广大群众足不出村，在家门口就可以享受到便捷的医保刷卡即时结算就医服务，实现了医保数据共享，规范了村卫生室（所）医保服务行为，确保了医保基金安全。

“刘叔叔，您高血压的慢性病证水富市医保局已经给您办下来了，以后您带上医保卡去卫生室或者卫生院买高血压的药，就可以享受慢性病政策直接减免了！”“谢谢！谢谢！你们真是太好了！现在办慢性病都不需要自己去跑，太感谢你们了！”向家坝镇永安村贫困户刘树奎感激地说。

为方便群众，水富市医保局开通特慢病办理绿色通道。2019 年 8 月，通过医保系统提取数据，核对就诊信息，结合各镇（街道）和建档立卡贫困户相关资料，水富市对符合特慢病办理条件的 206 名建档立卡贫困户患者，批量办理了“特慢病证”，并全部下发到建档立卡贫困户患者手中，确保特种慢病患者能及时享受每个病种每年 1200 元至 2400 元不等的门诊补助。

太平镇古楼村贫困户姚满妹检查出了子宫肌瘤，因担心住院费用高，一直熬着没去治疗。村上的工作人员听说后，打电话告诉她，建档立卡贫困人员住院不收住院押金，出院才结算。姚满妹知道后，及时去水富市人民医院做了手术，出院结算费用，才发现需要自己负担的费用还不到 1000 元。姚满妹感慨道：“健康扶贫的政策真是太好了！”

水富市医保局严格执行健康扶贫政策，实现跨省异地就医即时结算，推行“一站式”服务，在各定点医疗机构设立“一站式”服务窗口，简化患者报销程序，督促定点医疗机构落实好建档立卡贫困户先诊疗后付费政策，建档立卡贫困户及其他健康扶贫对象在诊疗或住院时，只需持医保卡或者身份证核实信息，即可进入健康扶贫对象“绿色通道”，免押金直接办理住院。同时，在毗邻的跨省结算人次较多的宜宾市第一、二人民医院，水富市医保局为患重大疾病的建档立卡贫困户患者住院提供担保证明，实行先诊疗后付费，减轻建档立卡贫困户异地就医资金垫付困难。

基本医疗　政策兜底　卡户医疗待遇有保障

“45 万多啊，怎么一下子我就只付 8000 多元了？谢谢！谢谢！太感谢你们医保局的同志了，现在国家的医保政策也太好了！”拿到水富市医保局的报账结算单，谭回银回忆起这 84 天来全家人遭受的困苦和内心的折磨甚至对生活绝望的情景还久久不能释怀。但是当他接到报账结算单后，他说话的声音是哽咽的，感激的泪水湿润了眼眶。

谭回银是水富市太平镇盐井村的贫困户，家中 6 口人，靠着国家的扶贫政策已实现脱贫。一家人靠着谭回银打工维持全家的生活，虽不富裕，但也其乐融融。天有不测风云，2019 年 4 月 30 日，儿子谭健枫患重症肺炎、呼吸衰竭、急性脑脊髓炎等疾病转诊转院至宜宾市第一人民医院，住院 13 天，产生医疗费 5.01 万元。后因病情加重，5 月 13 日被转诊转院至四川大学华西二医院住院 71 天，产生医疗费 40.41 万元。前后两次住院仅仅 84 天就用去 45.42 万元。几十万元啊！对于原本就不富裕的谭家来说简直是一个天文数字，真是晴天霹雳啊！谭回银虽然知道医疗保险可以报销，再向亲朋好友借一些，但也无法填满这个“无底洞”。本来在政府扶贫政策的帮扶下，一家人已经脱贫，正奔着好日子去呢！这下，难道又是“一夜回到解放前”？

2019 年 7 月 30 日，心急如焚的谭回银到水富市医保局办理谭健枫的医疗费用报销手续。医保局的同志耐心接待了他，详细地讲解了建档立卡贫困户“四重保障”（基本医疗、大病保险、医疗救助、兜底保障）的医保政策，并鼓励他不要担心医疗费问题。按照“四重保障”的医疗保障扶贫政策，谭健枫的医疗费通过国家跨省异地结算平台现场报销 24.11 万元，医疗救助和兜底保障的费用 20.44 万元由医保局直接拨付了，最后个人只承担了 8675 元。

谭回银儿子的就诊经历是水富市医保局通过健康扶贫帮扶贫困家庭的一个缩影，没有全民健康，就没有全面小康。水富市医保局全面落实医疗保障待遇政策，通过“四重保障”政策，确保建档立卡人口医疗待遇有保障。2017 年，建档立卡贫困户住院就医 2155 人次，产生住院医疗费用 695.35 万元，报销 447.76 万元，回补医疗费用 179.93 万元。回补后住院实际报销比例达到 90%。按照《云南省健康扶贫 30 条措施》，自 2018 年起，建档立卡贫困户就医开始实行“四重保障”一站式结算。2018 年至 2020 年，建档立卡贫困户门诊（含特慢病）就诊累计 13.64 万人次，产生医疗费用累计 945.52 万元，门诊报销累计 659.93 万元；建档立卡贫困户住院累计 0.89 万人次，产生医疗费用累计 3886.34 万元，报销累计 3564.94 万元。建档立卡贫困户住院实际报销比例均在 90% 以上。

水富市医保局坚持把健康扶贫作为中心工作，全面实施健康扶贫工程，着力从根本上解决因病致贫、因病返贫问题，为决战脱贫攻坚、决胜全面小康、实现跨越发展提供了坚强保障。

（作者系水富市医疗保障局工作人员）

健康财政扶贫工作纪实

汤其宏

没有全民健康，就没有全民小康，健康扶贫是脱贫攻坚的坚中之坚、难中之难，是打赢脱贫攻坚战的基础和关键。2015年来，水富市全面落实医疗保障政策、加强基层医疗机构服务能力建设，确保建档立卡贫困人口基本医疗得到保障。打造“健康水富”，健康扶贫工作是一出“重头戏”，它作为一项重大民生工程，关系到人民群众的健康福祉，关系到千家万户的幸福安康。水富市财政局根据省、昭通市健康扶贫要求，以《云南省健康扶贫30条措施》为总揽，以筑牢贫困地区建档立卡贫困人口健康保障防线为目标，积极筹措资金，调整优化支出结构，严格落实各项健康扶贫政策，全力支持打赢健康扶贫攻坚战，向着全面建成小康社会加速冲刺。我们主要从以下八个方面开展了健康扶贫工作。

一是加大财政补贴力度，确保建档立卡贫困人口全面参保。按照要求，全面落实资助建档立卡贫困人口参加医疗保险政策，对建档立卡贫困人口按每人每年180元给予定额补助。水富市财政局积极筹措资金，扩宽资金来源，每年统筹安排下达建档立卡贫困人口资助参保资金118万余元，确保建档立卡贫困人口100%参加城乡居民基本医疗保险。

二是保障基本医疗制度平稳运行，全面落实支出责任。切实落实财政对基本医疗保障制度的投入责任，伴随城乡居民基本医疗保险财政补助标准逐年提高，水富市财政局在及时安排下达上级财政对基本医疗保险投入的情况下，按照事权支出责任，及时安排并下达了城乡居民基本医疗保险本级责任，保障参保的建档立卡贫困户享受基本医疗报销待遇。

三是发挥贫困医疗救助的兜底保障作用。充分整合各类贫困医疗救助资金，坚持基本医疗公平普惠原则，建立城乡居民贫困医疗兜底保障制度，形成了参保补助、医疗救助、兜底保障为一体的医疗保障体系。2019 年及时安排整合纳入医疗救助兜底保障资金 1155 万元，统筹资金做好各类困难人群医疗救助工作。

四是全面落实建档立卡贫困人口家庭医生签约服务。对建档立卡贫困人口家庭医生签约服务个人缴费 12 元部分给予全额补助，进一步强化贫困人口签约服务，确保完成贫困人口签约服务率达 100%。2019 年，省级财政下达水富市家庭医生签约服务补助资金 4.5 万元，支持家庭医生团队为建档立卡贫困户实行全面、连续、有效、及时和个性化医疗保健服务。针对建档立卡贫困人口积极开展免费健康体检，建立完善了个人健康档案。

五是积极争取资金，支持水富市医疗卫生服务能力提升。2019 年上级财政下达医疗卫生服务能力提升补助资金 104 万元，支持基层医疗卫生机构实施基本药物制度并建立运行新机制，合理保障乡村医生待遇水平，助力提升基层医疗卫生机构服务水平，进一步改善了基层医疗卫生服务条件，提升了基层医疗机构医疗服务能力。

六是积极支持各镇（街道）卫生健康事业发展。2019 年上级财政下达水富市卫生健康事业发展转移支付补助资金 1240 万元，支持各地医疗卫生事业发展，保障公立医院综合改革、卫生人才队伍建设、重大传染病防控、医疗卫生服务能力提升、中医药事业和计划生育奖励扶助政策等重点医疗卫生项目实施。

七是支持以预防为主的公共卫生项目制度改革。提高基本公共卫生服务项目财政人均补助标准，免费为城乡居民提供健康档案、健康教育等原 12 类国家基本公共卫生服务项目。支持从重大公共卫生服务项目划入的妇幼卫生、医养结合和孕前检查等项目实施。支持重大传染病防治防控，实施扩大国家免疫规划、艾滋病防治、结核病防治等重点传染病防治项目，支持以“预防”为主的公共卫生医疗防御体系建设。

八是支持坚决打赢疫情防控攻坚战，保卫人民健康安全。自2020年年初新冠肺炎疫情发生以来，水富市财政已投入疫情防控资金1623.83万元支持疫情防控防治，财政局积极有效发挥职能作用，为本次打赢疫情防控阻击战提供坚实的财力保障。

水富市把健康扶贫作为脱贫攻坚的重要抓手，围绕健康扶贫工作目标，加快医疗卫生体系建设，用实实在在的行动守护群众的健康，为全面建成小康社会保驾护航。

（作者系水富市财政局工作人员）

脱贫攻坚路上的文艺工作者

——水富市文联脱贫攻坚工作纪实

李明芳

“小李，你们来了！”这是每次下乡扶贫听到群众的亲切问候，让我倍感温暖。2015年以来，小洞村民小组的变化可谓翻天覆地，通往小洞村民小组的道路由“水泥路”变成了真正的水泥路，房屋由土墙瓦房变成了砖房，群众的脸上挂满了笑容：欣喜赶上了好时代，过上了好日子。

从2015年11月脱贫攻坚战打响以来，水富市文联就一直挂钩两碗镇新滩村小洞村民小组。2017年精准识别摸底调查后，新增黄泥村民小组税再彬、杨廷贵2户；2019年新增黄泥村民小组税再云户，文联共挂钩9户25人。

洒在扶贫路上的汗水

2015年，脱贫攻坚工作启动后，我们文联的几位同志第一次来到小洞村民小组，由于公路不通，车辆无法通行，只能靠步行。说到我们要去小洞村民小组走访，村委会同志这样调侃道：“陈卓老师，小洞村民小组在二半山上，路远哦，你怕是会走哭！”陈卓在城里长大，少有走山路，而且已经 50 岁了，步行到小洞村民小组的确有困难。虽然困难，但她坚持要去认识自己挂钩帮扶的“亲戚”。

从新滩村委会后面的小道上一直往上攀爬，陡峭的石阶、弯弯曲曲的泥泞小路，出发不到一个小时，就听陈卓老师在后面喊：“你们走慢点哦，遭不住了！一会儿万一我晕倒了，不好办。”陈卓说自己眼睛发黑，头晕，四肢无力，感觉快要晕倒了。大家只好放慢脚步，等她休息一会儿恢复了体力又继续往上爬。又走了半个多小时，看到有人家户，以为终于到了，结果同行的村委会同志告诉我们，这里是团山村民小组。是水富市妇联挂钩的地方，小洞村民小组还没有到，才走了一半路程。听到这里，另外两名男同志心里都有点发虚，更别说从没走过这么陡峭山路的女同志陈卓了。

经过 3 个多小时的步行，终于见到了小洞村民小组的“庐山真面目”：大约 20 户人家，坐落在半山腰上，公路不通，是造成小洞村民小组经济困难的主要原因。在村委会同志的带领下，认识了挂钩联系的“亲戚”，也了解了他们的生产生活状态。给我印象最深的是颜平权户：一个老人住在摇摇欲坠的土墙房里，墙面开了几条很大的裂口，青苔肆意生长，堂屋中间摆放着一张桌子和几条凳子，除此之外就没有其他东西了。本来想外出务工，年纪又大了，在家种地，种点蔬菜水果又拿不出去卖。其次是病恹恹的谭尧贵，只见她眼睑浮肿，下肢浮肿，说话有气无力，无精打采，感觉生活就是煎熬，熬过一天算一天。

2017 年，通过多方努力，通往小洞村民小组的公路用砂石硬化了一部分。再去小洞村民小组，可以先坐车到团山村民小组，再从团山村民小组走上去，能节约一半的时间。2017 年 5 月，精准识别摸底调查工作开始后，我们单位识别对象除了挂钩的小洞村民小组外，还新增了黄泥村民小组。

这一天，我们像往常一样在政府公务用车平台上租车准备去小洞、黄泥两个村民小组，再次核实建档立卡贫困户家庭收入核算表上的内容。因为有两户不配合调查人员签字，我们邀请了新滩村党总支部书记罗朋宽跟我们一起到小洞村民小组做工作。陈卓老师因为忙单位的事情，没有和我们一起下乡，加上罗书记我们车上共有 5 人，刚好坐满一车。由于前一天刚下过雨，乡村公路路面湿滑，我们经过李家坝那个大湾的时候，车轮一直打滑，无法前行，我们准备下来推车。车一停下来，我推开车门正想抬脚下车，低头那一瞬间，顿觉心跳加速，双腿无力。只见车悬在路边，下面是一条深沟。吓得我赶紧往里面爬，从另一面爬出车跑到外面一看，发现车一侧的前、后轮已经悬空，前后轮中间车身被一个伸出路面的大石头抵住，是这块大石头救了我们的命。聂章林主席调侃说："这是一块神石啊！感谢它救了大家一命。"季风老师也调侃："还好有惊无险。陈卓留在办公室工作，我们要真是出了事，好歹文联还有一个。"

2018 年，到小洞村民小组的路已经全面硬化完成，从前的"水泥路"变成了真正的水泥路，去小洞村民小组走访挂钩帮扶建档立卡贫困户可以直接开车到家门口，每次经过这里，我们总要停下来看一看，庆幸我们还有机会为脱贫攻坚贡献一份自己的力量。

想方设法找寻致富路

文联干部经过反反复复的走访了解，与建档立卡贫困户交心谈心，精准识别他们的实际困难，一对一拟定帮扶方案，站在"以民为本、为民解困"的角度，积极为群众出点子、想办法，鼓励引导贫困户靠自身努力脱贫致富。

颜平权这户主要是因为住房无保障纳入建档立卡贫困户，知晓这一情况后，挂钩干部聂章林积极入户宣传，做思想工作，鼓励其贷款新建安全稳固住房。除了政府补助的 4 万元，还可以贷款 5 万。思想工作做通了，聂章林又积极为其联系厂家，购买钢筋、水泥等建筑材料。2016 年年底，颜平权乔迁新居，彻底告别了以前外面下大雨，屋内下小雨的窘境。2018

年，聂章林还积极组织单位干部职工到颜平权家帮助他家播种玉米，为李子除草、松土、施肥，帮助其减轻负担。现在，颜平权逢人便说党的政策好，干部关心他，要不然自己还住在摇摇欲坠的土墙房里。每次到小洞村民小组，颜平权总是老远就跟我们打招呼，“你们来了，今天咋个都要吃了饭再走。”

挂钩干部陈卓了解到颜玉明家是因病纳入建档立卡贫困户，颜玉明老婆谭尧贵患有高血压性心脏病、支气管扩张、颈椎病等多种疾病，多次入户反复宣传建档立卡贫困户医保政策，建档立卡贫困户看病可以报销 90% 的医疗费用，可以先医疗后支付，可以申请大病医疗救助，还协助其申请解决两个低保。2018 年，得知其儿子颜飞想回家发展产业，种植草药白芨，陈卓积极反映情况，文联多方协调，为其争取无息贷款 4 万元启动资金。还为其出主意，养殖蜜蜂，现在颜玉明蜜蜂养殖规模逐渐扩大，已经养殖了 20 多箱，增加收入 2 万余元。春节前夕，谭尧贵打电话给陈卓说：“陈老师，明天我们家杀年猪，你们文联的几位老师都一起来吃泡汤哦。你们帮助我们那么多，现在政策好，我有医疗保险，看病都可以报销。我们家生活好了，你们一定要来，一定要来哈！”谭尧贵还说：“我之前去住院治疗，总的花了 4000 多元治疗费用，但是自己只出了 400 元还不到，感谢党的好政策，可以让我安享晚年。”

针对杨廷书家的具体情况，挂钩干部季风积极想办法，除了帮助其发展李子产业之外，通过多方奔走、积极向醉明月酒业有限公司争取，2017 年，醉明月酒业有限公司同意每个月赞助其 400 元生活补助。2019 年，听说杨廷书还想发展点其他产业，通过多方思考研究，充分利用杨廷书在烂坝山看水库的优势，为其出主意，承包烂坝山水库养鱼，积极协调，为其争取无息贷款 5 万元，帮助其筹措启动资金。

我挂钩帮扶的杨廷贵是 2017 年调整给我们单位的建档立卡贫困户，是黄泥村民小组和小洞村民小组出了名的自身发展动力严重不足的建档立卡贫困户，庄稼不种，有一点小钱就拿去买酒喝，经常喝得醉醺醺的，啥事也不干，平时就靠低保生活。我经常到他家去做思想工作，劝其戒酒，劝其找一个适合点的工作。2018 年，两碗镇硬化公路时需要一批工人，我知道这个消息立马与杨廷贵取得联系，但他说自己脚痛，干不了这种力气活。听说两碗镇上要组织一批人到新疆务工，到新疆摘辣椒，听到这个消息，我又立马联系他，动员他跟着大家一起外出务工。跟杨廷贵沟通过后了解到，外出务工路费由镇上统一支付，但是需要自己出生活费，而杨廷贵本人又拿不出生活费。于是我自掏腰包，赞助生活费让其外出务工。2019 年，出去工作没多久的杨廷贵又回家闲耍起，知道这个消息后，我们又再次入户做思想工作，劝其外出务工，杨廷贵说不想离家远了，只想就近务工。文联的同志又积极想办法，与镇上争取，帮助其解决一个公益性岗位，打扫小洞村民小组至税家村民小组的乡村公路。现在，杨廷贵不再每天醉醺醺的了，每天按时打扫公路，十分珍惜这个工作机会。

水富市文联挂钩干部欣喜地看到，不只是上述的 4 户，另外罗忠前等 5 户建档立卡贫困户的生产、生活在大家的帮扶下，也都有了明显的变化，生活越来越好。

开展文艺惠民活动

文联注重物质保障，又注重思想帮扶，在有限的工作经费中，及时拨付扶贫帮扶经费，为他们送米、油、化肥、床单被套等，挂钩帮扶干部也力所能及地捐钱捐物，除此还充分发挥自身优势，注重精神引领，利用自身的资源优势，尽心尽力开展好各项文艺惠民活动。

组织水富作协成员、文艺爱好者到两碗三角苗寨、邵女坪等开展采风交流活动，创作大量关于扶贫方面的文学作品。除大量刊发在机关刊物《北大门》上，还推荐到外地发表。短篇小说《扶贫的老谢》刊发在《昭通文学》《荷城文艺》等文学刊物上，产生了很好的效果。短篇小说《刘永才还记得我》，被送去参加“奋斗杯”云南省群众文艺作品大赛，获文学类二等奖，为水富争得了荣誉。

每年春节前夕，水富市文联都要组织水富市书法和美术家协会会员、书法爱好者，到三镇一街道办开展送福送春联下乡活动，为群众免费写春联、赠春联，送“福”进万家，为群众送温暖，让群众在家门口就能感受到关怀。特别是为一些建档立卡贫困户书写一些励志类的春联，深得贫困群众欢迎。

音乐舞蹈戏剧家协会，充分发挥能歌善舞的特长，利用“丰收节”、开展“三下乡”活动的契机，努力创作一批群众喜闻乐见、歌颂农业、农村和农民“三农”题材的作品，深受广大人民群众好评，让贫困户了解党和政府的惠民政策，知道了自己该如何脱贫致富奔小康。

新的一年，新的气象。2020 年，文联还在积极探索，如何发挥自身特点和优势，助推脱贫攻坚成果巩固工作向纵深发展，争取文艺在脱贫攻坚成果巩固工作中能够发挥更大的作用。

（作者系水富市文联工作人员）

农家书屋扶贫纪实

冷友飞

随着农家书屋建设不断深入，农村阅读资源匮乏的现状得到明显改善，文化生态明显好转。很多农民在这里学到了脱贫致富的本领和技能，命运因此发生改变。不仅如此，一些农村群众还通过在农家书屋读书学习，掌握了许多生活中的小常识、小窍门，小日子也过得更加多姿多彩。

农家书屋建设历程

农家书屋建设背景：农家书屋是一项以政府投入为主导，以改善广大农村地区基础文化设施不足，满足农民群众“看书难、看报难”的公益性文化建设工程，是建设社会主义新农村、构建和谐社会，保障人民群众基本文化权益的重要载体，是推动社会主义文化大发展大繁荣不可缺少的重要组成部分，是国家实施的一项重大惠民工程。

为深入贯彻落实好中共中央、国务院《关于推进社会主义新农村建设的若干意见》和《关于进一步加强农村文化建设的意见》，切实解决农民群众“买书难、借书难、看书难”的问题，2007 年 3 月，国家新闻出版总署会同中央文明办、国家发展改革委、科技部、民政部、财政部、农业部、国家人口计生委联合发出了《关于印发〈农家书屋工程实施意见〉的通知》，开始在全国范围内实施农家书屋工程。水富于2009年启动了农家书屋建设。

水富农家书屋建设情况：因水富是昭通市唯一一个非贫困县，农家书屋建设只有云南省新闻出版局按照2万元标准为每个农家书屋配备图书1500册、报刊20种、电子音像制品100种（张）。书屋的桌椅，书柜（架）由各镇（街道）、村自行解决。截至2012年年底，水富已建成农家书屋25个，其中20个村民委员会100%全覆盖，社区5个，红领巾书屋3个。2017年4月，为助力脱贫攻坚，充分发挥农家书屋阵地作用，在满足群众阅读需求的同时，水富市文广局将农家书屋进行升级改造，开展农家书屋规范化建设。按照《昭通市新闻出版广电局关于下达2017年中央补助地方公共文化服务体系建设新闻出版广播影视专项资金的通知》（昭新广通〔2017〕18号）文件下达资金，对石燕村、新滩村、三角村、两碗村、花坛村、成凤村、太平村、古楼村、复兴村、盐井村、二溪村、新安村农家书屋投入4.2万元，为12个农家书屋购置标准钢制书架（每个书屋4组书架1个报架）。2017年7月底，48组书架及12个报架分别送达各农家书屋完成安装并投入使用。通过规范化建设，书屋阅读环境大幅度改善，解决了农民群众读书难、看报难的问题，促进了城乡基本公共文化服务均等化，丰富了农民群众精神文化生活。农家书屋也被农民群众形象地誉为“农民致富的学堂、农村文化的殿堂、农村学生的第二课堂”。

农家书屋升级管理

为助力脱贫攻坚，开展数字农家书屋建设，将传统农家书屋进行提档升级，把农家书屋建设成为增强群众致富能力、丰富群众文化生活的“扶智利器”。一是选好配强“一员”。即选好配强图书管理员，把大学生村干部、挂钩扶贫干部等，文化基础好、事业心责任感强人员，选配为专、兼职图书管理员。专题组织农家书屋管理员和各镇（街道）文化服务中心主任进行集中业务培训，提高业务素质。二是强化制度保障。坚持做到“六有三上墙”，即每个书屋都有农家书屋出版物登记簿、借阅登记簿、读者意见簿，有农家书屋管理制度、借阅制度、管理员制度并上墙。始终坚持每周保证开放 5 天以上，每天开放不少于 4 个小时。确保农家书屋建设一个，用好一个，真正发挥好农家书屋文化育民、文化乐民、文化富民的功能作用，为贫困户“富脑袋”“富口袋”创造良好条件。三是强化队伍建设。为更好地提升农家书屋管理水平，充分发挥农家书屋助力农民脱贫致富功能。2018 年 12 月，文广局举办水富新闻出版行业扶贫培训会，增强农家书屋管理员依托书屋开展各类脱贫技能、技术培训工作水平，当好群众脱贫需求与脱贫文化知识的桥梁，40 余人参加了培训。积极为村民提供图书借阅服务，花坛村的小榜村民小组谌明亮，在农家书屋学到了养殖技术，办起了养牛场。花坛村和平村民小组的李章金买了一台农用耕地机，机器出了故障，在农家书屋查询资料后，自己解决了机器故障。

农家书屋充实更新

农家书屋建成后，在农家书屋图书补充更新阶段，充分利用上级每年下达到 20 个农村文化建设项目专项经费（中央补助资金 3.2 万元，省级补助 0.8 万元），安排农家书屋补充资金，每个农家书屋 0.2 万元。该款项只限于采购图书、电子音像制品和补充必要的设备。2017 年，水富结合各村脱贫产业发展需求，每年因地制宜为 20 个村农家书屋购置补充政经、生活、科技、文化、少儿、其他 6 类不少于 60 种的图书。结合各村扶贫产业发展，配送《云南高原特色农业系列丛书》《云南名特药材种植技术丛书》等30余种农技科技类图书，更好地助力水富农村产业发展。截至2020年年底，水富市农家书屋藏书5.65万册，音像制品2500余张，报刊500余份。2017年投入10万元分别在古楼村、云雅教育、港务酒店、春风里酒店、半月湾酒店、政府食堂、县人大、县烟草公司、县武装部等农村和城市群众集中地设立全民阅读点9个，放置书架7个、优秀图书5000余册。2018年，在车站、星级宾馆、政务服务中心及党委、政府办公地点等公共场所再设立全民阅读点6个。

农家书屋成果丰硕

水富的农家书屋，在建设社会主义新农村、构建和谐社会，保障人民群众基本文化权益，推动社会主义文化大发展大繁荣方面，特别是在脱贫攻坚工作中发挥了独到的功能作用，且成果丰硕，也涌现出了一批先进集体和个人。云雅教育培训有限公司被云南省委宣传部和省新闻出版广电局授予“云南省全民阅读示范基地”荣誉称号，花坛村农家书屋被授予“云南省示范农家书屋”荣誉称号。2020年8月19日，两碗镇乡村文化服务中心被云南省新闻出版局授予“云南省2020年全民阅读示范基地”荣誉称号。自从2014年开展农村少儿“我的书屋我的梦”的读书活动以来，每年每个农家书屋均积极配合当地学校为孩子服好务。水富有3名学生的“我的书屋我的梦”读书征文获得国家新闻出版广电总局的表彰并颁发了荣誉证书，作品收录在国家新闻出版总署优秀作品集。分别是水富四中学生王必玉的《梦开始的地方》、向家坝镇中心学校六年级（2）班杨桂香的《我的书屋，我的梦》和向家坝镇中心学校6年级学生谢雨的《我的书屋，我的梦》。2016年开展水富最美农家书屋评选工作，经过评选云富街道办事处邵女坪社区农家书屋、云富街道办事处温泉社区农家书屋、向家坝镇楼坝村农家书屋、太平镇二溪村农家书屋、两碗镇花坛村农家书屋被评选为水富最美农家书屋。

（作者系水富市融媒体中心工作人员）

做“社会保障兜底一批”工程的践行者

杨琼玉　周光敏

2015 年 10 月 16 日，习近平总书记在减贫与发展高层论坛上首次提出了“五个一批”脱贫工程，为脱贫攻坚工作开出了破题良方，特别是其中的“社会保障兜底一批”工程，更是成为决战决胜脱贫攻坚的“最后一道防线”。为了抓好抓实“社会保障兜底一批”这项事关百姓冷暖、事关打赢脱贫攻坚战的民心工程，水富市民政局紧紧围绕省委、昭通市委、水富市委关于脱贫攻坚社会救助兜底保障“兜准、兜住、兜牢”行动方案的总体要求，以城乡低保、兜底保障、特困供养、孤儿保障、临时救助为重要抓手，精准发力、多点发力、组合发力，积极发挥民政社会救助兜底保障作用，为水富市打赢脱贫攻坚战贡献力量。

深入调查研判　确保对象精准

据相关数据统计显示，在水富市的建档立卡贫困人口当中，因病致贫的接近 60%，因残致贫的大约 13%，超过一半的建档立卡贫困户文化程度较低，这其中还有重病患者、贫困老人、孤寡、儿童等深度贫困人口。这些残疾人、孤寡老人、长期患病者等“无业可扶、无力脱贫”的贫困人口以及部分教育文化水平低、缺乏技能的贫困群众，可以说是贫中之贫、困中之困。

2020年是脱贫攻坚决战决胜之年，全面精准落实脱贫攻坚社会救助兜底保障任务更加艰巨。中共水富市民政局党组书记、局长王家远及时召集班子成员开“诸葛亮”会议，研究贯彻落实云南省脱贫攻坚社会救助兜底保障行动方案的工作思路，制订《水富市民政局2020年脱贫攻坚挂牌督战实施方案》。

按照会议通过的方案，2020年3月9日至12日，由我牵头对建档立卡贫困户中未享受民政保障且还需要民政保障的，以及所有残疾人未享受民政政策的对象，以及年收入低于6000元的建档立卡贫困户也全部纳入排查范围。经过与水富市扶贫办、水富市残联、4个镇（街道）对接，最终锁定需要走访的对象为141户。

2020年3月14—31日，我和王家远、陶其鹏、周世千、周光敏、季麟、税再林等20余名民政局机关干部、社会工作者、驻村工作队队员、村“两委”干部组成的脱贫攻坚督战队，以村为基本单元、以户为基本对象，按照“不漏一户，不掉一人”的要求，对141户锁定对象进行了逐一排查、识别。从数字上来看，141户的确很少，却分布在水富市的三镇一街道的二半山区以上。特别是居住在两碗镇、太平镇的农户，从这户走到那户，最近的都需要走1小时，最远的就得走上5小时以上的山路。比如杨胜宗是两碗镇三角村陈家沟村民小组村民，他家最偏远，又不通公路，从三角村村委会去他家，需要从山顶走到沟底，再从沟底爬到山顶，才能到达他的家，走一个来回的话就要6个小时。我们家家必到，户户必访，通过15天艰辛跋涉，于2020年3月31日全面完成了141户的排查工作。

在水河村村级研判会上，总支书记杨瑞均说：“板菊子这家我建议每年增加临时救助5000元，她本人常年患病，娃儿也小，根本没有生活来源。”社工王朝荣接着补充，“我们经过到她家走访，看见她家情况确实困难，但是2020年她和她儿子都已经享受农村A类低保，提标不行，我认为杨书记刚才说的可行。”对排查走访的每一户，村、镇（街道）、市三级都认真结合2020年建档立卡贫困户脱贫最低收入标准，综合分析评判是否纳入低保、特困供养、孤儿及事实无人抚养儿童保障、实施临时救助等各类民政救助保障。经排查研判后，对不符合条件的，经严格复核后找准具体原因，并综合研究确定其他帮扶措施予以帮助；对符合纳入低保、特困供养、孤儿及事实无人抚养儿童保障、实施临时救助条件的人员，坚持特事特办，加快审核审批，及时纳入低保、特困供养。6月前，水富市民政局及时对符合条件的80户予以增人增资，对符合临时救助条件的13户予以救助。同时，水富市民政局还结合公布的2020年度农村最低生活保障新标，及时对虽已脱贫但家庭年人均收入低于水富市2020年农村最低生活保障标准的对象174人，再次组织排查识别，符合条件的按照新保障标准及时纳入保障范围。

农村低保政策兜底保障是民政参与和助力脱贫攻坚工作的重要工作之一。水富市民政局严格按照“家庭户籍状况、家庭收入和家庭财产”这3个农村低保对象认定硬条件以及“无业可扶、无力脱贫”标准，重点将完全丧失劳动能力和部分丧失劳动能力，且无法通过产业就业帮扶脱贫的建档立卡贫困人口全部纳入民政兜底保障范围，对未脱贫民政保障对象，核算其领取到的民政救助金加上家庭其他收入后能否达到脱贫标准，达不到的及时提高保障档次和补足保障金。同时，还积极加强政策衔接，按照《昭通市民政局关于印发决战决胜脱贫攻坚百日总攻行动方案》要求，对低保对象开展动态复核工作。

为了做好这次低保对象动态复核工作，水富市民政局党组要求分管领导周世千牵头，社会救助股周光敏、李安华、陈关穗、李勇、胡先云、陈玲等10名人员组成复核工作组，将以下低保对象进行复核，即将“有业可扶、有力脱贫，但2020年生活困难对象”纳入民政一般保障对象，做好动态管理；对人均收入超过扶贫标准但仍低于当地农村最低生活保障标准的民政一般保障对象，宣布脱贫后将继续享受低保政策，做到“脱贫不脱保”；对人均收入超过农村低保标准的民政一般保障对象，给予半年至1年的渐退期，实行“救助渐退”促进稳定脱贫；对不符合政策的对象先行登记备案，待疫情防控工作结束后逐一清退。低保复核不是简单的书面审查，而是深入每个低保家去调查核实。在复核中，对原来享受低保的，但按照该户现有条件，不再享受低保，并进行了相关政策宣传，使低保对象动态复核工作得以顺利进行。

在水富市的广大农村，还有一个特困群体，即我们常说的五保老人、孤儿等，这个群体是最困难、最脆弱的特殊群体。为了把该项工作落实准确，市民政局党组再次要求，各村督战员再次对水富市的五保老人和孤儿逐一进行排查识别，符合条件的及时纳入特困供养、孤儿保障，2020年水富有46人建档立卡贫困人口纳入特困供养，29人纳入孤儿保障。

把准“救急”原则　确保保障到位

发挥临时救助制度“救急难”作用，“雪中送炭”为遭遇突发事件、意外事故、罹患重病等特殊情况的贫困群众发放临时救助金。同时下放审批权限，救助金额在3500元以下的，镇（街道）可以直接救助，进一步提高救助时效，缓解贫困群众突发性、临时性生活困难。结合新冠肺炎疫情对建档立卡贫困户的生活影响，对因病致贫、因病返贫的建档立卡贫困户及时给予临时救助，并要求在疫情防控期间简化救助审核审批程序，保证当月审批当月发放。全面监测脱贫增收不稳定人员，主动发现、主动救助，及时将其中符合条件的人员纳入临时救助、低保范围。2020年，水富市建档立卡贫困户中有2174户3464人纳入低保保障范围，发放保障资金1309.8753万元，其中，一般保障对象2092户3357人、发放保障金1199.3846万元，民政兜底保障 60 户 78 人、发放保障金 68.7458 万元（有 45 户 46 人纳入特困供养保障范围，发放保障金 47.9448 万元），22 户 29 人纳入孤儿保障范围，发放保障金 41.7449 万元。有 657 户 745 人次纳入残疾人两项补贴范围，发放保障金 55.89 万元。有 358 人次因疫情造成临时性困难而实施救助，发放救助金 91.86 万元。

在五年的脱贫攻坚工作中，水富民政人一边抓实社会救助对象的确定和政策的宣传贯彻，一边及时把救助金送到困难群众手中，成为困难群众的“及时雨”。太平镇回龙堡插花安置点安置的农户都是苗族群众，扶贫产业暂时还未发挥效益，打罗汉竹笋成了当地的主要经济来源之一。民政干部周光敏走访时发现这里的农户都不锁门，也没人在家，她辗转找到一个老妈妈问原因，老妈妈说：“关啥子门哦，没有东西偷得。”民政干部经反复核实后及时报告，很快引起民政局领导重视，最终回龙堡安置点困难群众实现了农村低保全覆盖，每户至少解决了 2 个农村低保。

整合社会力量　扩大保障覆盖

积极争取“授渔计划”补助资金，解决了很多建档立卡贫困户的实际困难。“授渔计划”是由中国社会福利基金会、团中央“青年之声”综合服务办公室、共青团中央网络影视中心、中国青年网、新华网、中育集团和美年大健康集团共同发起的精准扶贫助学行动，扶持对象就是孤儿、留守儿童和双困学生（家庭贫困和学习薄弱的学生）。水富市民政局严格按照“授渔计划”扶持的相关要求，确定了以精准扶贫建档立卡贫困户家庭、城乡低保家庭、特困家庭的学生为主要资助对象。民政局派出专人深入水富市 5 所高、初中学校及 4 个镇（街道）、29 个村（社区）委会，对“授渔计划”进行宣传，并对孤儿、留守儿童和贫困学生进行摸底。经过近 20 天的实地调查，精准地掌握了458名家庭经济困难学生情况。随后，又将掌握的458名家庭经济困难学生名单返回各学校及镇（街道）、村（社区）委会，再次组织人员入户调查核实并确定名单上报。据统计，从2015年以来，水富市民政局为危鑫、李蓉、李蓉、李朝芬等64名特困家庭学生争取到了“授渔计划”资金帮助，其中中专45人，大专19人。市民政局还与“授渔计划”项目学校、学生毕业学校老师及授渔计划学生建立了微信平台，随时掌握了解学生的学习、生活等方面情况。

实现城乡低保“应保尽保”，特困人员“应养尽养”，兜底保障“应兜尽兜”，孤儿保障“应纳尽纳”，临时救助“应救尽救”。这是水富市全体民政人履行保障基本民生职责的豪迈追求；让所有符合条件的困难群众享受社会救助政策，确保兜底民生安全网不漏不破，这是水富市全体民政人在决战决胜脱贫攻坚战中的铿锵承诺。在今后的工作中，水富市民政局将坚定按照上级党委、政府关于“三农”工作的统一部署，进一步把“社会保障兜底一批”工程落到实处，落到小处，落到细处，兜住民生保障底线，确保每一户困难群众得到党和政府的关怀。

（作者杨琼玉时任水富市民政局副局长，周光敏系民政局干部）

兜底守底线　惠民保民生

——水富市云富街道办事处兜底保障筑牢脱贫攻坚防守底线

周倖毅

云富街道办事处紧紧围绕“两不愁、三保障”和饮水安全的脱贫目标，努力做到社会救助兜底保障政策全落实，社会救助兜底保障“不漏一户、不落一人”全覆盖，编密织牢民生保障网，精准施策，精准发力，如期高质量地完成了脱贫攻坚保障任务。

分类实施　应保尽保

坚持以家庭收入作为纳入或退出低保保障范围的核心依据，实现“应保尽保”，确保全面小康不落一人。截至 2020 年 8 月，云富街道办事处 4 个村和邵女坪社区纳入城乡低保 1718 户 2908 人。每月发放最低生活保障金 63.77 万元。其中建档立卡贫困户纳入城乡低保 351 户 658 人，将完全丧失劳动能力和部分丧失劳动能力且无法通过产业就业帮扶脱贫的建档立卡贫困人口纳入民政兜底保障范围。结合云富街道办事处确定的“一户一策”脱贫措施及扶贫国办系统标注的“零劳动力”家庭情况，按照“无业可扶、无力脱贫”的标准，逐户逐人认定兜底保障对象，并建立到户到人台账，将符合兜底保障政策建档立卡贫困户 20 户 28 人纳入兜底保障（农村 A 类），兜底保障标准也从 2015 年 2268 元 / 年提高到 4500 元 / 年。在落实好“应兜尽兜”的同时，坚决防止“一兜了之”或“只兜不扶”的情况。落实孤儿保障政策，确保应纳尽纳。对 4 个村和邵女坪社区建档立卡贫困户累计救助 354 户，累计发放临时救助资金 300 余万元。完善“三留守”人员关爱服务体系。加强留守儿童、妇女、老人关爱服务队伍和阵地建设，动态管理留守人员信息台账。云富街道办事处现有农村留守老人 50 人，有留守儿童 268 个。对新增加的留守儿童与实际照管人签订农村留守儿童委托监护责任确认书。配合施永青居家养老水富服务中心开展了关爱农村留守老人服务活动。特别是针对建档立卡贫困户中的留守老人和儿童，挂包干部和职工在下乡时，为他们送米、送油，帮助购买生活必需品，了解他们生产生活中有无困难，帮助协调解决。全面落实医保社保补助减免政策，确保建档立卡贫困户足额享受，每年为建档立卡贫困户减免城乡居民医保 180 元 / 人，对建档立卡贫困户中 16 岁以上 60 岁以下非在校生，每人每年减免城乡居民养老保险 100 元。投入 3 万余元完成云富街道办事处退役军人服务站云南省级示范点建设，全面加强落实退役军人住房难、生活难和医疗难（简称“三难”）的救助政策，累计救助建档立卡退役军人“三难”经费 8 万余元。积极推进建档立卡贫困户劳动力转移，每年多次开展农村劳动力转移技能培训和实用技术培训，通过各类培训，积极推送就业扶贫岗位，每年完成建档立卡贫困户劳动力转移 850 余人。为确保建档立卡贫困户脱贫，对确实无法外出和收入不达标建档立卡贫困户，开发了农村公路保洁员等公益性岗位 26 个，为 26 户建档立卡贫困户提供就业保障。全面落实计生家庭奖励扶助金减免政策，对计生家庭（双农村独生子女家庭、双农村两女结扎家庭）子女读书提供奖学金（双农村独生子女小学补助 160 元 / 年、初中 260 元 / 年、高中 600 元 / 年，对双农村独生子女家庭和双农村两女结扎家庭考取大学，高中、中专一次性奖励 2000 元，专科一次性奖励 2400 元，本科一次性奖励 4000 元），共为 27 户计生家庭提供奖励扶助金共计 15 万余元。

赠猪仔　送温暖

在按相关政策全面做好兜底保障的同时，云富街道办事处挂钩帮扶干部还力所能及地为贫困群众排忧解难，在送温暖的过程中，也送去了特殊的保障。“党和政府的政策好，给我们送猪仔，这对我们来说是一个脱贫的好机会，我们一定好好养，养大养肥了卖个好价钱。”看着活蹦乱跳的小猪仔，村民范仕奎喜笑颜开地说。

2020 年 6 月 17 日，清晨的阵雨，丝毫阻挡不住云富街道办事处新安村建档立卡贫困户认领猪仔的热情，一大早村民们便守候在新安村委会门口。云富街道办事处扶贫办工作人员一边将母猪仔卸下车，一边对前来领取猪仔的贫困户进行登记，领到猪仔的贫困户个个喜笑颜开，喜悦之情溢于言表。此次云富街道办事处在新安村共发放母猪仔 102 头，受益建档立卡贫困户 100 户。为使建档立卡贫困户养好母猪仔，扶贫办工作人员逐户核查是否有圈舍，是否有能力喂养。同时也在高滩村、马脑村、新安村、新寿村的建档立卡贫困户中选取有圈舍、有能力喂养的对象分散喂养，发放母猪仔共 336 头。

为了让贫困户能把猪仔养肥养大，云富街道办事处扶贫办联合水富市农业农村局，组织了母猪养殖培训，将饲养、疾病预防等养殖技术传授给每一对象户。按照村规民约同每户建档立卡贫困户签订了母猪养殖协议，明确了贫困户不得将母猪进行转卖、赠送、阉割，确保建档立卡贫困户，能通过自身努力养猪，实现长期发展，最终脱贫摘帽。

献真情　保民生

马脑村驻村工作队第一书记、工作队队长陈智多，于2018年4月正式到马脑村开展驻村扶贫工作。2018年9月的一天，陈智多到了大塘村民小组建档立卡贫困户汪真莲家，这是一个两口之家，汪真莲50岁，没文化，不识字，丈夫于2009年去世，至今与女儿相依为命，女儿就读于云南艺术学院广播电视专业。近年来，汪真莲在泸州火锅店打工，每月有2000元左右的收入，后因牙齿脱落形象不好，被餐馆老板辞退，原本贫困的家庭更是雪上加霜。为了能让女儿继续读书，汪真莲每年要给女儿余虹霖办理助学贷款8000元，另外自己务工攒下的钱，要凑齐1.5万元，才够女儿一年的学费，平时日常生活费则由汪真莲每月务工收入支付。看见陈智多来了，汪真莲热情地招呼他进屋坐下。谈到当前困难，汪真莲很无奈地说，“刚丢了工作，断了经济来源，还不知下一步怎么办，女儿刚开学带了一大笔钱走，又欠下了几千元的债，前段时间一直在泸州餐馆务工，家里没人，房屋后面塌方泥土堆积，泥浆水浸入家里，我用了4天的时间才将后边的泥土和家里的浑水清理干净，但没解决根本问题，过两天还不是又浸进来了。”汪真莲话语中多多少少带着点酸楚和无奈。看了汪真莲家的情况，陈智多决定帮她解决屋后渗水的问题，当天下午就找了施工人员计算砂石和水泥的量，协调移民后扶公司帮助解决了费用问题，叫汪真莲自己出劳力将砂石和水泥搬运到家。下午6点左右，汪真莲打来电话，说自己在推车运砂石时不小心扭伤了腰，因陈智多在加班整理资料，就叫她自己先去医院检查治疗。第二天一大早，陈智多电话联系汪真莲问她腰伤情况，当听她说没钱去医院，也不知怎么去医院办手续后，陈智多立即驱车到了汪真莲家，看她腰疼得难受，又怕花钱多不愿去住院治疗时，陈智多向她宣传了建档立卡贫困户医保报销可达90%，自己根本出不了多少钱的政策信息，汪真莲才同意让陈智多送去医院治疗。随后陈智多返回汪真莲的家，叫上施工人员处理了渗水问题。汪真莲出院回到家后，看见她房屋周围墙角地面已打了混凝土，墙体附上了 1 米高的砂浆。以前有些怨言的她，态度完全转变了，真诚地说了很多感谢党和政府、感谢驻村工作队和村“两委”对她的关心话语。

这样感人的事迹每天都在发生，云富街道办事处全体干部职工，早已把心牢牢地系在了贫困群众身上，想群众之所想，急群众之所急，一心为群众办好事解难事，这才是最大、最好、最可靠的兜底保障！

（作者系水富市云富街道办事处工作人员）

摒弃等靠要　致富感党恩

——中共水富市委宣传部“自强、诚信、感恩”教育纪实

聂小艳

“女儿于2015年10月被确诊为脊柱侧弯伴随脊髓空洞，我自己在2014年前因患脊髓炎左腿被截肢，不能干重活，缺乏经济收入，面对女儿数十万的医疗费用，我是一筹莫展，只能眼睁睁地看着女儿的病情越来越重。现在，女儿经过3次手术已经康复得差不多了，背不驼了，身高还比之前高出15厘米，人也开朗了许多。新学期一开学，她又能回到学校上课了。女儿能顺利手术、恢复健康，我要真心感谢帮助我们的中共水富市委宣传部的挂钩帮扶干部，他们在了解到女儿的病情后，多方筹集手术费用，咨询联系医院，到医院看望并鼓励女儿，我们家才有今天的欢乐与幸福。”古楼村建档立卡贫困户杨永贵这样说。

董万香，太平镇古楼村24村民小组村民，2014年通过精准识别，因为缺劳动力被识别为建档立卡贫困户。其丈夫陈才均（2019年年底去世）因脑梗导致半身不遂，长期卧病在床，需常年服药；家中5个孩子，其中有4个是学龄儿童（2个初中生，2个小学生），1个智力残疾；公公已经年迈，需要人照顾。在这个8口之家中董万香是唯一劳动力，面对生活的磨难，镇、村组织和包户干部想尽办法从思想上、物质上给予及时的帮助，说服董万香不放弃、不埋怨，不等不靠，凭着自己吃苦耐劳的劲儿，在家中发展猪养殖业。董万香最多的时候喂了4头母猪和3头肥猪，一年下来能出栏猪仔

60 余头，创造年收入 4 万余元；坚持种好自家的责任田，种植玉米 2 亩、李子 2 亩、水稻 1 亩，自产自足；有空闲的时间还跟着在家附近做点临工，贴补家用。2017 年，董万香通过自己的勤劳双手实现了脱贫。周边的群众无不佩服这个勤劳善良、自立自强的农家妇女，成为大家学习的榜样。

各镇（街道）村组织和包户干部像这样积极帮扶困难群众得到群众认可，群众通过自身努力脱贫的典型事例不在少数。但在脱贫攻坚深入推进中，随着政府投入和各挂钩单位帮扶力度加大，少数群众受“穷光荣”旧观念的影响，出现隐瞒家庭真实收入情况，到镇村要求被确定为建档立卡贫困户，从而获得利益。针对这种错误的思想苗头，中共水富市委宣传部按照省市的统一部署要求，牵头成立领导机构，研究制订方案，召开动员会议，一场以“自强、诚信、感恩”为主题的农村思想教育迅速在水富市各镇村展开。从 2017 年 9 月开始，重点围绕社会主义核心价值观，通过宣传、宣讲、文化活动、典型引领、整治陋习等多种形式的教育，在基层党组织、广大干部群众中深入开展“自强、诚信、感恩”主题实践活动，水富农村已形成自强不息、诚实守信、感恩爱党、人人遵守公德、户户增收致富、村村倡导文明、处处体现和谐的浓厚氛围，为脱贫攻坚的如期完成打下了思想基础。

广泛宣传　营造氛围

一是新闻媒体宣传。《水富》内刊开辟“聚焦脱贫攻坚”专栏，水富广播电台、电视台《水富新闻》开设“决战贫困　同步小康”栏目，对主题实践活动的进展及各阶段工作的特色亮点进行及时跟进和动态性的宣传报道，对涌现的先进经验、典型人物及感人事迹进行挖掘和追踪报道。同时，与主题实践活动有关的宣传报道均在云南北大门网站（水富市融媒体中心官方网站）发布。同步利用微水富、云南北大门、水富扶贫等微信平台及时发布主题实践活动相关信息，营造了良好的舆论氛围。自活动开展以来，《水富》内刊“聚焦脱贫攻坚”专栏刊发相关信息400余条，水富广播电台、电视台《水富新闻》“决战贫困同步小康”栏目播发相关信息各200余条，云南北大门网站发布相关信息1000余条，各微信公众平台发布相关信息近2000条，在电视台发布相关宣传标语300余次，制作专题片6部、微视频5个。积极向《人民论坛》《东方风情》《云南日报》《云南经济日报》《昭通日报》、昭通电视台、昭通人民广播电台、昭通新闻网、微昭通等媒体宣传推送水富在脱贫攻坚中工作开展情况、取得的成效、形成的典型经验做法、涌现出的人物事迹，形成脱贫攻坚强大正能量。

二是扶贫政策宣传。根据脱贫攻坚及精准扶贫最新政策，印制医疗卫生、就业帮扶、教育扶贫等扶贫政策解读资料2万余本，制作《脱贫政策扶持明白卡》《精准扶贫公示牌》，扩大扶贫政策知晓率，促进贫困群众对脱贫攻坚的理解和认同，形成人人支持脱贫攻坚、人人参与脱贫攻坚的良好氛围。在水富市扶贫办开通扶贫咨询服务和监督举报热线电话（0870－3106827），进一步畅通贫困群众咨询服务渠道，强化社会监督和群众监督，及时为群众排忧解难，维护群众合法权益。

三是其他社会宣传。通过在校园开展主题班会、国旗下演讲，在各镇（街道）村寨入口、村道两边、村寨公共场所、农家房前屋后等醒目位置和LED显示屏粘贴、播放村规民约、社会主义核心价值观公益广告、墙体画、标语营造“自强、诚信、感恩”主题实践活动氛围。自主题实践活动开展以来，共组织开展“小手拉大手”活动50场次，制作各种形式的宣传标语1500余条，发放宣传海报4000余张，各镇（街道）制作主题实践活动专栏100期。

实施宣讲　入脑入心

一是干部宣讲。处级领导、各帮扶单位干部职工、镇（街道）领导干部、驻村扶贫工作队队员充分结合业务工作、专项行动、主题活动、走访慰问、专题培训等，采取多种方式开展脱贫攻坚宣讲2000场次以上，惠及群众8万余人。宣讲干部在农户院坝、田间地头，与群众拉家常，了解群众的生产资料、劳动能力、住房、就医、就学、就业、产业发展等实际情况；向群众讲解国家脱贫政策、法律知识；开展人居环境整治，指导和帮助村民改善居住环境；收集群众诉求，帮助群众解决实际困难。通过宣讲，让群众看到这些年来生产生活变化，看到党委、政府为此付出的努力，看到自己享受的各方面优惠和扶持政策，引导他们在"账"上算清楚、想明白，从内心深切体会发展带来的实惠，树立"扶贫不扶懒、帮困不帮愚"的导向，引导群众自力更生、艰苦创业，消除"等靠要"和"应得"思想。

二是百姓宣讲。以村（社区）为主体，选举最具代表性和说服力的先进典型人物为宣讲员，以院坝集中交心谈心、入户拉家常的形式讲自己的故事、身边的故事300余场次，感染并激励贫困群众通过自己的双手创造幸福生活，争做"文明家庭""最美村民""最美儿女"，树立勤俭孝敬、诚信、友善、宽容、健康的新时代文明新风。

文化引领　凝心聚力

一是文化下基层。各镇（街道）充分利用民间自建文艺演出团体，通过舞蹈、相声、快板等群众喜闻乐见的形式开展脱贫攻坚文艺演出100余场；播放《懒汉脱贫》《贫困户惹的祸》等主题教育电影10场；组织开展"文

化大篷车　千乡万里”“送文化下基层”“四下乡”等活动100余场次。极大丰富了群众的文化生活，带去了党中央、云南省、昭通市、水富市有关脱贫攻坚政策，鼓励群众自力更生，奋力摆脱贫困，创造美好生活。

二是开展农民活动。4个镇（街道）所在村委会结合自身实际，积极开展丰富多彩的农民丰收节活动。通过农产品展示评比、科学种植比赛、拔河、跑火车、运玉米、手搓玉米、包抄手（饺子）、打糍粑、文艺演出等接地气又欢乐的活动充分调动群众的参与性、积极性，拉近了干群关系。

三是创作文艺作品。在昭通市新节目展演中，创作的省级非物质文化遗产车车灯节目《迁》获曲艺类一等奖、“脱贫攻坚”主题戏剧节目《心病》获戏剧小品类二等奖、改编的《圆梦水富》获声乐类二等奖；反映脱贫攻坚工作的小品《心病》获选参加云南省第三届大家乐群众文化“彩云奖”决赛；自创小品《承诺》参加昭通市戏剧小品、小戏展演获创作类一等奖。

四是建设基础设施。认真做好水富市9633户“村村通”、3297户“户户通”和20套广播应急系统的维护工作，建成并投入使用农家书屋25个、村民小组活动场所23个、村级文化活动广场22个、全民阅读示范点和图书馆分馆16个、发放大喇叭设备总计45台，为群众了解国家政策、开展文化活动、学习科技知识提供了保障。

选树典型　示范引领

在水富市范围内开展“最美村民”“最美村官”的评选，表彰贫困人口精准识别摸底调查工作中的先进集体、先进个人；各村（社区）在农民丰收节活动中，对村里的勤劳致富能手户、遵纪守法户、尊老爱幼邻里和睦模范先锋户、环境整洁户、热心公益户、模范党员户等给予表彰；云富街道办事处新安村新联5村民小组建档立卡贫困户肖明强荣获“全省脱贫攻坚光荣脱贫户”称号；对水富境内的优秀驻村干部、致富能手、帮扶事迹进行持续宣传。通过选树典型，广泛宣传，起到示范引领的作用，以他们的事迹感染带动其他的干部和群众，积极投身脱贫攻坚的工作中，争做先进、争当典型。

落实政策　帮扶济困

定期开展礼仪服务，方竹、李子、竹笋、水产养殖，手工编织等技能培训，帮助更多困难群众自力更生，主动脱贫；实施雨露计划，对在读省内外中等职业教育、高等职业教育学生进行资助；成立水富教育助学促进会，帮助水富籍“建档立卡贫困户”家庭学生、被大中专院校录取的学生和中考优秀学生；对水富家庭经济困难大学新生给予资助；帮助考入中央部委直属高校的水富籍家庭经济困难优秀本科学生进入云南省优秀贫困学子奖励计划；开展“控辍保学”工作，走村入户开展好义务教育阶段学生摸底工作，全面掌握适龄学生和辍学学生信息，千方百计确保每个适龄儿童、少年“进得来、留得住、学得好”；不定期组织省外、水富境内用工企业在镇（街道）举办巡回招聘会转移就业，拓宽群众就业渠道，助力群众早日脱贫致富。

整治恶习　引领风尚

以建设美丽乡村为目标，深入开展农村“七改三清”环境整治行动，农村生产生活条件有了很大改善；扎实开展“扫黑除恶”专项整治行动，下功夫整治农村黄赌毒，打击黑恶势力和涉农犯罪，抑恶扬善，树立新风正气；严格执行殡葬管理制度，积极倡导厚养薄葬、文明治丧；全面开展“美丽水富 · 和谐家园——我们在行动”群众素质提升活动和农村人居环境整治三年行动工作，提高村民对卫生、安全、健康、文明等方面的认识，培养村民养成良好的生活习惯，提高群众文明素质，提升农村文明程度，改善农村人居环境质量，建设美丽宜居新农村；修订完善村规民约 30 个，制作文化墙 40 余块，增强村民的自我管理、自我教育和自我约束。

（作者时任水富市文产办副主任）

讲好脱贫故事　凝聚前行力量

——水富市融媒体中心助力脱贫攻坚纪实

张国彦

脱贫攻坚战打响以来，水富市融媒体中心不断创新宣传形式、丰富宣传内容、拓宽宣传阵地，坚持宣传工作与脱贫攻坚同频共振，坚持扶贫与扶志扶智相结合，讲好水富脱贫故事，传播好水富声音，引导社会公众广泛参与脱贫攻坚事业，凝聚起打赢脱贫攻坚战的强大合力。

“脱贫攻坚不仅要做得好，而且要讲得好。”“坚决打赢脱贫攻坚战，意识形态工作不能‘缺席’，传播党的声音，宣传扶贫政策，讲好脱贫故事，传播正能量，引导群众‘自强、诚信、感恩’是我们媒体人的应尽之责。”在融媒体中心脱贫攻坚专题会上，分管扶贫工作的副主任邱华理说出的观点，得到了与会同事的认可。在统一思想认识的基础上，水富市融媒体中心积极作为，勇于担当，坚守舆论引导主阵地，围绕水富市脱贫攻坚工作任务，创新报道手段，推进媒体融合，积极地完成了水富市的脱贫攻坚宣传任务和扶贫工作任务。

加强宣传　传递正能量

围绕“两不愁、三保障”和饮水安全，开展扶贫故事选题策划，组织记者深入基层采访，深入挖掘水富市脱贫攻坚工作中的先进典型，在融媒体中心电视、云南北大门网、《水富》内刊、微水富微信公众号、“水富融媒”抖音，围绕产业、劳动力就业等内容，开辟“聚焦脱贫攻坚”“脱贫攻坚在水富”等栏目，讲好发展产业助推脱贫，讲好基层一线脱贫故事，树脱贫攻坚典型，宣传脱贫攻坚知识，营造良好的舆论宣传氛围。2015年至2020年，各平台发布动态新闻1000余条次，采写了《三角村，深山苗寨的华丽转身》《帮到点子上　扶到心坎里》等有影响力的深度报道，宣传了一批精准扶贫，精准脱贫的典型事例。精心制作了《扶支柱　闯特色路——水富县太平镇太平村扶贫开发工作掠影》《圆安居梦　筑康庄路——两碗镇花坛村青坪易地扶贫搬迁安置点建设掠影》《多措并举聚合力　精准发力惠民生——两碗镇三角村扶贫开发工作素描》等专题片（汇报片）10余个。这些新闻作品有力地宣传报道了水富市在脱贫攻坚工作中作出的努力和取得的成效。其中，部分作品被央视新闻移动网、新华网、云南网等中央及省市级媒体转载，扩大了水富影响力。

“只有和贫困户在一起，才能讲好脱贫故事。迈开双脚把贫困村跑遍、跑深、跑透，才能跑出好新闻。”记者吕文说出了自己采访报道的体会。

为了采写出鲜活生动的新闻作品，时任新闻中心副主任王善美、狄廷秀带队，精选骨干记者吕文、谭兴华、梁七尉等组成报道团队，深入各镇（街道），进行了多次体验式采访。在太平镇采访时，狄廷秀深入脱贫攻坚一线，见证了县、镇、村挂包干部在帮助建档立卡贫困户拆旧房建新房、运输材料、修筑村组公路、引导村民发展产业、开展技能培训，实实在在为百姓分忧的情况后，用白描的方式撰写出稿件《脱贫路上党旗飘——水富太平镇突出党建引领抓实脱贫攻坚纪实》在融媒体平台刊播，展示了太平镇抓党建促脱贫工作的真实场景。水富市融媒体中心记者还用日记的方式，真实地记录了在精准识别摸底调查阶段，遍访挂钩联系村——云富街道办事处新安村清和5个村民小组贫困户的点点滴滴。王善美带头采写脱贫攻坚稿件，其作品《一个调查员的摸底调查日记》在中共昭通市直工委、昭通日报社联合举办的“脱贫一线　党徽闪耀”征文比赛中，荣获二等奖。此外，《水富》内刊、云南北大门网连续多年开设“脱贫攻坚”相关专栏，全方位、多角度、多形式地展现水富人民为脱贫攻坚作出的艰苦卓绝的努力和取得的一系列成果。

除做好“文字功夫”以外，水富市融媒体中心依据受众需求，邱华理牵头制作了《妙曼邵女坪　移民新家园》《水富三角苗寨》等多个扶贫短视频作品，回顾脱贫历程，讲述脱贫故事，展示脱贫后老百姓的新生活。

精准施策　帮扶不松劲

2020 年，早春二月，乍暖还寒。新冠肺炎疫情继续肆虐，也使这一年的春耕生产受到影响。了解到挂钩联系村——云富街道办事处新安村急需蔬菜秧苗，水富市融媒体中心发挥信息渠道广的优势，出资 3129.99 元从四川省宜宾一蔬菜育苗基地采购了 3 万株辣椒、西红柿、茄子、莴笋等蔬菜秧苗免费发放给了当地群众。“真是及时雨呀，这 3 万株蔬菜苗，解决了我们新安村蔬菜栽种的问题，解决了群众的菜篮子工程”，新安村党总支书记王清书代表村民对水富市融媒体中心表示感谢。这次免费发放蔬菜只是水富市融媒体中心开展帮扶工作的一个缩影。

新安村是云富街道办事处的贫困村之一，在云富街道办事处的 4 个贫困村中贫困程度较深。该村国土面积 6.5 平方公里，辖 24 个村民小组，有 743 户 3021 人，其中建档立卡贫困户 160 户 644 人。2015 年以来，水富县融媒体中心充分发挥“媒体助阵”的重要作用，在扎实宣传水富市脱贫攻坚各项工作开展的同时，倾尽全力开展帮扶工作，圆满完成了各项目标任务。2017 年，新安村整村脱贫出列；同年，水富县融媒体中心帮扶的 24 户 101 名贫困群众全部脱贫。

脱贫攻坚工作不可能一蹴而就，帮扶的路也不会是大道坦途。如果说明确“扶持谁”是调查研究的苦功夫，那么，“怎么扶”则需要对症下药的硬功夫、一户一策的细功夫。

通过摸底排查，新安村找准了贫困户致贫的“病因”。据统计，在各种致贫原因中，因病因残和缺技术致贫的最多，均占 40%；其余为缺劳动力致贫占 6%、自身发展动力不足致贫占 5%，因学致贫占 5%，交通条件落后致贫占 3%，缺土地致贫占 1%。

精准扶贫的路上不落下一人。那些因病、因灾致贫返贫，那些丧失了劳动能力、曾经觉得生活无望的贫困群众成为水富市融媒体中心重点帮扶的对象。

2018 年 3 月，水富县融媒体中心把“进农家、干农活、助春耕”主题党日活动搬到了清和 5 村民小组村民范仕洪家的地头，和他的亲戚朋友们一起为他家种下了 2 亩玉米。

“谢谢你们来帮我种苞谷！我以前每年种的粮食都是我们这个队最多的，现在什么也干不了。”坐在轮椅上的范仕洪和大伙儿聊起了过去。他曾经也是个健康的人，凭着勤劳于 2016 年年初脱了贫，大儿子考上了大学，二儿子读初中，妻子虽然是智残，但并不懒，家里也开始建新房。天有不测风云！ 2016 年 8 月，他在建房时不慎从房顶上摔下来成了截瘫。顶梁柱倒了，家里断了经济来源，一家人的日子过得异常窘迫，病情和贫穷让这个不到 50 岁的汉子曾一度陷入绝望。

水富县融媒体中心副主任邱华理作为他当时的挂钩帮扶干部，积极与村“两委”一道将他的情况向云富街道办事处、村两级和有关部门反映，再次将他确定为建档立卡贫困户，并根据他家的实际问题和困难重新制订帮扶措施。帮助范仕洪一家摆脱困境，单靠一个人、一家单位是不行的。云富街道办事处和相关部门加大对他的帮扶力度，为他提供临时救助、低保、残疾人生活补贴等；帮扶干部邱华理随时关注他家的生产生活情况和思想动态，为他打气鼓劲的同时，还跑前跑后地为他联系医院治疗，协调相关部门捐赠一部轮椅给他代步，找爱心人士资助其大儿子上大学，亲自做其大儿子的助学贷款担保人，为其二儿子联系工作……在就学、就医、就业等方面提供了力所能及的帮助。2020 年，范仕洪的大儿子已经大学毕业在广西一家药店工作，二儿子在水富市综合执法局打工，范仕洪一家又有了盼头。

搭乘着精准扶贫的新时代列车，生活悄然发生着改变的不只是范仕洪一家。新联 1 村民小组的村民冯旭安在“农危改”项目的支持下终于修起了新房，一家人从山顶的土坯房搬到了半山腰的砖混安全住房。看着从自家门口通过的公路，他寻思着以后能不能开个农家乐；清河 5 村民小组的村民李德田患有心肺病，其妻子是残疾人，一家人一年仅医疗费都要上万元，“我们家的医药费基本都报销了，重活干不了，但我们养了一些鸡。”李德田没有丧失对生活的信心。

“但愿苍生俱饱暖，不辞辛苦出山林。”脱贫攻坚目标任务一日不完成，水富市融媒体中心就一刻不会松劲。水富市融媒体中心将继续锤炼“四力”，发扬“走转改”精神，讲好水富故事，做好帮扶工作，在脱贫攻坚中发挥媒体作用、贡献媒体力量。

（作者时任水富市融媒体中心副主任）

第六编　挂包帮扶与社会扶贫

他们的名字值得一生去记忆

阳海燕

刚被中共水富市委调整安排到太平村牵头挂钩扶贫的第一天，听村上的李绍英书记汇报情况时，其中有几个人的名字，就在我脑海里印象深刻、挥之不去，他们是杜康明、罗冬梅、聂清明、刘永根。为了更进一步地了解这几个人，我决定和村里的同志一起去走访。

执拗的杜康明

“先到杜康明家吧！”李绍英书记说，“这个老杜，上点年岁了，脾气不小，房子修好了，死活不搬。”2020 年 5 月 12 日，我们同驻村的第一书记兼工作队队长李江，跟随太平村党总支部书记李绍英一道，沿着烂池公路一路前行，不一会儿便到了水泥路的尽头，然后沿着那条泥泞的机耕道继续前行约 1 公里左右，就到达了太平村 19 村民小组杜康明的家。

来之前，就了解到杜康明是 2015 年就确定的贫困户，2015 年 66 岁了，思想守旧，性格古板，是一个不太好相处的老人。为了和他能够顺利地沟通，我们先开始跟他拉起了家常，问他几个儿子，几个孙子，身体状况如何，生活上还有些什么困难等等。这一问一答，有说有笑，慢慢地老人开始主动交流起来了。他说："党的政策确实好，房子在 2017 年前就给我修好了，但是我就是不想搬，我就是不喜欢这新修的房子，总是觉得房子质量有问题。再说了，新房子厨房没有，厕所也没有，我这么大年纪了，和老婆婆（杜康明老婆）身体都不好，懒得折腾，我们就在老房子里住算了。老房子垮不了，我们都这把年纪了，就是垮了砸死在我的老房子里也没啥。"听着老人的话，我也算见识了他的"古板"了，同时也知道了他的难处，并且体会到了他对老房子有很深的感情。但是，面对扶贫政策必须建新拆旧的硬要求，为及时落实贫困户的安全责任，我和同志们一起苦口婆心地给他讲政策、讲安全知识、讲健康常识等。同时用换位思考的方法，动之以情、晓之以理，以心换心。特别是要他为儿子、孙子多考虑的话题打动了老人的心。

太平镇太平村党总支部书记李绍英说："杜老辈，2020 年你们家几代人同堂在一起的时候，你不会忍心还在破旧危险的老房子里吃团年饭啊？"我接着说："一大家子和和美美地生活在崭新的房子里，肯定也是你和晚辈们的共同期盼吧！"这席话让老人的眼里闪出了泪花。就这样，大家你一言我一语，同老人聊得很深入、很投缘。精诚所至，金石为开，执拗的老人终于同意克服困难尽快搬进新家了。回到村上，我们一项一项地梳理了群众搬新房、拆危房存在的具体问题，并立即协调水富市、镇、村领导和挂钩单位，共同出钱出力，帮助解决包括杜康明家的厨房、厕所等生产生活上的实际困难。由于及时地解决了群众的后顾之忧，大家都自愿地搬迁入住了新家，也顺利地推进了建安全住房、拆老旧危房、宅基地复垦复绿、农村人居环境整治提升等系列工作。

辍学的罗冬梅

太平村17村民小组的罗冬梅，2020年15岁，就读于水富市第四中学八年级，因其自身原因，不愿再去学校读书辍学了。听说这段时间以来，挂包干部、村“两委”成员和驻村工作队队员已多次入户，做罗冬梅本人的思想工作，希望他回到学校，好好读书，但收效甚微。辩证唯物主义认为内因是第一位的，外因是第二位的。如果只做家长的工作而不做通学生本人的思想工作，肯定是解决不了问题的。为了实现扶贫工作“六个脱贫一批”中“通过教育脱贫一批”的目标，将“控辍保学”和“扶贫必扶智”的要求落到实处，我们决定用“啃硬骨头”的精神，再次找到罗冬梅本人，了解情况，找到根本原因，解决内因问题。

2020年5月22日，我们到罗冬梅家中的时候，罗冬梅还没起床，我们把他叫起床等他洗漱好后，开始了有些尴尬的交流。他低着头不看我们一眼，对我们提的问题也不回答，好像犯了错等待家长惩罚的孩子一样惶恐不安，这种状况持续了好长一段时间。我们像自说自话一样，从读书的重要性讲起，用“少壮不努力，老大徒伤悲”等经典劝学名言反复开导，我们再次劝说罗冬梅：“你现在只有15岁，不想读书，能去做什么？没有文化也没有力气，出去打工也没人要。你看你父母整天面朝黄土背朝天，辛辛苦苦务农，不就是为了让你和妹妹能好好读书，更有出息吗？”经过一个多小时的软磨硬泡后，当我们再次问他到底因为什么原因不想读书，并承诺可以想办法帮他解决问题后，罗冬梅终于说出了他不愿意去读书的原因，这就是：他患有慢性胃病，不定时的会发病，在学校的时候痛起来很难过。他的父母家庭是重组的，觉得父母对他的关心重视不够，因此厌学了。我们告诉他会和他的父母联系，协调挂包帮扶干部带他去检查身体，有病治病，治好病就回校读书。同时要他多与父母交流，父母忙于生产，忙于挣钱供养你们姊妹读书，也少了表达对你们的关爱，要多理解父母。罗冬梅感动了，最后同意了去医院检查。

随后，我们到地里找到了罗冬梅的妈妈刘义会，将和罗冬梅交流的情况告诉了她，并当场协商了挂包单位水富市税务局的领导和挂包帮扶干部，负责相关检查工作和费用，并确定了检查时间。经检查后，罗冬梅并无大恙，只是慢性胃炎，但需要一段时间服药治疗。医生开药后我们的工作队队员个人主动承担了医疗费用，感动后的罗冬梅终于重返了校园。

嗜酒的聂清明

太平村 1 村民小组的聂清明，家里只有 3 口人，母亲、儿子和他。聂清明是个特别爱酗酒的人，母亲半身瘫痪，儿子在广州打工，家里情况非常困难。2019 年 11 月 1 日，我是第一次来到聂清明的家里，看到他母亲半身不遂瘫在一条木板凳上。老人告诉我，孙子在外打工回不了家。儿子时常喝了酒，饭都不做，一睡就是一整天，自己站不起来，又挪不动，经常饱一顿、饿一顿的。看到站在一旁蓬头垢面，胡子拉碴，衣衫不整、一言不发、呆如木鸡的聂清明，我心里凉了大半。听老人数落他说，因为他醉酒，经常不搞生产，不种庄稼，误了农时，家里缺吃少穿；因为他醉酒，好吃懒做，酒醉发疯，打人骂人，气走了老婆；因为他醉酒，酒精中毒，落下一身毛病，我的瘫痪病无钱医，他的风湿病无钱治；为了喝酒，卖鸡蛋打盐巴的钱挪用了，为了喝那口“马尿”，政府救济的苞谷良种也敢拿去换酒喝了，我这是上辈子造了啥孽呀，生了这么个不争气的东西！老人像是控诉罪犯一样，也像是找到了倾诉的知音，把儿子骂个不停。我们插上嘴后不断叮嘱聂清明，一定要改掉嗜酒的坏习惯，为了自己的健康，也为了老人和儿子，不能再这样下去了。聂清明虽然嘴上答应了不再喝酒，但我们知道，一个酗酒成性的人，一下子改掉这个恶习，估计会很困难，还得从长计议。我想得让老人先减少些病疼，于是我去医院开了一些止疼药和伤湿膏药，随即我又帮老人协调了一辆轮椅送去，这样至少在他儿子没做饭的时候，她可以自己坐着轮椅滑到厨房热点冷饭吃，然后再想办法帮她治疗瘫痪病的事情。

亲戚刘永根

太平村19村民小组的刘永根，父亲去世，母亲改嫁，成了孤儿。在村“两委”的帮助下，修了新房。不到19岁的他为了生计，一个人到外面打工。我电话联系了好几次，但留下的电话不是关机就是停机，村上的同志也联系不上他，听说是住在和他家在一栋房子的嫂子在帮他看守房子。2020年6月2日，我们和驻村工作队李江队长等几个同志一起去他家了解情况。刚走到房子前面的路边，就看见他房前的坝子里乱七八糟，生活垃圾乱堆乱放、污水脏水到处流淌，一阵臭味令人作呕，严重影响了环境卫生，周边的村民也很有意见。家里的大门紧锁，问旁边的村民才知道，他嫂子因孩子生病住院进城了。于是我们拨通他嫂子的电话，准备从他嫂子处了解些关于刘永根在外面的生产生活情况。但遗憾的是他的嫂子一概不知，当问及房前屋后的环境卫生时，他的嫂子支支吾吾，一会儿说自己忙没时间打扫，一会儿说孩子爱在坝子里乱倒乱放东西。为了让她提高认识，我们在电话里跟她足足谈了两个小时，谈当前人居环境整治的要求、谈个人卫生养成良好习惯的重要性等。为了给她做好示范，也影响一下周边村民，我挂了电话，开始和去的同志一起，打扫起了她们家房前屋后的环境卫生。没有工具，我们就徒手一点一点地搬。没有扫把，我们就把树枝扎起来扫坝子。将乱七八糟的柴一点一点地堆放整齐，将散乱在门外的农具一样一样地规范起来。天快黑了，我们也收拾得差不多了，一个干干净净、整齐有序的农家院坝呈现在了落日的余晖下。环顾四周青山滴翠，绿水环抱，新房点缀，炊烟四起，真是幅新时代的“富春山居图”美不胜收啊。我们赶紧把收拾好后的院坝拍成图片整理发给了他的嫂子。也许是被我们的行为感动了，也许是刘永根也想跟我们沟通一下，没过几天，一个陌生的微信号码添加我。我一看，是刘永根，通过聊天才得知，以往他不想留我的联系方式，是因为自己在外面还没有找到好的工作。现在他找了一个如愿的工作，还交了一个女朋友，小日子过得很舒心。听说村上镇上市上的干部们都在关心他，所以他主动联系了我，希望我们在他需要的时候，也能给予一些帮助。就这样，我的微信里又多了一个好友，并在备注栏里写上了“亲戚刘永根”几个字。

在太平村脱贫致富奔小康的路上，绝不能让一个群众掉队！这既是上级的要求，组织的重托，牵头的责任，更是自己的铿锵誓言。我将在打赢脱贫攻坚战中，为群众做更多的好事，办更多的事实，记住更多的名字，结识更多的亲戚，不遗余力，接续奋斗，带领群众阔步迈向小康！

（作者时任水富市人大常委会副主任、市妇联主席）

心系贫困群众　情牵脱贫攻坚

——水富市政府办帮扶工作纪实

朱　琴

沿着迂回蜿蜒的公路行进60余公里，新硬化的公路旁，桃树、枇杷、方竹郁郁葱葱，斑驳树荫间，周道如砥，砖混结构住房散落而立，此处正是水富市政府办脱贫攻坚挂钩联系点太平镇二溪村。

二溪村地处高寒二半山区，这里民风淳厚，百姓勤劳质朴，但基础设施薄弱，产业发展滞后，为进一步夺取脱贫攻坚战全面胜利，2016年，水富市政府办从两碗镇两碗村转战太平镇二溪村，从此，便和这里的34户贫困户结下了不解之缘。时光荏苒，斗转星移，水富市政府办认真贯彻落实中共水富市委、市政府决策部署，聚焦群众“两不愁、三保障”和饮水安全问题，寒来暑往，春华秋实，用心用情帮扶，二溪村于2017年1月脱贫出列，整体面貌焕然一新，水富市政府办全体干部职工在这场脱贫攻坚战役中书写了一份温暖的答卷。

为坚决打赢脱贫攻坚战役，让帮扶工作落到实处，按照中共水富市委、市政府安排部署，2017年，经市政府办党组会研究，决定选派王国银前往二溪驻村，已经年逾50岁的老同志接到这个消息后欣然领命，立即整装奔赴二溪，一待就是2年。

刚到村上，顾不上休整，就立即到我们单位负责的片区开展走访，“老乡，吃饭了吗？我是驻村队员王国银，我以后负责你们这个小组，你家是有几个人，最近都在做些啥子……”一遍遍地进村入户，一句句地诚恳交谈，不多久的时间已将34户贫困户的情况了解得一清二楚，“这户常年外出务工，政府出钱帮他修了房子后几乎没在家住过”“这户是这组的队长，家里有10个人”“这户只有一个人，是当地的养猪能手……”

他经常说每家每户的问题都很具体，只有深入了解了情况才能对症下药。扶贫工作不是走马观花，也不是简单的填表问答，驻村的2年时间里，他用点滴小事取得群众的信任，用倾情帮扶赢得百姓的尊重，在他的带领下，我们单位圆满完成了对二溪村5—10村民小组34户贫困户“新一轮回头看”“精准识别摸底调查”“大走访·回头看”“村村清户户清”等工作任务。2018年冬天，天冷路滑，王国银像往常一样走访入户。在去一户较远的群众家时，不知是路实在太湿滑抑或是其他什么原因，王国银重重地摔了一跤，腿受了伤，但他并没有将这件事告诉单位，也没有请假休息，一如既往地开展工作，在这期间，他的妻子也正在生病，他却只是周末抽一点点时间照顾生病的妻子，然后继续投入工作。这件事我们也是后来在村上听人说起才知晓，我们问他他只是笑着说已经没事了，王国银身体力行地诠释了奉献的内涵，诠释了一名共产党员的先锋模范作用。2019年，他回到了单位，他的接力棒也传到了另一名驻村队员的手中，但他仍是我们单位脱贫攻坚工作中的骨干力量，“王哥，这户我不晓得如何和他更好地沟通，你以前是怎么做的？”“王哥，你看我这户的信息是不是这样填？”我们帮扶干部有些拿不准的问题总是会向他请教，每当他和我们一起入户走访时，群众见到他总是很热情地打招呼，“王队长，你来了。”“王队长，快进来坐会儿嘛。”

我们始终秉持“以人民为中心”的工作思想，想群众所想，急群众所急，着力解决群众最关心关切的问题。道路畅通才能民心相通，我们深知基础设施建设对一个地方发展的重要性，所以我们多方协调，出资维修了水落公路6.4公里，新建6村民小组人行便道路1500米，为7、8村民小组蓄水池进行维修加固、清淤和管道安装，解决2个村民小组38户155人的人畜饮水困难问题；修建人行便道桥一座，解决二溪9村民小组27户63人的出行难问题；硬化岔河至水落埕公路7公里，为群众奠定脱贫致富的基石。

虽然现行标准下我们挂钩的片区已实现脱贫，但短板弱项仍然是我们关注的重点。9村民小组吴某某患有间歇性精神病，有段时间曾住在家声医院精神病科，有一个名义上的妻子和继子，虽说是监护人，但几乎没在一起生活。从家声医院出院后，自己一个人住在原来的旧房子里，考虑到他的情况特殊，一个人居住多有不便，且按照现有政策，他的旧房子必须要拆除，帮扶干部李秀芳多次去劝他搬到新房居住。却因为种种原因一直没有搬进新家。考虑到实际情况，李秀芳又动员他去养老院，通过协调说服了养老院接收他，可他又不太想去了。搬家的事情一波三折，李秀芳并没有放弃，天天上门做工作，调和矛盾，在她的不懈努力下，他的妻子和继子终于同意他一起居住，并同意拆除旧房。2019年12月3日，李秀芳提着为他购买的铺盖、锅碗，帮助他搬进了新房。同时，为了让他们家住得安心，也是为了消除贫困短板，单位先后出资5000元为其安装了门窗。9村民小组朱德江患有尘肺病，本人常年在外务工，家中只有年迈的老父亲和幼小的孩子，帮扶干部杨值雄（现为市工信商科局副局长）了解情况后，通过中国社会扶贫网及时组织捐款，20元、50元、100元，每个人小小的爱心汇成了希望的河流，通过募捐，为朱德江筹集了重病资助金1.46万元。7村民小组陈才银户常年外出，家中生活设施不完善，帮扶干部鲁春伟自己出了1000余元购置了床、电饭煲等生活物品。像这样的用心用情帮扶事例还有很多。

农村住房安全是巩固脱贫攻坚成果的重要一环，为保障农村居民住房安全加快乡村振兴步伐，提升农村人居环境，中共水富市委、市政府作出了农村危旧房建拆整治的重大部署。水富市政府办主任梁健、副主任张驰、工作人员晁增奎、王国银、张焱、李秀芳组成的工作组下沉一线，驻村开展工作，并要求主任或副主任必须至少有一人驻村。每天早上8点，工作组准时在二溪村委会门口集合，接受工作任务，每天晚上直到深夜，才有时间集中研判当天工作情况。有时有事情必须回到单位，因为路况的原因也都是天黑甚至夜深了才能到，去的时候又是凌晨四五点就必须出发。经过为期 23 天的努力，驻村人员放弃周末、节假日休息时间，深入群众家中，挨家挨户走访、做工作，了解不愿拆旧的原因，解释政策，帮助群众递瓦拆墙，终于率先完成二溪村危旧房拆除工作。

2020 年 4 月，中共水富市委、市政府提出在水富市范围内开展 6 个农村基层治理委员会试点，推动党员带头示范，引导村民全面参与，着力构建“共建共治共享”的社会治理格局。水富市政府办作为政府中枢机构、二溪村脱贫攻坚牵头单位，当仁不让地担起了这份重责。自接到工作任务起，主任陈书刚带领副主任张驰、工作人员晁增奎、朱琴、赵鸿梅等人员多次开展走访调研，征求二溪村委会和村民意见，为了让广大群众都能参与，我们尽量将会议时间定在晚上，让干部多跑路，让群众少奔波。“我们成立基层治理委员会的原因就是为了反映你们的诉求，解决你们的问题，让大家的各方面越来越好……”2020 年 4 月 28 日晚上 8 点 30 分，陈书刚主任在水落埕片区基层治理委员会推进会上说道，经过一系列酝酿准备，二溪村水落埕乡村治理委员会终于成立了。班子搭起来了，我们又指导委员会建立健全各项规章制度，进一步强化自我管理、自我教育和自我服务、自我监督。6 月 6 日，7 村民小组组长陈才会家的新建住房作为委员会临时办公地点投入使用，晁增奎、朱琴、赵鸿梅带着制度、牌匾、形象栏及工具赶到陈才会家，经过一番布置，终于让制度上墙。在各方的共同努力下，委员会正在发挥党建引领作用，不断巩固脱贫攻坚成果，增强广大群众的获得感、幸福感、安全感。

凝心聚力倾情帮扶，合力共享脱贫成果，水富市政府办全体干部职工将继续守初心、担使命、共发力，不遗余力为全面取得脱贫攻坚大决战胜利贡献力量。

（作者系水富市政府办公室工作人员）

同心勠力“拔穷根”

——水富市人民法院脱贫攻坚工作纪实

马　卓　宋祖慧

自 2015 年脱贫攻坚战打响以来，水富市人民法院举全院之力扎实推进精准脱贫工作，各项脱贫举措在高滩村落地见效，使贫困群众迈向了新的富裕生活。水富市人民法院挂钩帮扶的高滩村，距县城 2 公里，全村辖 20 个村民小组，农村常住人口 807 户 3367 人，劳动力 2001 人。其中有建档立卡贫困户 58 户 174 人，到 2018 年年底，全村贫困人口全部达到“两不愁、三保障”和饮水安全目标，实现整村脱贫出列。

多措并举　统筹推进脱贫攻坚

水富市人民法院始终把“精准识别、精准扶贫”“扶真贫，真扶贫”置于各项工作之首、重中之重，强化组织保障，精心安排部署，按照“五个一批、六个精准”的要求，突出重点、注重实效，多措并举，抓实抓细帮扶工作。首先，水富市人民法院作为挂钩扶贫牵头单位，抽调精兵强将成立了帮扶工作机构，形成了由政工科牵头协调管理，全院干警全力配合的工作格局。其次，及时制订精准扶贫工作方案，健全帮扶工作制度，落实帮扶工作要求，并根据高滩村发展现状和贫困户的实际需求，制订了相应的具体帮扶计划。第三，协同村“两委”厘清扶贫工作思路，明确扶贫工作任务，制订扶贫工作目标，落实扶贫工作责任，制订切实可行的，到村到组到户的、接地气的帮扶方案和措施，形成了全村的扶贫工作计划和行动路线图。第四，履行扶贫牵头单位和驻村工作队派出单位职责，选派能力和责任心强的干警任驻村第一书记、工作队队长和驻村工作队队员，蹲点开展扶贫工作。划拨驻村工作经费和第一书记工作经费 10.7 万元，协调项目资金 10 余万元，帮助高滩村基础设施建设，切实助推帮扶工作。第五，水富市人法院领导班子成员及各包户干警按要求，定期或不定期到户开展帮扶工作，形成了领导带头，干警积极参与，与群众同吃同住同劳动，出钱出力出主意，帮助建档立卡贫困户脱贫致富的良好局面。

发挥优势　宣传引导催生动力

全院干警与高滩村 46 户贫困户结成帮扶对子，对贫困户做到“三清楚三落实”（三清楚即户清、人清、贫情清，三落实即帮扶方法、措施、效果落实），并根据每个贫困户的具体情况量身定制相应帮扶方案，将“一户一策”落到实处。坚持在重大节日或集中走访期间，组织开展访贫问苦慰问活动，以及“忆过去、看现在、知党恩、感党恩”等教育活动。持续组织干警深入开展“送法下乡”“巡回法庭”“咨询维权”“自强、诚信、感恩”教育等活动，充分发挥政法系统优势，在大力宣传党的路线方针政策，宣传综治维稳、平安创建、民族团结、消费维权等与高滩村民生产生活息息相关内容的同时，努力提升村民的学法、懂法、守法、用法意识。以正能量武装和引导村民参与到依法治村和脱贫致富奔小康的建设大局中，并将其作为一项常规性工作常抓不懈。

扎实开展“进农家、干农活、促生产”活动。2019 年 3 月，正值春耕生产时节，水富市人民法院组织 30 多名干警深入挂钩联系点——高滩村黄泥村民小组开展“进农家、干农活、助春耕”活动，帮助扶贫户搞好春耕春播。农忙时节组织干警进农家开展助农义务劳动，既解决了群众生产的燃眉之急，又深入宣传，把党的扶贫政策和法律法规送到田间地头，收到了“两不误两促进”的效果。久久为功的宣传引导，也极大地催生了贫困群众脱贫致富的内生动力。干警许利友的挂钩帮扶户郑国法，同村村民都说他懒，整天除了睡大觉，就是游手好闲玩耍，专靠政府救济过日子，穷得家徒四壁。在许利友干警的引导感化下，萌生了脱贫致富动力，于 2017 年建起了安全住房，第二年就甩掉了贫困户帽子并实现了靠养鸡养鸭和公益性岗位的劳动收入稳定增收致富，现在年收入达 2 万余元。他逢人就讲：“我有今天，全靠党和政府的好政策，全靠水富市人民法院和许利友的帮助。”

真情帮扶　攀亲认戚缩短距离

“亲戚要走才亲。”水富市人民院领导要求挂包干警不仅要与建档立卡贫困户认亲，还要在走动中增进了解、增进理解、增进信任，进而增进关心、增进帮助，实现由生到熟、由疏到亲的转变。要利用每月定时走村串户的机会，全面了解和掌握挂钩帮扶建档立卡贫困户的人员信息、种植业、养殖业及成员务工、子女就学、生病就医等全方位情况。按照要求，干警们经常带着慰问品深入对象户家中，像走亲戚一样，更像亲人一样，嘘寒问暖，有活就干，有困就解，出钱出力，真情帮扶。院长何涛 2020 年到水富市人民法院工作虽然才 2 个月，但已多次深入他的 3 户挂钩帮扶贫困户家中，深入了解他们的家庭收入、医疗养老、就业上学、饮水安全等方面的情况。他除亲自带头走访贫困户外，要求机关全体党员和干警，每逢传统节日都要走村入户，为对口帮扶的贫困户尽可能地送去如米、油、面、猪肉、棕子、月饼、水果等之类的慰问品，并与贫困户进行交心谈心，详细了解贫困户的生产生活、身体健康等情况，以解不时之需。其他副院长、中层干部、干警纷纷走出机关有针对性地帮助挂包的“亲戚”解决产业、就学、治病等困难，通过走访和精准帮扶，干警们和挂钩帮扶建档立卡贫困户不断拉近了感情距离，成了不是亲人却胜似亲人的“亲戚”。

协调配合　全面落实帮扶政策

全力推行入学保障。除积极宣传“接受教育和提高文化水平”是摆脱贫困，走上富裕之路的根本举措，以转变贫困群众落后观念外，还积极劝返包括刘加兰在内的辍学适龄儿童少年回校读书，全力配合教育部门做好控辍保学工作，高滩村全村适龄儿童少年达到了 100% 入学。同时还协调教育部门，按脱贫不脱政策要求，为高滩村的所有建档立卡贫困户家庭学生“应享尽享”了相应的教育扶贫资助政策，包括高中及以上阶段在读学生均无“因贫辍学”现象。关爱留守孤寡老人，为他们送去温暖。在高滩村开展了“守护童年　牵手共成长”暑期儿童关爱服务活动，通过大手牵小手活动，促进儿童快乐健康成长，鼓励他们努力学习，将来做一个对社会有用的人。

全力推行医疗保障。通过配合有关部门，积极动员和组织全村建档立卡贫困户 58 户 174 人 100% 参加购买了包括“新农合”在内的医疗保险，实现了家庭医生签约服务，有效防止了“小病不就医”“大病医不起”以及因病返贫现象的发生。全力推行兜底保障。协调和配合民政、残联等部门，实施农村兜底保障 4 户 11 人，一般保障 51 户 69 人，并按照分类标准发放：A 类标准 375 元 / 月 / 人，B 类 275 元 / 月 / 人，C 类 215 元 / 月 / 人；实施特困人员救助供养 2 户 2 人，832 元 / 人 / 月保障；落实残疾人补贴 19 户 24 人，困难残疾人 24 人，生活补助标准为 70 元 / 人 / 月；一级重度残疾人 2 人，护理补贴标准为 70 元 / 人 / 月；二级重度残疾人 5 人，护理补贴标准为 50 元 / 人 / 月；实施事实无人抚养孤儿 1 户 1 人，标准 1274 元 / 人 / 月；按照每人每年最低补助 100 元标准计算，代缴贫困户农村养老保险缴费 58 户 112 人，58 户建档立卡贫困户 177 人医保 100% 交纳。

发展产业　帮助群众增收致富

“家无产业不富，村无产业不兴。”根据高滩村的地理条件和气候特点，新选择一些有市场前景的适合村民种植或养殖项目的发展起来，达到稳定增收的效果，这是帮助贫困群众脱贫致富奔小康的必由之路。五年来为高滩村引进和发展种植茵红李 2000 多亩、蓝莓 360 亩、黄果柑 300 亩、砂仁 200 亩，这些产业已取得了显著的经济效益。通过一户一策帮助养殖母牛、塘鱼、土鸡土鸭等，仅 2019 年至 2020 年就种植茵红李 1600 亩，饲养母牛 50 头，饲养肉牛 100 头，兔 500 只、母猪 35 头，还养土鸡土鸭。建档立卡贫困户除自身的种养业收入外，均已加入“同心母牛养殖”和“猕猴桃种植”扶持项目分红，有的还能通过土地入股、或租赁、或务工等获得稳定收入。

为解决制约乡村产业发展的交通瓶颈问题，帮助协调资金，扩宽了望河村民小组、太平水库、民主村民小组的组内公路和大坪村民小组至大田村民小组共 4 条村组公路 3.8 公里；硬化了大坪村民小组、丰收村民小组、华联村民小组、谷场村民小组和黄泥村民小组 5 条联户便道 10 公里；为助推产业发展和改善人畜饮水，还为大明村民小组、大田村民小组、华联村民小组新建了 6 口蓄水池，为大云村民小组、大明村民小组、谷场村民小组、大坪村民小组新铺设人饮管网 7.2 公里。

为夯实支撑产业发展的基础工程，同时促进就业，帮助协调开展了多种技能培训。根据现实需求并尊重个人意愿，大力开展贫困劳动力职业技能培训、实用技能技术培训，增强贫困群众的就业技能，促进贫困群众稳定就业。努力实现“培训 1 人、就业 1 人、脱贫 1 户，带动一片”的目标。

发挥职能　有效提供司法保障

水富市人民法院始终把脱贫攻坚工作与发挥法院的职能作用有机地结合起来，组织帮扶干警广泛宣传基本的法律知识，把矛盾纠纷化解在萌芽状态，推进平安村组建设。帮扶干部充分利用进村入户的各种机会，大力宣传宪法、刑事和民事诉讼法，婚姻法、合同法等法律的理念和基本知识，切实提高贫困群众知法、守法和运用法律手段维护自身合法权益的意识与能力。派驻高滩村驻村扶贫的工作队队员积极发挥驻村职能，把矛盾纠纷化解在萌芽状态。2015 年以来，共为高滩村化解赡养纠纷、婚姻家庭纠纷、邻里纠纷、土地纠纷 20 余起，极大地促进了社会的和谐稳定。

为加强司法救助工作在服务保障“脱贫攻坚战”中的作用，水富市人民法院还根据云南省高级人民法院《关于因诉致贫返贫群众实施司法救助的通知》要求，积极对辖区内定点扶贫点开展排查，对因诉致贫返贫群众符合条件的，及时实施司法救助。同时，切实加强法院诉讼服务中心建设和信息化建设，着力解决好贫困群众立案难的问题。妥善审理涉及贫困人口案件和涉及扶贫项目的案件，依法充分、及时保护贫困人口合法权益，保障扶贫项目顺利实施。依法从重判处贪污、挪用、侵占、冒领扶贫资金的犯罪，以及非法侵害贫困人口合法权益的其他犯罪。关注经济低收入贫困群体合法权益的执行兑现问题，最大限度地保障困难当事人不因合法权益被侵犯而影响生产生活，最大限度地保障普通当事人不因合法权益被侵犯而返贫返困；对执行案件的贫困当事人，积极采取司法救助措施，为减轻其贫困尽力。

找准好路子，汇聚金点子，迈开大步子，摘掉穷帽子，过上好日子。这正是高滩村脱贫攻坚工作的真实写照。水富市人民法院将继续发挥优势，“不忘初心，牢记使命”助力脱贫群众迈向小康生活！

（作者系水富市人民法院工作人员）

接　力

李建伟　罗松林

跑好扶贫接力赛　勇担使命践初心

2015 年，刚领到脱贫攻坚工作任务的水富县人民检察院检察长唐琨，回到单位立即召开全院动员大会，要求全院干部职工立即行动起来，积极投身扶贫攻坚事业。

在两碗镇新滩村召开的 7 家单位领导和扶贫工作队队员的现场办公会上，唐琨明确要求，要提高思想认识，切实把扶贫工作抓实抓出成效。并身体力行多次进村入户走访，了解贫困群众的生产生活情况。2016 年 7 月 7 日，唐琨得知新滩村受灾，立即带领部分干警组成的应急分队到两碗镇新滩村开展“7・05”抗灾抢险工作。在村民李光贵家，唐琨带领干警和村“两委”、驻村扶贫工作队、部分党员一起迎着火辣辣的太阳，帮助铲除堆积在屋内和院坝的厚厚淤泥。他们衣服上到处是泥，裤子、鞋子被泥浆湿透。持续大半天的清淤结束后，又立即加入为搬迁群众搭帐篷的行列。

2015 年 11 月 1 日，唐琨带领挂钩帮扶的 7 家单位到新滩村为贫困群众养殖胡蜂进行捐款，将单位及干部职工捐款的 6.65 万元捐赠给贫困户，为使贫困群众发展适合当地的脱贫致富产业。该笔捐赠资金主要用于帮助贫困群众发展胡蜂养殖，使老百姓能够从产业发展中受益，实现脱贫致富。

唐琨调离检察院后，李洪从昭通市人民检察院调水富县人民检察院任党组书记、代理检察长，刚到任就遇上扶贫工作“百日攻坚”，在新滩村召开有7家挂包单位参加的动员会上，他要求各单位一定要有紧迫感、使命感，扎实抓好扶贫工作，不让百日攻坚流于形式，要以切实的效果回报组织的信任。在李洪的重视下，检察院在人力、物力、财力上给予脱贫工作优先保障，推动脱贫攻坚任务落实。他还指导村“两委”、驻村扶贫工作队一起研究完善新滩村村规民约、垃圾清运管理制度、禁止违规操办酒席等规定，多次进组入户，动员群众开展提升人居环境整治工作，增强群众的卫生意识，引导村民转变落后的生活方式，鼓励村民为“美丽乡村，和谐新滩”作贡献。

2020年6月16日，新任水富市人民检察院党组书记、代理检察长罗婧，在任职履新后的第一时间，便轻车简从赶往检察院挂钩扶贫联系点开展工作调研，了解新滩村基本情况和农业产业发展状况，及时解决扶贫工作中的困难。针对产业发展瓶颈、群众生产生中活存在的困难、乡村公路治理亟待解决的问题提出了指导性意见。当天就和挂钩帮扶建档立卡贫困户认了“亲戚”，“老人家，我叫罗婧，和您一个姓，我们是一家人，今天来看看您……”在挂钩帮扶罗忠和家，罗婧亲切地拉起家常。看到罗忠和家庭环境卫生干净、饮用水安全、家庭经济也在不断往好的方向发展时，罗婧鼓励他们要克服暂时的困难，在国家帮扶政策的引导支持下，自立自强，努力建设自己的美好家园。临别时，罗婧还把自己的联系方式留下，叮嘱有困难时给自己打电话，承诺一定会尽全力协调帮助解决。

三任检察长接力挂钩扶贫新滩村，都深感责任重大，除了对全村扶贫工作负总责外，还具体联系了李家村民小组的罗忠和、唐家才、谭回恩3户贫困户，唐琨帮扶时为他们想办法、出主意，找准了脱贫路子，李洪多次深入挂钩户打工地点了解情况，一户一户想办法，罗婧到村第一天，就上门认亲戚，进一步指导脱贫以后的发展思路，3户人家如今生活有保障，已经住上了安全的住房，喝上了干净卫生的自来水。

三任检察长倾力扶贫，与7家单位共同努力，为新滩村筹集资金50余万元，帮助硬化村级公路 18.2 公里，真正打通了到贫困户家的“最后一公里”。快侦快诉涉农案件 130 件，挽回经济损失 25.53 万元，用法律为脱贫攻坚保驾护航。

年轻的检察长罗婧，看似柔弱，却有使不完的劲。她相信，他们 3 位检察长，在脱贫攻坚这条赛道上，参与的是接力赛，现在这一棒已经交到她的手里，她一定要跑好，也一定能跑好。

一桩桩，一件件，跑好扶贫接力赛，勇担使命践初心。检察院干部职工在三任检察长的带领下，始终按照中共昭通市委提出的“133”扶贫工作思路，聚焦“两不愁、三保障”和饮水安全问题，扎实有效地开展贫困户识别、贫困人口精准识别摸底调查和农村危房改造、易地搬迁、人居环境提升等工作，经常到挂钩帮扶“亲戚”家中走访，准确掌握“亲戚”的住房、务工收入、子女就学、就医、饮水等相关情况，动态管理“亲戚”家庭情况，认真研判产业发展思路，针对每户的实际情况制订帮扶方案，并力所能及地为挂钩帮扶“亲戚”解决实际困难。引导村民发展李子、砂仁、黑猪、胡蜂等种养业，确保“亲戚”借助扶贫政策、产业发展、外出务工增收脱贫致富。助力牵头挂钩帮扶两碗镇新滩村的 201 户 741 名贫困群众如期脱贫出列。

真心帮扶暖人心　卡户喜圆住房梦

“你们真是太好了，让我一个孤儿终于有一个温暖的家了，太感谢您们了！”2016 年 10 月 3 日，新滩村党总支书记罗朋宽一早在村委会就被建档立卡贫困户谭世强紧紧地抱住，激动哽咽地说，并拿出“真办实事惠于民，用情处置暖民心”一面锦旗硬要送给新滩村委会。新滩村党总支书记罗朋宽说：“没有检察院的真心帮助，谭世强也转变不了那么快啊！”

谭世强，新滩村白果村民小组人，7 岁丧母，11 岁丧父，家中房屋早在10年前已坍塌，居无定所，吃百家饭，穿百家衣，靠政府救济和乡亲们帮衬维持生计，但此人勤奋刻苦，努力上进，就读于四川省南充市技师学校，半工半读谋生和自筹学费。

解决谭世强的住房和脱贫问题一直困扰着挂包单位检察院的帮扶干部和驻村工作队队员，也是谭世界强不敢奢望的事情。2015年精准扶贫实施中，将谭世强纳入精准扶贫对象。但谭世强总是“无动于衷”，还曾经到县政府门口跪地上访，村“两委”、驻村工作队和帮扶干部心急如焚，检察院帮扶干部杨婷多次苦口婆心教育和讲解政策，自己出钱帮他解决住宿等问题，谭世强思想逐步被感化，当年国庆期间，谭世强回来休假，帮扶干部杨婷瞅准机会，再次找到谭世强，经过数次的耐心开导，谭世强才吐露难处，面对政府扶贫的优惠政策，也心动过，苦于无钱，要一下子筹齐几万元现金建房，对谭世强来说比登天还难。家中又没有任何抵押和主要收入来源，满足不了贷款条件，所以不敢奢望建房。了解谭世强的真实想法后，驻村扶贫工作队队长李建伟、帮扶干部杨婷带着谭世强在国庆期间，来回奔波于大街小巷，多方打听房源，四处游说开发商，终于争取到枫叶国际开发商的支持，同意将一处70平方米商品房以14.6万元的低价卖给谭世强。但面对这14.6万元又为难了，最后驻村扶贫工作队队长李建伟、帮扶干部杨婷为其提供担保，从信用社贷出资金解决了住房款，谭世强的住房梦终于圆了。谭世强兴奋而激动地说：“感谢党和政府，感谢检察院的领导和帮扶干部，我终于有个自己的家了！”

输血与造血并用　物质与精神共扶

“检察长，你不知道，我们的文化广场还没有建好，还没有正式营运，就吸引了群众的热情参与，在设施还很简陋的情况下就自动来广场听新闻联播、跳广场舞，我这几晚到处走走看了看，打牌的明显少了，真是太好了，检察长，太感谢你们了！”这是两碗镇新滩村党总支书记罗朋宽在迎接县检察院检察长唐琨一行验收文化广场建设见面时激动地说的话。

为了给挂钩帮扶的两碗镇新滩村村民建一个干净整洁的活动广场，丰富村民文化娱乐生活，培育文明健康社会风气，唐琨大胆设想并多次与村“两委”班子商量、研讨，经过精心规划和多方选址，最终确定在村里相对广阔、村民活动相对集中的地带，与其他几家挂钩帮扶单位一起出资 10 万余元为该村购买并安装 6 平方米左右的高清 LED 显示屏、音响、桌椅等设备，建成集村民休闲娱乐、了解党的方针政策、法律法规、农技知识于一体的服务平台，并就宣传标语设点、固定宣传栏规范化建设、村文化氛围营造、精神文明建设软实力构架进行系列大刀阔斧的创新，最终建成了一个符合群众需求，切实让群众得实惠的文化广场。

抓实党建工作，引领脱贫攻坚。2018 年 4 月，新滩村党总支被定为基层软弱涣散党组织，李洪检察长高度重视软弱涣散党组织的整顿提升工作，指导各支部按照党支部规范化建设达标创建各项要求，紧紧围绕支部“五项制度”，以脱贫攻坚、提升人居环境等为中心工作，深入开展“主题党日 +”活动，做到活动开展常态化，组织生活规范化。进一步与新滩村“两委”分析研究存在的问题，找到问题症结，厘清党建工作思路，对标对表制订完善软弱涣散党组织整顿方案。进一步规范全村 5 个党支部活动场所硬件和软件建设工作。积极为全村党建工作出谋划策，按时完成新滩村党总支“软弱涣散党组织”整改提升工作。2019 年 10 月 23 日，新滩党支部作为水富市基层党组织主题教育边学边查边改实训现场观摩点，新滩党支部的党建工作得到省委组织部 2019 年度党委（党组）书记抓基层党建工作述职评议考核综合调研组第二组晏惊周组长的好评和肯定。先后被命名为市级“规范化建设示范党支部”和省级“规范化建设示范党支部”。

帮扶单位齐参与　履职尽责真扶贫

在新滩村的扶贫攻坚工作开始以后，检察院作为牵头单位，新滩村各参加单位认真负责，把做好脱贫攻坚工作作为自己的分内工作，真正做到抓实抓好。各参加单位就像在开展接力赛一样，有钱出钱，有力出力，政策和资金齐到位，以确保新滩村能够如期全面完成脱贫攻坚工作目标，按时完成贫困户脱贫任务。

水富市教体局作为参加单位，在局机关事多人手不够的情况下，按要求派人到新滩驻村。驻村干部曹洪军、罗建均吃住在乡下，和新滩村“两委”人员共同研究脱贫攻坚对策。他们走村串户，硬是踏遍了新滩村的山山水水，把贫困群众的冷暖放在心上。扶贫期间，教体局大力实施教育扶贫，为贫困学生申请困难补助，确保贫困户学生有书读。

水富市司法局除常规的扶贫以外，还组织司法局的同志送法律下乡，让贫困群众知晓更多的法律知识，为外出务工群众，尤其是为贫困户外出打工人员讲法治课，教会他们维护好自身合法权益。积极为贫困群众提供司法援助，让法律常在他们身边，切实地保护他们的合法权益。

水富市文联虽然工作人员少，还经常要抽出来开展各个时期的中心工作，但对搞好脱贫攻坚工作，却是殚精竭虑，把抓好扶贫工作作为文联的分内之事。参加扶贫工作这些年来，直接帮扶 10 户建档立卡贫困户，尽量筹集资金，帮助解决不时之需。扶贫重在扶智，文联充分发挥自身优势，创作短篇小说《苹果树下》、散文《小洞村的变迁》等文学作品，书写扶贫干部风采和贫困村的变化，在群众中反响强烈。

水富市妇联作为维护妇女儿童合法权益的人民团体，在脱贫攻坚中发挥着重要的作用，在帮助妇女、儿童，特别是贫困家庭妇女自立自强方面发挥了不可替代的作用。

水富路政管理大队充分发挥自身职能，切实在维护乡村道路、车辆运营，积极为贫困户排忧解难。在农用车管理、运营方面，更多更好地为农村群众，特别是农村困难群众提供方便，助推脱贫攻坚工作健康发展。

新滩村家家户户都实现了“两不愁、三保障”和饮水安全，全村贫困群众已经稳定脱贫，大家“感党恩跟党走”，满怀信心地在小康大道上前行！

（作者均系水富市人民检察院工作人员）

心系百姓送温暖　凝心聚力促攻坚

——中共水富市委政策研究室脱贫攻坚纪实

曾　艳

一转眼，脱贫攻坚工作已开展 5 年了，再回首，脱贫攻坚路上的酸甜苦辣深深地印刻在我们的心中，时常让人思绪万千。人民群众的生活越来越好，我们扶贫干部的心也跟着越来越开心。

“感谢你们啊！感谢共产党！感谢你们经常来看望我们，给我们带来米啊、油啊，想方设法给我们解决生活上、产业上的难题。让我们这些孤寡老人生活好了。”水东村小坝村民小组 78 岁的杨家珍和政研室干部絮絮叨叨回顾着过往。“前年我生病住院，才花两三千就治好了，政府给我们减免了七八千，这对我们来说太好了，太实惠了。如果不是有医疗保障，我们这老两口的日子可怎么过哟……”

2015 年以来，中共水富市委政策研究室始终把脱贫攻坚作为与群众心连心、肩并肩共同发展的重点工作，凝聚全体干部之力和群众结成“亲戚”，全心全意扶持帮助水东村挂钩扶贫户。5 年来，政研室干部以人民的利益为中心，脚踏实地，把党的关怀政策宣传到每一户贫困户中，把人民群众的急事难事汇集起来一个一个研究解决，用真情实意化解了人民群众思想的围墙，心灵的堡垒，党群干群关系如鱼得水。

细微之处见担当　真情真心走访温暖群众心

中共水富市委政研室虽然单位小、人员少，与其他人数较多的单位对比起来，任务反而显得更重。但是在政研室主要领导的带领下，在全体干部职工的通力协作下，大家团结一心，克难攻坚，真心实意帮助贫困群众脱贫致富。

2017 年夏，尽管天气格外炎热，也阻挡不了政研室扶贫干部到水东村挂包片区摸底调查贫困群众基本信息的工作热情。6 月中旬，政研室主要领导组织全体干部职工召开动员会，决定抽调人员全力开展为期 3 个月的脱贫攻坚摸底调查走访工作，并再三叮嘱此项工作的重要性，要求每一名干部都要高度重视起来，全力做好脱贫攻坚摸底调查走访工作。随后，分管领导将任务细化分解，落实到人，抽调 4 名干部确定好工作目标、任务、方案。当时，中共水富市委政研室在职人员仅 6 人，其中 55 岁以上干部 2 人。为了确保如期完成任务，政研室 2 名即将退休同志不畏艰难，服从大局，毅然奔赴脱贫攻坚一线。4 名同志加班加点，忘我工作，经历艰辛的 3 个月时间，深入挂钩村圆满完成了 453 户农户的入户调查工作。

在脱贫攻坚摸底调查走访工作中，每天天刚微亮，4 名干部就分别奔赴责任区开始摸底调查。在长达 3 个月的时间里，大家没有休息日，工作也不分白天黑夜，一切都以工作为重，一切都以群众的时间为准。每到一户群众家中，政研室干部就和群众一一攀谈，深入了解他们的家庭人口、生产、工作、就学、就医、收入等基本信息，关心他们生产生活情况，和他们话家常、解难题、谋发展。有时候，群众不在家，就去第二次、第三次，直到找到群众为止。有时候，群众白天在外务工、务农，晚上才回来，政研室干部就一边整理表册，一边耐心地等着他们。有时候，忙到饭点，没地方吃饭，就忍着饥饿完成任务才回家，大家从来不抱怨。3 个月的烈阳焦烤，4 名干部都被晒得黢黑，大家却打趣儿地说，晒晒太阳变得黑黢黢的，感觉自己更帅了。

新房建设困难重重　搬新家笑颜开艰辛皆为过往

泥土墙，黑瓦盖，一代一代又一代，裂缝重重不舍拆。铁下心，齐帮助，拆了旧房建新房，喜笑颜开子孙爱。拥有一间温暖干净舒适的房子，是每一个人的愿望，也是每一个贫困户心中的大难题。罗明生两兄弟，哥哥罗国民的房子又大又漂亮，外面贴满了亮丽的瓷砖，这在农村档次是格外的高大上。贫困户罗明生每次看见哥哥家漂亮的新房子，再看看自家难民窟般的土坯房，就黯然神伤。特别是每逢过节，别人家的子女、孙子都愿意回家，自己家的孩子、孙子总是借口有事来不了，其中缘由只能自己埋藏在心里。政研室 1 名干部挂钩罗明生，经常和他沟通交谈，积极动员他拆旧建新，多次给他宣传建房优惠政策。“现在国家建房有补助政策，房子建起来，国家补助 4 万元。虽然钱不多，但是自己凑一凑、亲朋好友借一借、银行贷款贷一贷，钱多修个大房子，钱少修个小房子，东拼西凑你们就可以解决新房子的问题了。”罗明生听后有些心动，但还是拒绝：“哪里借得到那么多钱啊！”政研室干部关心地说：“困难总是有的，趁现在国家有补助政策，还可以解决 4 万元，政策过了就失去了机会，以后想修房子，什么帮助都没有。而且，你们家儿子儿媳都在上班，你自己也在打零工，人只要勤劳，钱总会慢慢有的，生活都会越来越好的。”罗明生拿不定主意，说回头跟儿子商量商量。再次见到罗明生，政研室干部追问罗明生修房子的事，他直摇脑袋说，“算啦算啦，我这地基位置离公路远，就材料搬运费都要费好多钱。”政研室干部帮他出主意说：“能不能和乡亲邻居商量换换地，你先商量来看，实在不行我们再帮你想想办法。”通过水富市政研室多次和水富市自然资源局、村委会反复沟通商量确定地块，罗明生最终与哥哥毗邻而居。

经过三四个月忙碌的建设，政研室干部经常关心罗明生修房子的进度，协调催促相关部门及时发放建房补助，罗明生的新房子终于修起了。现在，罗明生已经搬入新房住了一段时间，新房子里设施设备齐全，房屋干净整洁、光线明亮，住着特别舒心舒服。每逢节假日，儿子儿媳都会带着孙子来老家玩耍，家中人气变旺了，热闹多了，罗明生打心底高兴，也感恩党给他们带来的生活变化。罗明生说：“谢谢你们！我才能建一套新房子，虽然背了一些债务，生活压力变大，不过也在自己和儿子的承受范围内。真的是扬眉吐气，我心满意足啦！”

这只是政研室干部帮扶群众建房的一个缩影，5 年来，政研室共帮助群众建房 11 户，修建卫生厕所、卫生厨房 3 户，帮助拆除危房 3 户，协调村委会帮助修建 2 个提灌解决群众安全饮水问题。

产业就业着重帮扶　变输血式扶贫为造血式扶贫

在脱贫攻坚的道路上，要想让贫困户脱真贫、真脱贫，关键在于让他们掌握一技之长，有自主谋生的能力。政研室围绕这一关键，千方百计让更多的贫困户掌握一技之长，把“输血式”扶贫变成“造血式”扶贫，让贫困户通过自己的双手脱贫，树立自力更生致富的信心。

除开外出务工的人，剩下在水东村生活的农民群众大部分都很勤劳、淳朴，对土地有一种深沉的热爱之情。但是越是没有出去见过世面，越没有先进的种养管理技术，越是不懂得营销管理。政研室协同村委会，联系镇政府、人社部门、农业部门、供销部门等多家部门，5 年来，陆续为水东村贫困户送去了李子苗、种猪等，每年定期组织贫困户参加县级部门关于果蔬种植的技术培训，动员有产业的农户加入专业合作社。每到农作物成熟时，政研室干部总要帮忙采购，帮忙分销农产品。有时候群众认为扶贫干部帮了自己很多忙，都不愿意收钱，扶贫干部都坚决要付钱，绝不让群众吃亏。随着种养技术的提高，销路的不断畅通，群众的经济收入逐年增加，生活得到了较好改善。

也有一些特殊家庭的群众需要的不是产业扶贫，更需要的是就业帮扶。比如水东村先锋村民小组罗泽先常年在江苏务工，媳妇杨启义考虑到孩子要上学，于是回家照顾孩子生活读书。由于在外习惯了务工，回来务农田地也荒芜了，自己又有严重的慢性病——腰椎间盘突出，杨启义回了家一时半会，却不知道自己能做什么，生活的重担全都压在丈夫一个人的身上，一家 4 口生活捉襟见肘，压力很大。政研室干部了解到情况后，积极与村委会协商，经过多方努力，2019 年水东村委会同意给杨启义安排一个公益性岗位，负责打扫水东村公路的道路卫生。杨启义接到通知后欣喜若狂，每次政研室干部去他家时，她都热情接待，总是不停地感谢道："谢谢你们！你们真是我的大恩人啊，我们当家的之前总为我的工作焦虑，搞得一大家子总是闷闷不乐。现在好了，在家可以一边照看孩子，一边做点事补贴一下家用。太谢谢你们了，谢谢共产党给我们无微不至的关怀！"

如果说杨启义的公益性岗位给她解了燃眉之急的生活大事，政研室干部为林格村民小组罗华海解决公益性岗位就是救其于水火之中。说来罗华海一家也很特殊，一家 4 口人就有 3 口是残疾，生活之艰苦令人心酸。政研室干部去他家走访时，看见他家家徒四壁，卫生极其脏乱，不由得十分关切，通过深入攀谈了解，罗华海愁眉苦脸地哀叹道："家庭就是这个样子，我还能怎么样呢？我每天早出晚归，去田地里种菜，回家还要照顾媳妇和两个孩子。他们那样几乎什么忙都帮不了。有时候我出门也不敢走远了，也总是担心家里出什么事。每天都是匆匆忙忙走，匆匆忙忙回，生活生产也难以兼顾好。"说到辛酸处，罗海华眼中泪水打转，背过身擦干眼泪，又回过头来，强忍着泪水微笑地说道，"现在的日子都比以前好多了，孩子渐渐长大，或多或少可以帮一些忙。你们又逢年过节来看望我们、帮助我们，我已经很知足了。"回去的路上，政研室干部为罗华海的家庭情况而揪心。为了将扶贫扶到群众心坎上，政研室组织干部职工给罗华海家送去了一张床、一套铺盖、一台饮水机和一些衣物，同时还齐心协力帮罗华海家的卫生打扫干净。“罗华海，不要怕，日子都是越过越好的，只要人永不放弃，坚强勇敢地去解决生活中的难题，一切都会好起来的。”“谢谢，谢谢！我都不知道说什么好了，你们给了我太多帮助！”罗华海感激地说道。为了解决罗华海一家长期性、复杂性的贫困难题，政研室同志与村委会多次反复商量帮扶对策，村委会给罗华海安排了一份公益性岗位，同样是打扫公路卫生。罗华海定期去清扫道路，有时候孩子还会跟着一起帮忙，不打扫的时候就去打理农作物，整理家庭事务，日子慢慢好起来，眉头渐渐舒展开来，脸上也总是挂满了笑容。5 年来，政研室干部职工先后帮助挂钩帮扶建档立卡贫困户解决就业 5 户 5 人，帮助申请教育扶贫资金 1 户，帮助贫困户加入李子发展产业合作社 17 户。

政研室始终心系百姓，把脱贫攻坚工作当作重要的政治任务。每年春节，政研室干部都会给挂包群众送去米、油等生活物资，提前送去美好的新年祝福，据不完全统计，5 年来，给贫困户送去新春慰问、春耕备耕物资价值 2 万余元。2019 年起，为防止贫困户因意外伤害返贫、致贫，政研室免费为 17 户贫困户购买计划生育家庭意外伤害保险。在产业帮扶上，共为贫困户发展菌红李 50 余亩、猕猴桃 36 亩。同时，积极发挥政研室农办工作职能，2015 年至 2017 年，共争取社会主义新农村省、市、县、乡级重点建设村项目 12 个，整合资金 3605 万元；争取美丽宜居乡村建设项目 16 个，整合资金 8705 万元用于改善各乡村基础设施条件，增强当地发展潜力。

（作者系中共水富市委政策研究室工作人员）

结对扶贫这五年

——水富市卫健局脱贫攻坚侧记

李晓蓉

2015 年 9 月 22 日，第一次到对象户家中走访；

2016 年 1 月 28 日至 29 日，到扶贫对象户家中“三同”；

2017 年 12 月 26 日，帮助对象户搬家；

2018 年 1 月 19 日，入户走访送去米油等慰问品；

2019 年 1 月 22 日，春节慰问走访；

2020 年 6 月 10 日，到对象户家中包抄手……

这五年　我们深情走过

当翻阅着曾经的工作日志，5 年来的一幕幕帮扶镜头被这些记录串联，历历在目。这些年我参与、见证与感动着的挂钩帮扶故事，与众多脱贫攻坚中的典型相比，我们的帮扶经历都是些平凡小事，微不足道。但平凡之中见真情，这些真实又鲜活的小事，却一直感动着我。

2015 年，为深入贯彻落实精准扶贫、精准脱贫方略，进一步加强整村帮扶工作力度，充实村级帮扶力量，我们单位被安排挂钩联系新寿村邵女坪社区，而因居住地属危岩易滑坡地段，水、路不通靠天吃饭，缺乏发展必须资源和条件的该村渔池 5、6 村民小组的 16 户村民被列入贫困户，实施易地扶贫搬迁项目。由此，包括我在内的 13 名同志就与这 16 户贫困户有了不解之缘，开始了挂钩帮扶之旅。

2015 年 9 月 22 日，是我们记忆深刻的日子。这一天，我们根据安排到社区集中开会，与对象户“认亲”，随后跟着他们“回家”核实相关情况。从社区抬头就可见的“家”，却是在半山腰，没有公路，只能徒步爬坡，有一截路因垮塌难行还得相互搀扶，拉成长队“回家”的我们跟着对象户足足走了近 40 分钟。我的对象户老胡因患有肺气肿、高血压、糖尿病等慢性病，走在前面的他喘气得十分厉害，走几分钟就得歇歇，让我提心吊胆地紧跟着，拉家常的话都不敢说，一路沉思、焦虑。因为居住分散，到山腰后就各自到对象户家中了解情况。大约 2 小时后再到集中地点，返回途中大家没了来时的兴致，心照不宣地交谈着入户走访感受，第一次的见闻体验让彼此心情都变得沉重。此后，根据扶贫工作的统一安排，我们开始记不清次数地入户走访，宣传扶贫政策和健康知识，反复核查基础信息，核对收入，填写表册，完善台账资料，协调解决问题。

2016 年春节前夕，我们与对象户团年的情景让人记忆犹新。响应“同吃、同住、同劳动”的号召，为拉近对象户与我们的距离，经商议由我们出钱从城里买好食材，让 16 户对象户集中做饭吃，大家齐动手，边做饭边拉家常，谈困难话发展送祝福，好不热闹。从那以后，我们的“结对”关系更近了，并成了他们电话咨询或寻求帮助的依靠，平日里少不了的嘘寒问暖，甚至对象户生病了还会去医院、到家中看望慰问。每年春节到对象户家中进行走访慰问，已成为我们的必修课。

被列入易地扶贫搬迁项目，就意味着要离开家园，到集中安置点开始新生活，这对于土生土长的他们真是个不小的挑战，要做通对象户思想工作的困难可想而知。按计划要求，对象户属于 2017 年脱贫对象，也就是说他们必须于当年全部搬离旧宅，入驻新家。为做通思想工作，从年初开始，我们与社区同志一起，先后多次与对象户见面，不厌其烦地宣讲政策，为他们解惑释疑，协调对象户看房选房、签订搬迁拆旧协议，终于将集中搬家的日子定在2017年12月26日。等到这一天，我们似乎比对象户还要激动，一大早就来到社区，并随同社区同志一起前往对象户旧宅、新家中，挨家挨户地尽力帮忙提拿物品，搬抬柜桌……入驻新家后，我们还向他们祝贺乔迁之喜，力所能及地送去床上用品、生活用品作为贺礼，并随访其生活和思想，帮助协调解决困难。

水富城区到邵女坪的公路，因山中取路，新建没几年，属于易滑坡地段，常因下雨滑坡被堵断。每次扶贫任务一来，大家都二话不说相约前往，而出行是个大问题。公务用车通过平台规范管理后，有时在平台租不到车，同事就自己开车，后来说私车公用也不行，就租坐小客运车，但因车况、路况不好车子一路抖响，如同奏交响乐，大家欣然享受，来返途中畅谈体验感受成为下乡入户最难忘的记忆。有一次，因主路中断维修，临时从旁修一便道通行。但因便道路泥泞坡度大，加之过往车辆多，导致路滑难行。我们入户完成当天的扶贫工作任务后，返回途经该路段上坡时，车子打滑失控，差点翻入河中，幸亏驾驶员经验丰富，处置得当才得以脱险，但仍与对面来车发生刮擦……惊魂一瞬，至今想来仍心有余悸。

这五年　点滴见证情谊

我们13人中，有11人是中共党员，平均年龄45岁，其中最大的55岁，最小的26岁。脱贫攻坚工作中，紧紧围绕着让对象户脱贫这一目标，除了落实共同的帮扶措施外，大家因户施策，使出浑身解数来帮扶。

60后的周国英是我们单位的联络员，也是战斗员。5年来，除负责统筹协调、方案拟定、任务通知、车辆安排、表册发放、资料收集报送等工作外，她还先后 8 次被抽派参加各项调查、考核及普查工作，并出色地完成各项任务。挂钩帮扶认亲后，对象户的一切都成为她的牵挂，并为此忙得不亦乐乎——为对象户协调申报了失独家庭补助金，每年享受 5400 元；为对象户说媒牵线，让其再次找到了人生伴侣；为对象户协调就业于某公益性岗位，让其基本生活有了保障；对象户搬入新家后，还掏钱买了床上用品送去……

陶翠桦，我们都称她陶姐，渔池 6 村民小组两女结扎户老陈家的包户干部。她记得第一次到老陈家走访时的情景：土墙房，家徒四壁，墙体多处靠树桩支撑，她从此多了一件愁心事儿。2015 年以来，陶姐对老陈家的关怀有目共睹：交不起新农合自筹部分资金，她自掏腰包为其购买；小女生病住院，她跑前跑后帮忙收集单据，申请到困难救助 2000 元；搬新家了，她乐呵呵地掏钱弹棉絮 3 床，购置被套，买餐桌和棉衣。如今，老陈乐居新家，生活必需品都有，陶姐终于不愁了。

吴勇是局领导班子成员，分管着脱贫攻坚工作。精准识别摸底调查中他担任队长，带领单位 7 名同事下乡蹲点 3 个月，按时间节点完成 2 个村 17 村民小组 870 户 3158 人的宣传动员、信息采集、表册填报等任务，顺利通过云南省第三方评估检查验收。2017 年 11 月至 2018 年 5 月，肩负着新寿村驻村扶贫工作队队长兼第一书记的他，任劳任怨、埋头苦干，按要求履职尽责，既当指挥员，又当操作员，更是大家眼中的“实干家”。几年来，他还带头挂钩帮扶 2 户贫困户。提到帮扶实事，他说跟大家干的都一样，没什么可说的。可我记得，贫困户李某某生病住院，他听说后急忙去家里看望，送上慰问金 400 元，之后经常过问病情，帮助咨询并叮嘱康复事项。其 3 个女儿读书，他帮助协调“雨露计划”、教育促进助学金；贫困户左某某家属一下肢瘫痪，他主动协调残联为其免费安装了假肢，节约手术费上万元，还帮助其患胰腺炎住院的儿子向医院、医保局协调报账、咨询治疗事宜。因为工作需要，搬迁后贫困户和包户干部经常要回社区开会，为了让对象户节约路费，他开着自家车子接送等等。

2020年4月，一直困扰对象户的2个难题解决了，狄菘绫终于松了口气。5年来，在2户贫困户的挂钩帮扶工作中，她是大家眼中极认真的一个。为解决对象户反映的人口认定和申请廉租房问题，这些年她不厌其烦地在社区、办事处、住建部门之间协调；为其2个外孙女协调“雨露计划”、教育助学金4500元；2019年12月，对象户突发疾病，打电话寻求帮助，正在社区开会的她接到电话就立即协调120急救车，送到水富市人民医院救治，使其病情得到及时控制。另一对象户外出务工时不慎摔伤，在贵州某医院医治后，涉及跨省医疗费用未达到报销比例的问题。了解到这一情况，她主动向社区反映，咨询医保局，得到同意按政策给予解决的答复后，她又焦急地嘱咐对象户注意资料收集保管并早些返回办理，同时还协调解决临时救助1500元……

我的对象户老胡是老党员，家中8口人，据说是水富市贫困户家庭人口最多的。我曾窃喜，认为他是老党员，工作肯定好开展。然而，第一次入户走访就让我尝到“硬骨头”滋味：对我帮扶工作的不信任，对其期望未达成的唠叨，对搬迁工作的不认可，对其主观愿望的诉说，俨然一个老“愤青”。而对我的问询则闪烁其词，言语神情中的陌生感、排斥感，让我不知所措。后来的入户帮、电话访，我都是硬着头皮、厚着脸皮，就为摸清其家庭成员信息，我都费了好大劲。再后来，随着接触交流增多和帮扶工作的深入，才逐渐被老胡认可和接纳：他因患长慢病每年住院1至2次，我都要去医院或家里看望，经常电话问候安康；帮助申请临时救助，为其3个孙子（女）协调教育促进和“雨露计划”助学金，几年来享受上万元；为方便联系，建了微信群，随时了解其家人务工、就学情况，转发宣传内容和就业信息；多次入户走访都会买些水果、肉食等，如同走亲访友；为了落实帮扶任务，曾于丧假期间冒着雨雪入户，同时带去家里备用的菜和熟食，含泪宣传政策；我怀着二宝仍坚持入户了解情况，到社区完善台账资料，产假结束后去看望，买了肉馅和面皮与其一起包抄手……尤其让我感动的是，2020年，我的小女出世后，老胡居然让其孙女发来红包表示祝贺和祝福，虽被我婉拒，但此举已让我倍感温暖，并暗自欣喜好久。就在前几天入户，他问我："今年过了是不是对我们的扶贫就结束了？麻烦了你好几年呢。"我一时语塞，随即附和道："不再扶贫是好事，就算是工作结束了，以后我们还可以常联系的。"这才发现，不知何时起，老胡不再是老"愤青"了，言谈中多了感恩，少了抱怨；多了随和，少了固执。

还有单位的双全、凌荣、苏廷友、韦健、吴胜琴……每一个挂钩帮扶的背后，都有着一连串的故事。他们说，都是小事，不足挂齿。我想说，能把贫困户的每一件小事做好，就是最可爱的人。

这五年　他们真的变了

说起帮扶这些年对象户的变化，大家如数家珍，娓娓道来。

李某某家 5 口人，易地搬迁时选择了进城安置。现在自己做起了生意，从四处奔波的"打工仔"变成了"小老板"，2019 年年底人均纯收入 1.4 万元，比 2015 年翻了好几番。

莫某某家 3 口人，因无安全住房而搬迁，如今不仅住上新房，其女还念大学，每年享受教育奖学金 5000 元及教育助学金等，缓解了就学压力，1 人外出务工，全家收入从每年人均 4000 元左右增加到 8500 元。

陈某某家 5 口人，因住房开裂属危房，2015 年由社区协调租房居住。易地搬迁后，不仅住上了梦寐以求的新房，陈某某儿子、儿媳在家里做起了电商，收入翻了两番，还把购买小轿车列入计划。

邓某某家 6 口人，易地搬迁后不再受耕作之累，其儿子、媳妇在昭通某餐馆做厨师和服务员，他跟随生活，主要任务是看护孙子孙女，尽享天伦之乐。

还有，曹某某、陈某某两家的收入，2015 年人均纯收入仅 3500 元左右，到 2019 年人均纯收入已达 1.2 万元，增长幅度最大……

我们挂钩帮扶的 16 户贫困户共 63 人，整体搬迁后，全部住上新房，饮水安全、公路硬化、用电保证，还用上了天然气，有了卫生厕所……人居环境的提升，实实在在的改变，让他们乐了、笑了。因不再劳累于耕作，除了年老、体弱和上学的，现有 25 人在外务工，还有的在本地做生意、打零工。中共水富市委、市政府还对他们进行产业扶持，申报的山羊养殖扶贫项目即将启动实施，收入有保证，且实现逐年稳步增加，让他们心头更踏实了。

更喜人的变化，还在于他们思想的转变。易地搬迁前后的生活感受，他们心里如明镜似的。2020 年，感恩党的扶贫政策好成为他们的口头禅。老党员胡某某不只一次说："从山上搬下来，跟城里人一样生活，是以前想都不敢想的事，这辈子值了。感谢党的好政策。"

您若安好，便是晴天。

（作者系水富市卫生健康局工作人员）

扎实帮扶　真情服务

吴　军

我是水富市地方志编纂办公室分管扶贫工作的副主任，自 2015 年 9 月“挂包帮”“转走访”、精准扶贫工作开展以来，单位就安排我作为挂钩帮扶工作队队员，长期挂钩帮扶太平镇太平村开展扶贫工作。

进村入户　搞好调研

按照中共水富市委的统一安排，我们地方志办公室，负责挂钩太平镇太平村太平片区太平 12、13 村民小组，官村片区官村 15 村民小组的建档立卡贫困户，共 8 户 32 人（太平 12 村民小组胡代平、胡代云 2 户，太平 13 村民小组胡仁修、彭贵荣、李珍福、唐加兵、何庭海等 5 户，官村 15 村民小组曾恒贵 1 户）的帮扶工作。

我在挂钩帮扶工作中了解到，太平镇太平村辖 24 个村民小组和 1 个居民组，有 2174 户 6353 人。其中，建档立卡贫困户 350 户 1522 人。耕地面积 9084 亩（605.6 公顷）。太平村虽然紧靠太平镇镇政府，但是，自然村大多地处二半山的地区，山高坡陡，每到雨季地质灾害严重。人均耕地面积也不多，贫困人口面占了近30%。市地方志办挂钩的太平村太平12、13村民小组、官村15村民小组8户建档立卡贫困，居住在太平集镇的街背后山上，家庭致贫的原因主要是自身发展能力不足，缺技术，或家庭人员因病、因残，缺乏劳动力等。市地方志办帮扶的目的，就是为了让这8户建档立卡贫困户彻底斩断穷根子。

2015年9月29日一大早，我和我们单位主要领导谢树彬主任一道，从县城出发乘坐农用客车赶到挂钩的太平村。这天恰逢太平集镇赶集，多数贫困户都上街赶集去了。待赶集快散场时，我和谢树彬在太平12、13村民小组组长的带领下，逐一地走访到贫困户家中了解情况，结对子、认亲戚。详细了解帮扶贫困户的家庭人员构成、家庭收入、住房安全、粮食储备、饮水卫生以及存在的困难问题等各方面情况。此次入户，较为翔实地掌握了第一手资料，对贫困的基本状况有了初步的认识。但是，扶贫工作不只是简单的一次走访摸底、填表上报就可以了事的。须"知真贫"后"真扶贫"，要把国家扶贫政策真正落实到所有贫困户的家中，必须把党和政府关怀的温暖送到对贫困群众的心坎上，要让贫困群众真正脱贫致富奔向小康，这才是我们的追求。

2015年11月5日，县地方志办按照县"挂包帮""转走访"暨贫困户人口建档立卡"回头看"工作会议要求，专门选派我参加太平镇太平村开展"挂包帮""转走访"及贫困户人口建档立卡"回头看"工作。11月8至20日，我与太平镇干部肖君成、太平村委副书记余义明3人，负责组织开展对太平村元田片区元田6、7村民小组，斑竹片区斑竹8、9村民小组贫困户的民主推选及建档立卡等工作，共完成太平村元田片区元田6、7村民小组，斑竹片区斑竹8、9村民小组44户153人贫困户人口的识别工作，同时完成了相关痕迹资料整理和数据录入任务。通过太平村开展"挂包帮""转走访"及贫困户人口建档立卡"回头看"工作，太平村较为准确地识别和掌握了辖区内贫困人口状况及家庭致贫的真正原因，为后来太平村、各挂包单位实施真正的精准扶贫奠定了坚实的基础。在此次贫困户人口建档立卡“回头看”工作的基础上，2015 年 11 月 25 日，我和谢树彬又再次到太平村太平 12、13 村民小组的挂钩帮扶贫困户家，开展遍访贫困户访谈问卷调查，并按要求填写了《云南省遍访贫困户访谈问卷》。同时建立了脱贫攻坚“挂包帮”“转走访”结对帮扶联系卡、制作并悬挂了结对帮扶门牌、建立了“挂包帮”“转走访”台账，填报了相关表册等。这次入户调查，更进一步地深入了解和掌握了单位职工挂钩的贫困户家庭贫困状况和致贫的原因。针对贫困户家庭的实际情况，县地方志办各挂包干部为自己所挂钩帮扶的贫困户制订了切实可行的帮扶方案和“一户一策”帮扶措施，还帮助贫困户制订了建房方案、谋划了产业发展，并督促挂钩帮扶户按时限落实了建房计划。

苦口婆心　说服建房

记得为了解决好贫困户 D 类（危房）房的建房问题，在 2016 年 6 月的一天上午，我从县城乘坐农用客车赶到太平村，走访我挂钩帮扶的太平 13 村民小组彭贵荣家。那天天上下着小雨，去彭贵荣家的路有些滑，彭贵荣家在太平镇集镇正街下边，从正街的一条小巷出去，沿街背后下边一条不足 1 米宽的石板路便道，往下走 800 米左右就到了。他家背靠山坡，面对大山山坡下面是河沟，这是一座一层 3 间大开间的土木瓦房，门前有一院坝，从院坝望出去，视线极为开阔。到了他家院坝后，之前沉重的心情也没有了。在他家院坝叫了几声没人答应，才打电话询问，他说在外面干活，答应马上回到家。我等了十多分钟后，彭贵荣和他爱人张秀英终于回来了。我之前好几次到过彭贵荣家，多次找过彭贵荣老人谈过他家建房问题，但他始终没有明确答应修建或纳入修建计划。因为他家房屋属于 D 类（危房）房，居住很危险，特别是雨天，屋里好几个地方都漏雨水，房屋后面阴沟排水不畅，一遇暴雨，洪水会透过板壁墙脚渗透到屋里。再加之房屋年久失修，房梁、墙体等许多地方已严重破损，有很大的安全风险。我说明了来意后，便和彭贵荣老人拉起了家常。在深入交谈中了解到，彭贵荣 79 岁，老伴也有 63 岁了。两个儿女在省外打工，家里就他和老伴两人。从外表看，他个子不高，不胖不瘦、中等身材，说话语气还挺精神，不像七八十岁的老人，虽年老多病，但因长年从事劳作，身体还可以。在谈到他家建房问题时，他总是说："经济困难，无能力修建。手里虽然有一两万元人民币，那可是我们的救命钱，要是有个大的三病两痛，这点钱怕是连医治费用都不够呢！现在哪有钱修建房子啊，待过两年女儿们在外打工找着了钱再说吧。"后来，我向他反复宣传了国家扶贫建房政策，给他仔细地算了算账，我掰着手指头说："老彭你看哈，你建新房子，自己能凑两三万元，国家补助你 4 万元，政府给你贴息银行能贷款几万，儿女近几年在外打工每年苦几万，建房资金上就没有什么大问题了，新房子建好了，不仅消除了安全隐患，还给孩子们留下了房产，何乐而不为呢？再说，国家的扶贫建房补助、财政贴息银行贷款等政策是有时间性和针对性的，过了这个村就没有这个店！"在经过反复宣传和劝说后，老彭仿佛明白了些道理，说随后和女儿商量一下，再定建房时间计划。此后，我及时跟进，又几次到老彭家和他一起谋划建房事宜，他们终于同意了拆危房建新房的建议。我喜出望外，更像是自己建新房子一样，积极帮助协调落实建房补助、银行贷款等帮扶工作。老彭是个木匠师傅，对修房造物懂得些风水常识，他计划好后，选了个吉日，终于在 2016 年下半年农历八月二十日把老房子拆掉，在老房子屋基挖了基础动了工。修建房期间，为了节约些工程人工费支出，老彭和老伴两人在挖基础、运砂石、搬砖头等能够自己做的工程上，几乎都是自己去干。从正街上搬运砂石到他家建房工地处，有七八百米的距离。都是老彭和老伴两人一背篓一背篓地背运完成的。俩老伴凭着自己勤劳的双手和努力，几个月后，终于完成一栋 220 多平方米砖混结构两层楼房的主体工程，年底前门窗安装和墙体粉糊完工后，俩老伴乔迁了新居，脸上写满了幸福和喜悦。

水富市地方志办挂钩帮扶的 8 户贫困户，属易地搬迁建房户的 4 户，其中有 1 户在太平集镇上购买了 1 套二手住房，另外 3 户按计划的时间完工了新房屋建设。我们结队帮扶的太平村太平 12、13 村民小组、官村 15 村民小组的 8 户贫困户，在 2016 年年底前达到“两不愁、三保障”和饮水安全标准，全部脱贫出列。

精准识别　澄清底数

2017 年 5 月 19 日，中共水富县委召开农村贫困人口精准识别摸底调查工作动员会后，根据县委、县政府对全县扶贫工作的整体安排，县地方志办抽调我入驻太平镇太平村，与单位脱钩，深入基层开展“水富县贫困人口精准识别摸底调查”工作，这项工作直到 8 月底才告一段落。其间，以我为组长，带领太平镇干部杨永强、潘臣俊，太平村委会干部唐加瑶，中共昭通市委统战部住太平村扶贫工作队队员程媛等同志一道，负责对太平村太平 12、13 村民小组农村贫困人口进行精准研判、精准识别、平台信息录入、档案资料完善等工作。在摸底调查期间，为了及时了解准确掌握太平村太平 12、13 村民小组两个村民小组的人口基本情况、经济发展现状、道路交通状况、群众思想基础及脱贫愿望等第一手资料，我带领队员进村组、入农户、奔走于田间地头，开展调查摸底，精准识别工作，共调查非建档立卡贫困户 113 户 451 人，建档立卡贫困户 9 户 37 人。9 月中下旬，县地方志办负责的太平村太平 12、13 村民小组农村贫困人口的精准识别工作顺利通过云南省组织的第三方检查评估。

真帮实扶　助力小康

2019年5月底后，中共水富市委调整市地方志办挂钩云富街道办事处马脑村。挂包了五口、黄沙村民小组的建档立卡贫困户7户30人，分别是五口村民小组宋光品、朱华别、宋光超、陈绪英、冯学彬、陈世富6户，黄沙村民小组李介华1户。在对这7户的动态管理期间，市地方志办挂包干部坚持每月入户1至2次，及时了解掌握挂包对象脱贫出列后的生产生活和经济收入等情况。2019年6月6日，这是我们单位挂钩云富街道办事处马脑村五口、黄沙村民小组建档立卡贫困户后，我进行的第一次入户走访。这天早上，我从水富城区驱车到了马脑村委会，因为五口村民小组是在马脑山后山上，这条村组公路弯多坡陡路窄，在马脑村委会工作人员周建红的陪伴下，一路小心驾驶，短短的几公里开了40分钟才到达五口村民小组。我把车停在公路边后，我们沿着上山的水泥路便道爬山走了20多分钟，累得我气喘吁吁、汗流浃背才到了我挂包的朱华别、宋光品2户贫困户家的住处。在一阵寒暄和稍事休息后，用拉家常的方式开始了解情况。其中，挂钩帮扶的五口村民小组贫困户宋光品家，有6口人，宋光品和他老伴俩都是70多岁的人了，跟着儿子共同生活，儿媳是个残疾人，有一大孙女和一个小孙儿，大孙女也是残疾人，还在读小学三年级，全家主要劳动力就靠儿子1人。儿子没有外出打工，主要在家做农活、照顾家庭，就近灵活就业打打工。在谈到他家收入的时候，宋光品的老伴，没有避讳，告诉我说："在政府的扶持下，2017年就摆脱了贫困，为了更好地稳定发展，我采纳工作队干部的建议，2018年养了6头猪，还有一头牛，在2018年年底把牛和5头猪一并卖了，除去成本，收入还可以。"她接着说"今年没有养牛，主要精力用来养猪。现在圈里有8头猪，只要全身心地把这8头猪伺候好，按现在每斤毛猪19元的行情收入比去年还要多。"我听了很高兴，当时就鼓励他适当时可以扩大点生猪养殖规模以增加收入。果不其然，在

2020年上半年新冠病疫情防控期间的一天，我接到了他家一个女儿突然打来的电话，说她父母亲和哥哥想在原有养殖场地基础上扩大养殖规模，打算在院坝下新建一个猪圈，准备自己养殖母猪。希望我帮她家把父母亲的想法在村上说说，允许新修建个猪圈。我知道后，积极鼓励，及时找到马脑村“两委”杨克强书记和傅天才主任商量，很快就得到了落实。宋光品家得知愿望落实了，他非常高兴，在新冠病疫情刚解除封闭、恢复正常农村农业生产后，就及时地组织工人在院坝下新建了一个40多平方米的猪圈，搞起了养殖母猪繁殖小猪仔的生意。像宋光品家这样的建档立卡贫困户，没有等靠要，而是凭着自己的双手勤劳致富，这种精神真是值得我们大力提倡。市地方志办挂包的马脑村五口、黄沙村民小组建档立卡贫困户7户家庭，在2018年年底前全部脱贫出列，在各级的帮助和引导下，不仅达到了“两不愁、三保障”和饮水安全目标，而且都有自己的养殖或种植业，都实现了稳定增收致富。

2016—2019年，水富市地方志办力所能及为挂钩村、挂钩贫困户办好事、实事。在开展“挂包帮”“转走访”扶贫工作及动态管理期间，扎实帮扶、真情服务。先后出资0.6万元帮助太平村公所实施道路硬化，解决扶贫工作经费不足等实际问题。2019年直接投入马脑村委用于脱贫攻坚工作经费0.5万元。先后出资1700元帮助太平村解决部分贫困户2016年、2017年参加农村养老保险及新农合缴费困难问题。2016—2020年，每逢春节，单位统一遍访看望对应的挂钩贫困户，为他们送去大米、食油等慰问品，并了解各户实际情况给予一定的帮扶，在精神和物质上给予一定帮助。5年的春节，共发放36桶食用油和36袋大米，投入经费4600元。各挂钩帮扶干部还个人采取不同的方式，多次为所挂包的贫困户送去了温暖和祝福。

（作者时任水富市地方志办副主任）

落实责任　真帮实扶　如期完成脱贫攻坚任务

——中共水富市委党史研究室扶贫攻坚纪实

刘　均

中共中央、国务院《关于打赢脱贫攻坚战的决定》（中发〔2015〕34号）文件颁布实施后，在既往挂钩扶贫的基础上，乌蒙大地又拉开了新一轮扶贫攻坚大决战的序幕。从2015年年底开始，中共水富市委党史研究室（以下简称党史研究室）按照中共水富市委的统一部署，积极这场史无前例的人类消除贫困的壮举中。

党史研究室参与挂包向家坝镇水东村。该村地处水富市向家坝镇最东侧，以横江河为界与四川叙州区横江镇隔江相望，属典型的江边河谷地带，农业产品主要以水稻、玉米为主，经济作物有柑橘、桂圆、油菜等；2015年有村民小组34个，总人口1469户6542人，人均纯收入4560元，贫困人口153户577人，人均耕地面积不足1亩，属典型的人多地少村。

自接手工作任务起，党史研究室一帮人同市、镇、村相关人员组成的工作队一道，人人参与，克服人少事多、单位没有交通工具、资金十分紧张等诸多困难，迎难而上，聚力脱贫，通过不懈的努力，交上了一份小单位参与大决战的完美答卷。

当好调查员　精准识别定对象

按照县（2015 年水富未撤县设市）、镇、村统一要求，建立了“编制一部工作手册、建立一本扶贫台账、开通一个扶贫信息网、设立一面信息公开栏、办理一张对接明白卡、实施一包到底责任制”的“七个一”工作机制，党史研究室 6 名同志迅即深入挂包联系的 3 个村民小组，与挂包的 10 户贫困户进行全面对接、调查摸底，对人口情况、劳动力技能情况、收入情况、住房情况、产业情况、安全饮用水情况、交通基础设施情况等建档立卡，做到了家底清、情况明，全覆盖、无死角。

不让一个贫困户掉队，严格把关，认真完成贫困人口精准识别工作。严格按照“个人申请、入户摸底调查、村组集中评议、镇（街道）复核审查、县级审核确认、扶贫建档立卡”的“六步工作法”要求，逐户调查、倒排核准、公开评议，认真核查、做到一户不漏、一户不错、一户不假。

“贫困人口是什么情况，年收入多少，脱贫缺口多大，靠什么办法解决，谁来帮助解决？这些都逐一落实，做到建立台账、精准到户、精准到人，确保扶贫对象无争议、无异议。”这是党史研究室主任邵也玲会上会下都常说的话，她要求每个挂包干部都要把工作做实，把政策吃透，不出现错评、漏评、错退、漏退，让每个贫困户都享受到党和政府的温暖。

党史研究室领受任务挂包楼坝上村民小组 2 户 9 人、田板村民小组 5 户 13 人、罗湾村民小组 3 户 11 人。副科级以上干部每人 2 户，一般干部 1 人挂包 1 户。同时，严格按照要求，全面开展了“再回头看”工作。回头看，主要看以下内容，即一看基本档案是否齐全，解决“档案精准”问题；二看脱贫措施到不到位，解决“措施精准”问题；三看帮扶机制实不实，解决“责任精准”问题；四看资金使用准不准，解决“使用精准”问题；五看脱贫成效真不真，解决“包保精准”问题。通过回头看，及时发现问题，及时组织整改，实现问题清零。此外，结合上级关于贫困村、贫困户退出机制，进一步健全完善贫困户退出机制，进一步查漏补缺，完善脱贫攻坚工作。

当好宣传员　惠民政策进农家

党史研究室坚持把学理论、学政策贯穿脱贫攻坚工作始终，组织干部带着问题、带着思考、带着计划深学细学习近平新时代中国特色社会主义思想，尤其是学习习近平总书记考察云南时的重要讲话和党的十九大和各级两会关于脱贫攻坚、乡村振兴的决策部署和工作安排，引导干部职工进一步树牢为民意识，增强抓好脱贫攻坚工作的信心和决心。同时，通过开展“惠民政策进农家宣讲活动”解读宣讲政策，将党的好声音带进贫困户家中，为打赢脱贫攻坚战打好基础。

“你现在吃饭成不成问题？是不是都购买了农村基本医疗保险？”“吃饭不成问题，医保也买了的，都是政府统一购买的。”“基本民生的底线要坚决兜牢，群众关切的事情要努力办好。看到你们家有这么大的变化，我也感到很高兴，今后发展上有什么问题，我们共同想办法解决，让生活越过越好。”党史研究室主任邵也玲对包户对象罗泽平如是说。

包户干部王洪麟向包户对象陈序香解释了享受安居房补、禽畜养殖、养老保险、社会救助等惠民政策的标准，解疑释惑，厘清认识。陈序香高兴地说：“我虽然老了，儿子又是残疾人，但因为党的好政策，才让我们的生活大变样。我打心里感谢党对我们的关怀，我一定好好珍惜现在的生活。”

包户干部每到对象户家，都要询问近期生产生活情况，用拉家常式的语言向群众宣传党中央和上级党委、政府的扶贫要求和利民惠民政策。包户干部走村串户开展政策宣讲，不仅宣传党的惠民政策，还积极动员包户对象参加镇村两级职业技能培训，不断增强村民创业就业的硬本领，为外出务工、就业创业打好基础。

当好服务员　解决困难暖民心

始终把入户走访排忧解难作为开展工作的重要抓手，从群众的生活细节处着手，化解存在困难，帮助厘清思路，将走访中发现的新问题、反映的新情况、遇到的新困难，及时汇总梳理上报，与工作队和村“两委”集体研究，因需施策，分类帮扶，确保把桩桩件件好事实事都办进群众的心坎里。

在2017年冬季走访中，包户干部陈继虎发现罗恩林家客厅和卧室的窗户玻璃都有不同程度的损坏，室内保暖受到严重影响，于是马上联系工人来为其更换安装，并为其支付全部费用。罗恩林激动地说：“感谢我的包户亲戚，几年来帮助了我那么多，我们爷俩能过上今天的好日子离不开包户亲戚的帮助，更离不开党和政府的关心，谢谢你们。”在得知对象户宋光福住院做手术，包户干部毛蕾第一时间赶往医院看望，并送去生活用品和营养品，出院后又帮其申报大病医疗救助和临时生活救助，使其充分享受党的惠民政策，不因大病再次致贫。宋光福感动地说：“谢谢你们，你们跟我亲人一样对我好。”

2015年以来，党史研究室帮扶干部带着真情实意的走访，在结对认亲中发现问题、解决问题，倡导新风尚，树立新气象，建立新秩序，引导群众转变观念，树立现代文明意识。走访中，我们看到挂包的这些对象户，住房都不是安全住房，有的已经破旧不堪，解决安全住房问题就提到了我们帮扶工作的议事日程上。经向镇、村反映，并做通群众思想工作，使所有对象户都按农村安居工程政策领到了建房补助，新建或改建安居房每一套面积都在60平方米以上，实现了居有其所，入住安全的目标。对象户邓和亮怕负债，对改建房不积极，在包户干部刘树忠的耐心说服和指导下，不仅建了安居房，还将厨房和厕所按新农村建设标准重新进行了改扩建，彻底告别了原来农村厨房厕所脏、乱、差的旧貌。现在邓和亮看到挂包干部就说：“没有你们的帮助，我的房子就建不起来，感谢你们了。”

当好指导员　稳定增收鼓干劲

2015年以来，党史研究室与村“两委”都会根据上年市场行情，通过入户走访、座谈交流等形式了解村民种植茵红李等经济林果和养鸡养鸭养鹅等养业的意愿，面对面算清经济账，发动村民，利用现场培训会讲授种养业技术知识，并协调技术专家到村民家中逐户解决水肥管理、病虫害防止、修枝疏果等难题。通过引导，片区群众户均栽种100株以上茵红李，部分家庭养起了鸡、鸭、鹅、猪、羊等畜禽。

眼看着李子树逐渐长大，包户干部也在走访入户时帮助村民插竿疏枝、抹芽打杈；联系农技畜牧技术人员为群众上门作指导，力所能及地为村民发展种植或养殖业出谋划策，并多方联系销售出路，确保丰产增收。

在确保联系的贫困户家里田地不撂荒的前提下，包户干部积极动员有劳动力的对象户外出务工。通过各级劳务部门的推荐协调，除2户因照顾家里老人小孩的确不能外出务工外，其余8户有劳动能力的均外出务工，并且都与用工单位签订了劳动用工合同；对不能外出的都协调村委会安排公益性岗位，确保能有稳定收入；在此基础上，将符合条件申报社会救助的对象，帮助他们完善申报资料及时上报，并都纳入了保障范围。残疾低保户、公益性岗位家庭孙宗正2019年杀了一头近500斤的过年猪，除留下部分自己食用外，其余卖了8000多元，孙宗正激动地对包户干部刘均说：“感谢党和政府的好政策，感谢你们无私的帮助，我们家日子越过越好了。现在家属医药费绝大部分都减免了，两个读书娃娃也乖，我们一定把他们‘盘’出来，让他们以后多为社会做贡献，回报党和政府的厚爱。”

通过几年的努力，党史研究室挂包的10户对象户“两不愁、三保障”和饮水安全全部落实，收入逐年增加，按既定时限全部退出了贫困户序列。

5年来，每逢年关，党史研究室的同志们，都会收到挂包对象户们“吃刨汤”的盛情邀请，我们也会带上礼物如约而至，前去分享亲戚们丰收的喜悦！

（作者时任中共水富市委党史研究室副主任）

做贫困群众的暖心领路人

——水富市自然资源局脱贫攻坚工作纪实

闵长华

2015 年脱贫攻坚工作开展以来，我们有幸与两碗镇成凤村结缘，与 7 个村民小组 85 户 318 人成了“亲戚”，从此，每年我们都会多次走亲戚，从关心群众吃穿住行到医疗、上学、务工、产业发展、基础设施建设等，在这些帮扶的点点滴滴中，涌现出了我们自然资源干部职工许许多多暖心的故事。

落实帮扶责任　做好精准识别

众人拾柴火焰高，为确保扶贫工作落到实处，我们单位成立了以局长任组长，副局长任副组长，相关业务人员为成员的精准扶贫工作领导小组，领导小组下设办公室在局办公室，负责扶贫工作日常事务。制订了摸排方案，按照精准识别相关工作要求，结合成凤村实际，广泛征求镇村和群众的意见建议，认真完成扶贫摸排建档立卡工作。对挂包人员进行了精准扶贫建档立卡工作培训，传达学习了中央和省、昭通市对开展精准扶贫建档立卡工作的指示和要求，并对实施方案进行了认真的讲解和说明，统一了思想，明确了职责，细化了程序。精准识别中严格按照省市提出的“五看、五不录、六优先”的要求，对贫困户信息进行核查采集，做好群众政策宣传工作，讲清贫困户“退”的理由、“进”的原因，切实把建档立卡工作做细做实，做到扶贫对象更加精准、脱贫需求更加清楚、帮扶机制更加健全、帮扶措施更加完善、脱贫成效更加明显，坚决杜绝弄虚作假、优亲厚友行为。

体察民情　做好精准施策

春节慰问走“亲戚”。按照“镇不漏村、村不漏组、组不漏户”的原则，扎实开展脱贫攻坚走访摸底调查，我们的包片领导、包村干部、派出驻村工作队队员挨家挨户上门走访，面对面了解群众需求，零距离掌握群众动态，全面掌握贫困群众从事农业生产情况、基础设施、社会事业、种养业现状等家庭基本情况，详细了解群众种植业、养殖业、扶贫小额贷款和技能培训意愿和需求，因户施策，落实精准帮扶措施。同时利用春节开展帮扶干部进村入户慰问活动，深入农户家中，详细了解帮扶对象的家庭情况、生活状况、子女上学、就业等情况，向他们致以新春祝福。我们为贫困群众户均发放菜油 1 桶、大米 1 袋，投入帮扶资金 4.8 万元帮助解决何家村民小组人畜饮水、石花公路硬化等基础设施建设等方面的突出问题。特别是挂包干部官志远，个人拿出资金 2600 元为挂包贫困户购买了一台电视机，提升贫困群众生活质量。

关爱留守儿童和老人。我们帮扶的贫困户中，留守儿童和老人较多。在儿童节前，我们组织老师到成凤中铁二局希望小学为留守儿童开展一场别开生面的石头画教学；在端午节前，组织帮扶干部看望慰问贫困老人，并与他们一起包粽子、抄手、饺子，共同过了个欢乐祥和的端午节。

实施土地整治项目，助推脱贫攻坚。我们争取两个土地整治项目即水富县太平镇古楼村土地整治（提质改造）项目、水富县两碗镇花坛村土地整治项目，分别投资 362.31 万元和 365.65 万元，项目的实施进一步改善了古楼村和花坛村基础设施。

实施增减挂钩，助力易地搬迁。我们积极申报昭通市水富县两碗等 4 个镇（街道）城乡建设用地增减挂钩（易地扶贫搬迁）项目，涉及建新地块 41 个，建新区面积 132.69 亩，占用耕地 88.98 亩；涉及拆旧地块共 207 个，拆旧区面积 710.09 亩，共涉及房屋拆除 627 户。水富市境内花坛村凉水、新寿万家地、大池庙湾、三角坪头、成凤石罗、复兴村桥头上、二溪回龙堡 7 个集中和相对集中扶贫安置点已通过增减挂钩的方式保障用地。

与挂钩村支部开展交流学习。为进一步推进精准扶贫、精准脱贫工作，扎实开展好基层“两学一做”学习教育活动，我们党支部在支部书记的带领下，深入挂钩扶贫点与成凤村党支部党员开展“两学一做”学习教育交流座谈。大家一致认为，要树立全心全意为人民服务的意识，要深刻认识到“自己富不算富，大家富才算富”。要充分发扬党的优良传统，发挥模范带头作用，努力团结和带领身边的群众共同致富。交流学习增进了机关党支部与农村基层党支部的感情，为有效开展“脱贫攻坚”服务群众打下了坚实的基础。

情系挂钩贫困学生。我们组织党员干部职工到两碗镇成凤村小学开展留守贫困学生心理疏导和励志座谈，帮助困难家庭学生完成学业、健康成长。大家就困难学生的学习、生活情况与教师和学生本人进行了交流和沟通，鼓励学生努力学习，倍加珍惜来之不易的学习机会，越是条件艰苦，越要刻苦学习，志存高远，自强不息，始终保持优异的成绩、昂扬的斗志和感恩的心。座谈会后我们向建档立卡贫困户中 14 名成绩优异的学生赠送了书包、作业本和笔，为家庭特别困难的 5 名贫困学生赠送了新衣服、新鞋子，送去了温暖和爱。孩子们接过礼物，脸上露出激动而灿烂的笑容，纷纷表示，要好好学习，学有所成，做一名对社会有用之人。同时，我们做到密切跟踪服务好贫困学生，切实做到对自己所帮扶学生从思想上解惑、生活上关心、学习上提高，尽最大的努力为贫困学生解决实际困难。特别是挂包干部崔庆文根据挂包户屈常华户的实际情况，不仅帮助3名大学生申请了助学补助金，还先后用自己的工资资助3名学生5000元，让3名大学生度过了上学的困境，顺利学习。

引导致富脱贫　做好精准退出

我们根据贫困户退出的标准，站在讲政治、顾大局、守纪律的高度，充分认识做好脱贫退出工作的必要性和重要性，切实把思想和行动统一到中共水富市委、市政府的安排部署上来，把精准退出工作作为重中之重来抓，进一步增强了责任感、使命感和紧迫感，高度重视、压实责任、主动作为，全力以赴做实、做细、做深精准退出工作。我们结合成凤村的实际，迅速组织召开贫困户退出工作动员会议。要求严格标准，保证质量，做到应退尽退、应纳尽纳，确保不漏一户、不漏一人。经过严格的脱贫程序，我们挂包的7个村民小组85户318人，均符合脱贫出列标准，顺利实现按期脱贫。

持续帮扶　做好巩固提升

巩固提升脱贫成果，重点在于推动产业发展。只有产业发展起来，农民才能真正永久摘掉“贫困帽子”。为此，我们结合成凤村实际，因地制宜，整合资源，鼓励成凤村建立专业合作社，根据自身产业规划发展需求，实施规范化运作模式，统一组织、管理、销售，创建特色品牌，提供信息、技术、销售服务，降低成本，提高效率，实现产品效益最大化。按照“公

司 + 专业合作社 + 基地 + 农户”的发展模式，泥鳅养殖、蘑菇种植等已成为成风村重要的集体经济，实现互利共赢。

实践证明，脱贫攻坚取得了阶段性胜利。下一步，我们将全面贯彻落实好上级脱贫攻坚的各项政策和安排部署，继续提高思想认识，以高度的责任感，严谨的工作态度和务实的工作作风，高标准、高质量完成脱贫攻坚工作任务。把坚持脱贫攻坚与全面小康统筹推进、与优势产业培育紧密结合、与美丽乡村建设联动推进、与社会服务保障有效对接，继续整合资源，为打赢脱贫攻坚战和建设美丽乡村而努力奋斗。

（作者系水富市自然资源局工作人员）

文化扶智　旅游兴村

——水富市文旅局扶贫工作纪实

卢志驾

初闻水富“古楼村”之名，有种梦里水乡的感觉：民风淳厚、风景优美、百姓和乐，该是多少文人墨客登足感怀的地方，也是久居城市人向往的桃花源。而5年前挂钩帮扶古楼村扶贫时发现贫穷落后、基础设施差、观念陈旧，才是最突出的现状。按照中共水富市委、市政府要求，文旅单位在承担水富市文化旅游创新发展，助力扶贫攻坚的同时，还负责挂钩帮扶古楼村回龙、黄鸣两个片区的脱贫任务，每个职工挂钩帮扶贫困户至少2户。从此，开始了去古楼走亲戚、驻村社、访村民，寻技术、跑资金，送物资、启智慧，用文旅扶贫谋发展的责任旅程。扶贫使命的强大力量，迅速将全社会的力量凝聚起来，并向贫困发起了总攻。

摸清底子　明确扶贫方向

水富市文旅局（以下简称文旅局）挂钩帮扶的太平镇古楼村有6个片区，共26个村民小组，782户3551人。我们单位干部职工挂钩帮扶的回龙、黄鸣两个片区，共有贫困户78户316人，有劳动力203个。古楼村存在的主要困难和问题：一是农村经济基础差，贫困户人均纯收入较低；二是交通滞后，回龙片区的村组道路还未硬化；三是产业结构单一，仍然以种植业和务工为主，稳定增收产业还未真正形成；四是贫困户从事农业生产资金短缺，生产工具简单落后；五是劳动力素质整体偏低，部分贫困户内生动力激发不够，还存在“等靠要”的思想；六是青壮年多外出务工，村里劳动力不足，致使发展产业缺规划、缺计划、缺技术、缺经营能力，脱贫致富的信心和决心不够。

古楼村地处太平西北面，距镇政府所在地7公里，距水富城区50公里，地理位置较偏僻。许多进村道路在精准扶贫初期都没有硬化，只有基本成型的土路或沙石路，重型车辆无法通行。出行最好的工具是摩托车，大部分还是靠步行。从村到镇，多数村民出趟村也得走一两小时，因为出行不便，许多年纪大些的村民很少离开村庄，连水富城里都没有到过，农产品外销困难，基本上是过着自给自足的“原始生活”。山高坡陡、交通闭塞、水电缺乏、思想禁锢，严重制约了鼓楼的经济和社会发展。

“扶贫先扶志”“扶贫必扶智”。精准扶贫不仅只是给钱送物解点燃眉之急，更重要的是要用文化知识和智慧的光芒，照亮贫困群众前进的道路，用先进的文化引领和武装群众。如何在精准扶贫工作中把握好文化的传承与创新，发掘和发挥好文化旅游对经济社会发展的持续引领和长效推动作用，是值得文旅人和全社会思考与探究的大课题。

文化深耕　激发内生动力

文化意识，对人的影响发挥着潜移默化且深远持久的作用。智行将远，扶贫工作不仅需要国家、政府凝心聚力，源源不断投入大量的扶贫资金、人力物力，为贫困群众“输血换血”，不仅是解决必需的生产生活之需，更要不惜血本，久久为功，让广大贫困群众不断提高文化素养、增强认知智慧，具备自我“造血”能力，才是长治之策！

文旅局紧紧围绕意识形态建设助力脱贫攻坚总体布局，采取多种切实可行的途径，深耕文化，把脉问诊、对症下药，实施文化旅游助推脱贫系统工程。除了借助国家扶贫政策帮助村民申请资金改善基础设施，动员村民因地制宜发展产业，增加收入，解决生活之困难外，还要重点通过文化影响力，把提升人的文化素养，增强自信放在首位。帮助村民树立自力更生、勤劳致富的正确观念，彻底改变贫困户思想上的贫困。树立摆脱困境的斗志和勇气，增强对美好生活的向往和追求，激发个人向上的内生动力。为提高水富市文化扶贫软实力，文旅局组建扶贫小组，压实责任，统筹规划，制订一系列可行性扶贫措施，有的放矢持续不断地进行帮扶工作。

紧盯贫困县脱贫摘帽十三项专项指标，持续推进镇（街道）文化基础设施建设，综合改造提升各文化站、文化广场功能。自扶贫工作开展以来，文旅局通过多渠道争取资金，逐步建成水富市农村文化体育活动广场、七彩云南全民健身工程、中央集中彩票公益金支持地方体育事业专项资金（农民健身工程）项目点 10 余个；建设文化惠民示范村，文化资源信息共享工程 8 个点并配备设备；全面建设农家书屋、文化活动室，及时更新图书、购置设备等。其中为古楼黄鸣片区争取公路修建资金 2 万元；项目资金 39 万元，同时单位投入 8 万元，修建了 3 个体育小广场、1 个文化活动室，建成 80 平方米的宣传围墙和 1 套健身器材；争取 15 万元项目资金支持古楼村新办公楼修建；为古楼村争取文化活动中心提升打造资金 1 万元。通过文化平台搭建，古楼及水富市其他扶贫点老百姓不仅可以丰富生活、提高认知、健康娱乐，而且通过这些形式多样的传播方式，可以及时准确地了解扶贫政策以及各种致富信息。村民们开始主动寻找致富门路，学习致富技能，增强自身“造血”功能。

图书馆为扶贫点和水富市各惠民点免费送图书、送春联，建农家书屋，开设网上阅读等惠民工作持续不断。2015 年开展迎新春“送春联、送祝福”

文化惠民活动，赠送春联2000余副、福字1000余张，图书800余册，20套文化信息共享工程光碟，到基层送流动图书2000余册，为水富市农家书屋及社区文化活动室补充更新图书4907册。每年的惠民活动稳中有增，2016年到各镇办开展“四下乡”活动，送馆办刊物《致富之友》400余份；2017年桃花节、邵女坪“五一”狂欢节开设书画展、读书节系列活动；2019年“文化昭通·书香水富”全民阅读活动启动，并组织了图书巡展、图书优购、移动图书馆、图书馆新书推荐、水富地方旅游资源介绍等。

文化馆结合扶贫内容，宣传党的脱贫攻坚路线方针政策，宣传改革开放、新中国成立70周年新成就。不断创编小品、舞蹈、歌曲等，深入各村镇开展“千场演出进千村，万场演出进自然村”活动，为老百姓带去了视角的盛宴，生活的思考，思想上的新认识等。仅2016年，先后举办了“迎新”文艺晚会、县“两会”专场文艺演出、桃花文化旅游节开幕式、邵女坪狂欢节演出、22届苗族花山节开幕式文艺演出和县第10次党代会专场文艺演出，完成“千场演出进千村”30场；为了文化传播和新人培养，文化馆派出业务骨干对民间协会、两碗镇三角村文艺爱好者进行培训，受训达100余人次，新创编节目10余个。这些文化惠民演出与文化旅游活动，年年不间断并不断创新和增加新内容，其中“脱贫攻坚”专场文艺演出特别具有影响力，极大地丰富了贫困地区群众的精神文化生活，增强了贫困地区群众文化的获得感和幸福感，提高了群众勤劳致富意识和脱贫攻坚信心决心。

旅游兴村　探索扶贫路径

筑牢贫困地区文化之基，补足精神信仰之钙，是脱贫攻坚战的文化责任。而建设特色旅游景点，挖掘旅游商品带动经济增长，是精准扶贫长远高效的“造血式”扶贫，文化产业和旅游产业以及两者融合衍生的新兴业态正逐渐成为精准扶贫最有效的方式之一。文化扶贫、旅游扶贫相结合的脱贫新路既能促进贫困地区群众增收，又能加速新农村生态文明建设。文旅局在旅游扶贫这条路上，压实责任，不停探索，不断学习借鉴和发展创新。

加大旅游基础设施建设力度。将乡村旅游作为扶贫工作的一个重要着力点，全力推进农业观光、乡村度假、农家乐等特色乡村旅游发展，把农产品变成旅游产品，为精准扶贫找到新路。文旅局认准新路，积极争取各级各部门资金和项目支持，加快乡村旅游基础设施和公共服务设施建设。如 2018 年为两碗三角坪头苗寨争取建设资金 70 万元，旅游厕所（2 座）建设资金 60 万元，并逐步配套完善交通、通信、停车场、公共厕所、购物、游客咨询接待、垃圾收集等设施。

加大旅游商品开发力度。不断开发推广具有地方、民族特色的旅游商品，延伸乡村旅游产业链。2020 年已开发打造了旅游文创产品（奇石兰花、画面石等）、苗族文化（苗族服饰、三角腊肉等）、工艺品（串珠工艺品、竹编工艺等）、土特产品（凉风凹系列酒、罗汉笋等）、风味食品等乡村文化旅游产品。以增加就业和提高收入为目标，助力乡村旅游发展。

加大景区景点网格化管理力度。大峡谷温泉、邵女坪、铜锣坝、三角坪头是水富市政府重点打造的旅游景点，是推动精准扶贫的着力点。文旅局积极引导和支持其落实责任，加强管理，运用“一部手机游云南”，旅游官网、官方微信等平台，加大对扶贫村旅游资源宣传，提升扶贫村的旅游影响力。如在邵女坪精品度假小镇打造上，逐步完善邵女坪旅游度假小镇智慧景区酒店、智慧停车场、智慧厕所、扫码识景、地理信息采集和手绘地图等内容。开展了旅游景区景点百度地图上线工作，让更多的人通过网络认识、了解水富景区景点。2016 年由水富县人民政府主办，云富街道办事处、中共水富县委宣传部、水富县文旅局等单位承办的邵女坪湖滨狂欢活动，共接待游客 6.6 万多人次，大部分游客就来自网上推介和服务。

大力开展景区景点推介活动。文旅局先后组织多家景区景点企业，多次前往省内外旅交会，参加宣传推广及商品展示品鉴赏活动。向广大游客、客商展示水富市旅游资源、景区风采、旅游特色商品等内容。通过制作宣传展板、宣传手册等资料，以图文并茂的形式生动形象地展示水富文化旅游风光，持续开展节庆宣传、旅游咨询等活动。同时抓好微信、微博、网站等宣传阵地建设，通过微昭通、微水富等新媒体，刊载介绍水富文旅资源图文、视频信息，还加大在车站、酒店、景区、旅行社门店等重要地点的旅游宣传力度，这样不断创建、完善并形成了多渠道、多形式、广覆盖的宣传营销体系，取得了良好的宣传效果。

截至 2020 年，水富市有旅游集镇 4 个（邵女坪、楼坝、太平、两碗），全国乡村旅游扶贫重点村 7 个（二溪村、成凤村、新安村、三角村、新滩村、太平村、盐井村），省级推动实施的旅游扶贫示范村 4 个（省级三角村，市级二溪村，县级太平村、新滩村），市级推动实施的旅游扶贫示范村 2 个（市级成凤村，县级新安村），农家乐 17 家，旅游扶贫示范户 50 户。乡村旅游直接从业人员 600 余人，间接从业人员达 1800 余人。乡村旅游蓬勃发展，旅游扶贫效果日益显现。

昔日的荒村僻壤，衰颓贫穷的古楼村，被“精准扶贫”“文旅兴村”的洪流冲刷着逐渐褪去了往日的颜色，呈现出了勃勃的生机和向上的活力。2020 年再去古楼村，这里已是“绿水青山环抱”“亭台楼阁点缀”，让人流连忘返，更能承载梦想的“桃花源”。这里，老人孩子怡然自乐，在外打拼的人们正在“技得艺满，衣锦还乡”。这里不但引来了亲朋，而且还招来了老外。我深信明天的鼓楼，定会不负盛名、涅槃重生，更加美好！

（作者系水富市文化旅游局工作人员）

遥远山村里有我魂牵梦绕的父老乡亲

杨晓刚

一转眼离开两碗村扶贫工作岗位3年了，但在两碗村2年多扶贫工作中的日子却时时在我的脑海里萦绕，那里有我最牵挂的父老乡亲，有我付出真挚情感的“亲戚”。忘不了刚驻村时工作生活困难的景象，忘不掉刚走访贫困户时路途的艰辛、忘不了贫困户居住的那低矮破旧土墙房，更忘不了贫困户孟国发那即将垮塌土墙和屋檐下用半口铁锅煮饭的场景……一切的一切让我的思绪又飞到那火热又难忘的扶贫工作日子！

我是2015年9月在水富县召开“挂包帮”“转走访”启动会后第一批派驻到挂包村任第一书记、扶贫工作队队长，与我同去的有水富烟草公司卢仕英、水富县信访局罗顺金和水富县市场监管局赵庆华几个同志。两碗村是水富县两碗镇最大的行政村也是贫困户最多的贫困村，贫困面大、贫困户多、基础设施落后、产业也基本为零，第一次见面会上，看着村上干部和村民小组长期盼的眼神，我觉得自己的责任重大，为了把党对贫困群众扶贫政策真正落到实处，让我们的两碗村父老乡亲感受党和政府的温暖，我暗下决心要尽自己的努力，无悔我在这里的青春付出。

为了更加全面掌握两碗村实际贫困群众现状，按照精准识别要求，我们开始了逐户入户调查，我记得当时识别的标准就是“一看房、二看粮、三看家中有无读书郎”，脱贫标准“两不愁、三保障”和饮水安全。两碗村是二半山苗汉杂居村，32 个村民小组从海拔 300 米的关河谷底一直到海拔 800 米的高峰口，全村人口 6300 多人、2100 余户就有 272 户贫困户。记得刚入户时，我们踏着泥泞的小路、顶着炎炎烈日、行走在崎岖不平的山路上，大多数村民的土地比较贫瘠，种植着苞谷和红薯。淳朴善良的贫困群众对我们这些下乡干部热情，总是把自己舍不得吃的好东西都端出来招待我们，而每次我们都千推万辞谢绝了，不给他们增添麻烦。看着家徒四壁，看着生活在贫困线上的他们，我的心每次都是一次震撼和教育，我们都表示要尽最大力量去帮助他们，之后我们形成不成文的规矩，每次下乡入户之前，都先通知单位职工和亲朋好友把自己不用且完好而农村群众又用得着的物件、衣服等捐出来，带下去送给他们。

驻村工作繁忙而辛苦，两碗村老旧办公房，楼顶漏雨、没有空调、没有热水洗漱，常常晚上很晚回来才自己做饭、烧水，往往吃完晚饭已经是半夜了，再继续工作，把 230 户贫困户按照一户一档资料填写好，把工作照片打印装订，编写信息简报，计划好第二天的下乡工作等，时间紧时半个月才轮着回家换洗一次衣服，接着又回到村上继续工作。

记得 2016 年水富两碗发生“8·05”特大洪水，当时我们驻村工作队队员在村上惦记着的是几户居住在摇摇欲坠的土墙房的贫困户的生命安危，当天晚上我们冒着特大暴雨，公路上的洪水都漫过小腿，我们打着微弱的手电相互抓着手，深一脚浅一脚地走到几户贫困户家中动员他们立即转移，直至每一个贫困群众都转移到安全地段，天已快亮了。早上又配合镇村干部投入灾后调查工作中，看着灾后一片片狼藉的庄稼地和被水冲毁的公路，我们心急如焚，不顾一切地挨家挨户走访调查，衣服湿了又干、干了又湿，为了群众我们忍饥挨饿和跋山涉水无怨无悔，直至用最快的时间将灾情调查清楚上报后，才吃口热饭、喝口热水。

记忆中最难忘的是我们去两碗村猪场村民小组苗族贫困户熊启英家中，她住在最远的山上，我们走了 3 个小时山路，看到她的家用竹片当墙、毛草当顶，四面透风，几块石头和几块木板架起来的床，一个吊锅，半袋洋芋，家里5个年幼儿童衣不蔽体，全家没有一样值钱的物件。我们含着泪把调查表填写完，不约而同地倾其所有给了她，当得知还有适龄儿童因为超生未落户不能读书，我们专门跑水富民政、教育、派出所为她的女儿办理了入户，买了新书包文具，与三角坪头小学联系，送她的女儿去读书，争取低保名额，不善言谈的她一直不停地说谢谢之类的感谢话。后来我们又多次给她家送去衣物钱粮和书籍，帮助她建起新房。

记忆中最难忘的还有我的包户亲戚新田村民小组唐从顺，他住在山脊上的土墙房内，2个老人已经年满80岁，家中3个孙子，唯一的儿子成天喝酒，老婆也离婚跑了，老人为这个不争气的儿子成天以泪洗面。我们一边严厉教育他的儿子要自立自强，一边引导他准备修建新房，最开始唐从顺不愿意修，一是没有钱，二是没有合适地基，我们通过反复多次开导，党的政策好、要有新的生活居住环境，安全地基找了一个又一个，不是别人要价高，就是不符合修建范围，最后通过白天黑夜座谈协商，终于协商好地基。宅基地找好了没有启动资金，我们又去找建材商为其担保赊欠，找施工队、找运输车辆，协调扶贫办尽快下拨建房资金，刚修建一半，由于基础费用高，资金又没有了，我拿出来自己的2万元钱给了唐从顺，鼓励他继续修，他说：我是贫困户，光屁股打响板，一穷二白，以后还不起你。我什么也没有说，只叫他有困难尽管说，我一定帮到底！就这样新房总算建好，搬家的那天，我们又买了新的桌椅板凳，看着他们家住上新房，儿子也打工，几个孙子也上学，我觉得再苦再累我也值得。他总是说："没有你们这么好的扶贫干部，就没有我唐从顺的今天。"我说："要感谢共产党，要感谢人民政府，你年轻时候没有赶上好政策，现在国家富强了，你们的生活会越过越红火。"

还记得修公路基础设施那个情景，为了摸准兴隆公路长度，我们拿着皮尺一米一米地量，跟着挖机一步一步地看，打水泥路面时候，为了确保养护期和质量，我们吃住在农民家，像守护金山银山一样怕人和动物破坏路面，影响质量和今后使用。还记得马湖村民小组新农村示范建设，我们与群众一起清扫房前屋后，编竹片美化活动广场，成立专业合作社建设养牛场，大家干劲十足，而我就是他们中的一员，我最喜欢他们生活好转喜笑颜开热情招呼我的模样，我觉得我的汗水、我的青春、我的付出都是值得的。

2020年的两碗村，已经发生翻天覆地的变化，所有的贫困户都住进了宽敞明亮的新房，泥泞的小路也变成平整的水泥路，城里的商品足不出户就可以买到，各种产业扶持也稳步推进，群众的收入大大增加，我的贫困户们最开始见到多半都是愁眉苦脸，如今看见的常常是笑容满面。尽管我的电话换了几个，但通信录里我那两碗村贫困户们的电话一直都小心保存着，时不时都会接到他们的电话，电话里还是称我杨书记，给我说家里又如何变化大，日子越来越好，叫我空了一定要去家里坐坐。

一日为两碗扶贫人，终生为两碗人！我的心和情感已经深深地融入两碗那片土地，扶贫经历是我人生中最值得珍惜的财富，只有你真心付出了，你才会知道你有多么热爱这片土地，只有你真心为贫困群众付出了，他们才会发自内心尊敬你。我也要感谢他们，他们教会了我做人做事道理，让我知道了一个人的价值，只有你把群众放在心中，群众才会把你放在心里。

（作者时任水富市公安局驻两碗镇两碗村扶贫工作队队长、第一书记）

凝聚社会力量　助力脱贫攻坚

李天琼　陈昌荣

脱贫攻坚5年来，在中共水富市委、市政府的统一安排部署下，充分发挥社会帮扶人才荟萃、智力密集、联系广泛的优势，凝聚共识，整合资源助力脱贫攻坚，谱写了社会帮扶助力脱贫攻坚的新篇章。

改善基础设施　形成扶贫合力

要致富先修路。对于山区群众来说，交通方便就是他们发展的保障。三峡集团公司、施永青基金会、阳天科技公司用实际行动实现了基层群众的期盼，施永青基金会捐资30万元、阳天科技公司捐资5万元，新开挖公路2.2公里，三峡集团公司捐资200万元，硬化马桑公路2.6公里，助力水富市实现组组通公路，村民出行更加方便，运输快捷了，村民把山区的竹笋、药材等丰富的资源变成了金钱。

水是生命之源。群众日常生产生活都离不开水，前些年，少数群众一遇到旱季，经常因为临时缺水影响正常的生产生活。2019年2月，三峡集团公司在新寿村核查其他项目实施情况时，得知少数移民安全饮水无法全年保障。座谈会上，三峡公司表示“饮水安全是脱贫攻坚的硬指标之一，少数群众还存在旱季缺水现象不是小事”。当即决定投入移民资金200万元改善新寿村供水设施。2019年在验收饮水项目时，认为水富市的项目做得好，又决定再投入资金400万元，实施大池水库扩容工程。盛元阳光科技有限公司继续发力，捐赠的“盛元阳光”牌净水机28台，让农村的饮水和城里一样纯净。2020年走进新寿村群众家中，拧开水龙头清澈的水就会哗哗直流，群众也会满脸笑容对你说：“水量和水质都很好，感谢党委、政府和企业的关心关爱！”

安居才能乐业。住上新房子、安全的好房子，对于农村群众特别是对贫困户来说是祖祖辈辈的梦想。2019年，三峡集团公司获知水富市上报的项目中有农村住房巩固提升项目，高度关注：“这个项目要抓紧时间，高质量完成。”毅然同意捐助水富市580余万元，实施387户农村住房巩固提升工程，助力水富实现“人人享有安全住房”的目标。深圳固纬科技有限公司持续助力，捐赠144盏光能灯，安装在村民聚居区，引导村民推广使用新能源节能灯，让“黑灯瞎火”的山村夜晚变成了灯火通明的世界。三角村委会副主任杨泽文说：“以前，一到夜间，到处一片漆黑，村民早早就上床睡觉。如今一片光明，在晚上明亮的灯光下，有闲不住搞藤编、做刺绣挣钱的、有跳广场舞锻炼的、有喝茶休闲聊天的，极大地丰富了村民的夜生活。”

扶贫先扶智　踊跃献爱心

要拔掉群众穷根，就要驱除愚昧、增加智慧、提升素质。2015年以来，社会组织把关心教育扶贫、助力素质提升作为回馈社会的责任和关注点，累计筹集社会捐赠款物200余万元，用实际行动推进了“扶贫先扶智、治穷先治愚”战略思想的落实。

“你有所需我有所应”。2019年3月，云南盐化公司通过“社会扶贫网”获知水富市因为货源渠道不畅，造成学生买不到作业本。于是他们派出专车捐赠作业本 9500 本，解了教育部门、家长和学生的燃眉之急。2019 年 7 月的一个夜晚，水富教育助学促进会办公室仍然灯火通明，评审人员围坐在办公桌四周，手中拿着一份“沉甸甸”的名单，还是没有资助就不能保障完成大学学业的学生名单，需要加班加点完成评审。第二天一早，公示名单就要“出炉”了，那些正在为孩子大学学费焦急的家长们，看到公示名单后，紧锁的眉头逐渐舒展开来。这一幕，是水富教育助学促进会用资金和辛劳换来的。每年 7 月，他们都要评审 1600 余份贫困学生资助档案，将总计 160 多万元的助学金，发放到热切期盼的 1600 多个贫困学生的手中，用实际行动帮助困难家庭的孩子圆了“上学梦”。

“心疼学生靠行动”。2019 年 5 月，全和电子股份有限公司到水富调研，正逢周五学生放学回家，了解到还有少数家中经济不宽裕的学生，需要步行十几公里甚至二三十公里才能回家，个别孩子的脚常常被磨起了“血泡”，很是心疼，立即决定资助 3 万元，用作补助高寒山区学生往返的交通费用。省红十字会得知三角是苗族聚居的村寨，三角坪头小学等 3 所小学的孩子，除了教材以外，课外书籍十分匮乏，不能满足孩子求知的需求，就捐资 22.1 万元建立了 3 个“博爱图书角”，满足孩子们求知的渴望。水富市红十字会向社会公众募集爱心善款 1.2 万余元，为水富山区孩子送去爱心校服，爱心拖鞋，过冬棉被、被套等，让孩子们冬天盖上厚厚的棉被，穿上暖和的衣服鞋子，冬天不再受冻、不再寒冷。

培育造血功能　拓宽增收渠道

授人以鱼不如授人以渔，给钱送物不如增智促能。社会组织积极响应党委、政府的号召，把有限资金投入帮助困难群众拓宽视野、提高技能、发展产业、增收致富上，助力增强群众脱贫致富的造血功能。

助力特色产业培育。水富市是非贫困县，历年来项目资金紧缺，一定程度上阻碍了产业发展的步伐。2019年，三峡集团公司和向家坝电厂伸出援助之手，投入2386.5万元资金，结合太平镇、两碗镇林地多土地少的实际，发展方竹2.28万亩，分别结合云富街道办事处、向家坝镇林地少土地多的实际，在旱地种植发展3200亩猕猴桃。种植方竹需要大量的竹苗，如何购置优质竹苗成为项目实施的“拦路虎”，这时二溪村铜锣坝方竹专业合作社持续接力，愿意以每株1.05元的价格卖给农户，比市场价低了0.5元。种植猕猴桃的技术要求比较高，群众担心做不好这个产业，这时水富邦兴公司接续助力，带着资金、管理和技术人员，住进田间地块帮助发展产业，实现了共同发展、共同增收的双赢目标。

助力销售渠道拓展。在水富市工业信息商务科技局牵头下，移动、电信、邮政等部门，采取“实体店＋电商”的方法，构建线上线下销售平台，拓展农产品销售渠道，实现农户与市场的完全对接，确保农产品不滞销，促进了群众增收致富。水富市工商注册电子商务公司47家，主要是资本电商、民营电商、微商。水富市拥有邮政普遍服务营业网点4个，设立邮政便民服务站7个，有快递品牌10个，快递网点26个，水富市镇（街道）快递网点覆盖率100%。2018年投资30万元，在镇级建设电子商务服务站3个，已投入运营。2019年全力推进“水富市电子商务产业园”建设，已正式开园运营，充分发挥电商在扶贫领域的作用。

持续爱心接力　传递社会正能量

赠人玫瑰，手留余香。社会组织正以“简单直接行使爱心接力传递”的方式，让基层群众生活在被关爱、被重视的氛围中，贫困群众发展致富的动力与日俱增。

2019年10月，云南省革命老区建设促进会，到二溪村半寄宿制学校了解学生住校生活情况，看见住校生盖的棉被很薄、衣服穿得也不够厚实，且平时晚自习下课后没有电视看的情况时，就主动捐赠电视机4台、羽绒被40床，解决了学校的实际困难。杭州中庆公司在三角村获知，冬天来临，学生紧缺厚实衣服，就捐赠1300套衣服、1700条围巾、200个帽子，让学生穿得暖和。一名苗族学生感慨地说："我家有三兄妹，爸爸妈妈常年在外打工，顾不上我们，衣服都是老大穿了老二、老三接着穿，很少买新衣服。我的耳朵长了冻疮，特痒。如今我们穿上厚衣服，戴上了围巾、帽子很暖和，很感谢你们，我长大后会报答你们的。"

健康扶贫暖人心。一名患有小儿先天性心脏病患儿的妈妈面对昂贵的医药费不知怎么办时，水富市红十字会果断担起爱心使命，先后安排10名先天性心脏病患儿到上海武警总医院、广州市人民医院接受免费心脏手术。同时为27名患重特大疾病的困难群众发起募捐，募集医疗费用8.6万元。累计发放"小天使基金"22.1万元，救助了白血病患儿8人。组织了48名尘肺病人到水富市人民医院进行健康检查，并有针对性地开展救助工作。组织12名下肢残疾的建档立卡贫困群众到省红十字会假肢中心免费安装了假肢。为30名农村困难残疾人购买了轮椅、拐杖等物品。发放精准防返贫资金12.3万元，救助了34名患重大疾病的建档立卡贫困户和风险户。

由于社会各界爱心人士伸出了援手、奉献了爱心、慷慨解囊，为贫困家庭点亮了脱贫的希望。

（作者李天琼时任水富市扶贫办三级主任科员、市扶贫办副主任，陈昌荣系水富市扶贫办干部）

多措并举　助力脱贫攻坚

——水富工业园区管委会开展脱贫攻坚工作纪实

杨旭易　谢天才

自脱贫攻坚战全面打响以来，水富工业园区管委会采取“强领导”“勤走访”“抓产业”“促就业”“补短板”“抓党建”等有力措施，坚持多点发力、多方合力，凝心聚力打好脱贫攻坚战。截至2020年，单位挂钩帮扶的楼坝村，园区处级领导先后挂联的大池村、永安村、复兴村、太平村等贫困村全部按期脱贫退出，园区干部挂联的建档立卡贫困户全部脱贫摘帽。

强领导　凝合力

39户减为0户，这是2015—2019年水富工业园区管委会作为牵头单位挂钩帮扶楼坝村建档立卡贫困户减少的数量。2019年单位调整挂钩帮扶水东村，151户建档立卡贫困户全部脱贫。

为确保精准扶贫工作取得实效，水富工业园区管委会成立脱贫攻坚领导小组，实行党工委书记、管委会主任双组长制，下设办公室，具体负责落实脱贫攻坚工作的组织、协调和督促工作。根据中共水富市委、市政府安排，园区处级领导高文辉、尤再久、袁伟、罗先忠分别负责楼坝村、太平村、复兴村、水东村等挂联任务（2019年调整为水东村、大池村、永安村）；水富工业园区管委会负责挂钩帮扶楼坝村，先后抽派杨旭易、谢天才到楼坝村担任驻村第一书记和工作队队长，2019年单位挂钩帮扶调整到水东村后，在人手非常紧张的情况下还是继续派驻谢天才在楼坝村。2020年2月，根据《水富市脱贫攻坚挂牌督战工作方案》要求，水富工业园区管委会又抽派杨旭易担任水东村脱贫攻坚督战队队长，围绕“两不愁、三保障”和饮水安全做好督战工作，确保问题整改清零。

不管挂钩帮扶楼坝村，还是水东村，不管在精准脱贫，还是危房拆除、疫情防控，园区机关全体干部职工上下齐动员，重心下移，特别在时间紧、任务重的时候，园区处级领导坐镇挂钩联系村靠前指挥，所有挂包人员“舍小家、为大家”，白天入户摸排情况、晚上分析研判，同时还兼顾单位工作，着力在推动加快发展、帮扶产业发展、帮助解决困难问题等方面下功夫，因户施策、全面发力，用实际行动践行着“功成不必在我、但功成必定有我”的初心和使命。

抓产业　摘“帽子”

“抬头看天、张口要钱”扶贫行为，让扶贫工作往往不堪重负，指望从上而下的输血式扶贫往往杯水车薪。要彻底摆脱贫困，“扶贫＋扶志＋扶智”尤为重要，变输血为造血，才更有信心打赢脱贫攻坚战。为此，水富工业园区管委会多次走村入户调研，结合农村老人、妇女等闲散劳动力多等实际情况，提出大力发展庭院经济，通过种植茵红李、蔬菜等经济作物，发展鸡、鸭、鹅、鸽、猪、蜜蜂等养殖业，引导支持群众发展庭院产业，让贫困群众不出家门就能走上脱贫致富的道路。

2018年3月，挂包干部高文辉到挂包户唐家齐家走访时，唐家齐说：

“我要在家带小孩念书，年龄也大了，没法出远门务工。”高文辉结合该户实际，拟定了发展庭院经济的方案，种菜、育禽、养猪，管理有序，也可增收，并个人出资帮助购买两头仔猪，至2018年年底时，唐家齐户出栏猪3头、家禽80余只，种植了玉米、蔬菜等农作物，毛收入1.5万元左右。在庭院经济的指引下，园区干部杨旭易挂包户楼坝村杨芳玖发展了池塘养鱼，李慧淑挂包户唐彬发展了养鹅产业，罗先忠挂包户水东村唐绍弟发展家禽养殖，谢天才挂包户周勇发展茵红李种植……

建档立卡贫困户唐绍冲是发展庭院经济致富的典型。2015年，年满63岁的唐绍冲因残被识别为建档立卡贫困户，一家7人住在80余平方米的石瓦房里，生活十分拮据。园区干部高文辉与唐绍冲挂钩帮扶后，帮助其申请了住房改造4万元，组织富有建筑经验的园区干部帮助选址、建设，不到3个月时间就帮助新建了安全稳固的新房。为彻底摆脱贫困，挂包干部结合他有蜜蜂养殖技术实际，在水富市残联帮助其申请了残疾人创业补助资金3000元鼓励发展蜜蜂养殖，初期发展有蜜蜂120箱，年产蜂蜜约1700斤，实现蜜蜂养殖毛收入10万元，带动周边贫困户唐正强、杨阶银养殖蜜蜂50余箱。挂包干部还动员其家庭富余劳动力唐家莉、唐正平到外务工，2020年该户有两人在外稳定务工。唐绍冲夫妇还种植蔬菜在所在集镇就近销售，年收入约2万元，2017年他家就脱贫出列，彻底摘掉了建档立卡贫困户的“穷帽子”。当前，唐绍冲的儿子唐正平正在带着贫困户开展竹荪种植，带着群众奔小康。

建档立卡贫困户唐家林，早年外出到安徽务工不幸患上尘肺病，回家后和老母亲相依为命，日子过得清苦又艰难。园区挂包干部杨渊与其结对后，考虑到他家基本没生活来源，主动对接向家坝镇民政部门，帮助唐家林写了低保申请，再带着民政工作人员入户查看实际情况，经民政部门确认唐家林符合低保条件，批准了他的低保申请，从生活上了却了后顾之忧。杨渊还自掏腰包，从绥江购买了两亩冰糖李种苗，考虑到唐家林患有尘肺病不能干重体力活，其母吴光其年迈，他就和驻村工作队队员谢天才一起，一个挖坑、一个支苗，经过大半天努力，两亩冰糖李便栽好了。在园区帮扶下，激发了唐家林生活信心，他对两亩冰糖李修枝、压条、施肥，2020 年就长势良好已小范围开花挂果，2021 年有望摘果增收。他还不等不靠购买了一头母猪，2020 年已繁殖小猪 22 头，实现收入 3 万元左右。现在唐家林的家中，人居环境干净整洁，产业发展兴旺，生活质量不断提高。

促就业　增收入

从 1000 公里变为 10 公里，这是建档立卡贫困户孙宗容务工工厂与家缩短的距离。“以前在外面打工、一年回不了几次家。前两年新建了住房，现在又在离家不远的园区找到工作，有了稳定收入，还能照顾家中老人小孩，感觉生活一下子就好了起来。”孙宗容说道，脸上露出幸福的笑容。

就业扶贫是精准扶贫的重要一环，也是拔除“穷根”、稳定脱贫的良策。园区管委会干部职工积极协调，帮助水富理世食品有限责任公司等企业申报就业扶贫车间。特别在 2020 年年初新冠疫情期间，要求入驻企业、项目工地，重点吸纳因各种原因无法外出务工的贫困劳动力，实现就近就业，同时解决企业用工难题。同时主动联系推荐建档立卡贫困户孙宗容、王家芳在水富理世食品有限责任公司等园区企业或周边就业，切实把岗位送到更多的贫困户及群众家门口。

补短板　做实事

“感谢政府，感谢同志们，你们真是太好了！”2020 年 7 月 30 日，看到陈杰、展恩鹏、黄茜、罗琪、钱学美等园区干部职工将饭桌、沙发、书柜、饮水机等实用家具一一搬进新家，水东村新塘村民小组建档立卡贫困户杨代桂激动地说。这是水富工业园区 2019 年挂钩帮扶该户以来，想办法帮助协调新建了住房，解决入住难又一实际行动。

园区管委会调整到帮扶水东村后，通过走访了解到杨代桂、罗桂林、李六贵、晁旭彬等群众有了安全住房后，生活家具缺乏，生活不方便的实际情况，园区干部职工积极联系协调，利用下班休息时间，走访云天化公司等企业，向他们募集一些桌椅、茶几。利用微信朋友圈、公众号向企业职工和城区居民募集饭桌、电脑桌、床等实用家具和棉絮等生活用品。陈杰、展恩鹏、黄茜、罗琪、钱学美等园区干部职工先将募集的家具用品统一包装装箱，再搬运到租赁的货车上，带着满满的帮扶情怀送到挂包的“亲戚”家中，安装妥当、摆放整齐，改善了他们的生活条件，让困难群众切实感受到党和政府的温暖。

水东村部分片区由于饮用水源地缺水，干旱季节缺水严重，只能从溪沟池塘人力挑水或到集镇购买桶装水，花费了群众大量的时间和精力，也给群众造成一定的负担。为解决这个难题，水富工业园区管委会积极对接，会同水富市水务局、镇村干部，深入调研、反复比较优选方案。一是协调水清坝水库临时供水，再从其配套沟渠抽水到蓄水池的方法暂时解决缺水问题；二是将永安村团结水库作为香泉片区第二水源，并铺设管网约 3 公里；三是组织杨旭易、展恩鹏等挂包干部送水管抽水泵，帮助群众解决干旱季节缺水问题。协调解决引水管 1000 米，并送到饮水困难的 4 户群众家中，挂钩帮扶干部杨旭易还自掏腰包为挂钩帮扶的陈群章购买抽水泵 1 台，暂时缓解了群众吃水难的问题。

新塘村民小组的杨海，因他外出务工，只有两个老人在家，种植的香梨成熟了但没有劳力上街销售，挂包干部杨渊就组织谢天才、付建英、展恩鹏等单位职工利用下班时间，帮助其采摘装箱，利用微信在朋友圈帮助销售，实现毛收入 5000 余元。有的建档立卡贫困户人居环境差，挂包干部主动动手帮助整理房前屋后，并督促其整改养成习惯，2020 年建档立卡贫困户人居环境大大提升，提升精神面貌。水东村上坝孙宗均因病家境不宽裕，挂包干部臧寒就帮助其修建厨房、厕所，用自己本不宽裕的工资帮助其新房安装照明灯……这样的帮扶例子还有很多很多，看似简单的帮扶背后，其实是园区干部职工倾情奉献的真实写照，他们用实际行动帮助着暂时困难的群众坚定信念、克服困难、共奔小康。

抓党建　促发展

村民富不富，关键看支部。在脱贫攻坚工作中，紧紧依靠群众，发挥干部群众脱贫致富主体作用和基层党员干部的先锋模范作用。一是丰富基层党组织生活。实施城乡党建融合，组织对口帮扶的香泉等党支部开展组织生活，组织柏杨等片区党员参观烈士陵园开展爱国主义教育，开展卫生死角整治等爱国卫生活动；将驻村工作队队员组织关系转接到村党支部，利用“三会一课”，宣讲党的十九大精神、脱贫攻坚相关政策，通过集中学、带头干，切实提升党性意识，推进“两学一做”学习教育常态化制度化。二是密切干群关系。投入资金 23.89 万元，帮助楼坝村改善办公环境、修建灌溉水渠、支持产业发展等；筹资 5000 元解决香泉党支部音响设备，协调资金 3 万元帮助香泉等片区安装太阳能路灯。干部职工以众筹方式累计发放米、油等生活慰问品价值约 3 万元，捐赠衣物 100 余件。园区干部职工主动购买农户种植的蔬菜、梨子、大米等农户产品，还发动亲戚、朋友购买，帮助群众销售农产品。积极开展助学、助残、扶贫等爱心活动，累计组织干部职工献爱心捐款 0.8 万元，让困难群众切实感受到党和政府的温暖。三是发挥党员先锋模范作用。在危房拆除工作中，挂包干部与村“两委”干部、片区党支部书记、村民小组长共同协商，党员干部多头走访，做透做细群众工作，带头先行先试，争取理解支持。园区职工毛凡钦在动员李元树拆除危旧房的过程中，主动帮助群众转移有用物资，坚守一线确保拆除安全，同时主动将自己家的危旧房自行拆除。自危旧房拆除工作以来，园区合计拆除危旧房 182 户，及时排除了群众安全隐患，为打造美丽乡村贡献力量。在疫情防控期间，园区干部职工舍小家、为大家，全力以赴保障群众生命健康安全。园区干部职工尽锐出战，从大年初二开始，就奋战在水东村防疫一线，如杨渊、陈杰白天就骑着摩托车排查从湖北、武汉返乡人员，晚上他坚守在疫情防控点，劝导群众居家隔离，减少流动。

通过努力，挂联村面貌得到明显改观。贫困户内生动力增强，从“要我发展”到“我要发展”转变；人居环境明显提升，能够按照“五净三无两规范”的要求抓好落实；群众生活日益改善，“两不愁、三保障”和饮水安全目标全部实现，群众满意度进一步提升，安全感、获得感进一步增强。

（作者杨旭易时任水富工业园区规划建设科科长，谢天才系工业园区干部）

深耕责任田　妙笔绘蓝图

——中国工商银行水富支行扶贫工作纪实

云　耀

时时刻刻把人民的利益和安危记在心上！

有这样一群可敬可赞的人头顶蓝天，牢记使命，不忘初心，不忘脱贫攻坚重要任务和职责，为保证贫困人口如期顺利脱贫，“白加黑”“5+2”的忘我工作；有这样一群可敬可赞的人，从办公大楼到山沟乡间，心中满怀真情，脚上沾满泥土，放弃了节假日的休息，放弃了与家人团聚的美好时光，舍小家、顾大家，脱去浮华，摆脱娇气，义无反顾地扛起脱贫攻坚的大旗，坚持奋战在脱贫攻坚战斗一线，把群众的冷暖记在心中，把百姓的幸福扛在肩上，进镇下乡，全心全意为人民服务。他们就是中国工商银行水富支行（以下简称“水富工行”）的扶贫队伍。

这支队伍是闪耀在村里的星星之火，为乡村的发展注入了新鲜的血液。2015 年水富工行挂钩帮扶水富县太平镇古楼村 25、26 两个村民小组，有建档立卡（贫困户）25 户 97 人。这里自然条件差，资源严重缺乏，交通不便，出入基本靠步行，家庭成员普遍都是老弱病残，缺乏劳动力，人均年收入低于 5000 元，因病、因残、缺劳力、交通条件落后等致贫的现象较为突出，脱贫解困缺乏动力，全部是低保户。为了履行国有大型企业的社会责任、支持地方经济社会发展，水富支行扶贫工作组根据各个家庭的实际情况，精准识别、精准帮扶、精准管理，积极落实国家的扶贫政策，为贫困户提供力所能及的帮助。

党的十九大将精准脱贫作为决胜全面建成小康社会的三大攻坚战之一，是全党全国的一件头等大事，更是一项严肃的政治任务。水富工行以“功成不必在我”的精神境界和“功成必定有我”的历史担当，认真贯彻落实上级行与水富市党委、政府脱贫攻坚的工作安排，整合资源，筹集帮扶力量，在打赢脱贫攻坚这场战役中全力而行。

党建引领　践行使命

一个党员就是一面旗帜，一个支部就是一个堡垒。让党旗在扶贫一线高高飘扬。脱贫攻坚工作千头万绪，加强基层党建十分关键。只有把基层党组织的堡垒作用、组织作用、引领作用充分发挥出来，才能不断攻坚克难。

水富工行党支部在3任党支部书记带领下多次深入古楼村帮扶村民小组，开展扶贫慰问活动，入户与贫困户亲切交谈，了解生活情况。为充分发挥党员先锋模范作用，支行党员姚先弟、谢闯、朱现平等主动为挂钩对象送去大米和食用油。水富工行捐款1万元帮建古楼村中岭片区党员活动室；捐赠5000元党建经费并邀请昭通市分行高级经理王兴与古楼村党支部开展城乡党建融合发展活动，助力脱贫攻坚。择优选派优秀共产党员投身扶贫事业，担任驻村工作队队员，传递国家扶贫政策和工行金融活水。5年来，水富工行先后派出包括工会主席伍四、部室负责人杨松等多名扶贫工作队队员，不管刮风下雨、严寒酷暑，不辞辛劳，爬坡下坎到古楼村25、26两个村民小组开展扶贫工作，他们扑下身子甘愿做个地道的“村里人”，把脱贫攻坚当作自己的分内之事，用爱和担当书写水富工行扶贫故事，传递金融温暖，解决建档立卡贫困户实际困难，受到好评。

精准扶贫　情暖人心

水富工行在脱贫攻坚工作中，始终用真情、用行动践行社会责任，尽心尽力帮助贫困户，以情暖心，以心动人，涌现出了一大批先进扶贫典型。

水富工行在人力资源有限的情况下，专门抽调责任心强的骨干员工杨松、潘静，他主动牺牲节假日，由支行行长带队深入太平古楼村包扶对象家中进行贫困户，进行家庭情况核查及数据采集工作。2020 年 5 月 16 日，杨松、潘静等 5 人到太平古楼村开展扶贫工作，当地突降大雨，古楼村的道路根本无法通车，但考虑到扶贫工作紧迫，一天他们都不愿耽误。“车到不了咱们就走路！”为了能够及时入户实地调查，他们撑着雨伞，毅然出发，艰难地行走在泥泞的山间小道上，待挨家挨户走访、调查结束已是傍晚，返程途中，因天黑路滑，湿滑的山路让他们不时摔倒，一身泥泞，有的同志身上还受了伤，但他们深知扶贫工作的重要，毫无怨言，仍然信心百倍，没有一个退缩。

走访调查的最终目标就是解决贫困户的生产生活困难，采取扶贫与扶智相结合，解决就业是解决贫困的最有效方式之一，建档立卡贫困户中只要有一人就业，就能带动整个家庭逐步摆脱贫困。2016 年古楼村建档立卡贫困户李前海因车祸造成腰椎受伤，不能从事重体力劳动，家境窘迫，其妻离家而去。李前海上要赡养高龄母亲，下有一个 7 岁的孩子要抚养，生活非常困难。工行行长王智立下乡扶贫时，经与李前海交谈中得知李前海原是一名技师，熟悉电信网络安装业务，就是找不到适合自己的工作，就帮助他联系当地电信局主管领导，说明情况，电信局对他通过测试后，符合其用工标准，聘用李前海为当地的线路维护员，实现了李前海的就业梦想，全家脱贫。

2017 年，古楼村建档立卡贫困户杨光辉之女杨昌琴每日上学往返需走 20 公里山路，杨昌琴因年龄小，远距离上学不安全，杨光辉有让女儿辍学的想法。王智立知道这件事后主动联系有关部门，说明杨昌琴具体情况，协调杨昌琴至就近盐井村完小寄宿就学。解决了杨昌琴就学困难问题，小女孩高兴地说："我一定好好学习，将来做一个对社会有用的人。"

住房安全有保障，是农村贫困人口脱贫的基本要求和核心指标。古楼村民龙家华，由于错过2016年安居工程改造项目，他的住房经住建部门鉴定为D级住房，属于危房，住房安全得不到保障。2018年突发急性心脏病，导致家庭经济更加困难，无法支撑建房的全部资金，水富工行扶贫人员杨松了解情况后，主动联系太平镇、古楼村相关单位，积极反映他家实际情况，得到了镇、村两级组织的大力支持，于2019年为龙家华家争取4万元"农危改"建房资金，现在龙家华一家已搬进新房，过着幸福的生活。

疫情无情人有情。2020年年初，疫情突如其来。古楼村建档立卡贫困人口61岁老人曾子双患慢性肺炎、慢性支气管炎，山高路远，老人无法独自前往医院救治，工行杨雄行长了解情况后，联系车辆安排杨松、付卫红于2月5日多次往返医院和曾子双老人家，帮助曾子双老人到医院看病就医。解决了老人的燃眉之急，老人深受感动。

金融扶贫　助推振兴

金融扶贫是银行业金融机构的责任担当和历史使命。开展好金融扶贫工作，为贫困群众提供资金帮扶，鼓励群众发展生产脱贫致富，为脱贫攻坚项目提供信贷支撑，对推进脱贫攻坚全面胜利具有重要意义。水富工行积极参与金融扶贫政策宣传，将金融扶贫政策知识宣传扩展到脱贫攻坚一线。

5年来，自挂钩帮扶水富市太平镇古楼村25、26两个村民小组以来，水富工行在上级行的关心支持下，致力于脱贫攻坚补短板工作，投入大量人力、物力、财力助力贫困群众脱贫。2017年积极争取资金为古楼村解决公路保通费和村文化广场建设费用2万元；为古楼村精准识别摸底调查工作捐赠电脑3台、打印机1台；2018年发动全行员工捐款3800元，慰问贫困户；2019年发动全行员工捐赠1万元向扶贫户购买农产品；2020年向古楼村2个村民小组捐款4万元。累计发放人行、银监口径扶贫贷款15.5亿元。有力地支持了水富市脱贫攻坚事业的推进；累计派出挂钩帮扶干部886人次，2018年定点帮扶的25、26两个村民小组的25户建档立卡贫困户已全部实现脱贫摘帽。

“乘风破浪会有时，直挂云帆济沧海。”金融扶贫，工行持续在行动。水富工行将坚持“脱贫不脱钩”，“摘帽不摘政策”的总体要求，继续增强政治担当，携手向前，突出重点，聚焦“精准”，攻坚克难，将金融扶贫工作质量放在首位，做到真扶贫、扶真贫，继续落实好各项精准扶贫政策，打赢脱贫攻坚战，为实现乡村振兴战略提供坚实的金融保障，以金融企业的责任担当照亮扶贫之路。为实现党的两个一百年奋斗目标贡献工行的力量！在全面建成小康社会的伟大征途中谱写更加壮丽的篇章！

（作者时任中国工商银行水富支行行长助理）

精准帮扶　巩固成果

——水富市总工会挂包帮扶记

林孝友　杨启超

水富县“挂包帮”“转走访”自2015年启动以来，水富县总工会（以下简称总工会）挂钩帮扶两碗镇石燕村大石片区。按照中共水富县委、县政府工作部署，精心组织、精准帮扶、精准施策，挂包片区及贫困户如期脱贫。

开展摸底排查　了解掌握实情

总工会挂包石燕村跳蹬、万龙、大石（因区划调整，2019年5月将大石调整为肖家）村民小组，属于二半山区，有村民48户，人口102人，耕地少、林地多，村组公路通行能力较差，群众家庭经济收入主要靠种植玉米和采摘五倍子、茶叶等“山货”。为了加强对脱贫攻坚工作的组织领导，组建了以党组书记、常务副主席任组长，党组成员、副主席任副组长，各股室负责人为成员的领导组，在镇村的统筹下，开展遍访、完善贫困户档案、制订帮扶计划等工作，为“精准”扶贫打基础。选派1名职工在石燕村驻村开展帮扶工作，另外抽派庄萍、雷智麟、朱琼、唐鹏一行参与村“两委”对挂包村组村民采取“一看房、二看粮、三看家中有无读书郎”等情况进行排查，通过为期 1 个月的摸排，按相关程序马家宽、吴光怀、谢发前、谢发才等 18 户被识别为建档立卡贫困户，由总工会负责挂钩帮扶，家庭经济测算人均年收入在 1900—2783.69 元之间，其中马家华、颜玉书、颜玉术、李忠智、谢林江、吴海等 14 户居住房屋是土墙或椽架瓦房为危房。

制订帮扶措施　实施精准脱贫

建立“三包”责任制。紧扣“两不愁、三保障”和饮水安全目标，建立单位包片、班子成员包组、干部职工包户的“三包”责任制，制订帮扶措施抓落实。积极支持石燕村委会解决饮用水安全、人行便道、支部活动室设施设备等扶贫经费 15.86 万元。

帮助建设安全住房。在农村危房整治工作时，3 名班子成员分别挂包石燕村跳蹬、万龙、肖家 3 个村民小组，8 名挂包干部联系 33 户危旧房户，同时抽派 3 名职工与驻村工作队、村“两委”组建工作专班，每天深入石燕村跳蹬、万龙、肖家村民小组 33 户危旧房户家中开展建拆整治相关工作。通过班子成员、挂包干部与建档立卡贫困户协商，由建档立卡贫困户结合家庭实际情况选择购（建）房，现已全部入住。一是宋小兵、吴海、谢林江、罗志明分别在县城丽水尚城、杨氏金福地、国际花园购商品房；二是马家华、颜玉书在两碗镇清坪街道，颜玉术在石燕村白杨，李忠智在两碗三角坪头易地安置购（建）房；三是谢明均、谢发俊、马家前、魏元英、穆才发、穆兴志在原地就近建房。挂包干部积极动员建档立卡贫困户加快建（购）房进度，并帮助协调完善建房补助手续。

实施产业扶贫。由镇、村统一规划安排，总工会协助村“两委”为建档立卡贫困户争取发展产业帮扶资金 7.6 万余元，其中 14 户共种植茵红李 94 亩、方竹 44 亩，养殖黑猪 30 头，3 户种植天麻 30 亩。鼓励谢发前等发展白芨等产业增加收入。

加强日常帮扶指导。落实挂包职工遍访、回访制度，了解建档立卡贫困户生产生活情况，与建档立卡贫困户共商脱贫计划，开展扶贫政策宣传、助春耕、人居环境整治提升、危旧房拆除、感恩教育等方面工作；帮助建档立卡贫困户联系报销医疗费用、落实学生“雨露计划”补助，为建档立卡贫困户购买计划生育家庭保险，提供务工信息并动员劳动力外出务工等，增进了群众感情，建档立卡贫困户由最初的不理解不支持到理解支持，“亲戚”关系越走越近，内生动力得到激发。

通过单位干部职工辛劳的付出，2015 年年底吴光怀、马家宽、谢发前脱贫出列；2017 年马家华、颜玉书、颜玉术、李忠智、谢林江、吴海、宋小兵、罗志明、谢明均、谢发俊、马家前、魏元英、穆才发、穆兴志、谢发才脱贫出列。

巩固脱贫成果　建设美丽乡村

2018 年以来主要是巩固脱贫成果，确保挂包片区和建档立卡贫困户与全国一道在 2020 年同步迈入小康社会，推进乡村振兴建设进程。一是脱贫攻坚巩固提升与乡村振兴走访调查。2018 年 5 月，总工会领导班子成员带领挂包干部深入肖家、跳蹬、万龙 3 个村民小组对 41 户（其中建档立卡贫困户 15 户）进行走访调研，帮助贫困户测算收支情况。进一步厘清发展思路，制订发展计划和措施，进一步巩固脱贫成果。二是日常帮扶不松劲。组织干部职工到建档立卡贫困户家中开展“进农家、干农活、助春耕”主题活动，指导群众生产生活。为他们送去化肥、大米、食用油等物品；划拨脱贫攻坚工作经费 3 万元，进一步指导跳蹬、万龙、肖家群众提升人居环境，使石燕村 2020 年在水富市脱贫攻坚人居环境考评中荣获第一名。三是爱国卫生运动专项行动暨人居环境整治提升。挂包干部按照“五净三无两规范”标准入户指导和帮助整治工作，机关党支部联合大石党支部开展主题党日活动，积极组织党员群众开展人居环境整治提升爱国卫生运动。四是疫情防控。选派2名班子成员协助挂包单位、村“两委”、驻村工作队，从2020年2月至3月轮流到石燕村开展疫情防控工作。五是关心关爱驻村干部。每年为驻村工作队队员购买不低于30万保额的人身意外伤害保险，组织健康体检，报销驻村期间每天50元（月驻村达20天以上）驻村生活补助和通信补贴，单位领导经常与派出队员交心谈心，了解思想状况，帮助解决困难和问题，积极发挥驻村帮扶作用。六是发挥工会行业扶贫作用。19个贫困村均成立了村级工会组织，在两碗凉水安置点单独组建了工会组织。总工会还联合妇联、团委等有关部门在二溪回龙堡集中安置点、两碗凉水集中安置点开展群众素质提升培训，在13个村民小组开展乡村美颜提升行动，为进一步加强新农村建设，助力乡村振兴而不懈努力。

（作者林孝友时任水富市总工会党组成员、副主席、水富市驻村办干部，杨启超系水富市总工会干部）

真心帮扶解民困　精准发力助脱贫

——水富市科协扶贫帮扶工作纪实

姚德英

太平镇复兴村是一个山高坡陡、苗汉杂居的贫困村，蜿蜒狭窄的山路将住在这里的村民与外界的繁华隔绝，这就是水富市科协（以下简称科协）2015年以来挂钩帮扶的村。2019年科协根据水富市安排又调整挂钩联系向家坝镇楼坝村。5年来，科协实施“科技助力精准扶贫工程”，从基础工作入手，围绕农民增收、贫困户脱贫致富目标，立足复兴村、楼坝村自然条件、经济基础和人口状况，努力加强基层组织建设，完善基础设施，改善村容村貌，村民的满意度不断上升，得到了人民群众的充分肯定和认可。

忙调研　清风拂面情意浓

平均海拔1050米，干旱、洪灾、滑坡、泥石流等自然灾害时有发生，耕地基本为山地和山间坡地，复兴村村民长年居住在这样恶劣的自然环境下，年人均可支配收入5000元左右，其中科协挂钩帮扶的贫困户人均纯收入还不足2000元。极为贫瘠的土地上，只能种植玉米、土豆、小麦等抗旱农作物，靠自然降雨生长，农作物产量低。2015年9月，科协按照定点扶贫工作安排，攀上了这门“穷亲戚”。自此后的3年多时间里，市科协积极履行责任，筹措资金，制订实施帮扶项目，帮扶干部带着责任、带着感情下乡调研、慰问，了解村情户情，真心实意开展帮扶。

党组成员、副主席杨蓉被安排驻村开展帮扶，接到任务后，她简单收拾好行李就匆匆进村蹲点，住进了农户家。为了尽快摸清复兴村基本情况和贫困现状以及致贫原因，为单位制订帮扶措施提供决策依据和参考，她下到田间地头，走访村民，通过与村干部、村民的积极交谈，现场实地调研，全面了解掌握了复兴村的贫困情况和存在的主要困难，向单位提出帮扶的建议和措施。回忆起那段生活，杨蓉感慨万分：“我起初很不适应村里的生活，但当地农户的贫困深深刺痛了我，沉甸甸的责任很快将这种不适荡涤一空，感到自己的责任重大。”后来，单位又组织了多次实地调研，最终大家一致决定，发挥科协的优势，实施科技助力精准扶贫。

抓共建　党建提升凝聚力

基层组织建设是打赢精准扶贫精准脱贫攻坚战的根本保证。在帮扶工作中，科协非常重视挂钩帮扶村基层组织建设，注重通过党建促脱贫攻坚，以组织振兴引领乡村振兴。科协党支部先后挂钩帮扶复兴党支部和楼坝村方塘党支部，通过党支部“结对共建”举措，充分整合科普资源，将科普元素融入村级党支部活动室，争取到省级科普信息化建设经费33万元，在水富市建立了“乡村科普E站”11个，为各村党员开展科普活动提供了阵地和平台。

科协充分发挥党员干部的示范带动作用，以党支部书记讲党课、党员一起座谈交流、一起开展“主题党日”活动等形式，抓党建促脱贫，不断提高结对党支部党建水平，进一步提升了基层组织带领群众脱贫致富的能力。通过“党建＋科普”的形式，把党的建设与推进扶贫项目建设等结合起来，以党建为引领，提升党员干部的站位，压实党员干部的责任，确保扶贫工作顺利实施并取得实效。在具体帮扶过程中，积极帮助想办法、出主意。驻村队员袁联金、杨蓉与复兴村党总支书记吴永等在科协的支持下，通过大力宣传复兴村得天独厚的自然环境，大家形成合力，招商引资，成功引进企业培育该村产业，引进科技带头人杨春到复兴村开展生态土黑猪养殖。2016 年 4 月，杨春在复兴村 14 村民小组投资 239 万元建立了占地 200 余亩的“水富苗岭生态农业发展有限公司”后，又建立了“水富原生态土黑猪养殖示范基地”。通过“党支部＋企业＋协会＋贫困户”的模式，带动了 5 户贫困户实现稳定劳动力就业各 1 人，带动附近 70 多户贫困户和 200 户周边农户发展黑猪养殖，进一步提升了帮扶精准度和帮扶效果，形成脱贫攻坚强大合力。

实帮扶　科技助力成果丰

在落实帮扶过程中，科协精准聚焦挂钩村基础设施、村集体经济和村民收入等方面存在的问题，因地制宜选准切入点，多措并举推动项目实施。2016 年，我带着复兴村群众对科技助力脱贫致富的信心和需求，多次到昭通市科协汇报争取项目，从项目的编制、申报都全程参与，终于在 2017 年将复兴村成功申报为“云南省科普惠农示范村”，获得项目补助资金 10 万元。资金到位后，由科协驻村干部、副主席杨蓉亲自指导实施，按照项目实施方案要求，完善了复兴村科普设施建设，更新了科普宣传栏 4 块、制作 LED 电子显示屏 1 块，购买科普书籍 200 余册，开展技术培训 6 期，整合扶贫资金发展方竹产业 1 万亩，建立了方竹种植科普示范基地。通过项目的实施，引领群众依靠科技脱贫致富，有效防止了出现返贫现象。

产业旺则乡村盛，产业活则农民富。科协在帮扶工作中特别注重培育适宜当地群众致富产业。2015 年以来，科协在复兴村、楼坝村共组织开展中药材、方竹、茵红李等种植技术培训 26 期 3200 人次，累计投入慰问贫困户资金 2.2 万元，投入产业帮扶资金 10.6 万元（不含项目资金 10 万元）。其中，2016 年，投入 2 万元帮助复兴村农户发展茵红李种植和购买办公电脑设备；2017 年，投入近 1 万元为该村 8 户挂钩帮扶贫困户购买猪仔各 1 头，帮助发展养殖业；2018 年，投入 1.5 万元为该村 10 户挂钩帮扶户购买重楼苗 1 万株；引导发展中药材种植，投入 2000 元；2019 年，投入 2.1 万元为楼坝村开展产业技术培训和解决修路资金缺口等问题；2020 年，投入 2 万余元为楼坝村乡村振兴示范点建设项目打造；投入 1.4 万元为该村各村民小组建科普宣传栏共 7 块；投入 0.6 万元为挂钩帮扶户购买鸡苗、鱼饲料、化肥、农药等。

“为群众排忧解难、真帮实促，努力做好群众的贴心人。”这是科协挂钩帮扶干部们一致的心愿。2015 年以来，每逢春节前夕，单位职工都不忘送上米、油等生活物品，确保贫困户过上一个愉快、祥和的春节。2018 年的冬天相当寒冷，快过年了，我亲自带领干部职工到复兴村挂钩帮扶家庭进行走访慰问，了解他们的急切期盼，协助他们年前搬进了新居，并为他们送去价值共 1 万元的棉被、枕头、床单、被套等床上用品，帮助他们温暖过冬。“科协的帮助真是太及时了，不然我真不知道这个冬天怎么过！”贫困户魏元辉的母亲逢人就说。

科协将始终以求真务实的态度，按照中共水富市委、市政府的工作部署和要求，不断深化帮扶力度，拓宽帮扶途径，增强帮扶实效，巩固帮扶成果，以促进群众持续稳定增收为重点，为决胜脱贫攻坚、推动乡村振兴作出积极贡献。

（作者时任水富市科协主席）

发挥部门职能　助力脱贫攻坚

杨易莲

自脱贫攻坚工作开展以来，水富市残联（以下简称残联）对标对表，多措并举、激发活力、补齐短板，着力推进残疾人精准扶贫工作取得实效，确保残疾人与全国人民一道脱贫奔小康。

强化服务　在用足用活政策上下功夫

零距离服务，为残疾人办证提供方便。残联高度重视残疾人证办理工作，自2018年残疾人证审批权下放到县级以来，针对重度肢体残疾人、精神智力残疾人到医院评残困难的实际，残联先后5次组织专家医生深入各镇（街道）、村（社区）、敬老院等残疾人集中地，为他们开展集中评残服务，特别是为重度肢体残疾、三级以上精神残疾和智力残疾人开展上门评残服务，“零距离”为残疾群众提供办证服务，切实减轻了残疾人家庭负担，受到广大残疾群众的好评。2018年9月17日，我们组织水富市医院的专家医生分为两组，分别深入水富市4个镇（街道）开展集中评残上门服务，集中为50余名群众开展了评残服务，同时不顾山高路前往重度残疾人群众家中开展上门评残服务。自2018年以来，共为620名残疾人开展上门评残服务，不仅为残疾家庭减轻经济负担5万余元，还确保了残疾人能及时办证，及时享受国家对残疾人的优惠政策。一个70岁左右手脚都不能动的老奶奶，儿子外出务工，只有儿媳在家，还有一个小外孙在读小学，每天都要接送，儿媳根本无法送她去医院鉴定，当我们上门服务，把残疾证送到她的手中，她激动地说："感谢你们，没有你们走那么远来给我鉴定评残，我的残疾证不知道什么时候才能办，你们真是太好了！"

开展康复服务，提升残疾人生活能力和水平。残联按照精准康复有关要求，结合行业特点，认真开展精准康复服务。2015年至2019年，完成白内障复明手术236例，让残疾人重见光明。贫困精神病患者医疗救助168人次，其中建档立卡贫困户23人次；下肢残疾人代步车辆燃油补贴548人次；安装假肢63人，其中建档立卡贫困户7人；免费发放助听器257台；开展0至12岁残疾儿童少年康复培训14期281人次；按照《水富市残疾儿童康复救助实施意见》规定，救助残疾儿童少年12人次；适配残疾人辅助器具580件。陈绍端是两碗镇两碗村烂坡村民小组一户普通农村家庭的孩子，车祸导致左下肢大腿截肢辍学，一家的生活全靠陈绍端的父亲在外打工维持，微薄的收入无力支付他高额的医疗费用，更别说安装假肢。残联在走访残疾人时了解到他的具体情况后，积极多方协调，为他争取到昆明假肢装配中心免费安装了大腿假肢，经过短期的训练，陈绍端已经能正常行走，回归学校继续学习。父母看到孩子能正常地融入生活，笑容又回到了脸上，我们也感到很欣慰。

"阳光家园"托养服务，点亮残疾人心中的希望。2015年至2019年，实施重度残疾人阳光家园居家托养救助561人次，补助资金5.736万元，其中建档立卡贫困户70余人次。2019年以来，残联创新工作方法，采取居家托养服务和集中托养服务相结合的方式，对居家托养服务的残疾群众采取政府购买服务方式提供服务，确定水富社会工作协会具体负责实施，社工协会聘请了31名志愿者，为太平镇的36名残疾群众提供一对一的上门服务。集中托养服务的残疾群众由水富中心敬老院具体负责实施，为符合条件的 16 名残疾群众提供集中托养服务。阳光家园志愿者每天都做着陪服务对象聊天、谈心，做心理疏导、为残疾人按摩、推重度残疾人出来晒太阳、与智力残疾孩子玩耍等，正是他们日复一日地关心和照护，让重度残疾人感到温暖，点亮了残疾人生活的希望，受到残疾群众的欢迎和好评。

残疾人家庭无障碍改造，改善残疾人生活环境。2018 年实施贫困残疾人家庭无障碍改造，投入资金 18 万元为 30 户贫困残疾人家庭（建档立卡贫困户 24 户）提供卫生间改造、地面平整及坡化、扶手或抓手安装、低位灶台改造、热水器安装等。通过贫困重度残疾人家庭无障碍改造项目的实施，改善了残疾人家居环境，提高了残疾人居家生活质量。项目启动以后，我们落实了一名副理事长具体负责，深入 30 户建档立卡贫困户家中逐户了解情况，与他们面对面座谈，了解他们的实际需要，并针对每户制订一个无障碍改造方案。方案确定后，及时按方案的内容实施，实施完成后逐户进行验收兑付资金。整个项目历时半年左右，为改善残疾人生活环境，提高重度残疾人生活质量起到了很大的作用，得到了残疾人的认可和欢迎。范仕洪就是我们无障碍改造的一个对象。范世洪是新安村清和 5 村民小组的一户建档立卡贫困户，肢体二级残，下身瘫痪，妻子是智力精神残疾，大儿子在读大学，小儿子在读初中。2018 年我们为他家实施了贫困残疾人无障碍设施改造，安装了电热水器、厕所铝合金扶手、马桶、坐便椅、安装供锻炼的铝合金钢管等。他激动地流下眼泪，对我们说："现在我和家人洗澡方便了，上厕所方便了，锻炼身体也方便了，对我的身体恢复起了很大作用。真的感谢你们，感谢党和政府对我家的关心，为我和家人减轻了很大的负担。"

落实兜底保障政策，促进残疾人脱贫出列。实施低保政策，保障残疾人的基本生活。加强与民政部门的对接，将符合条件的残疾人全部纳入最低生活保障范围。水富市现有持证残疾人 3700 人，享受城乡低保的 2000 多人，占持证残疾人的一半以上，做到应纳尽纳，应享尽享。实施残疾人养老保险补助。按照有关文件规定，一、二级重度残疾人参加城乡养老保险按照最低标准165元由财政全部代缴，三、四级残疾人参加城乡养老保险由残联按照每人每年补助30元进行补助。2015年至2019年，残联已为参保的三、四级残疾人缴费补助5780人次，补助资金17.37万元。实施残疾人医疗保险补助。按照政策规定，残疾人参加医疗保险又没有享受五保、低保、优抚、计生、职工医疗等政策的，由残联和民政各承担一半为其代缴。2015年至2018年，残联已为符合条件的残疾人缴费补助4303人次，补助资金30.6458万元。2019年起，重度残疾人参加医疗保险的由医疗基金补助每人120元，由残联补助130元，共为800余名重度一、二级残疾人参加新型合作医疗保险资助缴费补贴10.4万元；落实残疾人“两项补贴”。2016年起，配合民政部门开展残疾人“两项补贴”工作，全面落实残疾人的“两项补贴”，做到应纳尽纳，让符合条件的困难残疾人都纳入两项补贴范围，享受国家对残疾人的各项优惠政策。2016—2019年水富市符合享受两项补贴人员共计48646人次，其中困难生活补贴37081人次，护理补贴11568人次，投入资金769.567万元，建档立卡贫困户残疾人享受残疾人两项补贴实现全覆盖，为残疾人的生活提供保障。

强化帮扶　在残疾人创业就业上下功夫

残联积极与水富市劳动就业局等单位协调，加大对残疾人的职业培训，以鼓励自主创业、扶持产业发展和寻求企业帮扶为重点，积极开展残疾人职业技术培训和农村实用技术培训，扶持残疾人就业创业。2015年以来，开展残疾人农村实用技术培训2期，各类就业年龄段具有就业劳动能力的52名残疾人参加了培训，使他们掌握了更多的种养业技术，确保贫困残疾人实现就业增收。2016年至2019年分别举办残疾人电子商务培训1期，培训残疾人77名，在培训期间7人实现就业，大部分残疾人培训后实现居家就业，开始在网上创业。2017 年举办残疾人摩托车维修培训 1 期，培训残疾人 29 名，6 名残疾人实现就业，并投入资金 0.8 万元支持 6 名残疾人自主创业。扶持 12 名残疾人自主创业，投入资金 5.8 万元。杨孝兵身残志坚，发展产业的事迹和干事创业的决心深深地感动了我们。水富市残联积极向昭通市残联推荐将杨孝兵的养殖场作为昭通市级困难残疾人创业示范基地，并给予了 5 万元的资金支持。2018 年 7 月动员和推荐他参加第三届“中国创翼”云南省选拔赛昭通片区创业创新大赛，最终在比赛中获得了二等奖，奖励资金 1 万元。随后，残联主动汇报，积极向省残联推荐申报为省级扶贫示范基地，并专门派了一名副理事长加班加点给他做申报材料，功夫不负有心人，在残联的帮助和指导下，他创办的程康原木生态养殖公司 2019 年被省上确定为省级残疾人扶贫示范基地，获得补助资金 25 万元，成为水富小有名气的养殖公司，年出栏土鸡 20 万只，带动周边 110 户群众发展养殖业，其中大户 15 户，建档立卡贫困户 24 户，率先实现农民收入倍增，走上产业致富路。同时，树立了覃永兵、王常华等残疾人创业典型，辐射带动周边残疾人及家庭共同创业奔小康。

强化助学　在扶智上下功夫

扶贫先扶志，扶贫必扶智。残联在“扶智”工作中，从残疾儿童抓起，根据残疾儿童的实际情况，采取随班就读、送教上门、到特殊教育学校就读等多形式多渠道抓好残疾学生的教育，让他们和正常孩子一样完成九年义务教育。同时建立和完善残疾学生助学制度，采取国家资助、社会捐资等方式，对高中及以上的残疾学生就学给予补助，鼓励残疾学生及残疾人家庭学生完成学业。通过教育改变现状，阻断贫困的代际传递、拔掉穷根。2015 年至 2019 年积极争取上级资金支持，开展残疾学生救助，共资助贫困残疾高中、大中专学生及残疾家庭高中、大中专学生 62 名，资助资金 5.65

万元。李晓兵是三角村建档立卡贫困户家庭中一个视力为一级的残疾学生。残联了解到他的情况后，主动与他联系，动员并组织他到省残联参加了为期一个月的按摩技能培训，为他提供生活费和车费。后又积极与昭通市特殊教育学校联系，送他到昭通市特殊教育学校继续学习，接受高等教育，学习针灸、按摩技术。积极为他申报贫困学生助学金，为他解决1000元的生活补助，圆了他读书的梦想。他现在在昭通市特殊教育学校读三年级，学习很刻苦。我们相信，学到一技之长，将为他毕业后就业奠定坚实的基础。

强化走访慰问　在关心关爱上下功夫

残联充分利用“助残日”“春节”等重要节日，动员社会各方力量广泛开展走访慰问、帮扶救助、送温暖等活动。每年“助残日”，由残联牵头，组织残工委成员单位深入敬老院、福利院、特教班等残疾人集中机构和残疾人群众家中，开展走访慰问，给他们送去慰问金和慰问物资。春节期间，由残联组织由中共水富市委、市政府四套班子领导带队，深入困难残疾人家中开展走访慰问活动，把党和政府对残疾人的关心、关爱及时送到残疾群众的手中，让他们感受到党和政府的温暖。5年来，共慰问残疾群众1200余户，发放慰问金及慰问品共计30余万元。2019年春节前夕，我们来到二溪村三星坝走访慰问农村贫困残疾人。二溪村是高寒山区，冬天很冷，天上下着小雨，我们下车步行到一个重度肢体残疾人家，与他说明来意，把一个500元的红包递给他，把中共水富市委、市政府的关心送到他的手上。接过红包，他流着眼泪说：“这是给我的吗？那么多钱，感谢你们！”临走时，他流着泪提高嗓门说：“你们以后还要来看我哦。”我们忙回答他：“要来、要来，下次一定再来看你。”

（作者时任水富市残联理事长）

脱贫攻坚背后的“金融力量”

——农行水富支行脱贫攻坚工作纪实

黄　菲

脱贫攻坚是农业银行履行的重大政治责任，自 2015 年脱贫攻坚战打响以来，农行水富支行（以下简称农行）主动扛起脱贫责任，落实精准方略，坚持问题导向，主攻薄弱环节，切实加大信贷投放力度，着力提升贫困地区普惠金融服务能力，扎实做好定点扶贫和驻村帮扶工作，全力打赢脱贫攻坚战。

定点帮扶力度不减

农行全面落实党委书记抓扶贫“第一责任”，层层签订责任状，把压实责任转化为自觉担当和工作激情。强化“挂帅出征”，农行主要领导把脱贫攻坚工作靠前指挥、具体协调，形成脱贫攻坚强大推力。严格落实挂钩帮扶机制，为花坛村修建水利设施、捐赠办公桌、体育设施、空调等设备，捐赠现金及非现金物资共计 9.83 万元。组织农行机关 20 名干部职工“沉下去、贴着帮”，与 23 户建档立卡贫困户，花坛村整村挂钩帮扶，以心换心。截至 2020 年，除一名贫困户李玉高因残疾原因入住敬老院以外，其他人员均已脱贫，花园村民小组的贫困户已在 2017 年全部脱贫出列，农行坚持脱贫不脱钩，始终把挂钩帮扶工作放在心上，陈祖岗、杜民军、林吉、林冰、王世忠、李俊男 6 名同志继续与花坛村严银祖、黄先林、李玉高、杨通友、陈兴亮、曾成秀、明再珍、万德才、杨光珍 9 户建档立卡贫困户挂钩帮扶，同时加强对花坛村的产业扶持、资金帮扶等。2020 年 9 月 23 日，纪委书记杜民军与客户部员工邱宇杭手里拎着牛奶和饼干，在花坛村干部的带领下来到了水富敬老院，看望因先天智力残疾的挂钩户李玉高，送上了关心关怀，把花坛村开展的疫情防控、农村危房拆除、美丽乡村建设、花坛村的变化告诉他。李玉高不能正常表达语言，但他望着农行来的这两位同志乐呵呵地笑了，他知道农行没有将他忘记，农行将会继续为花坛的美好建设，为建档立卡贫困户的美好未来奋斗。

金融帮扶力量加码

加强信用村信用户建设。首先加强农户信用档案建设，为确保新冠肺炎疫情防控期间农村生产经营逐步恢复，农业春耕生产工作有序平稳推进，助力乡村振兴建设及地方涉农产业发展，巩固精准扶贫成果。中国农业银行及时推出了“惠农 e 贷”——农户信息建档贷款产品，以新的贷款政策和模式，支持帮扶农业产业发展。农行积极与政府沟通联系，与各镇（街道）加强对接，通过举办“加强社会信用体系建设，金融助力脱贫攻坚圆满收官”活动，加强农户信息建档的宣传，同时抽调各部门网点员工，成立 4 个工作组每天深入各镇（街道）村落，积极收取农户资料，大力推广该项产品，截至 2020 年，已建档 4 个镇（街道）29 个村（社区）735 户农户的资料，成功导入白名单 514 户，授信 5088 万元，成功投放 3837 万元贷款，供农户用于发展产业。

大力支持生猪产业发展。主动与水富生猪龙头企业水富溢鑫养殖有限公司、云南滇东猎人农业开发有限公司、水富忠怡养殖有限公司对接，召开座谈会，宣传农行贷款，加强与省农担公司的合作，以政府风险补偿基金的担保方式，积极拓宽“三农”、扶贫贷款的投放渠道，大力支持乡村振兴和脱贫攻坚，开展信用放款。积极与生猪养殖个体户联系，结合个体户实际情况，选择适合的贷款产品，如农村生产经营贷、助业贷款等，共为生猪产业的企业和个体发放贷款 8 笔 503 万元，为生猪产业客户解决定购幼猪、产房扩建资金紧缺的燃眉之急。

坚持建档立卡贫困户信贷优惠政策，做实金融精准扶贫工作。2020 年以来，对已脱贫建档立卡贫困户投放贷款 28 户金额 478 万元。

内生动力全面激发。农行坚持把扶贫与扶志、扶智、扶德、扶勤相结合，充分发挥农行服务“三农”的使命，运用我们的惠农 e 贷、农户信息建档、惠农卡、归雁兴昭卡等金融产品，支持农户自助创业或者发展产业，增加收入，改善生活环境，引导和鼓励脱贫群众，不等不靠不要、自力更生、勤劳致富奔小康。

摸底走访精准信贷扶持

农行坚决贯彻中共水富市委、市政府的安排部署，充分发挥农行金融机构的优势，带着对建档立卡贫困户的真情实感，通过金融扶贫努力让更多贫困户摘掉“穷帽子”，踏上致富路。

罗加屯村民小组，位于水富市太平镇复兴村的一个高山上，从太平镇到罗加屯村民小组，仅有一条蜿蜒的土路能勉强行驶。农行个人客户部经理王世忠与青年员工李俊男按照农行“农户信息建档”工作安排，赴该村收集的建档资料。8 月正值雨季，连绵的雨水让蜿蜒的土路更是面目全非，垮塌的石头和折断的树枝横卧路中，车辆进不去就改为步行，一个小时的路程有些心惊肉跳，不停有石块滚落悬崖。老王和小李走访了10户农户，还有杨厚生家要走访，他却不在家里，对杨家的情况也大体清楚的，但为了准确掌握情况，老王硬是打电话把杨厚生喊回来入户查看登记，忙到日落才完成其余的农户信息采集。

9月，一天综合管理部正在开会时，我接到一个电话。原来是老家在庙口的周某听说农行可以做农户信息建档，为农户们提供贷款，他表示他的妻子开店需要资金，也想要进行信息采集，但是他第二天一早就要乘车赶去务工。如果要采集信息的话只有今天一天时间了，看能否在今天完成现场信息采集。信息采集需要两个员工一起进行，开完会已经是接近6点了，为了客户能早日完成建档，急需资金时能得到周转，我与客户部的李俊男连吃饭都顾不上了，立即骑上电动车来到周某家中，为周某采集信息。录完资料拍完照天色已晚，周某热情地邀请我们在家吃晚饭，我俩立马回绝了，表示这是我们应该做的事情，便匆匆离开。当我们走出周某家时，月亮已经高高升起。

客户部员工祝吉富从事农村生产经营贷款已多年，信贷经验丰富，作为3村民小组的队员下乡走到太平古楼村11村民小组，走到农户汪大福家收集信息资料时，了解到他想经营洁具，现在急需一大笔钱进货。祝吉富沉思了一会儿，问道："大福，您是建档立卡贫困户吗？"大福疑惑地回答道："是的，怎么啦？""是的呀，那这事好办啦，我们农行现在有政策，专门为建档立卡贫困户开发了一款产品精准扶贫贷款，在基准利率的基础上打9折！你使用这类贷款，可以节约不少利息呢！"祝吉富热心地介绍着，大福听了很是高兴。"哎呀，太好了，那你赶紧帮我办吧，农行这下帮我解决了大麻烦呀，还省了不少利息！真的是太感谢你们，太感谢农行了！"通过这些举措，不断树立了农行的良好形象，不断展示着农行的工作作风和干事创业的精神风貌，各镇（街道）、各村委会对农行送金融服务上山下乡而大大增强了亲近感。特别是较贫困的农户，由衷地感谢农行为他们带来的贴心服务，对脱贫致富的信心更加坚定。

截至2016年8月22日，农行农户信息建档工作按时完成了任务，对辖内735户进行了摸底走访，并实现了信贷基础资料收集、评级、授信，建立白名单514户，覆盖率达到了70%，2020年累计发放农户贷款3800多万元。

暖心扶贫　危难见真情

当车辆驶入国道247花坛村境内时，放眼望去，花园片区的一栋栋漂亮的“小洋房”格外耀眼。花园村民小组4户建档立卡贫困户之前因残、因病、交通条件落后等原因，居住的房屋老旧破残，有的甚至整个屋顶沉陷，较差的居住环境让大家提心吊胆，好在国家政策好，农村危房改造政策为贫困户们带来了希望。脱贫攻坚工作开展以来，农行自始至终把农村危房改造工作作为重点工作来抓，由纪委书记亲自带队下乡入户检查新房建设、建成入住、危房拆除……经过3个月的努力，花园村民小组4户贫困户从之前的危房内搬出来，全部住上了焕然一新的新房，实现了人居环境大改造，让贫困户深切感受到搬出老屋，住进新房，火红的日子开始了！

农行紧盯“两不愁、三保障”和饮水安全这个“靶心”，围绕民生薄弱环节和突出问题，把保障贫困群体民生问题作为脱贫攻坚的重中之重：安全住房上，对建档立卡贫困户中的无房户、危房户实施住房提升改造，农行纪委书记杜民军天天到村“打卡”，确保无一人住在危房。教育保障上，没有出现一名学生辍学失学。医疗保障上，全面落实健康扶贫各项政策。贫困户李宪高身患白血病，无钱医治，杜书记自掏腰包，为李宪高进行捐款救助。

扶贫先扶志，扶贫必扶智。授人以鱼不如授人以渔，农行与花坛村委会村民共同开展“不忘初心，牢记使命”城乡党建结对共建活动。大家共同学习习近平新时代中国特色社会主义思想，为农户们宣讲水富市脱贫攻坚政策，宣讲相关金融知识，提醒广大群众谨防电信诈骗、注重个人征信，以增长贫困户们的科学知识，从思想上增强贫困户们脱贫致富的信心。

2020年新冠疫情防控期间，农行党委派纪委书记杜民军带队到两碗镇花坛村进行疫情防控，杜民军与林冰坚持每天下乡入户，逐个登记返乡度假和探亲人员，测量体温，宣传个人卫生注意事项，疫情防范基本知识，充分践行社会责任，履行大行担当，勇于冲在一线。在疫情较为严重时期，各镇（街道）实行道路封闭，外来人员管控入城，对有信贷资金需求的客户来说，无疑是件非常头疼的事。在春节放假期间，农行放假不休息，将便捷贷款名单进行逐一梳理，把农贷客户、房贷客户名单进行导入审批，逐一进行电话营销，指导客户开通网银、在网银办理贷款用信。客户邓某为我行便捷贷客户，主要从事蛋鸡养殖。春节前后本该是销售最好的时候，因受疫情影响，客户养殖的鸡蛋暂时无法上市销售，只能继续养殖，资金流出现短缺，受疫情管控影响，借贷无门，眼看就没有资金购买饲料，正在一筹莫展之时，接到农行客户经理电话，可以通过手机银行办理免担保的线上信用贷款。随后，该客户在农行客户经理指导下使用农业银行App，2020年2月14日，客户成功在家实现用信10万元信贷资金，有效缓解了当前资金难题。

农行作为服务“三农”的国有银行，将继续认真贯彻落实中央决战决胜脱贫攻坚决策部署，凝心聚力，尽锐出战，奋力答好脱贫攻坚“收官之卷”，为全面建成小康社会贡献农行最大力量！

（作者时任中国农业银行水富支行综合管理部副经理）

风雨扶贫路　浓浓帮扶情

周　权

时光荏苒，岁月如歌。2015 年以来，水富市气象局的干部一直挂钩帮扶云富街道办事处新寿村建档立卡贫困户 6 户 20 人。我们始终围绕精准扶贫、精准脱贫，聚焦“两不愁、三保障”和饮水安全，用坚守与执着、爱心与奉献架起了与贫困户之间的桥梁，对贫困群众扶智扶志，为贫困群众办实事、解难事，帮助贫困群众发展产业、改善生活，在扶贫路上留下一个又一个温暖的故事。

扶贫路上第一天

新寿村对气象局来说并不陌生，因为水富辖区面积小，各村的基本情况都有所了解；另外，2014 年年初，气象局就与村里的干部联系过安装气象预警大喇叭、气象灾害隐患点排查整治等事宜，因此对新寿就了解更多一些。

2015 年年初，根据中共水富县委部署，局长李志荣带领干部职工到村对接扶贫工作，从那时起，气象局的干部就在扶贫路上风雨兼程。

进入村委会，屋内熙熙攘攘，显得有些凌乱和热闹，有大声说话的，有时不时发出爽朗笑声的。李志荣找到村党总支书记周介琼，见缝插针地说，我们是气象局的，这次来领扶贫工作任务来了，今后我们气象局的干部就是半个新寿人了，希望大家多帮助，多支持，多指教。话音刚落，几个村干部就七嘴八舌地表示着欢迎，但很快就有人半开玩笑地说：“气象局是个好单位，上管天下管地，是天地会的总舵主，以后你们单位每年给咱村支持个几万十来万的，你单位工作忙的话，你人不来都行，我们帮你干了。”有人附和着，气象局的干部也礼貌笑着，内心却在掂量自己单位的人力、物力、财力，但心里瞬间明白，气象局虽然单位小，但再小也要有力量；再难也要咬紧牙关，推动精准扶贫，绽放自己的光彩。

随后，周介琼叫来村委会主任葛国兵，与李志荣一起围坐在一张陈旧的茶几旁，边喝着茶边聊着扶贫工作，商定气象局的扶贫网格化责任区域为大坪片区的 3 个村民小组，明确了 6 户贫困户的挂钩帮扶责任人。康剑、刘梅、曾兆婷这 3 位参加工作不满 2 年、没有与基层干部直接打过交道的年轻人见他们以这种方式开展工作，在旁边略显诧异。但在后来的工作中，他们渐渐明白，村干部们情况熟办法多，但方式却比较粗放，最不喜欢一本正经的坐在会议室开会，村上很多工作都是大家坐在一起闲聊的过程中就有了思路，有了解决办法，然后大家就各自行动落实。对他们来说，这是他们了解和掌握基层工作经验的“第一课”。

入户走访传温情

农村群众特别在意礼节、情意。第一次入户走访前，帮扶干部们都精心准备了食用油、大米等一些日常生活必需品，这样认“亲戚”才不失礼数。由于不识路，帮扶干部都是由村组干部领着去的。

入户走访期间，每一位帮扶责任人到贫困户家中与贫困户亲切交谈，详细询问了对象户的家庭基本情况，全面了解他们所面临的实际困难，悉心倾听他们的心声，宣传党的扶贫政策，鼓励他们要相信党和政府，坚定脱贫信念，并就群众反映的医疗、危房改造、低保、残疾等问题逐一认真记录和解答，力所能及为他们排忧解难。

大田1村民小组过年40的万成军，是副局长邵云的帮扶对象，其哥万成洪已50多岁了，但因家境贫寒等因素，兄弟俩至今未能娶妻。为了偿还修房欠下的债务和全家人的生活，兄弟俩商量，万成洪外出务工挣钱，万成军留守家中照顾年近90岁的老母亲，一家人日子过得挺艰辛。在首次入户走访中，当了解到其母亲年老多病，新修的住房无卫生间，没有电视机等具体困难和问题后，邵云看在眼里，急在心里，当即表示赠送1台电视机，后来又为其担保贷款3000元建设卫生间，积极帮助协调民政临时救助3000元。邵云这一举动，让万成军一家十分感动，在收到邵云亲自送来的电视机时，万成军拉着邵云的手激动地说，“我们无亲无故，你这样帮助我，以后咋报答你哟！”邵云却笑着说，“我们现在是亲戚，帮助你是我的责任。”

邵云是这样做的，其他干部也是如此。6年来，他们在逢年过节时，都要准备点小礼品，将贫困群众当成自己的亲戚一样走访；捐赠帮扶对象户的实物共折资6000余元，捐资3600元，消费扶持5700元，协调引进部门外资金近25万元，帮助解决实际困难和问题68个。

你把群众当亲人，群众就把你当自己人。帮扶干部为贫困群众办的一件件看得见、摸得着的实事，让帮扶干部和群众结下了深厚的情意，邀请帮扶干部吃杀猪饭、托人向帮扶干部捎自酿蜂蜜、打电话向干部报告喜讯等情况，就像亲人间很正常的事情经常发生着，温情在彼此心中悄然流淌。

精准扶贫下良药

针对胡兴旺、万成军、涂糖明等5户群众住房安全无保障问题，协助落实建房资金22万元，帮助他们搬出了危房，住进了安全的新居。

授人以鱼不如授人以渔。在物质上帮扶的同时，气象干部针对贫困群众自身发展动力不足问题，引导他们摒弃不劳而获的心理幻想，打破“等靠要”的思想桎梏，让他们明白打铁要靠本身硬的道理，激发他们脱贫致富的内生动力，树立脱贫光荣的正确荣辱观，从争穷斗困的思想中走出来，借助党和国家扶贫的好政策站起来，走出属于自己的脱贫路。火塘边、酒席间、晒台上甚至是田间地头，都成为帮扶干部开展教育活动的主战场。自挂钩帮扶以来，共动员外出务工人员 5 人，发动养蜂 20 箱、种植茵红李 1.5 亩，持股三峡集团帮扶资金猕猴桃种植项目近 30 亩，帮扶的 6 户建档立卡贫困户人均增收 2000 余元，全部如期脱贫，而且无返贫现象。

行动是最好的带动。2017 年 3 月 31 日，气象局全体干部职工便早早来到胡兴旺家中，扛上锄头、带上种子、肥料直奔劳作地块，帮助胡兴旺播种玉米近 3 亩。在每年的农忙季节，气象局都要针对部分群众家庭劳动力不足问题，利用双休日，组织干部职工进农家、干农活、助生产，以此问民情，扶正气，引导群众用勤劳的双手酿造甜蜜的生活。

此外，气象局干部以“村庄环境干净整洁有序、村民生活卫生和健康状况普遍良好、人居环境明显改善”为目标，入户带头开展环境卫生治理，促使帮扶对象户的人居环境卫生持续向好。特别是农村住房安全隐患整治工作中，气象局克服人少事多的困难，动员和组织大坪片区的 3 个村民小组群众拆除不安全住房 81 户，中共水富市委、市政府因此授予我“推进高质量发展先进个人”荣誉称号。

（作者时任水富市气象局党组书记、局长）

第七编　组织保障

抓好党建促脱贫　汇聚合力促发展

——中共水富市委组织部脱贫攻坚侧记

朱阳成

自脱贫攻坚工作开展以来，中共水富市委组织部紧紧围绕“两不愁、三保障”和饮水安全突出问题，以“补短板、强弱项、促提升”为主题，不断发挥党支部战斗堡垒作用，切实提高产业扶贫、就业扶贫、易地扶贫搬迁“三个组织化”程度，为打赢脱贫攻坚战提供了坚强有力的组织保障。

干部下沉到一线　农村旧貌换新颜

中共水富市委组织部紧紧围绕中共昭通市委“133”工作思路，不断发挥党的政治优势和组织优势，扎实推进“前线工作法”，不断推动各级各类干部下沉一线助力脱贫攻坚。通过严格落实“五级书记”抓扶贫责任制，让脱贫责任在“一线”压实；扎实开展城乡党建结对共建行动等，让资源力量在“一线”整合；严格落实挂联基层和网格化管理制度，让干部队伍在“一线”锻炼；坚持抓党建促脱贫攻坚推动产业扶贫、就业扶贫、易地搬迁组织化，让脱贫成效在“一线”体现，圆满完成了脱贫攻坚各项基础设施建设任务，彻底改变了农村脏、乱、落后的旧面貌。

"以前走的是泥浆路，住的是串架房和杈杈房，对外不通公路，大家一年到头就在寨子里，空了就是喝酒、打牌、睡瞌睡。现在房子修起了，公路打起水泥了，还修起了活动室和广场。生活条件好了，风俗习惯也要跟上。村上出面和大家一起制订了村规民约，党支部牵头带大家操家理务、打扫卫生、除草种菜、跳坝坝舞；家头干净整洁，勤劳致富、孝顺和气的还可以评优秀、领奖金。我们还时不时组织群众去示范户参观学习，现在的苗寨到处干干净净的、漂漂亮亮的，看到乡亲们的生活一天比一天好，再苦再累都值得！"看着崭新漂亮的新苗寨，两碗村马胡村民小组党支部书记盛磊格外自豪。

在抓好基础设施建设的前提下，水富市注重解决部分贫困群众"等靠要"思想等致贫"内因"，通过强化村规民约的约束作用，全面推进移风易俗；宣传推广"主动退保""身残志坚""主动创业""最美村民"等党员群众榜样典型，营造扶贫济困的良好氛围；在"百村示范、万村整治"中持续开展"五个一"活动，督促落实"河长制""路长制"；深入开展"自强诚信感恩""三讲三评"等，不断推动"志智双扶"，激发贫困群众内生动力。

精准发力出实招　产业扶贫见成效

中共水富市委组织部注重发挥党支部战斗堡垒作用和党员先锋模范带头作用，积极探索了"党支部 + 合作社 + 集体经济 + 农户"等发展运营模式，不断促进猕猴桃、方竹、茵红李、特色养殖等主导产业发展。在各级党员干部、集体经济组织的带动引领下，2020 年，水富市方竹种植面积已达 8 万亩，猕猴桃 0.54 万亩、李子 2.8 余万亩，引进重庆众信公司 30 万羽蛋鸡养殖项目建成投产。

向家坝镇永安村集体资产经营管理公司注册“永安金谷”大米商标，与53户群众（其中建档立卡贫困户8户）签订种植协议，统一供种、统一育苗、统一技术指导、统一田间管理、统一高价收购、集中加工销售，在群众“单打独斗”自行种植水稻的基础上实现每亩增收700多元。两碗镇成凤村福布斯农业示范养殖专业合作社带动15户建档立卡贫困户入社，完成投资1700万元建设药用龟养殖基地，共吸纳贫困劳动力24人在基地务工。

“大家要注意修剪和疏果，向上的枝条全部去掉，一方面遮挡果子的阳光，影响果子口感；另一方面浪费了果木营养。”在云富街道办事处新安村兰星第2村民小组，郭祥川、王小容、杨华容3位高级农艺师正在李子林里指导群众疏果和开展果树夏季修剪。“今年的李子结得好，果子越多，越要注重疏果。以前因为没有专业老师指导，果树缺乏管理，果子品质不好，所以售卖的价格不高。今年我认真地参加了培训，还请农技老师到地头帮我指导，今年管理得好，效益非常可观。”培训现场的群众感慨地说。

中共水富市委组织部依托涉农领域国家“万人计划”科技创业领军人才伍坤和李小林、杨广、贾刚等专家工作站的人才优势，充分利用专家及团队的科研力量，采取联合攻关、“名师带徒”等方式强化本土人才培养。从市直涉农部门选派农林科技人员全覆盖到20个村驻村帮扶精准推进产业扶贫，明确政策宣传、产业指导、帮带培养三大任务，推动资源下沉、产业“上线”，带动培育新型职业农民（种植养殖大户）1200余人。

党建引领稳就业　凝心聚力惠民生

中共水富市委组织部坚持把基层党组织的战斗堡垒作用和党员先锋模范作用发挥到劳动力转移就业的宣传发动、技能培训、组织输出、跟踪服务、维权保障等多方面全过程，实行城乡党建融合发展“七联七促”，市直机关单位党组织与各村组党组织全面结对，1300余名机关党员干部和村组干部、驻村扶贫工作队队员下沉一线，深入群众家中摸底排查和宣传发动，动态掌握贫困劳动力就业意愿、培训意向等情况，及时将就业等政策信息传递到每个角落。2020年，水富市转移就业率达85%。

两碗镇新滩村新滩党支部充分利用党群活动阵地，创新开通《新滩村大喇叭》广播栏目，广播每周录制一期，每周至少播放3天以上。“我们到村组农户家宣传政策，难免会遇到村民不在家的情况，现在有了‘大喇叭’，政策循环播放，特别是实时播报招工信息，极大地提高知晓率。”提及设置大喇叭的想法，新滩党支部书记王定兰兴奋地说道。

中共水富市委组织部注重发挥流动党员的纽带作用，不断完善流动党员联络帮带机制，明确党支部固定联系人，保持与流动党员的定期联系，并通过外出务工流动党员经常性联络当地外出务工群众。在浙江省嘉兴市桐乡市成立了水富市在嘉兴流动党员党支部，并积极在昆明、成都、宜宾等地积极筹备成立相应党组织，不断抓实流动党员管理服务，引导流动党员“建功创业”“回报家乡”。镇村党组织在党员群众春节返乡期间召开座谈会、院坝会，邀请在外就业创业成功人士向在家贫困劳动力分享工作经验，不断动员激励贫困劳动力外出就业。

2020年2月底至3月初，为做好疫情防控期间稳就业工作，进一步促进人力资源市场供需匹配，助力农民增收，水富市举办2020年农村劳动力“转移就业百日行动”巡回招聘会。“一天干多少个小时？”“10个小时，正班8个小时，余下的2个小时算加班，有夜班补助、岗位津贴。”“地址在哪儿？”“广东省中山市东凤镇，工作环境一流，住宿干净……”“重庆翊宝，入职做满45天2000元稳岗津贴，4月11日之前入职每天再补助80元”“不想离家远的话，宜宾临港大量招工……”求职群众在人群中穿梭，看到满意的公司便上前交流，整个场面十分火爆。

注入“红色”新动能 易迁生活再变样

水富市共有易地扶贫搬迁建档立卡贫困户404户1691人，其中2016年度搬迁364户1545人，2017年度搬迁40户146人。有集中安置点1个（两碗镇凉水易地搬迁安置点），共安置建档立卡贫困户40户182人；分散安置点13个，安置建档立卡贫困户364户1509人。

易地扶贫搬迁工作开展以来，中共水富市委组织部积极发挥基层党组织引领作用，切实提高易地扶贫搬迁组织化程度，推进群众自主管理，注重把宣传动员、设施配套、生态修复、就业保障、基层治理联动起来，确保贫困群众搬得出、稳得住、能致富，真正开创新房变新村、新村变新景，新产业带动新生活、新生活带动新发展的良好局面。

“我有94分，可以兑换一袋大米、两包纸杯和三瓶洗洁精。”“我有80分，想要兑换电风扇和茶杯。”一大早，两碗镇的群众就三三两两地聚在一起，讨论着“爱心超市”可以兑换的物品，活动现场热闹非凡，工作人员一边帮群众查积分，一边热情地引导大家依据超市内物品标注的分值挑选所需物品。据了解，“爱心超市”兑换活动通过前期的群众申请，村民小组长、党支部书记初评，村“两委”评选，“爱心超市”办审核等工作，最终评选出一定数量家庭参与兑换活动，活动中兑换物品的积分是根据群众在人居环境提升、党员示范带动、履行村规民约等各类工作中的表现综合评选的，通过设置爱心超市的方式，极大地激发了贫困群众的内生动力，不断推动易迁群众移风易俗。

在两碗镇花坛村凉水易地扶贫搬迁集中安置点，两碗镇党委以集镇区域化党建和集镇治理网格化为抓手，深入实施集镇党建示范工程。将4名易迁党员组织关系转到安置点所在地的花坛村青坪党支部，成立由5名党员和2名易迁户代表组成的花坛村凉水易地搬迁安置点红色物业管理委员会。由15名党员组成花坛村凉水易地搬迁安置点党小组，实行网格化管理，每名党员联系 5 户群众，凡群众遇到邻里纠纷等问题，网格党员第一时间帮助排忧解难。组建了党员服务队、工会服务队、青年志愿者服务队、巾帼志愿者服务队、文化宣传服务队 5 支队伍，组织开展操家理务、村规民约培训、人居环境整治提升行动、广场舞教学等内容，群众思想文化教育宣传得到不断加强，群众素质不断提升，生活习惯逐步改变。通过建设党建文化主题广场，设立“积分换商品”的“爱心超市”、关爱儿童之家和农耕文化陈列室，开展形式多样的党群活动，易迁群众住得踏踏实实，群众的归属感和幸福感得到进一步提升。

（作者系中共水富市委组织部工作人员）

凝聚多方力　携手奔小康

——水富市太平镇党建引领助推脱贫攻坚纪实

杨长亲

自2015年脱贫攻坚战号角吹响以来，水富市太平镇认真贯彻落实中央、省、市决策部署，全力践行中共昭通市委“133”工作思路和“双统领、双保障、双推进”要求，积极融入水富“港园城”三位一体发展，着力解决贫困人口“两不愁、三保障”和饮水安全，狠抓党建引领助推脱贫攻坚。党群干群团结一心，咬定青山不放松，携手拼搏、并肩战斗，实现了太平镇经济社会跨越发展，让太平镇1.7万父老乡亲同步奔向小康。

太平镇位于水富市西南部，距离水富市政府驻地35公里。境内矿产资源丰富、自然风光旖旎、民风民俗淳朴。全镇辖太平、复兴、古楼、盐井、二溪5个行政村和1个水清包农村社区。有126个村民小组、1个社区小组。2019年末，全镇总人口5984户17599人（其中：苗、彝、壮等少数民族740人）。有党组织47个（其中，党委1个，村党总支5个，党支部41个），有党员673名。在精准识别摸底调查期间经“三评四定”共识别出建档立卡贫困户1337户5415人，贫困发生率为28.3%。通过精准扶贫、精准脱贫，2016年太平村、古楼村、二溪村3个村脱贫出列，2017年盐井村、复兴村2个村脱贫出列。至此，完成了“村出列”“镇摘帽”脱贫任务。2018年又全面完成了29户76人贫困人口脱贫任务，实现了全镇贫困人口“清零”目标。2019年，全镇农村经济总收入17351.56万元，农村常住居民年人均可支配收入达8113.19元。

夯基础　建强战斗堡垒

为树立良好的基层组织形象，展现便民服务基层风采。2016年，镇党委筹资20余万元将5个村级组织的办公场所升级打造成了党群服务中心一站式为民服务大厅，实行集中办公，一站式服务，避免前来办事的群众楼下跑到楼上、找了书记又找主任，提高了办事效率，拉近了党群干群关系。从2015年起，全镇先后修建了1个村委会办公楼（古楼村），21个篮球场、5个活动场所、9个文化活动室、29个党支部活动室，解决了34个农村党支部开会、议事、学习等无固定地点和党员组织活动无固定场所问题，让党员有了自己的“家”，夯实了支部规范化建设达标创建硬件基础，内务资料得到了进一步规范和提升，“三会一课”得到了有效开展。在脱贫攻坚克难时期，镇党委在贫困度最深、脱贫难度最大的二溪村回龙堡成立了临时党支部。一面党旗、5顶帐篷、几张简易办公桌就是脱贫攻坚现场作战指挥部。党员干部顶风冒雨、昼夜奋战，进村入户宣传、组织、发动群众。做给群众看、带着群众干，凝聚党心民心，组织并带领群众修公路、选地基、运建材、建住房、搬新居、种方竹……充分发挥了党支部的战斗堡垒作用，让昔日的不毛之地变成了如今的亮丽苗寨。在第二批“不忘初心、牢记使命”主题教育过程中，着力对古楼村党总支、盐井村党总支和二溪村二溪党支部3个软弱涣散党组织进行整顿提升，针对3个软弱涣散党组织存在的5个方面的不足和问题，拟订了对应的5个方面10条具体整顿措施，实行倒排工期、挂图作战、责任到人，对账销号式整改。经过一系列强有力的整改，3个软弱涣散党组织按时按质整顿完毕并全部通过市级检查验收，有力夯实了基层堡垒。

选人才　凝聚脱贫力量

随着脱贫攻坚的不断推进，2016年全镇迎来了为村级组织注入新活力、新动力的村级换届选举契机。在换届选举中镇党委严格按照“加强党的领导、充分发扬民主、严格依法办事”原则开展村级换届选举工作，把群众基础好、办事能力强、公道正派的人依法选举为村“两委”成员。先后选举出村党总支书记5名、副书记5名、村党总支委员22名，村委会主任5名、副主任5名、村委委员27名，村务监督委员会主任5名。村“两委”成员交叉任职比例达40%。选优配强了农村党支部书记34名，村民小组长126名。2019年，村干部任职资格联审期间，再一次对村干部进行了调整和补选，先后调整和补选了村党总支书记3名、副书记4名，村主任4名、副主任3名，村“两委”委员15名，农村党支部书记1名，村民小组长3名。通过不断的优化组合、选育人才，凝聚了脱贫攻坚的强大力量。

5年来，全镇5个村先后选派了57名驻村扶贫工作队队员，先后有4名党员干部被选派到各村担任第一书记兼驻村扶贫工作队队长。水富市人大的袁朝坤57岁时被选派到盐井村担任第一书记兼驻村扶贫工作队队长，一干就是整整三年，直到在扶贫岗位上退休。在脱贫攻坚期间，镇选派了3名党员干部下沉到村指导产业发展。手把手教群众发展方竹、桃李、食用菌等产业。同时，镇党委、镇政府推行镇干部下沉机制，先后选派79名镇机关党员干部到5个村的127个村民小组担任“网格员”，和村“两委”包片人员、帮扶部门和帮扶干部共同负责各小组的脱贫攻坚、人居环境、产业发展等工作。在农村党员中大力培训致富带头人，通过党员带动，引导群众向党员学习、向党员靠齐，先后涌现出了黄勇、杨孝兵、魏洪兵等一批种养业党员致富带头人，通过他们带动贫困群众脱贫摘帽，致富奔小康。

亮身份　带头争当模范

太平镇率先提出并推行了“亮党员身份、树党员形象、展党员风采”主题活动，镇党委为全镇567个党员家庭制作并悬挂了“党员家庭”标识牌，同时还为51名人大代表家庭制作、悬挂了“人大代表家庭”标识牌，让党员家庭、人大代表家庭亮出来，自觉带头起好先锋模范作用。在脱贫攻坚中，古楼村党员提出并践行“我是党员我先干”的承诺，总结推广出了村组公路管护“新田经验”。太平村党员承诺并践行“每名党员每年干10件好事和实事”，探索出了“一招呼、二让座、三倒茶、四办事、五送客”的为民服务之道，展现出了党建引领“五新”（五新：产业新、生态新、乡风新、治理新、生活新）发展的良好态势。

太平镇在硬化通组公路建设中，提出了“六个一点”（即交通部门争取一点、市财政补助一点、镇（村）自筹一点、社会企业捐资一点、挂钩部门帮扶一点、挂钩的干部和群众捐资一点）筹资倡议。倡议发出后，得到了广大党员的积极响应，全镇各级党组织党员带头捐款助力通组公路硬化建设。在党员的带动下，广大受益群众也纷纷捐款，在外务工的青年得知家乡群众在捐款硬化公路时，主动伸手助力。例如，盐井村外出西安务工青年郑伯登主动捐助1万元，古楼村外出青年李华捐款7000元……全镇先后累计收到捐款20余万元。虽然这些捐款对于全镇公路硬化而言只是杯水车薪，但充分体现出了党员的先锋模范带头作用和引领作用。同时，先后涌现出了盐井村盐井党支部12组党员和群众自筹1万余元保通通组公路、太平村元田党支部党员筹资投劳复建跨沟桥和自愿让出宅基地或土地修建党员活动室和村民小组活动场所的农村党员税再元、袁祖刚、魏洪兵等先进典型的人和事，助推了脱贫攻坚基础设施建设进程。

重宣讲　树立感恩意识

通过召开党员大会、村组干部会、小组会、支部会、院坝会等形式开展党的十八大、十九大精神、习近平总书记系列重要讲话精神宣讲，开展“守初心、担使命、摘穷帽、感党恩”“自强、诚信、感恩”“听党话、感党恩、跟党走”等主题教育活动，使党员干部和群众的自立、自强意识和感恩意识得到了进一步提高。在脱贫攻坚期间，盐井村就有 4 户贫困户提前提出书面脱贫申请，涌现出了“只手摘掉贫困帽”的残疾贫困户邓多贵等先进典型事迹，为贫困群众树立了脱贫榜样、激发了脱贫内生动力。在城乡低保清理期间，复兴村、盐井村有 16 户群众主动申请退出不再享受低保补助。在人居环境整治提升中涌现出了义务清扫道路的低保户老人郑朝清。在新冠肺炎疫情防控中涌现出了捐款捐物助力疫情防控的邓之富、袁祖刚、吴超、罗可金、郑和川等党员干部和普通群众。自脱贫攻坚以来，镇党委授予了 33 名基层党员干部和普通群众“太平好人”荣誉称号。

兴产业　发展壮大经济

根据昭通市“村村有亮点、组组有看点、户户有支撑”的产业发展要求，镇党委以解决村级集体经济“空壳村”为突破点狠抓产业发展。通过调研、分析、研究制订了全镇 5 个村级集体经济发展规划并组织了实施，从 2016 年起便初见成效。2020 年，各村的村级集体经济收入每年均达 5 万元以上，有效解决了村级办公经费紧张和无钱办事等问题。各村狠抓农民专业合作社的成立和运转。全镇先后成立了 34 个种养业农民专业合作社，通过“党支部 + 合作社 + 大户 + 农户”抱团发展模式，全镇 1347 户建档立卡贫困户全部加入合作社。其中二溪村铜锣坝竹产业专业合作社被昭通市竹产业协会吸纳为会员单位，水富盛群肉牛养殖专业合作社于2019年6月被云南省老科协认定为全省90个助力乡村振兴示范点之一，太平村油桃专业合作社每年带动当地群众户均增收1000元以上，水富鸿丰种植农民专业合作社理事长温天书，带领47户群众脱贫致富奔小康的事迹感人。

抓载体　助推乡村振兴

先后举办了4期“万名党员进党校”培训学习、3期党支部书记轮训班轮训，参学党员覆盖率85%。通过“不忘初心、牢记使命”主题教育，要求全镇党员坚持“四个贯穿始终”，做到“理论学习有收获、思想政治受洗礼、干事创业敢担当、为民服务解难题、清正廉洁作表率”，使其干事创业和服务意识明显得到加强。通过39个党支部主题党日带动“青年志愿服务”“巾帼志愿服务”“为老协会志愿服务”等群团组织开展人居环境整治提升、公路保通、操家理务培训、扶弱助困、抢险救灾、清河疏沟等活动，先后开展了各项活动累计1000余场次，带动受益群众主动参与其中，有效助力了脱贫成效的巩固提升。通过爱心超市“村民积分”兑奖，激励和营造了人人讲卫生、户户爱环境、寨寨见和谐、村村谋发展的良好氛围。通过组建乡村治理委员会助推了村民自治，并向全镇总结推广了二溪村红岩坪乡村治理委员会的工作经验，使全镇乡村治理委员会能就地及时解决群众在生产、生活、发展中遇到的困难和问题。全镇5个村34个农村党支部先后组建了乡村治理委员会，通过乡村治理委员会的有效运行，让群众的事群众说了算、群众的事自己来干，助推了乡村振兴步伐。

（作者系水富市太平镇政府工作人员）

坚持党建引领　合力脱贫攻坚

明星英

向家坝镇辖 6 个村（社区）108 个村（居）民小组，总人口 2.5 万人，有农业人口 1.9 万人，经过动态管理，有建档立卡贫困户 462 户 1649 人，有党组织 42 个，党员 857 人。镇党委在中共水富市委的正确领导下，全镇党群一条心，根据“围绕脱贫抓党建、抓好党建促脱贫”的思路，着力在优化组织设置、从严管理队伍、规范党内制度、抓常抓实活动上下功夫、求实效，为打赢脱贫攻坚战提供了坚强组织保障。截至 2020 年，全镇已脱贫 460 户 1647 人，未脱贫的 2 户 2 人，2020 年内全部摘帽脱贫。

夯实组织建设　铸牢党建促脱贫攻坚新格局

一是理论学习常态化。做到学好学懂，从规范学习内容、提升学习成效入手，通过理论中心组集中学习、“故事党课”“万名党员进党校”“云岭先锋”手机 App、QQ 群、微信群等多种方式，深入学习贯彻习近平新时代中国特色社会主义思想、党的十八大、十九大及历次全会、习近平总书记系列重要讲话精神，通过理论武装党员干部的思想，提高运用科学理论分析和解决实际问题的能力，为科学指导脱贫攻坚提供思想基础。二是政治生活规范化。深入开展党的群众路线教育、“四群”教育、“三严三实”等活动，扎实推进“两学一做”学习教育常态化制度化，对照《准则》《条例》要求，坚持问题导向，高标准严要求开好党员领导干部民主生活会，做到红红脸、出出汗。开好党员组织生活会，领导干部以普通党员身份参加党支部活动，带头讲党课。严格落实“三会一课”、党员积分制管理、党费日、支部主题党日、党员政治生日五项制度，做好民主生活会、组织生活会、民主评议党员、谈心谈话、双重组织生活会、党务公开和联系群众等制度，促进党内各项组织生活规范化制度化。三是组织体系完善化。做到党组织隶属关系清楚，职责明晰，优化党支部设置，撤销设置不合理的6个村（社区）机关党支部，将村（社区）“两委”班子中的党员划入各片区党支部，既有利于联系建档立卡贫困户，又有效地让村（社区）“两委”成员指导监督各片区党支部开展活动，促使党支部党员能为贫困户提供更好的服务带领共同致富。成立青年人才党支部，组建4个驻村工作队，选派12名工作队队员驻村开展工作，整顿3个软弱涣散党组织，派出271名挂钩帮扶干部挂钩帮扶建档立卡贫困户，做到一村一策制订规划，一户一法细化措施，建立了“不脱贫、不脱钩，一帮到底”的帮扶机制，构筑了党委组织主导、干部齐心协力、群众积极行动、社会广泛参与的脱贫帮扶工作格局。

严格队伍管理　凝聚党建促脱贫攻坚新活力

一是选优配强队伍。圆满完成镇党委、镇政府换届选举，顺利完成村（社区）“两委”、村民小组长及党支部书记换届选举工作、村“两委”换届回头看和补选工作。注重在脱贫攻坚一线考察识别干部，切实将那些对待群众有感情、带领致富有办法、脱贫攻坚有成效的年轻优秀同志充实到村“两委”班子中，近年任免30余名年轻同志担任镇直机关站所负责人，推荐3名优秀同志担任村总支部书记，2名优秀同志成功竞选村委会主任，6名优秀年轻同志当选村“两委”副职，为推动脱贫攻坚提供了有力的人员保障。二是强化党员发展。成立青年人才党支部，严把党员发展关口，注重在退伍军人、返乡大学生、农村优秀青年、致富能手、种养业大户等人员中发展党员，近几年来，共发展党员32人，其中农村优秀青年18人，为服务脱贫攻坚注入了更新鲜的血液。三是注重党员教育。每月组织村（社区）党务工作者召开会议进行党务培训，用好党支部活动场所，办好镇级“党校”，开办5期万名党员进党校，培训700余人党员，用好“互联网＋”，成立QQ、微信群，便于党员队伍随时随地接受党组织的教育管理。

强化组织引领　激发党建助推脱贫新动力

深入开展党支部规范化达标创建工作，全面完成41个党支部规范化达标创建。强化党支部作用发挥，通过“支部＋合作社＋贫困户”“支部＋能人＋贫困户”“支部＋帮扶干部＋贫困户”等多种方式，带领建档立卡贫困户抱团发展。组建成立水东水稻制种专业合作社等10个农民专业合作社，为农村无职党员科学设岗定责；加强争取道路硬化、渠道建设等基础设施建设项目，完成投资365.09万元10个省级财政专项扶贫资金整村推进项目。推行“党建＋电商”模式，开办5个国资商场，为建档立卡贫困户提供产业培训、市场拓展、素质提升、产品销售等服务。发展壮大6个村（社区）集体经济，均实现5万元以上收益。扎实开展“三讲三评”工作，驻村工作队队员讲帮扶措施，村组干部讲履职情况，建档立卡贫困户讲脱贫情况；评驻村工作队帮扶成效，评村组干部工作成效，评建档立卡贫困户内生动力。探索建立能人党员与贫困农户“1＋2＋3”帮扶带动机制，1名村党支部委员联系2名能人党员，1名能人党员联系3名贫困农户，实现党员与建档立卡贫困户有效对接，全力带领建档立卡贫困户脱贫增收。

坚持项目带动　开创党建助推脱贫新局面

坚持把项目建设作为推动脱贫攻坚的重要举措，坚持以“党支部＋项目＋贫困户”为抓手，加强与帮扶单位和相关部门衔接，落实产业发展、基础设施、公共服务等项目，完成村级“施工图”、乡级“路线图”相关工作，完成全镇通村及主干公路硬化，实现100%的村民小组通公路，交通网络逐渐完善，不断夯实水利基础设施，四方碑水库主体工程完工，凉坝隧洞工程已贯通；中央小型农村水利工程建设完成投资600万元，新建沟渠13公里、塘坝3件。建好用好村民小组活动场所，新建12个、改扩建5个，夯实了基层党建基础。投资71.4万元新建村级文化体育广场5个，对现有文化体育场所进行全面维护，为5个村级农家书屋增添书籍100余册，为4个文化活动广场配备专业舞台音响，组织开展广场舞培训2次，培训人数80人，进一步提升了农村公共服务水平。推行“党建＋旅游＋脱贫”模式，大力发展乡村休闲旅游，完成中滩渔业庄园、田园牧歌庄园、紫秋葡萄庄园、汇成生态园4大庄园建设，初步形成品鱼垂钓、鲜食采摘、生态观光、休闲避暑、农家体验为一体的特色乡村休闲旅游格局。

（作者单位：水富市向家坝镇政府）

抓好过程管控　奠定发展基础

——从驻村扶贫工作队总队长角度看水富扶贫

匡　锐

2016 年 2 月，按照组织安排，我挂任中共水富县委常委、副县长，任驻村扶贫工作队总队长。

到水富工作后，相关人员向我介绍了水富扶贫工作的基本情况，随后的几个月，我带着对水富最原始的认知，走遍了水富的每个村、村民小组，深入了解基本情况。事实证明，情况并不乐观，任务依然艰巨。虽然水富辖区面积小，人口总量少，人均收入在全省排名靠前，但是个别偏远山区如两碗镇三角村、太平镇二溪村等少数民族聚居村，条件非常艰苦，贫困程度很深，交通信息闭塞、自然条件严酷、资源匮乏、基础设施落后，群众文化程度不高等问题严重制约着当地的经济发展，我意识到肩上的担子并不轻松，非贫困县并不意味着富裕，至少不是整体富裕。

通过调研，我发现几个亟须破解的难题，一是驻村工作队队员整体素质不高，驻村帮扶效果参差不齐。二是由于技能欠缺，部分山区贫困程度深，增收渠道窄。三是基础设施支撑不够，公共服务水平低，帮扶项目和产业发展落实困难。四是队伍建设机制不健全。

接下来的 3 年，作为驻村扶贫工作总队长，破解这些难题成为这一阶段的首要任务，“四字”口诀成为破题关键。

“四个聚焦”打造队伍

一是聚焦工作抓建队。坚持“因村选人，因村组队”原则，紧扣脱贫攻坚重点任务和产业发展需要，严格选人用人机制，严把选人用人关口，科学、合理选派工作队队员。二是聚焦能力抓培训。建立了市、镇（街道）、村三级培训机制，定期组织培训学习，先后组织驻村扶贫工作队队员到四川省宜宾市屏山县，云南省昭通市镇雄县、鲁甸县等地学习借鉴脱贫攻坚先进经验，组织开展“党建 + 扶贫”等业务培训。三是聚焦隐患抓安全。针对队员驻村交通、食品等安全问题，加强队员安全教育，组织并举办安全专题讲座，达到了举一反三、深化认识的目的；统一制作安全提示卡，定期发布天气预警和编发安全专题信息，常态化开展驻村安全学习。同时，为当时的全部驻村工作队队员购买了人身意外伤害保险，进行了健康体检。四是聚焦政策抓关爱。积极牵头协调落实工作经费，努力改善队员工作和生活条件。主动向组织推荐后备干部人选，打通优秀队员晋升通道，注重在脱贫攻坚一线选拔任用干部。

“四个加强”优化管理

一是加强组织保障。建立了水富市驻村工作领导小组，筹建了市驻村工作队管理办公室，抽调 4 名工作人员负责日常管理；在 4 个镇（街道）成立了驻村扶贫工作协调小组，落实专人具体负责；定期组织召开工作例会、工作分析会、工作队队长会等会议，研究解决队员驻村工作中出现的问题。二是加强管理机制。组织制订了《水富市驻村扶贫工作队管理制度》《水富市驻村扶贫工作队考核办法》《水富市驻村扶贫工作队考核细则》等一系列管理制度，严格落实请销假、考勤、工作日志、信息报送等制度，及时通报驻村情况，进一步严明驻村工作纪律、细化工作职责。三是加强规范管理。按照“工作有保障、身份要亮明、职责要明确、管理要规范”的要求，全力保障好驻村工作队队员办公和生活设施，统一为驻村扶贫工作队队员制作了形象公示栏、“八必须，八严禁”纪律公示牌、工作证等。四是加强日常督查。坚持开展经常性随机抽查、督查，将履职不力、作风懒散、“走读”帮扶的队员进行了及时召回。同时，通过云岭先锋 APP 及时掌握队员履职情况，每周抽查 2 次以上工作队驻村签到情况，实时通报抽查结果，对于违反工作纪律的队员进行了严肃处理。

“四个抓实”助力脱贫

一是抓实政策宣传工作，贯彻落实帮扶政策。结合工作实际，发挥驻村工作“宣传员”作用，组织开展建档立卡贫困人口大走访和脱贫措施“村村清户户清”等工作，结合各村产业发展实际，列出项目规划清单，形成精准扶贫村级施工图；组织队员进村入户宣传政策，着力解决群众思想贫困、头脑贫困等问题；积极开展“三讲三评”（即驻村工作队队员讲帮扶措施，村组干部、建档立卡贫困户对其帮扶成效进行评议；村组干部讲履职情况，驻村工作队队员、建档立卡贫困户对其工作成效进行评议；建档立卡贫困户讲脱贫情况，驻村工作队队员、村组干部对其内生动力进行评议）活动。激发建档立卡贫困户勤劳脱贫的内生动力。二是抓实农业产业项目，拓宽建档立卡贫困户增收渠道。按照“长短结合、彰显特色、突出主业”的要求，发挥驻村工作“指导员”作用，积极参与并推动发展特色产业，切实提高规模化、专业化、品牌化水平。加大政府支持和投入，大力发展猕猴桃、李子、方竹、生猪、肉牛等产业，成效明显，产业覆盖贫困群众达 100%。同时，充分发挥水富电子商务孵化园作用，帮助贫困群众线上销售自家生产的农特产品。截至 2020 年，水富市有电子商务公司 22 家，镇

（街道）快递网点覆盖率100%。三是抓实扶贫党建“双推进”，确保基层党组织保障有力。坚持党建、扶贫“双推进”，发挥驻村工作“组织员”作用，不断强化基层党组织领办、创办、服务、监督合作社，深度融合党支部、村级集体经济、合作社和建档立卡贫困户，强化利益联结。实施贫困村村级集体经济项目27个，覆盖19个贫困村，覆盖率100%。截至2018年年底，发展农民专业合作社96个，每个行政村至少2个，其中国家级示范社1个、省级示范社7个、市级示范社11个。四是抓实转移就业工作，促进增收致富。立足自身产业特点，不断增强“造血功能”，充分发挥扶贫工作“联络员”作用，积极落实就业扶贫政策；加强与相关职能部门联系，主动协调开展烹饪、焊接、种养业等培训，提高了就业率；加强与本地企业、单位对接，就近开发用工岗位；建立与中山等市县对口帮扶工作机制，积极组织和引导劳务输出，鼓励支持致富能人带领贫困群众转移就业。

在这3年间，水富市农村基础设施不断完善，硬化农村公路500余公里，在昭通市率先实现建制村通硬化公路、村村通客运、通邮的“三通”目标；所有贫困村通10千伏以上的动力电和贫困村所辖自然村通380伏动力电；按照应建尽建原则建村民小组活动场所73个。广播电视、通信信号、网络宽带等基础设施全面提升达标，贫困地区发展基础不断夯实，公共服务能力明显提升；完成易地扶贫搬迁建档立卡对象404户建房任务，累计解决2466户建档立卡贫困户住房问题，并已全部搬迁入住。

2018年11月16日，这是一个重大的日子，水富县撤县设市正式挂牌，12月，我被任命为中共水富市委常委、市委宣传部部长，挂钩古楼村，从29个村到1个村，可以说任务减轻不少，在任扶贫工作总队长期间，我对古楼村的情况基本了解，2018年古楼村被评为软弱涣散党总支部，到任后我第一时间到古楼村进行了深入的调研，尽其所能找到破解之策。调研后，我发现：一是古楼村我的挂钩帮扶户杨永贵、董万香、马仕洪等3户都缺少劳动力，或病或残，其中杨永贵户只有父女2人，且2人均有残疾，收入仅靠政府扶持，要使其摆脱贫困并走上富裕路还需共同努力。二是虽然水富市扶贫工作在大面上取得了明显的成效，但是依然存在一些问题，比如，党建与扶贫融合不深，基层党组织的战斗堡垒作用发挥不明显，部分群众自力更生的能力和动力不足等，这些都成为决战决胜脱贫攻坚的最后壁垒。

针对这些情况，我立即着手开展软弱涣散党总支部的整顿工作，摸底调研，查找问题，将中共水富市委宣传部的党员与村“两委”人员进行结对，制订整改方案，通过提升村务监督委员会履职能力、强化督查指导力度、调整村党总支部书记、举办“万名党员进党校”培训班、组织专题学习、厘清发展思路、增强为群众办好事实事能力等系列整改措施，古楼村踏上了软弱涣散党组织的“脱帽之路”。2019 年 11 月，古楼村成功摘掉了软弱涣散党总支部的帽子。这期间，我先后为古楼村协调资金 3 万余元，帮助柏乡片区修建了跨堰桥，协调的部分资金用于改善杨永贵、董万香、马仕洪家厨房、厕所、院坝等硬件环境。当然这些都只是暂时的，要真正实现脱贫到致富还需大力发展产业，才能稳定增收。为了盘活村集体经济，我鼓励古楼村利用村集体经济资产景华农业开发有限责任公司生产用房，引进金凤养殖有限公司发展 2.5 万只蛋鸡养殖，又成立水富百香李子专业合作社，带动全村高质量发展 2000 多亩李子。劳务输出务工收入是大部分建档立卡贫困户稳定收入来源之一，为了确保疫情防控和农村劳动力转移输出两不误，2020 年上半年，我组织所有挂包单位对古楼村劳动力进行了全面摸排统计，加强对外协调，确保点对点实行劳动力输送，协助古楼村“两委”大力组织村民外出务工。2020 年 3 月，共组织古楼村 466 名村民外出务工，加上未返乡务工人员，截至 2020 年年底，古楼村共计对外输出 1017 名农村劳动力，切实帮助贫困群众以就业促增收。

脱贫攻坚这几年，我见证了水富翻天覆地的变化。我深信，在巩固脱贫成果、乡村振兴和致富奔小康进程中，我们将共同描绘出更加美丽的新水富画卷。

（作者时任中共水富市委常委、宣传部长、水富县新农村工作队总队长）

用心用情践初心　真帮实扶担使命

牟兴伦

按照中共水富市委、市政府的统一安排，中共水富市纪委监委挂钩联系云富街道办事处新安村。新安村地处云富街道办事处西部，属二半山区，自然条件恶劣，基础设施落后，区域发展边缘化，村民经济收入低，社会发展滞后，贫困面相对较大。2017 年 12 月我来到水富工作后，就积极谋划和思考新安村的脱贫工作，经过大家不懈的努力，昔日破旧的村庄换上了美丽容颜，走上了快速发展的道路，2020 年最后 1 户 1 人脱贫后，全村贫困人口实现清零。

牵头抓总　始终凝聚强大合力

中共水富市纪委监委作为挂钩帮扶新安村的牵头单位，我则是新安村实现脱贫之路的“指导员”，首要任务是要组织村“两委”、驻村干部、帮扶干部上下拧成一股绳，团结一心带领群众打赢脱贫攻坚战。我坚持每季度组织 6 家挂钩帮扶单位到新安村召开工作推进会，层层传导压力，压紧压实驻村干部和村“两委”成员责任，强化担当作为，落实精准帮扶措施，切实做好帮扶工作。

“你们党支部现在有几名同志呀，有外出务工的流动党员吗？”“有17名，其中有2名外出务工了。”“现在党支部怎么组织大家开展活动呀？”“带着大家维修村组道路，组织开展环境卫生整治。”“你准备怎么带动大家搞好产业呀？”“我们党支部陈忠洪2018年种了92亩猕猴桃，刘启明养得有一些猪和上百只鸡，下一步准备带动大家多种点猕猴桃和茵红李。”这是我和新联党支部书记薛家莲的1次谈心谈话。村民富不富，重点在党支部。我深知要加强农村基层党建引领，促进党建工作融入脱贫攻坚战，发挥党支部战斗堡垒作用，是带领村民脱贫致富的不二法宝。我每年都要到新安村给同志们讲专题党课，要求大家结合实际开展好党内组织生活，鼓励大家积极为新安村发展献言献策，找寻好的发展思路。坚持每年都和5个党支部书记谈心谈话，听取他们的想法和发展思路，鼓励他们搞好自己的发展，带动周边的农户一起致富。

我历来重视村“两委”干部队伍建设，多次到村调研，和同志们谈心谈话，了解掌握他们的工作情况。2020年5月新安村优秀人才回引计划暨选优配强村党组织书记专项行动中，我担任分析研判组组长，带领8名工作人员对村“两委”班子运行情况、干部履职胜任情况和村党组织书记政治素质、履职情况、作风表现进行了调研，指出了村“两委”班子存在的问题，对优秀人才回引、村干部队伍建设提出了意见。

以身作则　始终把责任扛在肩上

我常和驻村干部和村“两委”成员说：“做好脱贫攻坚工作既要有激情、敢担当，也要严谨细致，时刻把责任扛在肩上，做到在群众中了解情况、在群众中解决问题。”2019年8月，水富市启动农村危旧房整治工作，在中共水富市委安排部署工作会议后，我第一时间召集6家挂钩单位主要领导到村上召开工作动员会，积极统筹新安村的“建新”和“拆危”工作，指导划分片区，压实工作责任，坚持每天到村听取各个片区工作进度情况，召集挂钩单位、村“两委”、网格工作员听取当日的工作情况，并就遇到的问题研究制订解决方法。

冯道和是新联 2 村民小组的村民，他家的房屋一部分是砖混结构的，有 3 间房却是土墙，年久失修，属“危房”，安全隐患较大，需要拆除。为此，驻村干部和村“两委”成员多次上门做工作，但老大爷就是不同意拆，丝毫不松口，是名副其实的“钉子户”。多次研判会上都在提这个问题，但都没有得到解决，我决定亲自入户走访。通过入户了解知道，冯道和和妻子育有一儿一女，子女都在城里工作安家，老两口住不惯城里，就回农村的老宅子里面居住，他们也不是要和政策作对，只是觉得如果房子全拆了，他们就没有容身之处了，所以不愿意拆。我总算明白了原因，连忙向老两口解释：“老大哥，你们理解错了，这次的危旧房整治，只是拆除你们家的土木结构的房间，砖混的我们不拆，而且拆除你们的厨房、厕所以后，你们是可以重新修建的！”经过反复的解释，冯道和终于弄清了事情的来龙去脉，说道：“多亏了你的解释，不然我还搞不清楚。我就说嘛，现在的政策这么好，不可能会让我们没有房子住啊。”随即，他表明他的危房随时都可以拆除，他一定积极配合。

2019 年 11 月底，新安村 360 户危旧房全数拆除。

真情帮扶　始终把群众困难记在心间

用双脚丈量责任，方知责任的分量。干好脱贫攻坚工作就要有埋头苦干的实功、滴水穿石的砥砺韧劲，我始终用枝叶关情的公仆情怀、真抓实干的务实姿态，为群众排忧解难。

“牟书记，真的是太感谢你了，你帮我们家解决了一个大难题！”陈忠彬握着我的手激动地说道。陈忠彬是大池1村民小组的建档立卡贫困户，家里有4口人，2个女儿在读初三，马上就要读高中，妻子在家照顾读书的孩子，偶尔打点零工，赚钱养家供学的重担落在了陈忠彬一个人的肩上，长期在建筑工地干活的他虽然辛苦，好在能勉强支撑一家人的开支，但天不遂人愿，在一次上墙作业的时候，陈忠彬不慎将腿摔伤，短期内无法再干重活，这对本就贫困的家庭造成了巨大的打击，无法干活赚钱，哪来的钱生活，哪来的钱供孩子读书呢？从那以后，陈忠彬脸上的笑容就不在了，能看到的，只是他那满满的焦虑。我知道后，特地到了陈忠彬家慰问，了解了他的情况，安慰道，“再困难，也不能让孩子读不了书，你放心，我来帮你想办法。”授人以鱼不如授人以渔，给予陈忠彬物资还不如帮其落实一个工作岗位，经过多方了解，得知一个单位需要招聘门卫工作者，便立即联系了这个单位，推荐了陈忠彬，帮他解决了工作难题，生活难题也迎刃而解。

敢于亮剑　始终以铁纪保驾护航

“行百里者半九十”，脱贫攻坚进入决战决胜的关键阶段，就要拉满弓、铆足劲。纪检监察机关始终坚持以维护人民群众的根本利益为工作出发点，用好监督执纪利剑为精准脱贫保驾护航，这是组织的重托，也是群众的期待。

我一直将扶贫领域精准监督作为工作着力点，统筹推进水富市扶贫领域季度专项检查，深化扶贫领域腐败和作风问题专项治理，压紧压实各级纪检监察机关监督责任，进一步强化阳光扶贫、廉洁扶贫。为抓好脱贫攻坚“三落实”和农村人居环境提升工作，根据中共水富市委安排，开展脱贫攻坚和农村人居环境整治工作扶贫领域的专项监督。我迅速带领党风政风监督室的同志经过多次商量，拟定了专项监督工作方案，成立4个专项监督组，将脱贫攻坚问题“清零”、百日总攻工作决策部署等要求为专项监督重点。从2020年4月至6月，按照每月监督时间不少于10天，建档立卡贫困户入户抽查数不少于33%的要求开展工作。从动员部署会开始，各组组长就倍感压力大，虽然之前开展过季度抽查、专项检查等工作，但要快速准确全面掌握水富市脱贫攻坚和农村人居环境提升工作开展情况，围绕决战决胜脱贫攻坚目标任务，使监督工作做到发现问题精准、促进整改到位、推动落实高效，还是有困难的。但通过不断学习、总结、交流，经过3个月的辛苦工作，完成了对水富市3385户贫困户的全覆盖走访，发现问题761个，并及时制订整改措施，对照脱贫攻坚问题清零标准，确保按时间节点完成整改。

谁敢动扶贫“奶酪”，就要挨处分“板子”。在新安村党课上我讲道：“下面向大家通报一起发生在我们身边的案例，我们村原党总支部书记、村委会主任景某某，在新安村任职期间，不顾党纪法规，长期占用集体资金，并从工程项目建设中获取不正当利益，其行为违反廉洁纪律、违反国家法律法规，经市纪委常委会研究，给予其开除党籍处分，收缴其违法所得。教训是惨痛的，希望大家吸取教训、引以为戒，时刻保持清醒头脑，不触红线，不踩底线。”“希望大家一定要加强相互监督，这不是找碴刁难而是帮助，大家朝夕相处，知根知底，谁有什么苗头性问题，班子成员之间或有觉察，或有听到群众反映，要及时地提醒指出，避免错误继续和扩大。”党总支部副书记王清书说道。

2020年以来，收到扶贫领域问题线索9件，办结7件，党纪立案2件，警告1人，诫勉问责2人，责令解聘1人（临聘人员），提醒谈话1人，2家单位作出书面检查，查处了一批基层干部的顶风违纪问题。同时，对扶贫领域查处的典型案件，采取灵活多样的方式，加大通报曝光力度，强化警示震慑效应，进一步增强政治效果和社会效果。2018年通报曝光扶贫领域典型 1 起 1 人；2019 年曝光扶贫领域典型案例 5 起 7 人；2020 年通报曝光扶贫领域典型案例 2 起 3 人，不间断地为各级领导干部“拧发条”“戴紧箍”，彰显震慑作用，切切实实以铁纪为脱贫攻坚保驾护航。

（作者时任中共水富市委常委、纪委书记、监委主任）

“铁纪”护航扶贫路

——中共向家坝镇纪委扶贫监督纪实

冯　燕

中共向家坝镇纪委（以下简称镇纪委）始终坚持把精准扶贫作为首要政治任务和第一民生工程，紧紧围绕“两不愁、三保障”和饮水安全目标，对全镇义务教育、医疗、住房安全、饮水安全、产业扶贫、扶贫资金和项目实施管理等开展精准监督，以严明的工作纪律、扎实的工作态度、优良的工作作风，精准有力的监督，为脱贫攻坚全程保驾护航。截至 2020 年，镇纪委发现检查问题 112 个，督促整改问题清单 138 项，诫勉谈话 2 人，警告处分 2 人，印发通报 5 期。

下一线　精准走访“全覆盖”

“老田，您生活过得怎么样？现在家里还有些什么困难？你享受了哪些扶贫政策？驻村干部、挂包干部多久来一次您家里？”“现在，我们搬进了新房子，安上了自来水，通了硬化路，参加了合作医疗，虽然脱贫了，但我们该享受的政策，比如低保、帮扶项目等都依然享受，挂钩帮扶干部也时常来走访慰问，春节的时候，挂钩帮扶干部还给我送来了米和油，我们的日子越过越好。”这是中共向家坝镇纪委干部开展日常监督的一个缩影。打赢脱贫攻坚战，政策落实是关键，纪律作风是保障，为此，镇纪委通过一户户地走，一户户地看，一户户地问，来检查干部作风实不实，政策落实到位不到位。同时，还不定期对驻村干部、挂钩帮扶干部工作效能、作风纪律、政策落实等方面常态开展明察暗访，通过查看驻村签到手册、驻村工作队工作日志、查看贫困措施落实情况，听取建档立卡贫困户对脱贫工作的意见建议。确认有无“走读”帮扶、“挂名”帮扶现象，对帮扶措施不精准，在岗不在状态，出勤不出力造成恶劣影响的挂钩帮扶干部，及时通报选派单位并对当事人进行严肃问责。2015 年以来，因扶贫工作不力，作风不实被问责的有 5 人。

践初心　真情帮扶“解民忧”

2020 年 7 月 9 日一大早，大池村高庙村民小组李正齐家十分热闹，有揭瓦的，有拆大木头的，有搬东西的，门前一片热烈的劳动场面。原来，是工人在帮李正齐家拆除危房。李正齐是大池村高庙村民小组村民，2020 年 50 多岁，他一个人住在旧房子里，房子因为年久失修，房梁已坍塌，侧墙倾斜，下雨天漏水严重，居住起来有很大的安全隐患。之前，村“两委”也多次给老李做过工作，但他一直舍不得拆，再加上他年纪大了，也不想再花钱花精力去建新房子了。在得知老李家情况后，镇纪委书记带着工作组先后多次到老李家跟他做工作，在工作组的不懈努力下，李正齐终于同意拆除老房子了。但此时又面临一个大问题，缺资金，缺劳动力，这个新房子该如何来建，工作组和村上经过多次开会讨论，多方协调，帮助李正齐申请到了水富市农村危旧房建拆整治补助资金 1.5 万元，并联系了施工队，及时帮李正齐把危房拆除，建新房。“老李，你的老房子拆了，安全隐患消除啦，我们心里的石头也落地了。后期，我们将持续跟进新房的建设工作，争取早日让你搬进新房。”工作组组长小曾说道。“谢谢你们啊，不是你们一而再地做工作，不是你们的帮助，我这一辈子也不可能说想要修新房子。”老李激动地说，脸上的笑容却格外好看。

盯资金　严防干部“动奶酪”

“扶贫资金、民生资金、专项资金一分一厘都不能乱花、贪占、挪用。为进一步强化扶贫资金监督管理，使有限资金真正用在刀刃上，确保资金安全、干部清廉。镇纪委采取定时集中督查、常态化监管、实时通报、实地督办、随机暗访等方式，紧盯扶贫领域专项资金管理和使用情况，重点查看扶贫项目是否严格执行招投标制度，项目竣工后是否未验收就支付工程款，是否存在利用虚假项目套取、骗取扶贫资金行为，扶贫资金是否专款专用，是否存在截留、挤占、挪用、滞留资金现象，是否存在违反规定在扶贫专项资金报销工作经费、领取津贴补贴情况等。为确保项目资金的合法使用，确保项目资金落到实处，让建档立卡贫困户得到实惠。镇纪委每月对扶贫领域腐败问题线索开展 1 次集中排查，对脱贫攻坚发现的重点问题、突出问题，及时上报办理。同时，充分发挥“脱贫攻坚五级联动监督平台”作用，对诉求咨询类问题、信访举报类问题严格实行分类处置，建立扶贫领域重点问题办理制度，聚焦和解决突出问题，多轮次、滚动式跟踪督办，切实发挥督办督查的杠杆作用。五级联动监督平台共收到群众反映问题 47 件，已全部办结。

严问责　作风建设“零容忍”

2017年原楼坝村党总支部书记、村务监督委员会主任邹某某和村“两委”委员、片区帮扶干部唐某某，在2016年扶贫安居工程项目中，由于审核把关不严，工作不细，在未核查清楚该村村民尹某某是否符合危房改造政策的情况下，即通过并上报了其申请，批准其建房，导致尹某某违规享受建档立卡贫困户安居工程补助资金3万元，2人受到党内警告处分。大池村党总支部书记黄某某和片区帮扶干部毛某某在2016年农村危房改造中，由于审核把关不严，违规将2户财政供养人员纳入申报，并享受补助政策，2人受到诫勉谈话处分。向家坝镇职工张某某未按时到村开展扶贫工作，违反脱贫攻坚工作纪律要求，给予全镇通报……一个个通报问责，向全镇干部职工传递了以零容忍态度惩治扶贫领域违纪违法行为的坚定决心。动员千遍，不如问责一次，对于在脱贫攻坚中推诿扯皮、工作不认真、入户走访不经常、政策宣传不深入，驻村干部长期脱岗、“两头跑”，工作底数不清，村组干部审核把关不严等问题镇纪委始终保持零容忍态度，发现一起，处理一起。

促公平　干群共织“监督网”

一是畅通信访举报。信访举报是我们获取问题线索的“主渠道”和“情报源”，自脱贫攻坚工作开展以来，镇纪委通过公布举报电话，设立举报信箱，充分发挥村级监察信息联络员、群众在脱贫攻坚工作中的监督作用。同时，变群众“上访”为干部“下访”方式，不定期深入贫困村、贫困家庭“零距离”倾听群众诉求，广泛收集扶贫领域腐败和作风问题的信访举报件，共收到群众反映问题13件。对在扶贫政策落实、扶贫项目建设、扶贫资金使用等方面的信访举报，实行优先处置，快查快结。

二是督促信息公开，让扶贫信息“全透明”。镇纪委始终将扶贫信息列入重点督查内容和对村（社区）组织年终考核范围，对各村（社区）公开情况进行实地查看，对公示内容进行指导把关，实时监测各村（社区）公开情况。对公开信息较少、公开质量不高的村（社区）进行提醒和批评。

抓整改　精准施策“出实效”

面对中央脱贫攻坚专项巡视反馈问题、省、市巡察反馈问题和自查发现问题，镇纪委及时督促相关职能部门抓好整改，始终坚持问题不整改不松手，整改不到位不罢休原则，梳理形成“负面清单”，对照清单一项一项整改销号。定期对整改落实情况进行对照检查，确保所有问题改彻底、改到位，共督促整改问题138项。

强教育　筑牢思想“拒腐墙”

镇纪委注重平时教育与监督执纪相结合，利用干部职工大会、脱贫攻坚推进会、万名党员进党校等多种场合对全镇扶贫干部进行了深入细致的警示教育和思想引导。镇纪委书记向全镇干部职工解读了《中国共产党纪律处分条例》，并及时通报发生在扶贫领域的典型案例，以案释纪、以案说法，用身边事教育身边人，让广大党员干部知敬畏、存戒惧、守底线。同时，镇纪委还紧盯重点人群，围绕恪守扶贫领域纪律等内容，与党总支部书记、驻村第一书记、村“两委”干部及其他帮扶干部进行面对面的深入交流，增强广大党员干部遵规守纪意识。同时，对党员干部苗头性、倾向性的问题及时谈话提醒或批评教育，努力把问题消灭在萌芽状态或初始阶段。2020 年，共开展学习教育 35 次，谈心谈话 80 人次。

脱贫摘帽不是终点，而是新生活、新奋斗的起点。镇纪委将继续履行监督第一职责，以更大力度、更加精准、更高质量的监督检查，推动脱贫攻坚工作务实、过程扎实、结果真实，坚决打赢脱贫攻坚战。

（作者系中共水富市向家坝镇纪委工作人员）

严规铁纪　护航脱贫攻坚

张晓红

2015年以来，中共太平镇纪委（以下简称镇纪委）聚焦扶贫领域关键环节、重点岗位，以重宣传促教育、建制度促纪律、惩贪腐促廉洁，切实加大监督执纪问责力度，铁纪“亮剑”，为决战决胜脱贫攻坚提供坚强纪律保障。

抓实廉政教育　筑牢思想防线

加强扶贫领域的作风建设，思想教育是基础。镇纪委切实强化学习夯实思想根基，扛起脱贫攻坚的政治责任，把抓紧抓实扶贫领域的作风建设作为一项常态化的基本工作任务。从增强教育的及时性、针对性、实效性和经常性着手，不放松、不停顿、不懈怠，不断强化党员干部作风建设，严明纪律规矩，积极探索开展作风建设的新做法，确保脱贫攻坚工作务实、过程扎实、成果真实。

首先，以案为鉴，正风肃纪。党的十八大以来，中共中央纪委以强烈的历史使命感和责任感抓党风、反腐败。从全国通报的案件来看，在基层，以各种名义侵占扶贫资金的现象屡禁不止，有的基层干部优亲厚友、雁过拔毛、虚报冒领、骗取套取、克扣截留扶贫资金的现象时有发生。严查扶贫领域腐败问题不仅需要惩治已然、亡羊补牢，更重要的是把纪律挺在前面，平日里常提醒、勤教育，用常态化的咬耳扯袖，红脸出汗，让广大干部从思想源头上消除贪腐之念。抓实基层党员干部的廉政教育，持之以恒开展扶贫领域警示教育活动，成了镇纪委加强作风建设的重要手段。2015年以来，太平镇将学习扶贫领域典型案例作为规定动作，坚持把廉政教育纳入纪检监察工作总体部署和“万名党员进党校”、党支部书记轮训等干部培训计划，利用大小会议、微信群、QQ群、太平镇秀美太平微信公众号等平台通报曝光各级纪检监察部门查处的扶贫领域典型案例。同时建立和完善廉政教育工作机制，全面落实反腐倡廉宣传教育工作联席会议和协调会议制度。检视反思、校正偏差，推动形成层层引领、整体联动的廉洁履职示范效应。并在重要时间节点，推送廉政“微警示”“微提醒”，着力打造“指尖廉政教育”，将警示教育成为“日省吾身”的利器，使太平镇基层党员干部随时接受廉洁教育，把住廉洁关口。同时，以“村级廉政教育”为平台，不断下移廉政教育重心，充分结合主题党日等活动，将廉政文化知识、最新反腐动态、党纪政纪条规等内容融入农村党员组织生活中，适时组织镇村干部到警示教育基地开展警示教育，进一步教育引导党员干部学纪守纪，学法守法，实现对基层党员干部廉政教育全覆盖。通过以案说法、警示教育等方式，引导党员干部强化作风、严守纪律，为脱贫攻坚提供有力保障。

其次，以案促改，标本兼治。压实全面从严治党监督责任和监管责任，教育引导党员干部进一步增强廉洁意识，筑牢拒腐防变的思想防线，推进扶贫工作向纵深发展。认真实践监督执纪“四种形态”（即经常开展批评和自我批评、约谈函询，让“红红脸、出出汗”成为常态；党纪轻处分、组织调整成为违纪处理的大多数；党纪重处分、重大职责调整的成为少数；严重违纪涉嫌违法立案审查的成为极少数），对扶贫领域出现的苗头性、倾向性问题早招呼，早提醒、早处理。在日常工作中，对群众关注的热点难点问题，切实盯紧责任人，经常开展提醒谈话，常敲警钟。通过召开专题民主生活会、组织生活会开展自我剖析，查找问题根源，切实做好监督执纪“后半篇文章”，推动“事后查处”向“标本兼治”延伸拓展。坚持因案制宜、逢案必改，持续推动以案促改形成常态、取得长效。

第三，以案示警，筑牢防线。进一步加强党风廉政建设，增强广大党员干部廉洁自律意识，筑牢思想道德防线。5年来，结合开展主题党日活动、集体观看视频、“不忘初心、牢记使命”主题教育，镇党委到水富市看守所开展警示教育2批次106人。党政主要领导不定期上廉政党课，进一步教育引导全镇党员干部“知敬畏、明底线、守规矩”。

加强监督执纪　促进干部廉洁

脱贫攻坚工作每个环节都是至关重要的，项目落地、资金使用、干部作风都直接关系脱贫的成效和群众的获得感。决战脱贫攻坚，既需要精准施策，更需要严明的纪律保障，确保政策落实到位、资金用在刀刃上。镇纪委多措并举，深入推进扶贫领域监督执纪问责，推动全面从严治党覆盖到扶贫领域“最后一公里”。

首先，强化纪律制度，监督执行到位。一是强化对党政主要领导的监督。为了加强对党政主要领导权力运行的制约和监督，促进权力公开透明运行，我们制订了《太平镇党政主要领导“四不直接分管”和“末位表态”制度实施办法》，规范权力运行机制，坚持好民主集中制，对“三重一大”（即重大事项决策、重要干部任免、重要项目安排、大额资金的使用）等重要事项坚持集体决策。二是强化对领导班子成员的监督。领导班子成员均在各自分管范围内开展了党性党风党纪和廉洁从政教育共计300余场次；带领分管单位查找廉政风险点，制订防控措施，全镇6个村（社区）和站所梳理出廉政风险点178个，制订防控措施178条，有效对风险点实施了防控，确保了廉政案件“零”发生；逐步推进了权力清单化、运行程序化和办事全公开透明；领导班子分管领导要对其分管范围内出现的损害群众利益的不正之风、违反工作纪律等情况予以“背书”，在违纪人员向纪委的书面检查上签字；督促班子成员进行述廉述责，并按时向党风廉政建设领导组进行书面报告。三是强化“为官不为”专项整治。围绕“着力抓好四个排查”（即一是排查不作为的问题，重点是对群众办事态度冷漠、对上级布置的任务敷衍应付、工作不在状态、不敢担当等；二是排查乱作为的问题，重点是不讲规矩不按程序办事、不善于听取群众意见决策、吃拿卡要、乱收费乱罚款乱摊派、办事不公、强占强拆等；三是排查贪腐谋私的问题，重点是贪占挪用挥霍集体财务、套取骗取国家补贴补助款、截留克扣冒领惠民资金、滥用手中权力中饱私囊等；四是排查执法不公的问题，重点是暴力执法、选择性执法、随意性执法、办“关系案”“人情案”）的要求，通过一次问卷调查、一个村级宣传栏、一个线索举报箱和举报电话、一次谈心谈话、一次警示教育、一次干部接访下访、一次村级财务审计、一次专项行动这“八个一”动作，集中排查整治基层党员干部违纪违法典型问题，全镇实现了无贪腐谋私、执法不公的问题发生。四是强化突出问题的监督。认真开展了“六个严禁”的专项整治。严禁领导干部违规插手干预工程建设、违规插手土地征用、违规插手矿产资源开发利用、违规使用扶贫救灾和社保资金、收受“红包”、违反党的组织人事纪律。把整治“乱作为”与纠正“不作为”结合起来，既严肃查处违反“六个严禁”的行为，又鼓励支持大胆履职、敢于担当。全镇工程招投标、政府采购和工程或项目的验收等全部实行了向镇纪委备案制。五是强化“平台”的监督。抓实畅通群众诉求“五级联动”监督平台管理，共受理群众诉求1000余件，办结率百分之百，群众满意率百分之百；推行为民服务“五办”（村级干部代办、便民中心快办、值班人员导办、边远地区驻办、镇纪委督办）工作模式，共接待群众上万人次。

其次，切实履行职责，强化监督检查。镇纪委始终将扶贫领域腐败和作风问题治理工作作为一项重要政治任务，紧盯扶贫领域关键环节、重点领域，扎实开展监督检查，切实履行监督执纪职责。太平镇先后印发了《太平镇党政办公室关于成立太平镇脱贫攻坚作战指挥部的通知》《中共水富市太平镇纪律检查委员会关于2019年五一、端午期间加强纪律作风建设的通知》《中共太平镇纪律检查委员会关于严明脱贫攻坚工作纪律的通知》《太平镇“党规党纪宣传教育”活动实施方案》《镇纪委班子分工及包片联系的通知》《太平镇开展坚决纠正和防止“不作为乱作为”问题集中整治工作实施方案》《太平镇安全生产专项纪律检查方案》《太平镇基层“微腐败”专项治理工作实施方案》《关于进一步加强作风建设的实施意见》《重点（中心）工作向纪委月报告制度》《太平镇党风廉政建设工作联络员制度》《党风廉政建设专项考核制度》《2015年党风廉政建设和反腐败工作任务分解》《太平镇党政主要领导“四不直接分管”和“末位表态”制度实施办法》等，并通过不定时地监督检查绷紧党员干部精神上的那根弦，通过稳固作风根基，助推脱贫攻坚取得实效。检查前，纪检干部强化了扶贫业务学习，精准校对退出贫困镇、贫困村各项指标，对准工作效果、内容和方法、流程等进行认真学习，让监督检查有的放矢，取得实绩实效；检查中，以问题为导向，全面落实督查检查工作要求，确保不流于形式、不走过场，对发现存在作风不实、优亲厚友等问题当即开展调查核实。一是紧盯扶贫工作主体责任缺失、履职不到位、优亲厚友等侵害群众利益的突出问题，坚持精准发力执纪，坚决斩断贪污“黑手”。扶贫期间，收到扶贫领域问题线索11件，其中初核失实了结4件给予谈话提醒1人，通报批评1人、诫勉谈话2人、警告1人、严重警告1人，以案震慑作用有效发挥。二是紧盯镇村履行扶贫工作主体责任和职能部门履行监管责任，对有责不尽、履责不力的，从严问责，先后对工作失职失责、作风漂浮的3人予以通报批评、诫勉谈话。其中对脱贫攻坚工作重视不够，履责不到位等问题，给予通报批评处理1人。还对未按照驻村要求落实驻村制度诫勉谈话2人。2015年

11月以来，镇纪委对扶贫等中心重点工作开展日常督查70余次，专项督查10余次，发现问题200余个，发出督查通报5期、谈话14人次、书面检查2人次，切实履行监督这一首要职责。

严肃资格联审　纯洁干部队伍

结合“不忘初心、牢记使命”主题教育，镇纪委始终遵循“党要管党、从严治党”根本原则，开展了对软弱涣散党组织的集中整顿工作。

首先，“把”规矩“严”联审。根据《关于建立村（社区）干部任职资格联审和县级备案管理制度的通知》（昭组通〔2018〕69号文件）和《关于印发〈水富市村（社区）干部任职资格联审和市级备案管理工作方案〉的通知》（水组发〔2018〕2号文件）要求，镇纪委联合派出所、司法所等相关部门对5个村的38名村“两委”干部和35名农村党支部书记、126名村民小组长进行“过筛子式”任职资格联审。核查并剔除曾受过刑事处罚的1名村“两委”干部和4名村民小组长。

其次，“夯”基础“强”队伍。“党支部强不强，关键看领头羊”。太平镇在软弱涣散党组织整顿中，把建设一支公道、正派、勤政、廉洁、高效、务实、年轻、活力的村“两委”干部队伍放在首位。一是严格按中共昭通市委组织部和中共水富市委组织部“关于村（社区）干部任职资格联审和县级备案管理制度”的文件要求，及时清退了受过刑事处罚的1名村“两委”干部和4名村民小组长，净化了村级干部队伍。二是及时调整了3名村党总支书记、3名村党总支副书记和6名村党总支委员，配齐配强了村级党总支部班子。三是按程序开展村委班子缺额补选工作，选优配强各村委班子。

全面扎实做好扶贫领域的监督执纪工作，坚决遏制扶贫领域腐败现象既是全面从严治党、厚植党执政基础的必然要求，也是打赢脱贫攻坚战的纪律保障，更是数千万贫困人口的民心所向。镇纪委将紧盯新动向新表现、新领域新业态，努力在提高办案质量、加大直查直办力度、整合村级监督力量、增强监督合力、强化末梢监督等方面出实招求实效，为巩固脱贫攻坚成果提供更为坚强的纪律保证。

（作者系中共水富市太平镇纪委工作人员）

大事记

罗华凯

2015年

5月，编制申报《水富县两碗镇整乡推进扶贫项目实施方案》，6月1日经省扶贫办组织专家评审通过，7月13日昭通市政府批复实施，中央、省级投入财政专项扶贫资金2000万元。

9月9日，昭通市人大常委会副主任、民建昭通市委主任赵卫，昭通学院副院长、致公党昭通支部主委陶仁，中共昭通市委统战部常务副部长曹内彬等领导率市直统战系统到挂钩帮扶点水富县太平镇实地调研。

9月19日，水富县召开扶贫攻坚暨"挂包帮""转走访"工作会议，安排部署全县扶贫攻坚暨"挂包帮""转走访"工作。同日，中共水富县委、县政府印发《关于举全县之力打赢扶贫开发攻坚战的实施意见》，中共水富县委办、县政府办印发《关于建立扶贫攻坚"挂包帮""转走访"长效机制的实施方案》。

9月21日，中共水富县委书记薛桂强到扶贫攻坚挂钩帮扶联系点三角村开展"挂包帮""转走访"。

9月28日，水富扶贫开发投资有限公司设立。

10月，编制完成《水富县易地扶贫搬迁三年行动计划项目实施方案》《水富县易地扶贫搬迁建设项目实施方案》（农发行贷款申报文本），2016年1月落实协议贷款1.4亿元，2016年2月实际到位贷款5000万元，后政策改变，易地扶贫搬迁建设项目由国开行承贷，原农发行贷款与国开行置换，县级贷款资金国开行委托农发行代管。

11月，按照省、昭通市统一安排部署，开展扶贫攻坚建档立卡“回头看”工作。

11月3日，中共水富县委、县政府在两碗镇、三角村分别召开镇、村两级扶贫攻坚暨“挂包帮”“转走访”工作推进会议。

11月5日，水富县易地扶贫搬迁建设项目指挥部及其办公室成立。

11月7日，水富县扶贫开发领导小组印发《水富县扶贫攻坚建档立卡“回头看”实施方案》。同日，水富县扶贫开发领导小组办公室印发《关于下达扶贫对象建档立卡规模控制数的通知》。

11月23日，中共水富县委组织部选派机关优秀干部42名到贫困镇、贫困村挂职锻炼。

2016年

1月15日，召开水富县扶贫开发工作会议，分析全县脱贫攻坚面临的形势和机遇，确保水富实现率先脱贫目标，与全国全省昭通市同步全面建成小康社会。

1月23日，组建12支驻村扶贫工作队赴全县12个贫困村开展脱贫攻坚工作。

2月，编制申报《水富县太平镇整乡推进扶贫项目实施方案》，3月10日经省扶贫办组织专家评审通过，5月13日昭通市政府批复实施，中央、省级投入财政专项扶贫资金2000万元。

3月24日，成立水富县扶持集体经济发展领导组及其办公室。

4月24日，昭通市易地扶贫搬迁暨农危改工作督查组第三小组在组长吴俊带领下对石燕村“挂包帮”“转走访”和易地扶贫搬迁暨农危改工作进行专项督查。

4月28日，水富县召开新一轮建档立卡“回头看”工作会议，对新一轮建档立卡“回头看”工作进行安排部署。

5月5—6日，中共昭通市委书记范华平和市委副书记王忠分别率队来水富县就脱贫攻坚工作进行现场观摩点评。中共水富县委书记薛桂强，县长高绍周随同观摩团二组参加现场观摩活动。

5月11日，召开中共水富县委九届五十二次常委（扩大）会议。会议传达贯彻中共昭通市委范华平书记，5月5日到水富县开展脱贫攻坚现场观摩点评活动、5月9日在水富市脱贫攻坚现场观摩点评总结会，暨镇彝威革命老区三年行动计划推进会上对水富工作的指示精神，安排部署当前水富重点工作。

6月2日，中共水富县委书记薛桂强到太平镇调研脱贫攻坚工作并主持召开太平镇脱贫攻坚推进会。

6月22日，以昭通市政府督查专员陈伟为组长的昭通市扶贫开发工作督查组来水富县，就5月上旬中共昭通市委书记范华平来水富县开展的脱贫攻坚工作现场观摩点评问题整改落实情况进行专项督查。

6月27日，中共水富县委办、县政府办转发《中共云南省委办公厅云南省人民政府办公厅关于印发〈云南省贫困退出机制实施方案〉的通知》。

7月15日，调整充实水富县扶贫开发领导组和县“挂包帮”“转走访”工作联席会议，总召集人薛桂强，召集人高绍周、熊启东、王罡、宋恩骑、陈关桦、盛学伦、匡锐，并设考核、督查、宣传、业务指导4个工作组，下设办公室在县扶贫办，由葛国锋担任办公室主任。

7月21—22日，市扶贫攻坚专项纪律检查组副组长、市纪委第四纪检监察室主任沈大鹏率检查组，来水富县开展扶贫开发攻坚战专项纪律检查。

8月9日，中共水富县委、县政府转发《中共昭通市委、昭通市人民政府印发〈关于深入实施易地扶贫搬迁扎实推进农民进城入镇的指导意见（暂行）〉的通知》。

8月22日，水富县召开2016年脱贫出列贫困村现场观摩暨经验交流会议。

9月2日，水富县扶贫开发领导小组印发《水富县脱贫攻坚档案管理实施细则》。

9月19日，水富县政府批复《水富县易地扶贫搬迁建设项目实施方案》。

9月23日，中共水富县委办、县政府办转发《中共昭通市委办公室、昭通市人民政府办公室印发〈关于深入推进昭通市易地扶贫搬迁工作的指导意见〉的通知》。

10月10—11日，中共昭通市委书记范华平，中共昭通市委副书记、市长郭大进分别率领昭通市第二次脱贫攻坚现场观摩点评第一组、第二组人员来水富县开展脱贫攻坚现场观摩点评。市四套班子领导，各县（区）书记、县长，市直相关部门主要领导参加现场观摩点评活动。

10月20日，国务院扶贫开发领导小组第17督查巡查组组长、中华全国供销合作总社理事会副主任、党组成员、直属机关党委书记邹天敬率队来水富县，就脱贫攻坚工作推进情况开展专项督查。10月20日，中共云南省供销合作社党组书记、主任李琳玻，中共昭通市委副书记王忠，中共水富县委书记薛桂强等陪同督查。

11月3日，中共水富县委书记薛桂强率队深入太平镇二溪村三星片区，就脱贫攻坚工作进行专题调研，了解易地扶贫搬迁住房建设情况。

11月4日，中共水富县委书记薛桂强主持召开扶贫开发领导组会议。

11月10日，中共昭通市委常委、市委统战部部长申琼带领市直统战系统干部职工，深入太平镇开展“挂包帮”“转走访”。

12月6—16日，水富县20个村民委员会开展脱贫攻坚现场观摩活动。

12 月 30 日，中共水富县委办、县政府办印发《水富县 2016 年贫困镇贫困村贫困户脱贫退出验收方案》。

2017 年

1 月 30 日，水富县政府批准两碗镇三角村、花坛村、新滩村、太平镇二溪村、古楼村、太平村 6 个贫困村 2016 年脱贫退出。

2 月 13 日，水富县召开 2016 年扶贫开发成效和贫困退出考核检查验收工作会议。

2 月 17—18 日，昭通市政协副主席晏祥莉带领市检查验收组第十组来水富县检查验收 2016 年扶贫开发成效和贫困退出考核工作，并召开反馈会。

2 月 27 日，中共水富县委组织部、县“挂包帮”“转走访”联席会议办公室印发《关于做好 2017 年度驻村扶贫工作队队员轮换调整工作的通知》。

3 月 1 日，中共水富县委办、县政府办印发《关于分解下达水富县脱贫攻坚重大战略部署重要政策措施目标任务的通知》。

3 月 15 日，中共云南省委组织部考评处副处长马斌、昆明市扶贫办统计监测处副调研员任熙忠、省人大常委会办公厅老干处副处长王舵华、省扶贫办产业金融处副调研员温树敏等 20 人组成的省扶贫开发工作成效和贫困退出考核组来水富县考核。

4 月 7—8 日，中共昭通市委常委、市委统战部部长申琼带领市督导组来水富县督导脱贫攻坚工作。

4 月 18 日，中共水富县委办、县政府办印发《水富县脱贫攻坚“找问题、补短板、促攻坚”专项行动实施方案》《县级领导专项督导工作方案》《水富县易地扶贫搬迁工作整改方案》。

4 月 26 日，中共水富县委、县政府印发《水富县脱贫攻坚六大行动计划》。

5 月 2 日，中共水富县委副书记、县人民政府县长高绍周主持召开水富县第十届人民政府第3次常务会议，研究易地扶贫搬迁问题整改及其他工作。

5月3—4日，昭通市脱贫攻坚“找问题、补短板、促攻坚”专项督查组第六组组长、昭通市扶贫办副主任刘强率队来水富县开展脱贫攻坚“找问题、补短板、促攻坚”工作。

5月19日，水富县召开精准识别调查摸底动员暨培训会议。

5月23日，昭通市扶贫办副主任刘强为组长的市精准识别摸底调查督查组来水富县检查指导工作。

6月5日，水富县召开“挂包帮”“转走访”暨精准识别摸底调查压实责任专题会议。

6月8日，中共昭通市委书记杨亚林来水富县调研脱贫攻坚工作。

6月19日，中共水富县委办、县政府办印发《水富县贫困人口精准识别摸底调查工作巡查方案》。

6月23日，中共水富县委办印发《在脱贫攻坚工作中开展“自强、诚信、感恩”主题教育实践活动实施方案》。

6月25—26日，香港中原集团主席兼总裁、慈善人士施永青携夫人陈佩霞、女儿施惠欣来水富县就其多年来捐资公益事业实施及脱贫攻坚工作进行实地考察。

7月8日，中共昭通市委常委、市委统战部部长申琼来两碗镇各村调研脱贫攻坚工作。

7月9—12日，昭通市级考核组一行6人，来水富县开展精准识别摸底调查考核工作。

8月21日，中共水富县委办、县政府办印发《水富县农村危房改造实施方案》。

9月6日，云南省质量考评工作组组长、云南师范大学博士、硕士生导师蔡定昆带领省考评组一行7人，来水富开展为期10天的贫困对象动态管理质量考评工作。

9月16日，中共昭通市委副书记王忠来水富县调研河长制工作开展情况及脱贫攻坚工作开展情况。

同日，昭通市人大常委会副主任赵洪乖带领市人大机关工委，来水富县太平镇调研脱贫攻坚工作。

9月29—30日，昭通市供销社主办，市团委协办的“昭通市金江片区贫困村农民专业合作社理事长培训班”在水富县举办。

10月20日，中共水富县委组织部、县“挂包帮”“转走访”联席会议办公室印发《关于调整驻村扶贫工作队队员的通知》。

10月26日，中共云南省纪委驻省政府办公厅纪检组组长张鸿建、云南省移民局局长韩梅一行来水富县就移民安置、后期扶持、资金监管、库区社会稳定以及在移民工作中贯彻落实中央和省委省政府脱贫攻坚决策部署情况开展调研。

11月7日，水富县召开扶贫开发领导组2017年第2次（扩大）会议。

同日，中共水富县委办、县政府办印发《关于通报表扬水富县贫困对象精准识别、“国卫”巩固、创“长安杯”“一会一赛”、信访维稳工作先进集体和个人的通知》。

11月17日，中共水富县委办、县政府办印发《关于加强水富县脱贫攻坚4类重点对象农村危房改造工作实施方案》。

11月21日，中共水富县委组织部印发《关于进一步明确驻村扶贫工作队队员和第一书记的通知》。

11月23日，中共水富县委办、县政府办印发《水富县加快发展马铃薯、生猪、肉牛产业助推脱贫攻坚实施方案》。

11月27—29日，以云南省疾控中心党委书记杨军为组长的云南省卫计委健康扶贫督导组来水富县督导调研健康扶贫工作。

12月9日，中共水富县委办、县政府办印发《水富县全面深入开展易地扶贫搬迁对象摸底调查精准识别工作方案》。

12月15日，中共水富县委办、县政府办印发《水富县扶贫领域当前突出问题专项治理方案》。

12月24日，水富县召开脱贫攻坚专题会议。

12月29日，中共水富县委办、县政府办印发《关于在水富县深入开展扶贫领域腐败和作风问题专项治理工作方案》。

2018年

1月15日，中共昭通市委常委、市委统战部部长申琼到脱贫攻坚挂钩帮扶点水富县太平镇二溪村易地扶贫搬迁安置点回龙堡，与县、镇、村干部一道参加王胜均一家新居落成乔迁活动。同日，还开展春节前走访慰问贫困户活动。

1月18日，中共水富县委书记薛桂强主持召开县扶贫开发领导小组2018年第一次（扩大）会议。

1月19日，中共水富县委书记薛桂强到两碗镇三角、两碗、花坛、石燕等4个村随机抽查，迎接全省2017年度扶贫开发成效考核准备工作情况。

3月10—14日，云南省发改委易地扶贫搬迁工作第四督导组组长、省发改委副主任、能源局局长丁兴忠一行来水富县督导2018年一季度稳增长和易地扶贫搬迁工作。14日下午召开督导工作反馈会。

3月22日，中共水富县委书记薛桂强主持召开县扶贫开发领导小组2018年第4次会议暨“挂包帮”“转走访”联席会议。

同日，成立水富县产业扶贫工作领导组，组长熊启东，副组长陈韬、杨贵阶、杨凯、黄泽琨，领导组下设办公室在县农业局。

4月10日，中共水富县委办、县政府办印发《水富县农业产业化发展实施方案》。

6月7—8日，中共水富县委书记薛桂强到太平镇和云富街道办事处调研督导脱贫工作。

6月25日，成立水富县驻村工作领导组，组长熊启东，常务副组长张琴，副组长匡锐，领导组下设办公室在县委组织部。

同日，水富县召开驻村扶贫第一书记和工作队队员管理暨培训会。

7月2日，中共水富县委书记薛桂强主持召开县扶贫开发领导小组2018年第五次全体会议。

7月9日，中共昭通市委常委、市委统战部部长申琼到太平镇二溪村慰问农村老党员，并就三星坝回龙堡片区脱贫攻坚工作开展调研。

7月15日，以昭通市卫计委副主任余青梅为组长的市健康扶贫暨家庭医生签约服务工作半年督导组来水富县检查工作。

7月26—27日，水富县政府召开脱贫攻坚措施“村村清户户清”研判会暨施工图、路线图、项目库评审会。

8月16日，农工党云南省委参政议政处处长程本文率调研组来水富县，开展农村建档立卡贫困人口，家庭医生签约服务制度实施情况课题调研并召开座谈会。

9月7日，水富召开产业扶贫暨农村综合改革基础工作推进会议。

9月9日，中共昭通市委常委、副市长蔡宏一行来水富县调研脱贫攻坚工作。

10月6日，水富县召开脱贫攻坚项目库建设专题会议。

10月9日，中共昭通市委常委、市委统战部部长申琼到挂钩帮扶点——太平镇二溪村调研回龙堡片区产业发展。

10月10日，水富县召开“挂包帮”“转走访”联席会暨贫困对象动态管理和贫困退出工作培训会。

10月23日，水富县召开脱贫攻坚“问题清零”业务知识培训会。

11月21日，水富市召开扶贫开发领导小组2018年第一次全体会议。

11月28日，水富市召开脱贫攻坚动态管理大排查工作研判会。

12月5日，中共水富市委办、市政府办印发《水富市打赢精准脱贫攻坚战三年行动实施方案》。

12月20—24日，云南省发展改革委副调研员、省2018年扶贫开发工作成效考核昭通组组长李凌一行14人，对水富市2018年扶贫开发工作成效进行全面考核。

2019年

1月14日，中共水富市委副书记、市长李松涛，主持召开市扶贫开发领导组2019年第一次全体会议。

3月29日，中共水富市委副书记、市长李松涛，主持召开中央第十二巡视组对云南省开展脱贫攻坚专项巡视反馈意见会议后，召开市委常委班子整改专题民主生活会。

5月13—14日，中共昭通市委常委、市委统战部部长申琼带领昭通市商务局、民盟昭通市委、民建昭通市委有关负责人到水富市就脱贫攻坚、产业发展、民营经济等工作开展调研。

5月22日，中共水富市委副书记、市长李松涛，主持召开水富市扶贫开发领导小组2019年第二次会议暨脱贫攻坚巩固提升与乡村振兴群众意愿走访调查工作会议。

6—7月，编制申报《水富市2019年度三峡集团帮扶资金项目实施方案》，8月22日经昭通市扶贫办组织评审通过，11月15日下达水富市帮扶资金2967万元。

7月5日，水富市扶贫开发领导组召开2019年第三次会议。

7月19日，成立水富市跨省搬迁安置试点工作领导小组。同日，中共水富市委办、市政府办印发《水富市农村住房安全隐患排查整治工作实施方案》。中共水富市委办、市政府办印发《水富市农村居民危旧房屋整治工作方案》。

8月28日，中共水富市委办、市政府办印发《关于打好水富市义务教育阶段控辍保学攻坚战的行动计划》。

9 月 11 日，中共水富市委书记李松涛到两碗镇三角村调研督导农村危旧房建拆整治工作。

10 月 21 日，调整水富市扶贫开发领导小组，组长李松涛、成刚，常务副组长熊启东，副组长向东、何坤，领导小组下设办公室在市扶贫办；调整水富市“挂包帮”“转走访”工作联席会议，总召集人李松涛。

10 月 31 日，中共水富市委办、市政府办印发《水富市打好农村人居环境整治提升“百日攻坚”人海战行动实施方案》《水富市违法违规建筑“百日攻坚”专项整治工作方案》。

11 月 29 日，中共水富市委书记李松涛主持，召开市扶贫开发领导小组 2019 年第五次会议。

12 月 1 日，中共水富市委常委、常务副市长向东主持召开水富市 2019 年脱贫攻坚培训会。

12 月 3 日，中共水富市委书记李松涛到两碗镇三角村调研督导脱贫攻坚工作。

12 月 12 日，江西省总商会副会长、中大集团董事长兼总裁彭国禄带领全国工商联第二调研联系组第三小组到水富市，就“贯彻落实党的十九届四中全会精神和习近平总书记重要讲话精神”、民营企业发展、脱贫攻坚等工作开展调研。云南省工商联党组成员、副主席王伟陪同。

12 月 27 日—2020 年 1 月 1 日，昭通市扶贫办副调研员、省 2019 年脱贫攻坚工作成效考核水富组组长陆波一行 6 人，对水富市 2019 年脱贫攻坚工作成效进行全面考核。

2020 年

2 月 24 日，中共水富市委组织部印发《关于调整选派部分驻村扶贫工作队队员的通知》。同日，调整水富市“挂包帮”“转走访”工作安排。

2月25日，水富市扶贫开发领导小组印发《水富市脱贫攻坚挂牌督战工作方案》。

3月11日，水富市扶贫开发领导小组印发《关于加强脱贫攻坚任务分析研判的通知》。

4月8日，水富市扶贫开发领导小组印发《水富市决战决胜脱贫攻坚百日总攻行动实施方案》。

4月10日，召开水富市扶贫开发领导小组2020年第一次会议暨农村人居环境整治工作推进会议。

4月21日，水富市扶贫开发领导小组印发《水富市脱贫攻坚清查摸底实施方案》。

5月24日，水富市扶贫开发领导小组印发《关于调整“挂包转走访”工作安排的通知》。

6月5日，召开水富市扶贫开发领导小组2020年第二次会议，暨模拟普查培训会议。抽派54名模拟普查员、30名数据审核员开展水富市脱贫攻坚模拟普查工作。

7月，按照《云南省脱贫攻坚普查方案》要求，水富市抽派50名普查员到昭通市鲁甸县参加脱贫攻坚普查工作。

7月17—18日，国务院扶贫办宣教中心培训处副处长，王海涛一行2人来水富复核两碗镇群众反映的识别不精准问题。

8月28日，水富市扶贫开发领导小组印发《水富市决战决胜脱贫攻坚百日提升行动实施方案》。

11月20—25日，云南省2020年脱贫攻坚工作成效考核水富组组长吴俊一行6人，对水富市2020年脱贫攻坚工作成效进行全面考核。

（作者时任水富市扶贫办三级主任科员）

《昭通市脱贫攻坚大决战实录》后记

经过半年的筹划，历时一年的编撰，《昭通市脱贫攻坚大决战实录》〔全套书共19卷，其中市级8卷、县（市、区）11卷〕终于在党的百年华诞之际与广大读者见面了。这既是政协昭通市第四届委员会文史工作的成果展示，又是对我市脱贫攻坚工作客观真实的记录，更是用真实的故事展示历史资料的大胆尝试。

反贫困是世界性难题，也是现代国家面临的迫切任务。党的十八大以来，以习近平同志为核心的党中央把扶贫开发摆到治国理政的重要位置，提升到事关全面建成小康社会、实现第一个百年奋斗目标的新高度，纳入“五位一体”总体布局和“四个全面”战略布局进行决策部署，加大扶贫投入，创新扶贫方式，出台系列重大政策措施，扶贫开发取得巨大成就。

昭通作为全国、全省脱贫攻坚的主战场，是最难啃的“硬骨头”。2015年习近平总书记首次离京考察就到昭通，对昭通脱贫攻坚工作提出了“三个更加”的重要指示要求。昭通全市上下牢记习近平总书记的殷切嘱托，坚持把脱贫攻坚作为全市工作的主题主线，坚持“双统领”“双保障”“双推进”，践行“133”工作思路，汇聚中央和省定点单位、东西部扶贫协作、社会扶贫和各族干部群众磅礴力量，在昭通脱贫攻坚主战场上打响了一场史无前例的脱贫攻坚大决战，长期困扰昭通发展的主要“瓶颈”得以突破，实现根本性跨越，全市185.07万贫困人口全部脱贫、1235个贫困村全部出列、10个贫困县（区）全部摘帽，昭通大地发生了翻天覆地的变化，困扰昭通千百年的绝对贫困得到历史性解决。

为充分发挥政协文史资料“存史、资政、团结、育人”功能，客观、真实地记录昭通市在脱贫攻坚中各项建设和群众生活发生的变化，记述各级干部群众在脱贫攻坚工作中可歌可泣的感人故事，市政协党组拟组织相关部门、专家对2015—2020年我市开展脱贫攻坚的重大事件、典型故事进行搜集整理，编撰《昭通市脱贫攻坚大决战实录》丛书。

在市政协成联远主席亲自关心和指导下，编委会拟订了编撰工作的初步方案和《昭通市脱贫攻坚大决战实录》的整体框架，并于2019年8月7日向市委报送了关于编撰《昭通市脱贫攻坚大决战实录》的请示，市委杨亚林书记批示“此项工作很有意义，同意组织编写，请联远主席牵头负责”。按照市委的批示，市政协党组迅速行动，成联远主席亲自安排、统一部署，及时组织专家拟出了《昭通市脱贫攻坚大决战实录》编撰任务分解方案，经反复讨论、多次修改后，于2020年3月30日上报市委，市委杨亚林书记批示“同意所报方案，客观精准务实地做好工作”。

2020年4月14日，市政协组织召开了《昭通市脱贫攻坚大决战实录》专题会议，市委副书记朱家伟出席会议并作动员讲话，编撰工作在全市正式启动，会议统一了认识、明确了要求。为进一步细化任务、落实责任，编委会于2020年4月23日印发了《昭通市脱贫攻坚大决战实录》编撰任务分解方案的通知，加强对市级单位和县区市编撰工作的指导。随后，市政协副主席陶仁带领专家对11个县（市、区）的编撰工作进行了调研、培训、指导、督促，推动各县（市、区）编撰工作有效开展。针对全市编撰工作存在的问题，编委会经反复研究，统一思想，召开了由40多个市级部门参加的征求意见协商座谈会，在此基础上，进一步完善了编撰任务细化量化分解方案，印发到各县市区加强指导，并于2020年7月16日召开了《昭通市脱贫攻坚大决战实录》编撰工作推进暨培训会议，推进编撰进度，提升编撰水平。

为把《昭通市脱贫攻坚大决战实录》打造成“建党一百周年特别献礼工程”“昭通脱贫攻坚工作特别纪念”，市政协抢抓时间，及时出台系列配套文件，明确了市政协机关各委室联系各单位、部门及市政协委员，专门负责催稿工作，2020 年 10 月底稿件收集基本结束。为使编辑审稿工作有序推进，落到实处，市政协从昭通学院和市委党史研究室聘请专家对编辑工作进行审稿（其中，昭通学院教授唐靖负责市级篇章《综合卷》和《巧家卷》，市政协原经农委主任王华国负责市级篇章《产业就业扶贫卷》和《鲁甸卷》，昭通学院教授傅奠基负责市级篇章《基础设施建设卷》和《盐津卷》《大关卷》，昭通学院教授陈玥负责市级篇章《易地搬迁扶贫卷》和《永善卷》，昭通学院教授王琼负责《民生扶贫卷》和《镇雄卷》，昭通学院教授任继敏负责市级篇章《挂钩帮扶及社会扶贫卷》和《水富卷》，昭通学院教授周玲负责市级篇章《扶贫协作卷》和《彝良卷》《威信卷》，市委党史研究室副主任翟昭明负责市级篇章《组织保障卷》和《昭阳卷》《绥江卷》）。2020 年 11 月 18 日，市政协陶仁副主席主持召开《昭通市脱贫攻坚大决战实录》统稿工作会，统一了丛书形式和内容、结构和逻辑框架。

在市政协党组的坚强领导下，在各位编撰专家、市直各单位、市政协机关各委室、各县市区政协以及编撰办公室成员的大力支持和共同努力下，经夏历冬，数易其稿，2021 年 3 月初，《昭通市脱贫攻坚大决战实录》样书基本成型。2021 年 3 月 17 日，市政协副主席陶仁主持召开《昭通市脱贫攻坚大决战实录》样稿讨论会，进一步推动《昭通市脱贫攻坚大决战实录》编辑出版工作。

首先，本丛书的编撰出版得益于各级领导的正确领导，特别是市委杨亚林书记、市政府郭大进市长、市委朱家伟副书记的指导和支持。其次，本丛书的编撰出版得益于市政协党组的坚强领导，特别是成联远主席亲自指挥，亲自督战，亲自修订纲要，并亲自撰写总序和文章。第三，本丛书的编撰出版得益于全市 200 余家单位和部门的积极参与，全市领导干部，基层工作人员，脱贫攻坚督导员、驻村工作队员，政协委员，他们不仅是脱贫攻坚一线指战员，同时还撰写亲身经历脱贫攻坚工作的真实故事。据统计，全市共有1700余人参与《昭通市脱贫攻坚大决战实录》撰稿工作中，收到初稿2526篇。应该说，本丛书的编撰工作是我市脱贫攻坚工作的有机组成部分，同样也凝聚着全市干部群众的智慧和心血，是集体智慧的结晶。最后，特别要提的是昭通学院对本丛书编撰工作的支持和帮助。昭通学院党委大力支持《昭通市脱贫攻坚大决战实录》的编撰工作，在师资紧缺的情况下，委派出周玲、傅奠基、唐靖、陈玥、任继敏、王琼等六位教授参与编撰工作中，为编撰工作注入了智慧和力量。

在编撰《昭通市脱贫攻坚大决战实录》时，编撰专家精心筛选、整理、提炼，力求将那些散落于基层的珍珠捡拾起来，洗尽铅华，还原本真，形成真实的历史故事。这套书注重文史资料“亲历、亲见、亲闻”原则，以第一人称行文，部分新闻通讯、消息类稿件，在公开媒体上发表过，体现新闻的真实性，也作为资料收录，补充《昭通市脱贫攻坚大决战实录》内容。编者旨在通过真实、感人的故事让脱贫攻坚工作在时代的聚光灯下接受检阅，给过往和经历者以心灵的依稀穿越，获取一种灵魂的战栗和反思。同时，给不曾经历，甚至不曾听闻过的后人以另一种历史的演绎，告诉他们当年自己的祖先那段荡气回肠、可歌可泣的脱贫史。

虽说《昭通市脱贫攻坚大决战实录》丛书已呈现在读者面前，但由于编撰时间紧迫、人手不够、水平有限，不免存在内容欠全面、认知不到位、归类难把握等问题和瑕疵，恳请各位方家在阅读过程中批评指正，不吝赐教，我们定当虚心接受意见建议，进一步加以修改完善，以遗后人，真正达到“存史、资政、团结、育人”之目的。

编委会办公室